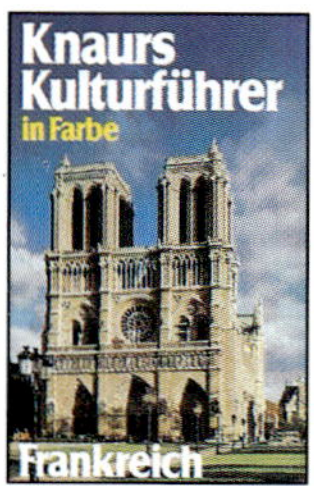

Fortsetzung am Ende des Buches

Droemer
Knaur®

Marianne Mehling (Hg.)

# KNAURS KULTURFÜHRER IN FARBE KARIBIK

Über 235 farbige Fotos
sowie 25 Einzelkarten und 1 Übersichtskarte

Droemer Knaur

Autor: Wolfgang Rössig
Fotos: Wolfgang Rössig

CIP-Titelaufnahme der Deutschen Bibliothek

*Knaurs Kulturführer in Farbe Karibik /*
Marianne Mehling (Hg.). [Autor: Wolfgang Rössig ...
Fotos: Wolfgang Rössig] – München: Droemer Knaur, 1995
ISBN 3-426-26444-7
NE: Mehling, Marianne [Hrsg.]; Rössig, Wolfgang


Für Hinweise auf Veränderungen und Ergänzungen ist die Redaktion dankbar
Zuschriften an Droemer Knaur Verlag, 81664 München
Idee: Redaktionsbüro Harenberg (Schwerte)
Karten und Stadtplan: Kartographie Huber, München
Grundrisse: Karl Schneider, Solms
Reproduktion: Fotolito Longo, Frangart
Umschlagabbildung: Santo Domingo, Alcázar de Colón (W. Rössig)
Umbruch: Dipl. Grafikerin (FH) Brigitte Weber, Schnaittenbach
Druck: Appl, Wemding
Bindung: Großbuchbinderei Sigloch, Künzelsau
Printed in Germany
ISBN 3-426-26444-7

5 4 3 2 1

# VORWORT

Die Karibik ist nach wie vor ein magischer Ort. Besonders an kalten, nebligen Novembertagen setzt sich das Bild einer Trauminsel mit schneeweißen Stränden, im Passatwind schwankenden Palmen und einer kristallklaren azurblauen See im Kopf fest. Kultur ist da oft erst der zweite Gedanke, der sonnenhungrigen Europäern durch den Kopf schießt, wenn sie an die Inseln der Karibik denken. Dabei zählt dieser Schmelztiegel an der Kreuzung von Europa, Amerika und Afrika kulturell zu den faszinierendsten Regionen der Welt. Spanier, Engländer, Franzosen, Holländer, Portugiesen, ja sogar Dänen und Schweden haben hier ihre Spuren hinterlassen. Ihre kulturellen Eigenarten vermischten sich mit afrikanischen Glaubensvorstellungen und Lebensweisen. Auf den Kleinen Antillen kann man in einer halben Stunde von einer auf die andere Insel wechseln, fast die gleiche Landschaft, jedoch ein völlig anderes kulturelles Umfeld vorfinden. Auf Martinique und Guadeloupe trägt man Baguettes unter dem Arm und trinkt französischen Rotwein zum Mittagessen, auf Barbados oder Antigua spielt man besseres Cricket als die Engländer.

Architektonisch ist die Karibik vielfältiger, als mancher glauben könnte. In Santo Domingo stehen die ältesten Kirchen und Paläste der Neuen Welt, ja sogar eine spätgotische Kathedrale, in Havanna künden bröckelnde Barock- und Jugendstilfassaden von vorsozialistischen Zeiten, in San Juan auf Puerto Rico ist das größte Festungssystem der karibischen Inselwelt zu besichtigen, und auf Curaçao hat man ein Klein-Amsterdam gebaut, das so bunt ist wie der dort hergestellte Likör. Oft in tropischer Vegetation versteckt, faszinieren alte Plantagenhäuser, reizende Bauten im verschnörkelten Gingerbread- (Pfefferkuchen-)Stil, und selbst die kleinen Hütten, ob sie nun *bohíos* heißen wie auf Kuba, *cases* wie auf den Französischen Antillen oder *chattel houses* wie auf Barbados, entzücken das Auge.

Doch die Kultur der Karibik auf Architektur zu beschränken hieße die Menschen zu vergessen, die hier leben und *patois*, *créole* oder *papiamento* sprechen. Eigentlich sind sie das größte Kapital der Inseln. Darum erzählt dieser Kulturführer auch von ihrem ausgelassenen, farbenfrohen Karneval in Trinidad, von Hahnenkämpfen in der Dominikanischen Republik, von den zündenden musikalischen Rhythmen der Inseln, ob sie nun Salsa, Merengue, Reggae, Zouk, Soca oder Calypso heißen. Die Rede ist auch von bedeutenden Schriftstellern karibischer Inseln wie Alejo Carpentier, Aimé Césaire, Jamaica Kincaid, George Lamming, Jean Rhys und den beiden Nobelpreisträgern Saint-John Perse und Derek Walcott. Der Leser erfährt, wo und wie der beste Rum gebrannt und die erlesensten Zigarren gerollt werden. Niemandem soll die Urlaubsfreude verdorben werden, doch einige kritische Anmerkungen über die politischen und sozialen Verhältnisse durften nicht fehlen, etwa was die »Besondere Periode« auf Kuba für die dort lebenden Menschen bedeutet, was ein 100 Mio. Dollar teures Kolumbusdenkmal in der Dominikanischen Republik anrichtet, wie die letzten Kariben auf Dominica leben, warum Puerto Rico mit seinem Status als halbamerikanischer Staat recht zufrieden ist, ob die Unabhängigkeitsbewegungen auf den französischen Inseln (die ebenso zur EU gehören wie Bayern oder Niedersachsen) Erfolg haben können und warum es zur amerikanischen Invasion auf Grenada kam. Versöhnlich stimmen dann wieder die in den einleitenden Passagen angesprochenen Naturschönheiten der einzelnen Inseln wie Palmenstrände, Wasserfälle, Vulkanseen und Regenwälder. Der Indianer, der Kolumbus entdeckte, mag eine schlimme Entdeckung gemacht haben, wie der berühmte Aphorismus Lichtenbergs spottet, doch in einem Punkt hat der Genuese bis heute recht behalten, der in der Karibik Indien suchte und nicht fand: »Nie haben Menschenaugen Schöneres gesehen.«

Wie in den übrigen Bänden der Reihe stehen auch hier die Farbabbildungen gleichrangig neben dem Text. Kirchen. Schlösser, Burgen. Befestigungsanlagen, Häuser, Theater, Museen und andere Baudenkmäler sowie Naturdenkmäler der Karibik werden vorgestellt. Die einzelnen Sehenswürdigkeiten sind jeweils fett gedruckt. Rund 240 farbige Bilder, 25 Einzelkarten der beschriebenen Länder und Inseln sowie eine große Übersichtskarte illustrieren den Text.

Über typische Musikrichtungen, Kulte und andere Besonderheiten der Karibik informieren folgende Sonderartikel:



Im Anhang finden sich eine Zeittafel, ein Fachwort- und ein Künstlerregister, ein Register aller beschriebenen Orte und eine Liste der verwendeten Abkürzungen.

*Dominikanische Republik, San Cristóbal, Parque Central, Kolumbusbüste* ▷

*Grenada, Gouyave* ▷▷

# Anguilla

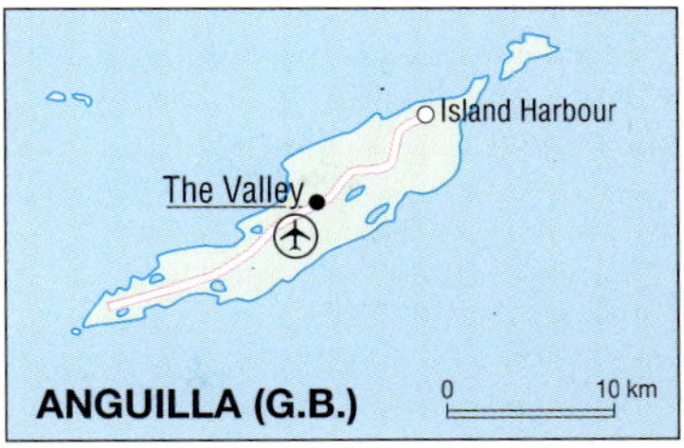


»Happyness is peace of mind«, meint Bankie Banx, der bekannteste Reggae-Interpret der Insel, in seinem Song *Island Boy*. Dieses Motto scheint den etwa 8000 Bewohnern Anguillas geradezu auf die Stirn geschrieben zu sein, die jedem Besucher ein freundliches »right man« zukommen lassen. Doch nicht immer ging es hier so friedfertig zu.

Ein früher spanischer Entdecker – wohl nicht Kolumbus – taufte das längliche Eiland Anguilla (Aal). Die Spanier wußten mit der kargen, von kriegerischen Kariben verteidigten Insel ebensowenig anzufangen wie 1564 die französische Expedition unter René Laudonnière. 1650 besiedelten britische Rauhbeine die Insel, pflanzten Tabak und Getreide an und betrieben Viehzucht. Die Kolonisten mußten sich der Angriffe von Freibeutern und Kariben erwehren (letztere richteten 1656 ein wahres Massaker an). 1745 konnten die Siedler eine in der Rendezvous Bay gelandete 700 Mann starke französische Invasionstruppe ins Meer zurücktreiben. Als den Verteidigern die Munition ausging, sollen sie die Franzosen mit den Gewichten der Fischernetze bombardiert haben. Auch 1796 konnte die Grande Nation die Siedler nicht vertreiben. Ab 1825 verwalteten die Briten Anguilla gemeinsam mit St. Kitts, was ihnen allerhand Ärger einbringen sollte. Denn die von Tabak und Bootsbau lebenden Insulaner hatten mit der einhundert Kilometer südlich gelegenen Zuckerkolonie und ihrer Sklavenwirtschaft nichts gemein. Auch riß man in St. Kitts gerne Witze über die armen Verwandten im Norden. 1967 wandelten die Briten ihre Kolonie zum autonomen »Associated State of St. Kitts-Nevis-Anguilla« um und stellten der Union baldige Unabhängigkeit in Aussicht. Alle Proteste der Anguillaner, denen die Briten hundertmal lieber waren als die Kittians, fruchteten nichts. Daraufhin zündeten die empörten Insulaner im Mai 1967 das

*Anguilla, Luftbild*

*Antigua, Ruinen einer Zuckerrohrplantage*

Gouverneursgebäude an und verfrachteten die zwölf Polizisten aus dem verhaßten St. Kitts, denen einige Kugeln um die Ohren pfiffen, per Schiff zurück in Richtung Heimat. Die eigene Unabhängigkeit war jetzt das Ziel, und man arbeitete eine Verfassung aus. Vermittlungsversuche der ratlosen Engländer scheiterten. Britische Kriegsschiffe vor der Küste Anguillas mußten gar die erbosten Kittians von einer Invasion abhalten. 1969 beendeten die Briten die immer brisantere politische Posse mit 300 Fallschirmjägern, die zu ihrem Erstaunen mit Blumen und »God Save the Queen« begrüßt wurden. Die Rebellion zahlte sich aus. 1982 bekam die Kronkolonie eine eigene Verfassung und mehr Selbstverwaltung. Anguilla ist heute eine recht wohlhabende Insel. Dazu trugen die Überweisungen der vielen im Ausland arbeitenden Anguillaner ebenso bei wie die Einkünfte aus dem Tourismus, den die mit absoluten Traumstränden gesegnete Insel vorzugsweise in der luxuriösen Variante anbietet. Die meisten Insulaner sind afrikanischer Abstammung, doch haben auch die Iren ihre Spuren hinterlassen. Größtes Fest auf der Insel ist der *Karneval*, der am Wochenende vor dem am ersten Montag im August begangenen *Emancipation Day* mit Kostümparaden, Musik, Tanz und Bootsrennen gefeiert wird.

**Fountain National Park:** Die bedeutendste kulturhistorische Sehenswürdigkeit ist eine 1979 entdeckte Grotte mit vorzüglichen *Petroglyphen der Arawak*, darunter eine Darstellung des Schöpfungsgottes Jocahu. Die Höhle war Ende 1994 nur Archäologen zugänglich, doch soll hier ein Museum eröffnet werden.

**Island Harbour:** Die vielen buntbemalten Fischerboote im unverwechselbar anguillanischen Stil tragen einmal im Jahr eine große Regatta aus. Indianische Petroglyphen besitzt die im Augenblick nicht zugängliche Höhle *Big Spring*.

**The Valley:** Das 500 Seelen zählende Verwaltungszentrum der Insel könnte man glatt übersehen. Da die Kolonialverwaltung in St. Kitts residierte, gibt es keine alte Architektur. Im Zentrum, an der Wellblake Road, zeichnet neuerdings ein *Museum* die Geschichte Anguillas von indianischen Artefakten bis zu Andenken an die Revolution von 1967 nach. Einige Kilometer südwestlich, vorbei am Wellblake-Airport, steht das im späten 18. Jh. im hübschen Gingerbread-Stil errichtete *Wellblake House*, ein Relikt der Zuckerrohrplantagen, die auf Anguilla nie recht florierten.

## Antigua & Barbuda

»Heart of the Caribbean« nennt die Touriswerbung etwas großspurig die größte der Leeward-Inseln, doch hat der internationale Flughafen Antigua tatsächlich zu einer Drehscheibe der Kleinen Antillen gemacht, die sich besonders bei flitternden Pärchen und Kreuzfahrtpassagieren großer Beliebtheit erfreut. Für sie hat sich die Werbung noch einen zweiten Superlativ ausgedacht: 365 Strände, also für jeden Tag des Jahres einen, soll die Insel besitzen. Nachgezählt hat zwar keiner, doch zu den schönsten Stränden der Karibik gehören einige (z.B. Half Moon Bay) allemal. Kein Wunder, daß Antigua (sprich Äntiega) vom Tourismus sehr gut lebt, auch wenn nicht wenige ihn als Fortsetzung der Kolonialherrschaft mit anderen Mitteln sehen, so beispielsweise die auf Antigua geborene Jamaica Kincaid, die als eine der bedeutendsten westindischen Schriftstellerinnen gilt. Während die britischen Kolonialherren mit den Ruinen der alten Zuckermühlen und massiven Befestigungsanlagen aus dem 18. Jh. ihre Spuren hinterlassen haben, macht sich der Tribut Antiguas an den Tourismus nicht nur in einer fast täglichen Invasion von Kreuzfahrtpassagieren, sondern auch in meist luxuriösen Hotelanlagen bemerkbar, die ihre Gäste fast perfekt von der Welt abseits der Hochglanzbroschüren abschirmen. Wer sich dagegen in die schäbigeren Winkel von St. John's wagt, wird feststellen, daß nicht alle Einwohner Antiguas vom Tourismus profitiert haben.

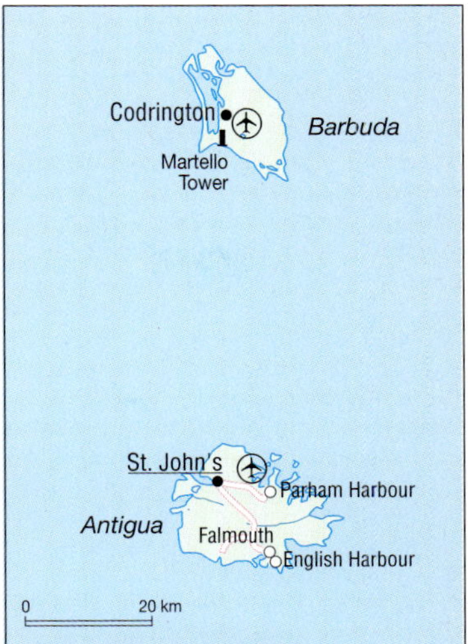

ANTIGUA & BARBUDA

### GESCHICHTE

Siedlungsspuren der Ciboney lassen sich bis 2400 v. Chr. zurückverfolgen. Etwa um die Zeitenwende erreichten Arawak-Stämme aus den Urwäldern des nördlichen Südamerika die Insel. Um 1100 wurden sie von den kriegerischen Kariben verdrängt, die das Land Wadadli nannten. Kolumbus erblickte die Insel 1493 auf seiner zweiten Reise und nannte sie nach der Kirche Santa María la Antigua in Sevilla. 1520 landete der Spanier Don Antonio Serrano, zog aber bald wieder ab. Auch der normannische Freibeuter Belain d'Esnambuc, der die Präsenz der Franzosen in der Karibik begründete, konnte sich 1629 mit der wasserarmen Insel nicht anfreunden. Damit blieb es britischen Kolonisten aus dem nahen St. Kitts vorbehalten, 1632 unter Philip Warner die erste dauerhafte Siedlung auf Antigua zu gründen. 1666 eroberten die Franzosen die Insel, stimmten aber 1667 im Vertrag von Breda einer Räumung zu. Die nächsten 300 Jahre blieben somit die Briten ohne Unterbrechung die Herren der Insel. Mit den Überfällen der Kariben räumten sie auf ihre eigene Weise auf: 1693 erließen sie ein Gesetz, das unverblümt die Ausrottung der Indianer empfahl. Ein

Jahrhundert später konnte Vollzug gemeldet werden. 1674 führte Christopher Codrington aus Barbados das Zuckerrohr ein und errichtete die erste Plantage auf Antigua. Für die Feldarbeit benötigte man eine große Anzahl afrikanischer Sklaven; daher sind 90 Prozent der heute etwa 82 000 Einwohner Antiguas schwarz. Um sie zu ernähren, pachtete Codrington die etwa 60 km nördlich gelegene Insel Barbuda. Das »grüne Gold« machte Antigua bald so wertvoll, daß die Briten die Insel mit Befestigungsanlagen überzogen und sie zu ihrer größten Marinebasis auf den Leeward-Inseln machten. Zusammen mit Jamaika im Westen und Barbados im Süden sicherte sie die britischen Interessen in der Karibik. Die Festungsanlagen von Shirley Heights waren so eindrucksvoll, daß die Franzosen und Spanier in respektvoller Entfernung daran vorbeisegelten. Die Insel wurde Hauptquartier der Königlich Britischen Marine in ganz Amerika. 1784-87 führte der spätere Held von Trafalgar, Horatio Nelson, das Kommando der Leeward Island Squadron, in der auch der spätere König William IV. als Kapitän der HMS Pegasus diente. Nelson machte sich auf Antigua nicht beliebt, da er gewissenhaft den britischen Navigation Act durchsetzte, der den Kaufleuten von Antigua den Handel mit US-Schiffen verbot. Die aufgebrachten Pflanzer hätten ihn deswegen am liebsten verhaftet. Bereits 1834 schaffte Antigua als erste der englischen Antillen die Sklaverei ab, doch blieb den Schwarzen keine Alternative, als weiterhin auf den Plantagen – unter kaum veränderten Bedingungen – zu schuften. Als dann Ende des 19. Jh. die Zuckerpreise in den Keller gingen, verarmte Antigua. Einen Aufschwung brachte der Zweite Weltkrieg, als die USA Militärbasen auf der Insel errichteten. Nach dem Krieg setzte Antigua ganz auf den Tourismus, der heute 70 Prozent des Bruttoinlandsprodukts ausmacht. Die führende politische Persönlichkeit ist Vere C. Bird, ein Gewerkschaftsführer der 40er Jahre. 1967 erhielt Antigua als ein mit Großbritannien assoziierter Staat innere Autonomie. Am 1. November 1981 wurden Antigua und Barbuda als gemeinsames Territorium in die Unabhängigkeit entlassen, und Bird, dessen Labor Party seit 1946 nur zwischen 1971 und 1976 auf den Oppositionsbänken Platz nehmen mußte, wurde im bereits hohen Alter von 71 Jahren Premierminister. Bird und seine Familie kontrollieren das gesamte politische Leben auf Antigua. Diese Dominanz hat Antigua den wenig schmeichelhaften Titel »korrupteste Insel« der Karibik eingetragen. Gegen Vere Bird jr., einen Sohn des Patriarchen, wurde 1991 sogar wegen illegalen Waffenhandels mit dem Drogenkartell von Medellín ermittelt. Februar 1994 trat V.C. Bird zugunsten seines Sohnes Lester zurück. Der gewann zwar im darauffolgenden März die Wahlen, doch kam es dabei zu beträchtlichen »Unregelmäßigkeiten«.

## ANTIGUA

### St. John's

Einw.: 36 000

Die Hauptstadt der Insel wurde 1702 im Schachbrettmuster angelegt. Sie ist einer der ältesten Handelshäfen der Karibik. Trotz zahlreicher Neubauten blieben viele alte Holzhäuser im westindischen Stil erhalten. Die Touristen lassen ihre Dollars zumeist in den schicken Boutiquen und zollfreien Läden, die teilweise in alten Hafengebäuden eingerichtet wurden. Echt karibisch (und wesentlich billiger) geht es dagegen auf dem lebhaften Samstagsmarkt zu, wo sich erstaunlicherweise recht wenig Touristen blicken lassen. Wesentlich undurchsichtiger wickeln die zahlreichen Banken der Stadt ihre Geschäfte ab. Was da manche unauffällige Herren in ihren Aktenköfferchen hinein- und hinaustragen, würde so manchen Finanzminister und Geldwäschefahnder lebhaft interessieren.

**Cathedral Church of St. John the Divine** (Long Street)**:** Die zwei Türme der anglikanischen Hauptkirche Antiguas dominieren heute das Stadtbild. Eine erste, 1681 errichtete Holzkirche wurde 1722 ersetzt. 1843 zerstörte ein großes Erdbeben das Gebäude. Bis 1848 wurde es neu errichtet. Das große graue Steingebäude wurde innen mit Kiefernholz verkleidet und damit erdbeben- und hurrikansicher gemacht. Das Erdbeben von

*Antigua, St. John's, Cathedral* ▷

1974 und Hurrikan Hugo (1989) konnten ihm jedenfalls nichts anhaben. Die lebensgroßen Eisenfiguren auf den Pfeilern der Südportale stellen Johannes den Täufer und Johannes den Evangelisten dar. Angeblich wurden sie von einem napoleonischen Kriegsschiff erbeutet. An der Südseite der Kathedrale sind alte bemooste Grabsteine des 18. Jh. zu sehen.

**Government House:** Das Gebäude des Generalgouverneurs von Antigua, der das offizielle Staatsoberhaupt der Insel, Königin Elizabeth II., vertritt, hinter der Kathedrale bestand ursprünglich aus zwei separaten Häusern des 17. Jh. Im Jahre 1801 erwarb Lord Lavington of Carlisle Estate das Gebäude.

**Old Court House:** Der alte Justizpalast ist das älteste noch genutzte Gebäude auf Antigua. Errichtet hat das weiße Steinhaus 1750 der in England geborene amerikanische Architekt Peter Harrison*, doch wurde es mehrfach restauriert und umgebaut. Bevor 1974 ein Erdbeben das Haus in Mitleidenschaft zog, trat hier das Parlament zusammen. 1988 richtete die örtliche Historical and Archaeological Society hier ein nach modernen didaktischen Gesichtspunkten gestaltetes Museum zur Inselgeschichte ein.

**Redcliffe Quay:** Im Westen von St. John's hat man eine Reihe alter Hafengebäude aus der Mitte des 19. Jh. originalgetreu restauriert und in Boutiquen, Restaurants und Büros umgewandelt. Die besten zollfreien Einkäufe bietet das nahe gelegene Einkaufszentrum Heritage Quay.

**Fort James:** Die ursprüngliche Festung stammt aus der Zeit um 1675, doch wurden die meisten der heute zu sehenden Anlagen erst 1749 errichtet. In seiner Glanzzeit bot das Fort 70 Soldaten Unterkunft und beherrschte mit seinen 36 Kanonen gemeinsam mit dem gegenüberliegenden Fort Barrington den Hafen. Zehn dieser zwei Tonnen schweren Kanonen sind noch an Ort und Stelle. Ihre Reichweite betrug über zwei Kilometer, doch mußten sie niemals in kriegerischer Absicht abgefeuert werden. Vom Fort bietet sich ein schöner Blick auf Stadt und Hafen.

**Fort Barrington:** Das 1779 errichtete Fort wurde nach dem englischen Admiral benannt, der 1778 St. Lucia den Franzosen entrissen hatte. Bis 1960 diente die heute verlassene Festung als Signalstation. Man erreicht sie am besten über einen Pfad vom Strand der Deap Bay aus. Auch von hier bietet sich ein schönes Hafenpanorama.

*Antigua, Fig Tree Drive, Alte Dorfkirche*

## Umgebung

**Betty's Hope Sugar Plantation** (unweit von Pares Village)**:** Überall auf Antigua entdeckt man die Ruinen von Zuckermühlen. Eine von ihnen ziert sogar eine lokale Caribbean Phonecard zu 10 EC-Dollar. Betty's Hope war die älteste Zuckerrohrplantage der Insel. Sie wurde 1674 von Christopher Codrington aus Barbados errichtet, der sie nach seiner Tochter benannte. Erhalten blieben die Reste zweier Zuckermühlen sowie des Siedehauses.

**Fig Tree Drive:** Während der größte Teil Antiguas von kargem Buschland bedeckt ist, führt diese holprige Straße im Südwesten der Insel etwas nördlich von Liberta nach Old Road durch üppige tropische Vegetation aus Mangobäumen und Bananenstauden (die hier »figs« genannt werden). Am Weg sind sehr hübsche alte Dorfkirchen zu sehen.

**English Harbour:** Zwischen 1725 und 1746 bauten die Briten diesen zu den besten der Karibik zählenden Naturhafen zur hurrikansicheren Marinebasis und zum Hauptquartier der britischen Admiralität in Westindien aus. Die Westseite des Hafens sicherte *Fort Berkeley*, das in drei Bauetappen zwischen 1704 und 1755 errichtet wurde. – *Nelson's Dockyard*, die letzte heute noch existierende georgianische Marinewerft, wurde ab 1743 bis Anfang des 19. Jh. errichtet. Nelson hatte mit dem Bau nichts zu tun und bezeichnete die Werft vielmehr als »infernal hole«. Die vielen Touristen und Yachties sind heute ganz anderer Ansicht. Im zweistöckigen Admiral's House wurde ein kleines Museum eingerichtet, während der einstige Copper and Lumber Store (Kupfer- und Bauholzladen) heute Restaurant und Hotel ist. Zum Hotel umfunktioniert wurde auch der Admiral's Inn, von dessen altem Bootshaus einige Pfeiler erhalten blieben. – Auf dem Hügel gegenüber steht *Clarence House*, das man besichtigen kann, wenn der hier residierende Generalgouverneur nicht anwesend ist. In diesem georgianischen Herrenhaus, das mit Möbeln der Zeit eingerichtet wurde, wohnte 1786/87 der spätere englische König William IV. – Die heute in Ruinen liegenden Befestigungsanlagen von *Shirley Heights* auf den Hügeln über English Harbour wurden ab 1781 auf Initiative von General Sir Thomas Shirley, damals Gouverneur der Leeward-Inseln, begonnen und zehn Jahre später vollendet. In den *Royal Artillery Quarters* wurde ein kleines historisches Museum eingerichtet. Von *Fort Shirley* aus (heute Restaurant) bietet sich einer der spektakulärsten Ausblicke der Karibik,

*Antigua, English Harbour, Clarence House*

*Antigua, English Harbour, Ruinen von Fort Shirley*

der im Süden bis Guadeloupe reicht. Ein französischer Überraschungsangriff auf Antigua wäre seinerzeit daher völlig unmöglich gewesen.

**Falmouth Harbour:** Nur eine schmale Landzunge trennt English Harbour von dieser geschützten Bucht im Süden der Insel, die bereits in den frühen Tagen Antiguas ein Ankerplatz war. Der Ort am Nordufer zählte zu den ersten Siedlungen der Insel. *Fort Charles* auf Blake Island ist eine der ältesten Festungen Antiguas. 1672 begann man mit dem Bau, und 1714 schützten 14 Kanonen den wichtigen Hafen. *Great George Fort* auf Monk's Hill ist weniger gut erhalten.

**Harmony Hall:** Das Plantagenhaus mit Zuckermühle an der Nonsuch Bay wurde restauriert. Heute kann man hier die Kreationen lokaler Maler und Kunsthandwerker besichtigen und teilweise erwerben.

**Parham Harbour:** Der Ort gehörte zu den ersten Siedlungen des 17. Jh. Die um 1840 von Thomas Weekes erbaute *St. Peter's Anglican Church* besticht durch ihre ungewöhnliche achteckige Form.

## BARBUDA

Die 42 Kilometer nördlich von Antigua gelegene flache Insel (ca. 1000 Einwohner) ist ein noch weitgehend unbehelligtes Paradies der Strandurlauber, Schnorchler und Ornithologen (Barbuda besitzt die größte Fregattvogelkolonie der Karibik). Zwei astronomisch teure Luxushotels (eines von ihnen die Kreation der italienischen Modeschöpferin Krizia) versorgen eine verwöhnte Klientel. Der Hauptort *Codrington* trägt den Namen des immens reichen Zuckerbarons, der Barbuda 1685 zum jährlichen Zins »eines gemästeten Schafes« von der britischen Krone pachtete, um mit Ackerbau und Viehzucht die Sklaven auf seinen Plantagen auf Antigua zu ernähren. Codrington soll auf Barbuda eine Art »Zuchtstation« für seine wertvollsten Sklaven betrieben haben. Unweit des Hafens ragt der recht gut erhaltenen *Martello Tower* auf. Die Einwohner Barbudas sind im Parlament von Antigua mit einem Sitz vertreten, doch liebäugeln nicht wenige mit staatlicher Eigenständigkeit.

## REDONDA

Die heute unbewohnte Insel gehört zum Staat Antigua and Barbuda. Kolumbus entdeckte sie auf seiner zweiten Fahrt am 12. November 1493 und nannte sie nach der Kirche Santa María de Redonda in Cádiz. Doch erst 1865 fiel es jemandem ein, das felsige Eiland in Besitz zu nehmen: dem Iren Matthew Dowdy Shiel, der sich zum König von Redonda erklärte. 1872 annektierten die Briten trotz aller Proteste der Shiels die Insel. Eine kuriose Abfolge von »Königen«, die bereits eine Flut von »Adelstiteln« vergeben haben, hält seitdem die Besitzansprüche aufrecht.

# Aruba

Traumstrände, die im letzten Jahrzehnt zur stürmischen Entwickung eines Tourismus amerikanischer Prägung geführt haben, Kakteen und krumme Dividivi-Bäume prägen die karge, trockene Landschaft der kleinsten der niederländischen ABC-Inseln, die nur wenige Kilometer vor der Küste Venezuelas liegen. In den Adern der sehr gastfreundlichen Arubianer fließt hauptsächlich indianisches, spanisches und holländisches Blut. Ein ähnliches Gemisch ist das Papiamentu, das die Einheimischen der Amtssprache Holländisch vorziehen. Mit überschäumender Lebensfreude feiert Aruba den Karneval im Februar: In prächtigen Kostümen zieht die Bevölkerung zu Tumba- und Merenguerhythmen tanzend durch die Straßen. Nicht zu Unrecht steht »One Happy Island« auf den Nummernschildern der Autos.

## GESCHICHTE

Vor Ankunft der Spanier war Aruba (der Name setzt sich aus den indianischen Wörtern *ora* für »Muschel« und *oubao* für

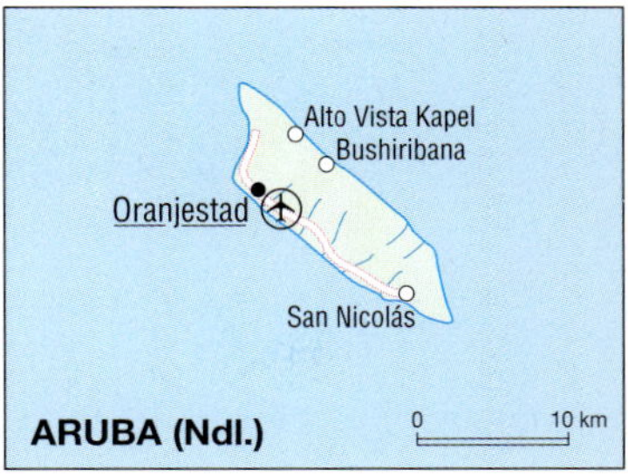


»Insel« zusammen) bereits seit mehreren tausend Jahren vom Arawak-Stamm der Caiquetios besiedelt, die Kontakt mit den Indianern Venezuelas pflegten. 1499 nahm Alonso de Ojeda die Insel für Spanien in Besitz. Im Unterschied zu anderen Karibikinseln rottete man auf Aruba die Indianer nicht aus, deportierte aber viele nach Hispaniola. Etwa zwei Drittel der 70000 Arubianer haben daher noch indianisches Blut in den Adern. 1635 besetzten die Niederländer die Insel. Da sich auf Aruba kein Baumwoll- oder Zuckerrohranbau, sondern lediglich etwas Viehzucht entwickelte, führte man keine afrikanischen Sklaven ein. 1804 gaben die Engländer ein kurzes Gastspiel auf Aruba, das sie von 1807 bis 1816 erneut besetzt hielten. Ab 1824 erlebte die Insel einen Goldrausch, doch den großen wirtschaftlichen Aufschwung brachte erst die Ende der 20er Jahre in San Nicolás gegründete Lago-Raffinerie. Sie verarbeitete venezolanisches Rohöl und wurde im Zweiten Weltkrieg ein wichtiger Treibstofflieferant für die Alliierten. 1942 beschossen deshalb deutsche Unterseeboote die Insel mit Torpedos. Die dominierende Position von Curaçao innerhalb der Niederländischen Antillen bewog Aruba dazu, eine selbständige Position innerhalb des Königreichs der Niederlande anzustreben. 1986 wurde Aruba ein »Status Aparte« gewährt. Aruba führte sogar eine eigene Währung ein, den Arubanischen Gulden. Der boomende Tourismus und die Kasinoindustrie fingen nach der vorübergehenden Stillegung der Ölraffinerie im Jahre 1985 die wirtschaftliche Talfahrt auf. Dennoch hat man die für 1996 verordnete (allerdings von der Bevölkerung gar nicht gewünschte) vollständige Unabhängigkeit vorläufig zurückgestellt.

*Barbados, Batsheba, Atlantikküste*

| **Oranjestad** |
| --- |
| Einw.: 20 000 |

Die Hauptstadt Arubas wurde 1824 nach der holländischen Königsfamilie benannt. Sie liegt am größten Hafen der Insel, der Paardenbaai, in der einst Pferde eingeschifft wurden. Heute machen hier die Kreuzfahrtschiffe fest. Die Hafenfront des einstigen Pferdemarkts hat sich zu einem riesigen (fast) zollfreien Einkaufszentrum für Touristen gemausert, dem man Amsterdamer Giebelhausfassaden in sanften Pastelltönen verpaßte. In den Straßen dahinter entdeckt man aber noch hübsche Häuser aus den 30er Jahren mit Ziegeldächern, Dachfenstern und großen Jalousientüren. Malerisch ist der *Schoonerhafen*, wo Boote aus Venezuela Gemüse und Obst verkaufen.

**Fort Zoutman:** Die 1795 errichtete Festung ist das älteste Gebäude der Insel. Ihre vier Kanonen erlebten zwei Kriegseinsätze: 1799 wehrten die Holländer mit ihnen erfolgreich einen englischen Angriff ab, während 1805 die englischen Besatzer damit die Holländer beschossen. In der Festung residierte der Gouverneur. 1869 fügte man den nach dem niederländischen König Willem III. benannten Turm hinzu, der ursprünglich als Leuchtturm diente. 1984 wurde das Fort nach gründlicher Restaurierung als *Museo Historico Arubano* durch Prinzessin Margriet neu eröffnet. Zu sehen sind Stilmöbel, Bilder, Dokumente und Hausrat aus der Kolonialzeit. Im Fort findet dienstags das *Bonbini-Festival* mit folkloristischen Tänzen und Kunsthandwerksausstellungen statt, mit dem Aruba seine Gäste willkommen heißt

**Museo Archeologico Aruba** (Zoutmanstraat 1): Das Museum zeigt eine reiche Auswahl an Graburnen und Werkzeugen der indianischen Bevölkerung.

**Museo Numismatico** (Zuidstraat): Das im Instituto de Cultura untergebrachte Museum präsentiert eine Sammlung von 30 000 Münzen und Geldscheinen aus 400 Ländern, darunter aus Rom, China und Byzanz. Zusammengetragen hat sie die Familie Odor.

## Umgebung

**Alto Vista Kapel:** Die kleine katholische Kapelle im Norden von Aruba wurde 1750 von Indianern unter Anleitung spanischer Missionare erbaut, mußte jedoch 1952 durch einen Neubau ersetzt werden.
**Ayó:** Die beindruckende Formation riesiger Dioritblöcke wurde mit indianischen Ritzzeichnungen, darunter die Darstellung eines Vogels, verziert. Ähnliche Petroglyphen zeigt auch die *Fontein-Höhle* im Süden der Insel. (Die Zeichnungen der *Guadirikiri-Höhle* schuf dagegen größtenteils ein modernes Künstlerteam für Filmaufnahmen.)
**Bushiribana:** 1824 wurden hier große Goldvorkommen entdeckt und in den folgenden Jahrzehnten abgebaut. Von dieser Zeit zeugen die Ruinen der 1872 erbauten Goldschmelze. 1913 wurde der Betrieb mangels Rentabilität eingestellt. Eine weitere Goldschmelze befindet sich in *Balashi*. Sie wurde 1916 geschlossen
**De Olde Molen:** Die 1804 errichtete rote holländische Windmühle wurde 1961 aus Friesland hierhergebracht und aufgestellt. Heute dient sie als Restaurant.
**San Nicolás:** Mit dem Bau der Lago-Ölraffinerie und eines Tankerhafens (1927–29) erlebte der Ort einen rasanten Aufschwung. Die hohen Löhne zogen viele schwarze Arbeiter von den britischen Karibikinseln an, deren alte Holzhäuser langsam verfallen. Die Raffinerie wurde 1985 geschlossen und 1991 mit verringerter Kapazität wieder in Betrieb genommen.

# Barbados

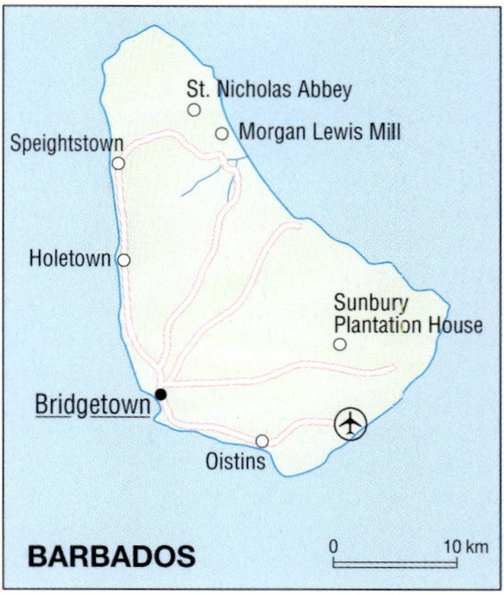


Die etwas abseits des Antillenbogens gelegene Insel wurde oft »Little England« genannt. Immerhin gibt es hier einen Trafalgar Square mit Nelsondenkmal, auf dem uniformierte Bobbies den Verkehr regeln, und ein Parlament mit perückentragenden Abgeordneten. Von einem Cherry Tree Hill blickt man auf ein grünes Hügelland namens Scotland District, die windgepeitschte felsige Atlantiküste bei Batsheba erinnert an Cornwall, die englischen Pfarrkirchen an Kent. Gegen das westindische Cricket-Team hat die englische Auswahl zumeist wenig zu bestellen, und die Oberlippe der Türsteher in den feinen Clubs und Restaurants, die in näselndem King's English auf Anzug und Schlips bestehen, ist womöglich noch ein wenig steifer als im englischen Mutterland. Welche Identitätsprobleme diese von außen kommenden ideologischen und kulturellen Werte für die schwarze Bevölkerung mit sich bringen, hat George Lamming, ein Schriftsteller aus Barbados, in seinem weltberühmten Roman *In The Castle of My Skin* (1953) dargelegt. Den Konflikt zwischen kolonialem Einfluß und afrikanischen Traditionen hebt auch der Lyriker Edward Kamau Brathwaite hervor. Denn die am dichtesten besiedelte Antilleninsel kann und will ihre afrikanische Ader nicht verleugnen, tut sich damit jedoch schwerer als andere Karibikinseln. Zwar sind über 90 Prozent der 260 000 Bajans Schwarze, doch wurden Anfang des 19. Jh. nur noch sieben Prozent der Sklaven in Afrika geboren (während es in Jamaika 36 und auf Trinidad sogar 44 Prozent waren). Das Problem, die verschütteten afrikanischen Traditionen gegenüber der britischen

Kultur behaupten zu können, stellt sich daher auf Barbados krasser als anderswo, auch wenn der *obeah* genannte afrikanische Zauberglauben noch immer präsent ist. In den Reiseprospekten existieren die schwarzen Bajans oft nur als lebenslustiges Völkchen, das in kleinen farbenfrohen Holzhütten namens *chattel houses* lebt und sich in den zahlreichen Rum Shops bei einem Glas Mount Gay zu einer fröhlichen Runde zusammenfindet. Doch auf Barbados ist nicht alles »no problem, man«. Infolge einer Arbeitslosigkeit von über 25 Prozent fordern nicht wenige Bajans angesichts der traurigen Vergangenheit ihre Dollars als »Wiedergutmachung« recht aggressiv ein, und mancher weiße Tourist, der es an der rechten Großzügigkeit fehlen läßt, sieht sich unverhofft mit dem Vorwurf konfrontiert, Rassist zu sein. Das Lächeln ist also längst nicht so unbefangen (»Every skin teet' en' a laugh«), wie die Tourismuswerbung verbreitet, doch einen humorvollen Spruch schätzen viele Bajans zum Glück nach wie vor (fast) ebenso wie einen grünen Dollarschein. Keine Rolle spielen die Rassenschranken, wenn man auf Barbados mit prächtigen Kostümen und zündenden Calypsorhythmen das Ende der Zuckerernte feiert: Der *Cropover* genannte Karneval erreicht am Kadooment Day (erster Montag im August) seinen Höhepunkt.
Noch heute prägen endlose Zuckerrohrfelder die Landschaft, doch besitzt Barbados an der West- und Südküste blendendweiße Strände, im Norden eine sensationelle Tropfsteinhöhle namens *Harrison Cave*, durch die man mit einer Bimmelbahn fährt, im Zentrum der Insel mit *Welchman Hall Gully* eine beeindruckende Regenwaldschlucht, durch die grüne Affen turnen und an der Ostküste bei Batsheba mit den *Andromeda-Gardens* einen herrlichen Botanischen Garten mit exotischen Pflanzen und Kolibris. Heute scheint der englische Einfluß zunehmend dem amerikanischen zu weichen: An der Platinum Coast reihen sich Hotelburgen, Fast-food-Läden und Nightclubs aneinander, und ein moderner Flughafen sorgt dafür, daß die Rädchen der Tourismusindustrie (400 000 Gäste pro Jahr) stets gut geölt sind.

## GESCHICHTE

Barbados gehört zu den wenigen Inseln der Kleinen Antillen, die Kolumbus nie zu Gesicht bekam. Benannt wurde sie daher erst um 1536, als der portugiesische Seefahrer Pedro a Campos an den Gestaden der Insel vorbeisegelte. Die Hängewurzeln der Feigenbäume erinnerten ihn an bärtige Männer (»Os Barbados«). Die Arawak-Indianer, die für etwa tausend Jahre auf der Insel gesiedelt hatten, verließen Barbados – aus historisch umstrittenen Gründen – noch vor dem Eintreffen der ersten Kolonisten. Am 14. Mai 1625 nahm John Powell, Kapitän der Olive Blossom, die Insel für England in Besitz, und zwei Jahre später, am 17. Februar 1627, gingen die ersten 80 Siedler sowie 10 schwarze Sklaven bei Holetown an Land. Bereits 1637 erhielt die Kolonie mit der Barbados Assembly ein Parlament. Schon bald lebten 40 000 weiße Siedler, die überwiegend Baumwolle oder Tabak anbauten, auf der Insel. Zur damaligen Zeit entsprach dies einem Prozent der Gesamtbevölkerung Englands. Als holländische Juden aus Brasilien neue Techniken des Zuckerrohranbaus auf Barbados einführten, begann der wirtschaftliche Aufschwung der Insel. Immer zahlreicher importierte man westafrikanische Sklaven, während die meisten weißen Farmer das Land verließen. Dafür kamen Glücksritter, Bürgerkriegsflüchtlinge und allerlei deportierte »rogues and whores« (Schurken und Huren) auf die Insel. »To be barbadosed« war in jener Zeit der geläufige Begriff für Deportation. Der englische Lordprotektor Oliver Cromwell konnte die königstreuen Bajans erst 1652 mit einer entsandten Streitmacht zur Kapitulation zwingen. Der zunächst nur zur Rumproduktion angebaute Zucker erwies sich bald als so lukrativer Exportartikel, daß man auf Barbados lieber Nahrungsmittel einführte, anstatt kostbaren Boden für deren Anbau zu verschwenden. Ende des 17. Jh. war die reiche Kolonie zum »strahlendsten Juwel der Englischen Krone« geworden. Das Zuckermonopol konnte Barbados allerdings nicht lange bewahren, und im harten innerkaribischen Konkurrenzkampf sollten nur die großen Plantagen bestehen. Daß Barbados nie von anderen Mächten erobert oder von Piraten geplündert wurde, lag vor allem daran, daß angreifende Schiffe gegen die Passatwinde eine stark befestigte Küste hätten ansteuern müssen. Als gefährlicher er-

*Barbados, Cropover-Fest* ▷

### Sklaverei

Er sollte es bald bitter bereuen, den verhängnisvollen Vorschlag gemacht zu haben. Als Bartolomé de Las Casas Anfang des 16. Jh. die Ausbeutung und Ausrottung der Indios anprangerte, die an der harten Zwangsarbeit massenweise zugrundegingen oder sich aus Verzweiflung selbst das Leben nahmen, schlug er als Alternative die Einfuhr von Afrikanern vor, denen die harte Arbeit weniger zusetzen würde. Karl V., bei dem die Brandschriften von Las Casas auf fruchtbaren Boden fielen, hegte stets Skrupel angesichts der grausamen Behandlung der Indianer durch die spanischen Konquistadoren und Kolonisten und erließ Gesetze zu ihrem Schutz. Im Falle der Negersklaven, die bereits in Andalusien mit Erfolg eingesetzt worden waren, kamen dem Kaiser jedoch keine Bedenken, und ab 1511 durften mit königlicher Lizenz Negersklaven nach Westindien eingeführt werden. Das Handelshaus der Welser, bei dem Karl ständig in der Kreide stand, erhielt 1528 den Zuschlag für das lukrative Geschäft. Das »reine Gewissen«, das viele Deutsche angesichts der kolonialistischen Greueltaten in der Karibik hegen, ist daher unangebracht. Der Reichtum vieler deutscher Handelsstädte wurde zu einem nicht geringen Teil mit schwarzer Haut erworben. Die Spanier konnten den Sklavenhandel nur über Vermittler betreiben, da sie 1494 im Vertrag von Tordesillas die afrikanische Westküste als portugiesischen Besitz anerkannt hatten. Das große Geschäft machten daher bald die Holländer, die sich um solche Verträge wenig scherten, Mitte des 17. Jahrhunderts das portugiesische Monopol brachen und in der Karibik mit Curaçao und Sint Eustatius große Umschlagplätze für Sklaven errichteten. Paradoxerweise waren die spanischen Besitzungen in der Karibik – Kuba, Hispaniola und Puerto Rico – lange nicht die großen Sklavenimporteure: Die Spanier richteten ihr Augenmerk auf die lukrativen Gold- und Silberminen des amerikanischen Festlandes, in denen Indios schufteten, und lange vernachlässigten sie die Antillen und den Anbau des von ihnen von den Kanarischen Inseln eingeführten Zuckerrohrs. Die Engländer und Franzosen, die sich ab etwa 1635 in der Karibik festsetzten, erkannten dagegen schnell den Wert des »weißen Goldes«, zu dessen Gewinnung eine große Anzahl von Sklaven notwendig war. Bald führten die Engländer jährlich über 40000, die Franzosen über 20000 Sklaven in die Karibik und nach Nordamerika ein. Zugeführt wurden ihnen die Sklaven von örtlichen Königen und Potentaten der afrikanischen Westküste, deren Skrupellosigkeit afrikanischen Historikern heute einige Kopfschmerzen bereitet. Die Hauptlast der Verantwortung tragen dennoch die Europäer, die diese menschliche Fracht mit kaum vorstellbarer Grausamkeit behandelten. Zwar kamen einige afrikanische Stammesfürsten zu erklecklichem Reichtum, doch das große Geschäft machten die feinen Herren in Liverpool und Nantes. Es entwickelte sich ein lukrativer Dreieckshandel: Mit Tauschartikeln wie Branntwein, Stoffen, Spiegeln oder Waffen beladen fuhren die Schiffe nach Afrika hinunter, transportierten die eingehandelten Sklaven nach Westindien und kehrten mit Zuckerrohr, Rum, Baumwolle und anderen hauptsächlich von Sklaven erwirtschafteten Gütern nach Europa zurück. Von entsetzlicher Barbarei zeugte die sog. Mittlere Passage, die im Laufe der Zeit Hunderttausende von afrikanischen Sklaven, elend in den Frachträumen der Schiffe zusammengepfercht, nach Westindien verschleppte. Die Sterblichkeitsrate betrug dabei über zehn Prozent. Nicht wenige stürzten sich verzweifelt in die Fluten. Vor der Versteigerung auf einer westindischen Insel rieb man die erschöpften Sklaven, die bereits das Brandmal des Händlers trugen, mit Öl ein und gab ihnen bessere Nahrung, damit sie höhere Preise erzielten. Der neue Besitzer ließ sie umgehend mit seinem Zeichen ein zweites Mal brandmarken. Noch Alexander von Humboldt berichtet empört darüber, daß die Plantagenbesitzer nüchtern kalkulierten, ob es lukrativer war, ihre Sklaven bis zur tödlichen Erschöpfung arbeiten zu lassen und den »Schwund« durch den Ankauf neuer Arbeitskräfte zu ersetzen, oder ihnen eine bessere Behandlung angedeihen zu lassen, diedie Kosten für Neuerwerbungen senkte.

Die härteste Arbeit war zweifellos die auf den Zuckerrohrplantagen. Der durch das Zuckerrohr erworbene Reichtum der englischen Besitzungen Jamaika (ab 1655) und Barbados sowie der französischen Kolonien Saint-Domingue (heute Haiti), Guadeloupe und Martinique war bald sagenhaft. Die europäische Vorliebe für Süßes wurde teuer bezahlt. Denn das Schneiden und die Verarbeitung des Zuckerrohrs ist eine der härtesten Arbeiten, die man sich vorstellen kann. Das Zuckerrohr mußte abgebrannt, danach in glühender Sonne mit der Machete kurz über dem Boden abgeschlagen werden. In unerträglicher Hitze wurde dann in den Siedehäusern der Zuckersirup gewonnen. Kein Europäer hätte freiwillig diese Arbeit gemacht. Die Disziplin wurde mit Ketten, Peitschen- und Stockschlägen aufrechterhalten. Ludwig XVI. begrenzte per Gesetz die Anzahl der Peitschenhiebe auf 50, und der Bürgerkönig Louis-Philippe schaffte in mehreren Etappen das Recht des Sklavenhalters auf körperliche Bestrafung ab, doch kümmerten sich die Pflanzer meist wenig um Vorschriften aus dem fernen Mutterland. Flucht und Rebellion wurden durch Gerichte mit Folterung, Verstümmelung oder Tod bestraft. In diesem Fall erhielt der Herr eine Entschädigung für den Verlust seines Sklaven. Nach Feierabend und am Samstag oder Sonntag, dem einzigen freien Tag, konnten die Sklaven bisweilen ihr eigenes kleines Feld bestellen oder in einem Verschlag Hühner oder Schweine mästen. Ein etwas besseres Los traf zumeist die Haussklaven und -sklavinnen, die leichtere Arbeiten zu verrichten hatten, jedoch oft den Schikanen der Herrin oder den Nachstellungen des Herrn ausgesetzt waren. Oft wurden sie jedoch auch gut behandelt und gekleidet, durften zu ihren Trommeln tanzen und Feste feiern. Mutiges Verhalten oder ein Liebes- oder Vertrauensverhältnis mit dem Herrn konnte sogar mit Freilassung belohnt werden. Doch stets ging bei den weißen Herren die Angst um, die Voodoo-Trommeln könnten zu einem Aufstand aufrufen, und nicht zu Unrecht. 1655 hatten die Spanier auf Jamaika alle Sklaven freigelassen, damit diese als *cimarrones* (engl. *maroons*) den englischen Invasoren das Leben schwer machten. Lange führten die Engländer einen erfolglosen Kleinkrieg mit den *maroons*, denen im unwegsamen Terrain des Cockpit Country erst mit Bluthunden beizukommen war. Auf allen Inseln entflohen immer wieder Sklaven, die nachts Plantagen überfielen, das Vieh vergifteten und andere zur Rebellion anstachelten. Fast immer wurden die Aufstände grausam niedergeschlagen. Der Sklavenrebellion von Saint Domingue wurden die Franzosen jedoch nicht Herr: 1802 wurde Haiti der erste freie, von Schwarzen und Mulatten regierte Staat der Karibik. Mit der Abschaffung der Sklaverei ließen sich die Europäer lange Zeit. 1834 gaben die Engländer mit ihrer Emancipation Bill den Sklaven – nach einer vierjährigen »Lehrzeit«, die viel Unruhe stiftete – die Freiheit. 1848 folgten ihnen – auf Initiative Victor Schoelchers – die Franzosen, 1863 die Niederländer. Erst 1880 schaffte Kuba als letztes Land der Karibik die Sklaverei ab. Der kubanische Schriftsteller Miguel Barnet konnte noch in den sechziger Jahren unseres Jahrhunderts einen leibhaftigen entflohenen Sklaven (*cimarrón*) als Augenzeugen befragen.

Die freigelassenen Sklaven lebten lange Zeit unter kaum veränderten Bedingungen. Oft blieb ihnen keine andere Wahl, als weiter auf den Plantagen zu schuften. Glücklicher war, wer ein eigenes Stück Land bewirtschaften konnte. Auf vielen Inseln brach die Plantagenwirtschaft zusammen, auch wenn sich manche Pflanzer – besonders auf Trinidad – mit der Einfuhr von Kontraktarbeitern aus Indien behalfen, die unter sklavenähnlichen Bedingungen schufteten.

Die europäische Hypothek in der Karibik ist groß, und angesichts der grausamen Geschichte nimmt mancher weißer Besucher mit Beschämung zur Kenntnis, wie freundlich, ja herzlich er auf den Antillen von den Nachfahren der Sklaven zumeist aufgenommen wird. Doch ist das wachsende Selbstbewußtsein der Schwarzen, besonders auf Jamaika, nicht zu übersehen. Mutige afrikanische Historiker sehen jedoch in der – wohl vergeblichen – Erwartung vieler Schwarzer, daß ihnen von den Weißen für das lange erlittene Unrecht Entschädigungsleistungen zustünden und der damit oft verbundenen lethargischen Haltung angesichts der drängenden Gegenwartsprobleme eher ein Hemmnis für die wirtschaftliche Entwicklung Afrikas und der Antillen.

wiesen sich die Sklavenrebellionen, die man erbarmungslos bekämpfte. Berühmt wurde Bussa's Revolt im Jahre 1816, in der 300 Sklaven ums Leben kamen und viele weitere Rebellen nach Honduras deportiert wurden. 1838 ließ man die Sklaven nach vierjähriger »Lehrzeit« endgültig frei, doch gab es für sie nach wie vor kaum andere Arbeit als auf den Plantagen. Viele verließen die Insel. Der europäische Zuckerrübenanbau führte zum Zusammenbruch des westindischen Zuckerhandels, der jedoch Anfang des 20. Jh. eine Erholungsphase erlebte. 1951 erhielt Barbados das allgemeine Wahlrecht und wurde am 30. November 1966 in die Unabhängigkeit entlassen. In wirtschaftlicher Hinsicht zählt Barbados trotz der Krise der letzten Jahre zu den eher wohlhabenden Ländern. Das Bruttoinlandsprodukt ist pro Kopf höher als das der EU-Staaten Griechenland oder Portugal. Premierminister ist seit 1986 Erskine Sandiford von der Democratic Labour Party, der allerdings nach einem im Juni 1994 verlorenen Mißtrauensvotum Neuwahlen ankündigte.

## Bridgetown

Einw.: ca. 110 000

Die Hauptstadt der Insel wurde 1628 unter dem Earl of Carlisle gegründet. Benannt ist sie nach einer primitiven Holzbrücke (heute Chamberlain Bridge), die angeblich die Indianer über den Meeresarm des Constitution River gebaut hatten. Dieser bildet an seinem unteren Teil den Careenage (Kielholplatz), an dem man die Frachtschiffe zur Seite legte und die Schiffsböden säuberte. Eleganteste Einkaufsstraße der Stadt mit vielen zollfreien Geschäften und der monumentalen, im Kolonialstil errichteten Barclay's Bank ist die *Broad Street*. Gut einkaufen kann man auch in der Swan Street, die noch schöne alte Häuschen mit Balkonen besitzt. In der »Straße, die niemals schläft«, der Baxter's Road, kochen abends Frauen mit ausladender Leibesfülle Fisch in gußeisernen Töpfen (*buck pots*) über offenem Kohlefeuer, und aus den Rumshops und Bars schallt Calypso- und Reggaemusik über die Straße. Doch der Einzug der Moderne hat in Bridgetown schmerzliche Spuren hinterlassen. Immer mehr Supermärkte machen dem farbenfrohen Treiben auf den zwei großen Stadtmärkten Fairchild und Cheapside Konkurrenz. Noch blühende Geschäfte wickeln die Rastafarians in der Rasta Mall und die Händler im Pelican Village ab, wo lokales Kunsthandwerk verkauft wird. Bridgetown hat allerdings auch seine düsteren Ecken: Bay Street und Nelson Street sollte man nachts besser meiden, da Bridgetown hier mit Crack und Prostitution dem traurigen Vorbild von Kingstown/Jamaika und Port of Spain/Trinidad nacheifert.

◁ *Barbados, Bridgetown, St. Mary's Church*

**St. Mary's Church:** Sie wurde im 18. Jh. errichtet.

**St. Michaels's Cathedral:** Über den Fundamenten der 1665 erbauten Vorgängerkirche errichtete man 1789 eine Kirche, deren Deckengewölbe seinerzeit das weiteste der Welt war. 1865 wurde das Gotteshaus zur Kathedrale erhoben.

**St. Patrick's Cathedral:** Erst mit dem auf Barbados stationierten irischen Regiment der Connaught Rangers durften sich katholische Priester auf Barbados niederlassen. 1840 legte man den Grundstein des ersten, neun Jahre später vollendeten Kirchenbaus. Nach einem Brand (1897) errichtete man die Kirche neu – bemerkenswerterweise mit Spendengeldern von Katholiken, Protestanten und Juden. Als 1970 das Bistum von Bridgetown und Kingstown (St. Vincent) geschaffen wurde, erhob man die Kirche zur Kathedrale.

**Synagogue** (Magazine Lane): Die Synagoge zählt zu den ältesten der Neuen Welt. Sie wurde erstmals 1654 von holländischen Juden aus dem brasilianischen Pernambuco (Recife) errichtet, die Cromwells Verkündigung der Glaubensfreiheit folgend auf Barbados den Zuckerrohranbau einführten. 1831 wurde die Synagoge durch einen Hurrikan teilweise zerstört und 1833 für den Gottesdienst wiedereröffnet. Unlängst wurde sie restauriert, wobei man den alten hölzernen Dachstuhl und die Mauern aus Korallenstein freilegte. Im Inneren sind schöne Messingleuchter und eine säulenverzierte

Frauenloge zu sehen. Die Grabsteine auf dem angrenzenden, heute noch genutzten Friedhof gehen bis ins 17. Jh. zurück.

**Garrison Savannah:** Auf dem Paradeplatz aus dem 17. Jahrhundert finden heute Pferderennen und Cricketbegegnungen statt, doch am Unabhängigkeitstag findet hier nach wie vor ein Aufmarsch in den sehenswerten historischen Uniformen statt. Die Savannah säumen alte Militärgebäude wie der *Savannah Club* und die alte *Drill Hall.* Zu den ab 1649 errichteten britischen Verteidigungsanlagen gehören die Ruinen von *Fort Charles* und *St. Ann's Fort*. Der *Signal Tower* datiert von 1703. Vor dem Gebäude der *Main Guard* mit einem 1804 errichteten Uhrturm wurden an die 30 Kanonen aus der Mitte des 17. Jh. bis zum späten 18. Jh. aufgestellt. Im einstigen Militärgefängnis ist das *Barbados Museum* untergebracht. Es zeigt eine umfangreiche historische Sammlung mit indianischen Artefakten, Exponaten zum Zuckeranbau und zur Sklaverei, alte Landkarten, Graphiken und Fotografien sowie eine rekonstruierte Gefängniszelle. Sehenswert sind die Geschichtsshows unter dem Titel »1627 and All That«.

**Government House:** 1736 kaufte die Regierung dem Quäker John Pilgrim das Gebäude ab und wandelte es in die ständige Residenz des Gouverneurs von Barbados um, der heute Königin Elizabeth II. vertritt. Das Haus, das alle Hurrikane der vergangenen Jahrhunderte überlebt hat, zeigt mit seinen schattigen Veranden, überwölbten Säulengängen, Jalousienfenstern und Dachfirstverzierungen die typische Architektur der Pflanzerhäuser von Barbados.

**Public Buildings:** Im Norden des Trafalgar Square stehen die neogotischen Gebäude des Parlaments von Barbados. Es ist nach den Parlamenten von London und auf den Bermudas das drittälteste der englischsprachigen Welt. Das 1639 errichtete State House brannte 1668 ab. Die gesetzgebende Versammlung mußte daraufhin 60 Jahre in Schenken tagen, bis ein neues Gebäude errichtet wurde. Dieses fiel 1860 einem Feuer zum Opfer. Das West Building wurde 1871 vollendet, das East Building drei Jahre später. Der Turm erinnert eher an eine Kirche. Die Glasmalereien zeigen britische Monarchen von König Jakob I. bis Königin Victoria. Erstaunlicherweise ist auch Oliver Cromwell darunter, den die königstreuen Bajans wenig schätzten.

**Queen's Park:** Hier residierte der kommandierende General der britischen Truppen Westindiens. In der 1909 in einen Park umgewandelten Anlage steht ein riesiger Affenbrotbaum (Baobab) mit einem Umfang von 18 Metern. Er soll über tausend Jahre alt sein. Da Baobabs aber aus Afrika stammen, kann niemand erklären, wie dieses Exemplar seinerzeit nach Barbados gekommen sein soll.

**Trafalgar Square:** Berühmter Blickfang des zentralen Platzes am Nordufer des Careenage ist die bronzene *Nelsonstatue*. Der britische Held war auf seiner Jagd nach dem französischen Admiral Villeneuve am 4. Juni 1805 in Bridgetown eingelaufen, wenige Monate bevor er in der siegreichen Seeschlacht von Trafalgar ums Leben kam. In Bridgetown ist man stolz darauf, die von Sir Richard Westmacott entworfene Statue bereits 1813, also 36 Jahre vor ihrem Pendant in London, aufgestellt zu haben. In den siebziger Jahren machte sich allerdings Mighty Gabby, der einflußreichste Calypsosänger der Insel, zum Wortführer einer national gesinnten Protestbewegung, die da forderte: »Take down Nelson and put up a Bajan Man.« Doch Nelson steht nach wie vor auf seinem Podest, man hat ihn nur aus unerfindlichen Gründen um 180° gedreht.

## Umgebung

**Bleak House** (Saint Andrew): Das 1860 errichtete Haus, um das zwei Familien jahrelang prozessierten, wurde nach Charles Dickens' Roman *Bleak House* benannt, in dem es ebenfalls um endlose Eigentumsstreitereien geht. 1983 errichtete ein neuer Besitzer die inzwischen ausgebrannte Ruine im klassisch georgianischen Stil neu.

**Codrington College** (St. John): Christopher Codrington III. (1668–1710), ein reicher Pflanzer, der mit dreißig Jahren Gouverneur der Leeward-Inseln geworden war, stiftete

*Barbados, Bridgetown, Parliament House* ▷

*Barbados, Codrington College*

1702 in seinem Testament das älteste Priesterseminar der westlichen Hemisphäre. Das 1671 errichtete Pflanzerhaus wurde zur Principal's Lodge umgewandelt. 1743 waren die Gebäude des Kollegs vollendet. Wirbelstürme und Brände suchten allerdings wiederholt die Bauten heim. Eine majestätische Allee mit hohen Krautpalmen führt auf die eindrucksvolle Fassade des Kollegs zu.

**Crane Beach Hotel** (St. Philip): In der Bucht ankerten einst Schiffe, die man mit einem Kran be- und entlud. Das aus dem 18. Jh. stammende Herrenhaus aus weißem Korallenstein wurde 1867 in spektakulärer Lage als ältestes Hotel von Barbados eröffnet.

**Drax Hall** (St. George): Die erste Zuckerrohrplantage der Insel (1640) ist seit dem 17. Jh. im Besitz der gleichen Familie. Das wohl um 1700 entstandene Herrenhaus ist – wie St. Nicholas Abbey – eines der ältesten Plantagenhäuser auf Barbados und mit seinen steilen Giebeln, Kreuzblumen an den Ecken, Flügelfenstern an den Giebeln, schönem Treppenhaus und einem reichverzierten Eingangsbogen ein Schmuckstück der Architektur aus der Zeit Jakobs I.

**Farley Hill** (St. Peter): Das heute in Ruinen liegende Herrenhaus wurde ab 1818 in mehreren Etappen im herrschaftlichen Stil des 19. Jh. errichtet. 1861 weilte hier Prinz Albert, Herzog von Edinburgh, zu Gast. 1956 machte man Farley Hill zur Filmkulisse für den Hollywoodstreifen *Island in the Sun* (1957), in dem der Hauptdarsteller Harry Belafonte seinen berühmten Song zum besten gab. 1965 brannte das Haus bis auf die Grundmauern nieder. 1965 erwarb die Regierung von Barbados das Anwesen, auf dem viele tropische Bäume gedeihen, und wandelte es in einen Nationalpark um.

**Francia Plantation House** (St. George): Das gepflegte Herrenhaus der gleichnamigen Plantage, in dem noch immer die Nachfahren des ersten französischen Besitzers wohnen, wurde Anfang des Jahrhunderts auf einem bewaldeten Hügel errichtet. Im Haus sind ausgezeichnete alte Karten und Stiche zu sehen, darunter eine der ältesten Karten der Karibik (1522). Lionel Grimstone Fox* schuf 1879 die Aquarellansichten der in der Nähe liegenden *Gun Hill Signal Station.* Dieses 1982 restaurierte Bauwerk gehörte einst zu einer 1818 errichteten Kette von Signalstationen. Mit Flaggen und verschiedenfarbigen Laternen konnte man frühzeitig die Ankunft von Schiffen oder sich zusammenbrauende Sklavenaufstände weitermelden. Unterhalb der Station dräut ein riesiger, 1868 in Korallenstein gemeißelter Löwe, ein Symbol des Britischen Empire.

**Holetown** (St. James): Der heute modern wirkende Ort ist Schauplatz des jährlich Mitte Februar stattfindenden *Holetown Festival.* Hier nämlich gingen am 17. Februar 1627 die ersten 80 Siedler von Bord der William & John. Zwei Jahre zuvor hatte John Powell, Kapitän der Olive Blossom, am 14. Mai 1625 im Namen König Jakobs I. von England Anspruch auf die Insel erhoben. Der an diese Begebenheit erinnernde Obelisk trägt fälschlicherweise Juli 1605 als Landungsdatum. Ursprünglich hieß der Ort St. James' Town, doch Seeleute, die sich hier an »Limehouse Hole« an der Themse erinnert fühlten, sorgten für die Umbenennung. Die Grundmauern der *St. James Parish Church* sollen noch vom ersten Kirchenbau aus der Mitte des 17. Jh. stammen. Der Taufstein datiert von 1684, die Kirchenglocke mit der Inschrift »God Bless King William« wurde 1696 gegossen. Vom 300 Jahre alten, jedoch mehrmals erneuerten *St. James Fort* blieben nur Mauerreste und eine Kanone erhalten. Umgebaut wurde auch das bis ins 18. Jh. zurückreichende Pflanzerhaus *Porters* im Norden von Holetown.

**Ilaro Court** (St. Michael): Lady Gilbert Carter, die amerikanische Gattin von Sir Gilbert Carter, der 1904–11 auf Barbados Gouverneur war, entwarf 1919 dieses extravagante Haus aus Korallenstein am Stadtrand von Bridgetown. Heute residiert hier der Premierminister.

**Morgan Lewis Mill** (St. Andrew): Hunderte von Windmühlen gab es einst auf Barbados; nur bei dieser aus dem 17. Jh. sind Windrad und Flügel noch intakt. Das holländische Aussehen verwundert nicht, wenn man bedenkt, daß holländische Juden aus dem brasilianischen Pernambuco auf Barbados den Zuckeranbau einführten.

**Oistins** (Christchurch): In diesem Fischerdorf, das jährlich das sehr populäre *Oistins

*Barbados, St. John Parish Church*

Fish Festival* feiert, wurde 1652, und zwar im längst verschwundenen Ye Mermaid's Inn, die »Charter of Barbados« unterzeichnet. In dieser verpflichteten sich die königstreuen Inselbewohner zähneknirschend zu striktem Gehorsam gegenüber Oliver Cromwell und dem Commonwealth-Parlament. Im Osten oberhalb von Oistins erhebt sich die *Christchurch Parish Church.* Ihre vier Vorgängerbauten wurden durch Wirbelstürme, Überflutungen und Brände zerstört. Auf dem Kirchhof liegt die berühmte *Chase Vault.* Anfang des 19. Jh. fand man jedesmal, wenn man die versiegelte Gruft öffnete, die schweren Bleisärge kreuz und quer durcheinander vor, als hätte ein Riese mit ihnen Pingpong gespielt, bis man sie schließlich getrennt auf dem Friedhof beisetzte. – Unweit des Dorfes erhebt sich der *South Point Lighthouse*, ein eiserner Leuchtturm, der 1851 auf der Weltausstellung in London gezeigt wurde, bevor man ihn zerlegte und nach Barbados schaffte.

**St. George Parish Church:** Das älteste erhaltene Gotteshaus auf Barbados überstand

*Barbados, St. George Parish Church*

den Hurrikan von 1831. Der Turm datiert allerdings erst von 1953. Das bemerkenswerte Altarbild »Die Auferstehung« schuf Benjamin West*, der erste Präsident der amerikanischen Royal Academy.

**St. John Parish Church**: Die 1836 anstelle eines älteren Vorgängerbaus errichtete Kirche liegt auf einem fast 300 Meter hohem Kliff an der felsigen Ostküste. Auf dem Kirchhof soll Ferdinandus Paleologus, ein direkter Nachfahre des letzten byzantinischen Kaisers, begraben sein. Er kam als Flüchtling nach Barbados, nachdem er im Bürgerkrieg auf der Seite der Royalisten gefochten hatte. 1678 starb er hier. 1831 legte ein Hurrikan das Grab mit dem Bleisarg frei, in dem der nach griechischem Ritus Bestattete lag. In einer Gruft mit griechischen Säulen wurde er neu beigesetzt.

**St. Nicholas Abbey:** Das älteste Inselgebäude – eine Abtei war es nie – ließ zwischen 1650 und 1660 Colonel Benjamin Berringer errichten. Der sog. jakobäische Stil zeigt geschweifte holländische Giebel und angesichts des tropischen Klimas seltsam anmutende Eckkamine. 1663 ging das Haus in den Besitz von Sir John Yeamans über, der von Speightstown aus das amerikanische Carolina kolonisierte und der dritte Gouverneur von South Carolina wurde. Nur drei Plantagenhäuser dieser Zeit gibt es noch in der westlichen Hemisphäre. Im Inneren sind wertvolles Mobiliar und Porzellan zu besichtigen. Der Eigentümer führt gerne einen alten Film über das Plantagenleben im frühen 20. Jh. vor.

**Sam Lord's Castle:** Das großartige Herrenhaus wurde 1820 von Samuel Hall Lord erbaut. Rumseligen Erzählungen zufolge soll dieser ruchlose Pflanzer nicht nur das Vermögen seiner Frau erpreßt, sondern in mondlosen Nächten Laternen an die Palmenwipfel am Strand oder an die Hörner seiner Kühe gehängt haben. Die irregeleiteten Schiffe, die bereits den rettenden Hafen vor sich glaubten, zerschellten dann auf dem Hatteras-Riff, und Lords Männer schleppten die Ladungen an Land. Mit der Strandräuberei war es vorbei, als am Ragged Point, dem östlichsten Punkt der Insel, ein Leuchtturm

*Barbados, Sam Lord's Castle*

errichtet wurde. Im Salon des Hauses sind großartige Mahagonisäulen, Stukkaturen italienischer Meister sowie kostbare Möbel und Gemälde zu bewundern, die teilweise aus den gekaperten Schiffsladungen stammen. Das Herrenhaus ist heute Teil der luxuriösen Hotelanlage des Marriott-Konzerns, der mit astronomischen Zimmerpreisen die »Tradition« Sam Lords ganz legal fortsetzt.

**Sharon Moravian Church** (St. Thomas): Die Kirche wurde 1799 von den Herrnhuter Missionaren (engl. Moravians) mit mächtigem Turm und kunstvollen Fenstern errichtet. Die Herrnhuter kamen 1765 nach Barbados und waren die ersten, die sich um Bildung und Seelenheil der Sklaven kümmerten und sich damit bei den Pflanzern dementsprechend unbeliebt machten. Die Versklavung von Christen galt nämlich als nicht legitim. Nach der Zerstörung durch den Hurrikan von 1831 wurde die Kirche 1833 wiedererrichtet. Ihre Architektur zeigt norddeutsche Einflüsse.

**Sir Frank Hutson Sugar Machinery Museum** (St. James). Das in einem alten Siedehaus unweit der modernen Portvale Sugar Factory untergebrachte Museum zeichnet die Geschichte der Zuckerindustrie ab etwa 1640 bis in die heutige Zeit nach.

**Speightstown** (St. Peter): Die um 1630 entstandene Stadt (sprich Spehkstong) war einst ein geschäftiger Zuckerhafen, den mehrere Forts sicherten. Viele der schönen Holzhäuser mit georgianischen Balkonen und vorgebauten Galerien auf schmalen Holzpfeilern (manche fielen unvorsichtigen Lkws zum Opfer) aus der Mitte des 19. Jh. blieben erhalten. Da man von hier aus den gesamten Zucker ins englische Bristol exportierte, hieß die Stadt früher »Little Bristol«. Die alte Kaufmannsfamilie Speight aus Bristol gab ihr den heutigen Namen. *St. Peter's Parish Church* wurde um 1630 gebaut, nach dem Hurrikan von 1831 im georgianischen Stil neu errichtet und nach einem Brand 1980 erneuert.

**Sunbury Plantation House** (St. Philip): Das Plantagenhaus wurde zwischen 1660 und 1670 von dem irischen Pflanzer Matthew Chapman errichtet und ging 1775 an

Besitzer aus Sunbury-on-Thames über. Als Baumaterial dienten harte Steine, die als Ballast auf Schonern aus England kamen. Ein kleines Privatmuseum zeigt alte Möbel, Haushaltsgeräte sowie Einspänner und Ochsenkarren.

**Villa Nova** (St. John)**:** Das erstklassig erhaltene Herrenhaus ließ 1834 der erfolgreiche Zuckerbaron Edmund Hayes, der 400 Hektar Land besaß, aus Korallenstein errichten. Zu den späteren Besitzern des Anwesens mit seinem üppigen tropischen Garten gehörte der einstige britische Premierminister Sir Anthony Eden. Die zwei Portlandiabäume im Garten pflanzten 1966 Königin Elizabeth und Prinz Philip.

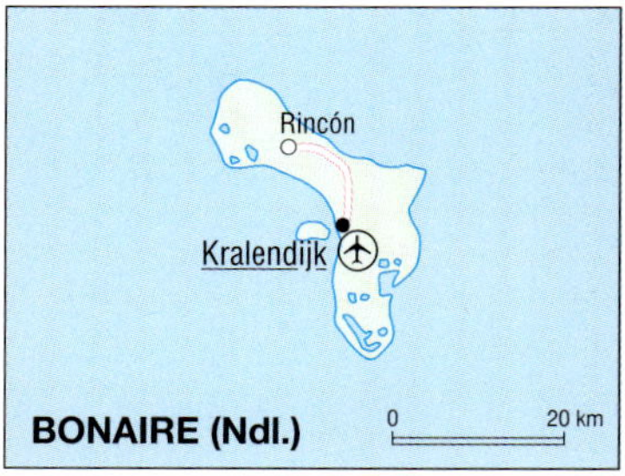


## Bonaire

Das Schönste an Bonaire liegt unter Wasser, behaupten nicht wenige Touristen. Tatsächlich besitzt die Insel einige der attraktivsten Tauchgründe der Karibik, die mit Hilfe des World Wildlife Fund zum *Bonaire Marine Park* erklärt wurden. Die fast wüstenhafte Landschaft der Insel mit ihren Dividivi-Bäumen und Riesenkakteen erinnert dagegen an Curaçao und Aruba. Hier kommen v.a. die Ornithologen auf ihre Kosten, denn zu den 130 Vogelarten, die auf Bonaire nisten, darunter Reiher, Pelikane und Papageien, zählen auch über 10000 Flamingos. Zu ihrer Erhaltung hat man in den Salzpfannen des Pekelmeers und im Washington/Slagbaai National Park besondere Schutzgebiete eingerichtet. Auf der friedlichen Insel leben etwa 11000 freundliche Menschen, in deren Adern indianisches, afrikanisches und europäisches Blut fließt und die wie auf Curaçao und Aruba neben Holländisch vor allem Papiamentu sprechen.

### GESCHICHTE

Amerigo Vespucci, nach dem der amerikanische Kontinent benannt ist, bekam als erster Europäer Bonaire zu Gesicht. Zu dieser Zeit lebten die Caiquetios-Indianer, ein Arawak-Stamm, auf der Insel, deren indianischer Name *bo-nah* »flaches Land« bedeutete. Um 1515 deportierten die Spanier viele von ihnen zur Bergwerksarbeit nach Hispaniola. Viehzucht und Salzgewinnung waren die wenigen Einnahmequellen der frühen Kolonisatoren, die Bonaire zu den »unnützen Inseln« rechneten. 1634 (vielleicht auch erst 1636) übernahmen die Holländer die Herrschaft und forcierten die Salz- und Viehwirtschaft, um ihre Hauptkolonie Curaçao zu ernähren. Während weißen Siedlern die Einwanderung verwehrt blieb, importierten die Holländer afrikanische Sklaven, nach deren Freilassung (1863) die Regierungsplantagen unrentabel wurden. 1870 verkaufte man die Salinen zu einem Spottpreis von 150000 Gulden. Ab den 20er Jahren arbeiteten die verarmten Bonairer überwiegend in den Ölraffinerien von Aruba und Curaçao. Während des Zweiten Weltkriegs wurden Hunderte von Deutschen, die auf Curaçao lebten, auf Bonaire interniert. Etwa 20000 Touristen, zwei Radiostationen, ein protestantischer US-Fernsehsender und der wiederaufgenommene, heute fast vollautomatisierte Abbau von Meersalz sind heute die Haupteinnahmequellen der Insel.

**Kralendijk:** Die verschlafene kleine Hauptstadt (»Korallendeich«) der Insel mit ihren gelbweiß gestrichenen Häusern mit roten Ziegeldächern im holländischen Kolonialstil zählt etwa 1800 Einwohner. Diese nennen ihre Stadt verblüffenderweise »Playa«, also Strand, den man hier vergeblich sucht. Neben einem Geschäftszentrum in der Breedestraat, dessen Läden preisgünstige Luxusartikel anbieten, sind das alte *Fort Oranje* (Ende 18. Jh.) mit Turm und Kanone, der pseudogriechische Pavillon des pittoresken *Fischmarkts* sowie zwei Museen sehenswert. Das *Museo Boneriano* zeigt eine inselkundliche Ausstellung, die *Cocolishi Exhibition* im Osten der Stadt eine umfangreiche Privatsammlung mit rund 200 Muschel- und Schneckengehäusen aus den Gewässern rund um Bonaire.

**Boca Onima:** In der Nähe des Ortes liegt eine Grotte mit über 500 Jahre alten Felszeichnungen der Arawak.

**Pekelmeer:** Am Rand der Lagune mit ihren riesigen Salzpyramiden blieben an zwei Orten (Witte Pan und Rode Pan) steinerne Unterkünfte erhalten. In den hundehüttenartigen Wohnungen, in denen man nicht einmal stehen kann, schliefen um 1850 je zwei Sklaven, die in der Saline schuften mußten. Ihre Familien, die einen sechsstündigen Fußmarsch entfernt in Rincón wohnten, durften die Schwarzen nur am Wochenende besuchen. Die drei Obelisken dienten zur Orientierung der Salzschiffe.

**Rincón:** Frühe Sklavensiedlung der Insel mit hübschen pastellfarbenen Häuschen. Der Nationalfeiertag am 6. September wird hier besonders ausgiebig gefeiert. Afrikanisch beeinflußte Musik wird während des *Simadan Festival* (Erntedankfest im April) und am St. John's und St. Peter's Day (23./24. bzw. 28./29. Juni) gespielt.

## Curaçao

Die Hauptinsel der Niederländischen Antillen ist der vielleicht aufregendste Schmelztiegel der Karibik. Ihren Namen verdankt sie (vielleicht) dem portugiesischen Wort für Herz: *coração*. Religiöse Toleranz und Geschäftstüchtigkeit sorgten dafür, daß sich auf Curaçao Menschen aus über 40 Nationen niederließen. Schönster Ausdruck für den daraus resultierenden kulturellen Synkretismus ist die Umgangssprache Papiamentu, eine elektrisierende Mischung aus sephardischem Judenportugiesisch, venezolanischem Spanisch, Niederländisch, Englisch sowie einiger afrikanischer und indianischer Dialekte. Trotz der wirtschaftlichen Krise der letzten Jahrzehnte genießen die 165 000

Einwohner von Curaçao nach wie vor mit den höchsten Lebensstandard der Karibik. Tourismus ist auf der Insel, die durch die Ölindustrie zu Wohlstand kam, ein noch recht neuer, dafür um so stürmischer expandierender Wirtschaftszweig. Die karge Steppenlandschaft mit ihren windschiefen Dividivi-Bäumen und theatralischen Riesenkakteen mutet wenig karibisch an, und die Strände mögen auf Aruba besser sein. Doch bunter und lebendiger geht es auf keiner anderen niederländischen Antilleninsel zu, auch wenn Einheimische wie Touristen nicht gerade mit Maskenumzügen und *jump-ups* leidenschaftlich Karneval feiern. *Bon bini* also auf *dushi Kòrsou*!

### GESCHICHTE

Die frühesten indianischen Funde sind über 2000 Jahre alt. Vor Ankunft der Europäer lebten auf Curaçao Caiquetio-Indianer. Dieser friedliche Arawak-Stamm baute Knollenfrüchte an, fuhr mit Kanus zum Fischen hinaus und bestattete seine Toten in Graburnen. Alonso de Ojeda, einer der Leutnants von Christoph Kolumbus, machte 1499 erstmals Meldung von der Insel. Sein Begleiter Amerigo Vespucci, der die Küste Südamerikas erforschte, nannte Curaçao »Insel der Riesen« (islas de los gigantes), da die Indianer die Europäer an Körpergröße überragten. Da die Spanier weder auf Curaçao noch auf Aruba und Bonaire Gold finden konnten, überließen sie die »unnützen Inseln« (islas inútiles) den Sklavenfängern, die zahlreiche indianische Bewohner als Zwangsarbeiter in die Goldminen von Hispaniola verschlepp-

*Curaçao, Willemstad, Fort Amsterdam*

ten. Viele der Verbliebenen rafften europäische Seuchen dahin. 1634 eroberte der Holländer Johann van Walbeek mit 225 Mann und sechs Schiffen die Insel und ließ die 20 spanischen Siedler sowie die meisten Indianer deportieren. Willemstad erwies sich als idealer Durchgangshafen zwischen dem brasilianischen Pernambuco (Recife) und Nieuw Amsterdam (später New York), von wo aus Peter Stuyvesant (1610–72), der ab 1647 Gouverneur von Curaçao gewesen war, als Gouverneur der holländischen Besitzungen in der Neuen Welt saß. Nachdem die Niederlande ihre Besitzungen in Brasilien verloren hatten, wanderten ab 1654 viele sephardische Juden von dort ein, die bald maßgeblichen Einfluß auf den Handel mit Europa und Südamerika erlangten. Das 1675 zum Freihafen erklärte Willemstad avancierte zum wichtigsten Sklavenmarkt der Karibik, auf dem auch Schmuggelware und Kakao umgeschlagen wurden. In der Folgezeit versuchten die Franzosen mehrfach vergeblich, Curaçao zu besetzen. 1795 führten die Ideen der Französischen Revolution zum größten Sklavenaufstand der Insel unter dem schwarzen Sklaven Tula, der allerdings blutig niedergeschlagen wurde. Während der napoleonischen Zeit besetzten die Engländer 1800–1803 sowie erneut 1806–1816 die Insel. Ab 1812 diente Curaçao als Zufluchtsort für südamerikanische Freiheitskämpfer wie Simón de Bolívar, an dessen Seite Luis Brion und Manuel Carlos Piar aus Curaçao stritten. 1816 wurde Curaçao Teil des Königreichs der Niederlande und 1845 Verwaltungssitz der holländischen Leeward-Inseln. Die Abschaffung der Sklaverei im Jahre 1863 läutete den Niedergang der nicht mehr rentablen Plantagen ein. Ab 1874 baute man Phosphat ab. Anfang des 20. Jh. entdeckte man die großen Ölvorkommen des Lago Maracaibo (Venezuela). Da die venezolanische Küste für große Öltanker ungeeignet war, baute Royal Dutch Shell auf dem politisch stabilen Curaçao eine große Raffinerie, die Arbeitskräfte aus der gesamten Region anzog und im Zweiten Weltkrieg zum unentbehrlichen Treibstofflieferanten der Alliierten wurde. Die Automatisierung in den 50er und 60er Jahren stürzte jedoch viele Menschen in die Arbeitslosigkeit. 1969 kam es in Willemstad zu einem großen Arbeiteraufstand, bei dem Teile von Otrobanda verwüstet wurden. Mitte der 80er Jahre zogen die großen Ölgesellschaften ab, und die Raffinerien mußten ihre Kapazitäten erheblich zurückschrauben. Der Tourismus ist heute die zweitgrößte Industrie. Eine zusätzliche Einnahmequelle sind zahlreiche Briefkastenfirmen und Offshore-Banken. Deren Grundstein legte Ende der 30er Jahre ein niederländischer Anwalt, der holländischen Firmenbesitz auf die Antilleninsel transferierte, um ihn vor dem Zugriff der Deutschen zu schützen. Weniger gern spricht man von der traurigen Tatsache, daß Curaçao eine Drehscheibe des internationalen Drogenhandels geworden ist: Die kolumbianische Küste ist nicht weit und die Kontrollen der Flüge zwischen den Niederländischen Antillen und dem holländischen Mutterland recht flüchtig. Curaçao ist heute Regierungssitz der Niederländischen Antillen. Diese erhielten 1954 die innere Autonomie. Während 1986 Aruba aus ihrem Verbund ausscherte, sprach sich im November 1993 auf Curaçao eine Volksabstimmung mit überwältigender Mehrheit – gegen die Regierung – für die Beibehaltung des augenblicklichen Status aus.

| **Willemstad** |
|---|
| Einw.: 140 000 |

Mit ihren farbenfrohen holländischen Häusern mutet die Hauptstadt von Curaçao wie ein tropisches Amsterdam im Legolandformat an. Daß die Häuser aussehen, als seien sie in einen Malkasten gefallen, ist angeblich dem Generalgouverneur der Niederländischen Inseln, Vizeadmiral Albert Kikkert zu verdanken, dem die blendendweißen Fassaden Kopfschmerzen bereiteten und der deshalb 1817 den Anstrich in Pastellfarben anordnete. Willemstad ist ein Einkaufsparadies, das neben (fast) zollfreier Elektronik günstig Uhren und ausgezeichnete Edelsteine anbietet. Die erste Siedlung entwickelte sich nach 1634 rund um das Fort Amsterdam zwischen Annabaai u. Waaigat, das »Punt«

*Curaçao, Willemstad, Handelskade*

genannt wurde. Auf Papiamentu wurde daraus »Punda«. Um 1650 erhielt die Stadt den Namen Willems II. Die Einheimischen sprechen allerdings lieber von »Punda«, wenn sie das Altstadtviertel meinen, und von »Otrobanda« (»anderes Ufer«), wenn vom Viertel an der gegenüberliegenden Seite der Annabaai die Rede ist. Diese beiden Stadtteile verbindet die Pontonbrücke *Emmabrug* sowie die 1974 errichtete, bis zu 50 m hohe Autobrücke *Julianabrug*, unter der auch die größten Kreuzfahrt- und Containerschiffe hindurchfahren können.

**Fort Amsterdam:** Das älteste niederländische Fort der Antillen wurde 1635 in fünfeckiger Form errichtet, später jedoch des öfteren umgebaut und restauriert. Heute ist es Sitz des Gouverneurs der Niederländischen Antillen; außerdem sind hier weitere Regierungsgebäude untergebracht. Die 1763 im Stil einer niederländischen Seemannskirche erbaute protestantische *Fortkerk*, deren sakralen Charakter nur der aufgesetzte Dachreiter verrät, ist die Nachfolgerin der ältesten

*Curaçao, Willemstad, Handelskade, Penhagebouw*

Kirche Curaçaos. 1991 wurde sie restauriert. In ihrer Südwestmauer steckt eine Kanonenkugel, die 1804 britische Invasoren unter dem Kommando vom Kapitän Bligh (bekannt von der Meuterei der Bounty) abfeuerten. Das schlicht gehaltene Innere besitzt eine prächtige Barockorgel aus dem 18. Jh. Das angeschlossene Museum zeigt das wertvolle Kirchensilber sowie Reproduktionen der ältesten Inselkarten und Ansichten Curaçaos. Die immer noch funktionierende Regenwasserzisterne war einst die wichtigste Süßwasserquelle der Garnison. Eine vorgeschobene Position des Forts nehmen die bogenförmigen Kasematten des alten Waterfort ein, das teilweise dem turmhohen Plaza Hotel weichen mußte. Heute ist es ein hübsches Zentrum mit Geschäften und Restaurants.

**Handelskade:** Die schmalen, hohen Giebelhäuser an der Sant Annabai sehen aus, als hätte man sie direkt von den Grachten Amsterdams hierher verpflanzt. Ältestes Gebäude ist das vielfotografierte orangefarbene Eckhaus an der Breedestraat, das 1708 errichtete Penhagebouw. Architektonische Kompromisse an das tropische Klima machte man erst später, als man die Giebelhäuser von Curaçao mit schattigen offenen Galerien ausstattete.

**Joodse Synagoge Mikve Israël** (Columbusstraat/Kerkstraat): Die älteste noch bestehende Synagoge der Neuen Welt wurde 1730–32 – vermutlich anstelle eines älteren Holzbaus – nach dem Vorbild der portugiesischen Synagoge in Amsterdam errichtet und ist von einer hohen Mauer umgeben. »Gott breite Japhet aus und lasse ihn wohnen in den Zelten Sems« (Genesis 9,27) steht in hebräischer Schrift über der Tür. Vier frei stehende Säulen, die den strahlend weiß getünchten Innenraum mit seinen blauen Glasfenstern in drei Schiffe teilen, tragen die Mahagonidecke. Aus Mahagoni sind auch die Frauengalerien, die Betbänke, der klassizistische Orgelprospekt und der Altar. Die vier großen Messinglüster mit je 24 Kerzen werden an Jom Kippur angezündet. Der

*Curaçao, Willemstad, Gemälde der Handelskade*

Boden wird jeden Tag mit weißem Sand bestreut. Er symbolisiert nicht nur die Wanderung der Isrealiten durch die Wüste in das Heilige Land, sondern erinnert auch an die Zeit der spanischen Inquisition, in der er die Geräusche der geheimen Gottesdienste dämpfte. Die Synagoge wird nach wie vor genutzt: Am Freitag und Samstag findet ein Gottesdienst statt. Wer die Synagoge besuchen möchte, sollte keinesfalls vergessen, die am Eingang ausliegende jüdische Kopfbedeckung aufzusetzen.

Im Haus des Rabbiners, das man über einen Innenhof erreicht, wurde das sehr sehenswerte *Joodse Cultureel Museum* eingerichtet. Viele der religiösen Objekte, Schriftrollen, Silber, Bibel, Möbel, Kleidungsstücke und Haushaltsgeräte sind eine Stifung der Familie Maduro, die in der Gemeinde einen herausragenden Platz einnahm. Einer ihrer Söhne, George Lionel Maduro, kam 1945 im Konzentrationslager Dachau ums Leben. Ihm zum Gedächtnis ließ die Familie die Miniaturstadt Madurodam in Den Haag errichten. Vor dem Museumseingang ist eine 300 Jahre alte Mikvah zu sehen, die einst für rituelle Waschungen diente. Im Westen der Stadt, am Schottegatweg Nord, befindet sich einer der zwei jüdischen Friedhöfe, *Beth Chayim:* Er wurde 1659 geweiht und wird immer noch genutzt. Seine über 1700 Grabsteine aus dem 17. und 18. Jh. sind mit Basreliefs und teilweise noch lesbaren Inschriften verziert.

**Koningin Emma Brug:** Die Pontonbrücke, mit ihren 168 Metern eine der längsten beweglichen Brücken der Welt, wurde 1888 zum ersten Mal errichtet und war damals die einzige Verbindung zwischen Punda und dem westlichen Stadtteil Otrabanda. Ab 1901 erhob die Curaçaose Handelsmaatschappij von jedem Fußgänger, der die Brücke mit Schuhen überquerte, einen Zoll von zwei oder drei Cents, während barfüßige – also arme – Passanten, nur einen Cent zahlten. Prompt zogen sich viele Einwohner vor dem Überqueren die Schuhe aus. 1935 hob man die Gebühr auf. 1939 ersetzte man die alte Brücke durch eine neue. Am Tag zieht sie

*Curaçao, Willemstad, Schwimmender Markt*

ein Schiffsmotor 20 bis 30mal auf die Seite, um Schiffe in das Schottegat einfahren zu lassen. Während dieser Zeit pendelt eine kostenlose Fähre hin und her. Da die Brücke einigen Schwankungen ausgesetzt ist, wirken die meisten Passanten, als hätten sie etwas zu tief ins Rumglas geschaut.

**Octagon** (Penstraat): Dieses achteckige Haus gehörte einst den Schwestern von Simon Bolívar. Hier wohnte der südamerikanische Freiheitsheld während seines Exils auf Curaçao (1812). Der Raum im Erdgeschoß präsentiert Manuskripte, Bilder und Bücher, der im Obergeschoß ein Bett und einige Möbel.

**Schwimmender Markt** (De Ruyterkade): An einem schmalen, zum Waaigat führenden Kanal legen jeden Tag zahlreiche Schoner und Lastkähne aus Venezuela und Kolumbien an. Die Händler spannen bunte Segel als Baldachine auf und feilschen mit ihren Kundinnen auf spanisch und papiamentu um frischen Fisch sowie tropisches Obst und Gemüse, das auf Curaçao wegen Wassermangels kaum angebaut wird. Am buntesten geht es hier frühmorgens zu. Mittags kann man in das alte *Marktgebäude Plaza Biejo* hinter dem Postamt gehen und den vollschlanken schwarzen Köchinnen in die Töpfe gucken, in denen *stoba* (Eintopf), *snijboonchi* (Bohnensuppe) oder *balchi piska* (Fischklößchen) über Holzkohlefeuer köcheln.

**Wilhelminaplein:** Die Südseite des östlich von Fort Amsterdam gelegenen Hauptplatzes der Stadt begrenzt das ockerfarbene und weiße *Stadhuis*, das 1858–60 für den Königlichen Rat und als Justizgebäude im klassizistischen Stil mit Säulenportikus und doppelter Freitreppe errichtet wurde. Den Dreiecksgiebel ziert das niederländische Staatswappen, denn im Statenzaal tagt das Parlament der Niederländischen Antillen. In den Kellern des Gebäudes befanden sich Gefängniszellen. An der Südostecke des Wil-

*Curaçao, Willemstad, Wilhelminaplein, Stadhuis* ▷

*Curaçao, Willemstad, Straße in Otrobanda*

helmina Parks steht der *Tempel Emanu-el*. Er wurde 1867 von der Gemeinschaft der sephardischen Juden errichtet, die eine liberalere Glaubensauffassung vertrat und sich 1864 von der jüdischen Gemeinde Curaçaos getrennt hatte. 1964 vereinigte sich die Gruppe mit der von der Mikvé Israel Synagoge. Das Gebäude diente seit dieser Zeit verschiedenen kulturellen Zwecken und soll in ein Kongreßzentrum umgewandelt werden.

**Otrobanda:** Das Viertel »am anderen Ufer« ist nicht nur wegen seines malerischen Blicks auf Punda einen Besuch wert. Die westliche Seite des Hafeneingangs bewacht das 1788 errichtete *Riffort*, in dem heute zwei Restaurants untergebracht sind. Während des Arbeiteraufstands von 1969 brannten rund um den *Brionplein* viele Gebäude ab, doch schlendert man rechts und links der *Breedestraat* durch stimmungsvolle Straßen mit einigen schönen pastellfarbenen Kaufmannshäusern, die mit ihren Ziegeldächern, geschwungenen Giebeln und Dachluken ein wenig an norddeutsche Städte wie Celle oder Stade erinnern. Vieles wirkt etwas heruntergekommen, doch wird fleißig restauriert. In Otrobanda wohnt die ärmere Bevölkerung von Willemstad, und so findet man auch abfallübersäte Gassen mit kleinen Häuschen, von denen der Putz blättert. Nachts sind die düsteren Gassen nicht ganz ungefährlich, die Atmosphäre in den Einheimischenlokalen, aus denen Salsa-, Merengue- und Socamusik schallt, bietet jedoch eine willkommene Abwechslung zu den amerikanisch angehauchten Touristenetablissements von Punda. In den Außenbezirken von Otrobanda lohnt das *Curaçao-Museum* (Van Leuwenhoekstraat) einen Besuch. Es ist in einem ehemaligen Militärhospital aus dem 18. Jh. untergebracht und präsentiert niederländische Wohnkultur des 18. und 19. Jh., Gemälde, Kunsthandwerk, alte Karten, eine Sammlung traditioneller Musikinstrumente afrikanischen Ursprungs sowie indianische Werkzeuge und Kultfiguren.

**Scharloo:** Das alte jüdische Wohnviertel nördlich des Waaigat (von Punda zu erreichen über die Wilhelminabrug) zeigt mit seinen klassizistischen Villen eine stark europäisch beeinflußte Architektur. Sehenswert sind das *Cultureel Centrum* sowie am Ostrand des Stadtteils der Bolivarplein, mit einem Standbild zu Ehren des Freiheitshelden und der als Museum eingerichteten *Casa Bolívar* (1812).

## Umgebung

**Christoffel-Nationalpark:** Das von mehreren gutmarkierten Wanderwegen durchzogene Naturschutzgebiet im äußersten Norden der Insel besitzt eine vielfältige Flora und Fauna, darunter Dividivi-Bäume, Kadushi-Kakteen, Akazien, Aloesträucher und Orchideen sowie exotische Vogelarten und seltenes Damwild. Vom *Christoffel-Berg* (375 m) bietet sich ein herrliches Inselpanorama, im Süden zeichnet sich die venezolanische Küste ab. In einigen Außengebäuden des selbst nicht offenstehenden *Landhuis Savonet* aus dem 17. Jh. am Parkeingang sind naturgeschichtliche sowie einige archäologische Exponate zu besichtigen. Einige Höhlen des Nationalparks besitzen bis zu 2000 Jahre alte indianische Felszeichnungen.

**Hato:** Das unweit des Flughafens gelegene Tropfsteinhöhlensystem besitzt etwa 1500 Jahre alte indianische Felszeichnungen.

**Landhuizen:** *Ascención*: Das 1672 errichtete und 1963 restaurierte Herrenhaus der ältesten Plantage Curaçaos (im Norden der Insel), das heute ein Rehabilitationszentrum für holländische Marinesoldaten ist, kann nur am ersten Sonntag im Monat besichtigt werden. Dann findet hier ein kleiner Kunsthandwerksmarkt mit Musik statt. – *Brievengat*: Das Landhaus, in dem des öfteren Musikdarbietungen und Folkloreshows stattfinden, wurde im frühen 18. Jh. errichtet und nach 1954 restauriert. In den zwei flankierenden Türmen, ursprünglich als Ausguck errichtet, kerkerte man Sklaven ein. Im Volksmund heißen sie »cas di palomba« (Taubenhäuschen). – *Chobolobo*: Hier stellt die Curaçao Liqueur Distillerij den weltberühmten Likör her. Dazu verwendet man die Schalen der im trockenen Boden von Curaçao zur Bitterpomeranze (citrus aurentium curassuviensis) mutierten Valencia-Orange,

*Curaçao, W., Hausfassade in Otrobanda*

die Laraha genannt wird. Die grüne, gelbe und blaue Farbe des Getränks wird allerdings durch künstliche Farbstoffe erzeugt und hat keinen Einfluß auf den Geschmack. – *Groot Davelaar:* Das Landhaus wurde 1865 als Residenz des venezolanischen Staatspräsidenten Gusman Bianco errichtet, wobei der Landhausstil von Curaçao mit klassizistischen Elementen kombiniert wurde. – *Groot Santa Marta*: Das 1700 errichtete und 1979 restaurierte Plantagenhaus ist heute ein Behindertenzentrum. – *Jan Kok:* Das älteste Landhaus auf Curaçao datiert von 1654 und wurde teilweise als inselhistorisches Museum eingerichtet. – *Knip:* Das restaurierte Landhaus aus dem 17. Jh. unweit des beliebten gleichnamigen Strandes besitzt schönes altes Mobiliar. Zwei Sklaven dieses Hauses, Tula und Carpata, lösten am 17. August 1795 den größten Sklavenaufstand der Insel aus. Zehn Tage später mußten die etwa 1000 Rebellen jedoch kapitulieren: Die Anführer und 27 Gefolgsleute wurden hingerichtet. – *Ronde Klip*: Das stark verfallene Plantagenhaus wurde 1850 im monumentalen klassizistischen Stil errichtet und soll restauriert werden. – *Rooi Catootje* (auch Roy Catoochie): Hier tagte 1954 der Runde Tisch, der die Autonomie der Niederländischen Antillen regelte. – *Zeelandia*: Das in der 2. Hälfte des 18. Jh. gebaute Landhaus konnte seinen ursprünglichen Charakter gut bewahren. Ungewöhnlich ist die offene Kolonnade an der Außenseite. Heute ist hier ein geschlossener Privatclub untergebracht. Wer jedoch im Restaurant speist, kann anschließend die Räumlichkeiten besichtigen. – *Zuurzaak*: Das Landhaus datiert von 1725, wurde jedoch 1876 umgebaut und 1977 in ein Restaurant umgewandelt.

## Dominica

»We are not the Dominican Republic«, fleht verzweifelt der Touristenprospekt dieser zwischen Guadeloupe und Martinique gelegenen, 84 000 Einwohner zählenden grünen Antilleninsel (sprich Domnieka), die vielleicht gerade deshalb von den großen Touristikunternehmen ignoriert wird. Die meisten Bewohner der Insel haben vermutlich schon Briefe aus dem Ausland mit der Aufschrift »Mal encaminado a Santo Domingo« (nach Santo Domingo fehlgeleitet) erhalten. Daß sich »Dom Rep«, die Königin des Pauschaltourismus, im Touristikerjargon »Dominicana« nennen will, wird die Verwirrung nicht gerade mindern. Dabei könnten die beiden Länder unterschiedlicher kaum sein. Das gebirgige, regenreiche Dominica erfüllt nicht die karibischen Klischees von weißen Palmenstränden und ewiger Sonne. Die Strände sind hier vulkanschwarz und wild (lediglich bei Calibishie im Nordosten existiert ein kleiner weißer Sandstrand), dafür aber meist menschenleer. Doch ihretwegen kommen ohnehin die wenigsten Besucher. Hier auf der »Nature Island of the Caribbean« (Werbeprospekt) sind Luft und Wasser so klar und rein wie sonst nirgendwo in der Karibik. Dominicas Hauptattraktionen sind tosende Wasserfälle wie *Trafalgar Falls*, *Titou Gorge* und die Urwaldgrotte *Emerald Pool*, kühle Kraterseen wie *Freshwater Lake* und *Boeri Lake* sowie das *Valley of Desolation*, ein aktives Fumarolengebiet, und ein brodelnder Solfatarensee namens *Boiling Lake*, den man nur auf einer vielstündigen, sehr anstrengenden Wanderung über Stock und Stein erreicht. Eine Bootsfahrt über den *Indian River* bei Portsmouth führt durch schattige Mangrovensümpfe mit Reihern, Krabben (und Moskitos!), während die Regenwälder des *Papillote Wildlife Retreat*, des *Morne Trois Pitons Park* und des künftigen *Morne Diablotin National Park*, in dem die seltenen Sisserou- und Jaco-Papageien leben, einzigartige Rückzugsgebiete für seltene Tropenflora und -fauna sind. Die Schönheit der Berge und der grünen Wälder lobte Nicolo Syllacio, der über die zweite Kolumbusreise schrieb, wesentlich enthusiastischer als der maulfaule Admiral selbst, der auf die Frage der spanischen Könige, wie denn Dominica aussehe, als Antwort eine zerknüllte Serviette auf den Tisch warf. »Schönes Land, nur einen kleinen Schritt vom Paradies entfernt«, heißt es in Julie Morillons *Pays a moin*, einem anläßlich der Zehnjahresfeier der Unabhängigkeit entstandenen beliebten Zouk-Chanson.

Auf Dominica leben die letzten Nachfahren des indianischen Volkes, das der Karibik seinen Namen gegeben hat. Wai'tukubuli (»groß ist ihr Körper«) nannten die Kariben ihre Insel. Auch sie tragen dazu bei, daß man Dominica eigentlich nicht mit der Dominikanischen Republik verwechseln kann. Denn während man in Santo Domingo Ko-

*Dominica, Emerald Pool* ▷

lumbus ein riesiges Mausoleum baute, singen die »Entdeckten« (sie machten nach dem Aphorismus von Lichtenberg tatsächlich eine böse Entdeckung) in ihrem Reservat ein ganz anderes Lied: »500 years of Columbus lie!!! Yet we survive«, steht auf der Wand des Carib Councel Office.

## GESCHICHTE

Die Kariben waren nicht die ersten, die sich auf Dominica niederließen. Wohl um 1000 n. Chr. verdrängten sie die friedliebenden Arawak, die seit etwa tausend Jahren auf der Insel gelebt hatten. Noch weiter (bis 3000 v. Chr.) reichen die Siedlungsspuren der Ciboney zurück. Es war ein Sonntag, an dem Christoph Kolumbus, am 3. November 1493, nach seiner zweiten Überfahrt in die Neue Welt die Insel als erstes Land sichtete, und da ihm kein besserer Name einfiel, nannte er sie nach dem »Tag des Herrn«. Kolumbus konnte an der rauhen Ostküste keinen Landeplatz finden und segelte weiter nach Norden, während eine seiner Karavellen in der heutigen Prince Rupert's Bay dann doch noch auf einen guten Ankerplatz stieß. Die Kariben zeigten sich von der Entwicklung wenig begeistert, hatten aber Glück, daß die Insel in europäischen Augen wenig Verlockendes bot und weitgehend sich selbst überlassen wurde. Portsmouth war allerdings ein wichtiger Versorgungshafen der Indienschiffe aller Nationen. Dominica wurde bald zum Zufluchtsort der auf den anderen Antilleninseln erbarmungslos bekämpften und ausgerotteten Kariben, doch 1635 und 1674 richteten die Europäer auch hier Massaker an. 1686 kamen Engländer und Franzosen überein, Dominica für neutral zu erklären, doch hielten sich beide Seiten nicht daran. Die Franzosen begannen Anfang des 18. Jh. mit der Besiedelung, doch nach sechzigjährigem Hin und Her eroberten die Briten 1761 die Insel, die ihnen im Vertrag von Paris 1763 zugesprochen wurde. Das Land wurde in Parzellen aufgeteilt und in Großbritannien öffentlich versteigert, Plantagen schossen aus dem Boden, der Sklavenhandel nahm rapide zu, Roseau und Portsmouth wurden zu Freihäfen erklärt. Während nach wie vor eine große französische Population Landwirtschaft und Handel kontrollierte (noch heute ist französisches *créole* auf der Insel als Umgangssprache weitverbreitet), lag die militärische und zivile Verwaltung in den Händen der Briten. Im amerikanischen Unabhängigkeitskrieg fiel die Insel für fünf Jahre 1778–83 wieder an Frankreich, doch nach dem Vertrag von Versailles waren die Briten wieder Herren im Lande. 1795 schlug man eine französische Invasion zurück; 1805 eroberten napoleonische Truppen für einige Tage die Insel, zogen aber nach Zahlung eines Lösegeldes von 8000 Pfund wieder ab, nicht ohne vorher Roseau zur Erinnerung in Brand gesteckt zu haben. Die Briten hatten auch ohne die Franzosen genug zu kämpfen. Entflohene Sklaven, die Maroons, die in den unzugänglichen Bergen Dominicas ideale Verstecke fanden, führten erbitterte Guerillakriege gegen die Plantokratie. 1834 verkündete man die Befreiung aller Sklaven. Daraufhin wagten Schwarze von den Französischen Antillen, auf denen man 1802 die Sklaverei wieder eingeführt hatte, die gefährliche Überfahrt in die Freiheit nach Dominica. In der Folgezeit hatte Dominica mit Phasen wirtschaftlicher Depression zu kämpfen, doch sorgte die Anpflanzung von Kakao und Limetten (um 1900) sowie Bananen (um 1950) für neuerlichen Aufschwung. 1967 erhielt die Insel den Status eines mit Großbritannien assoziierten Staates im Rahmen der Westindischen Assoziierten Staaten und wurde am 3. November 1978 als The Commonwealth of Dominica in die Unabhängigkeit entlassen. Kaum ein Jahr später verwüstete Hurrikan David am 29. August 1979 die arme Insel, die ohnehin nur das geringste Pro-Kopf-Einkommen der Kleinen Antillen hat. Seit 1980 regiert die (später geadelte) Premierministerin Eugenia Charles (von der Dominican Freedom Party) mit fester Hand das Land. 1982 mißlang ein von internationalen Drogenschmugglern und Waffenschiebern unterstützter, höchst obskurer Invasionsversuch durch eine geradezu absurd zusammengewürfelte Truppe namens Red Dog, die aus Mitgliedern des Ku-Klux-Klan, radikaler Schwulenorganisationen und kanadischen Söldnern bestand. Ihr wollten sich auf der Insel militante Dreads (nicht zu verwechseln mit den friedliebenden Rastafarians), die schon in den siebziger Jahren für blutige Zwischenfälle gesorgt hatten, und Anhänger des linksgerichteten Expremiers Patrick John anschließen. Eugenia Charles löste daraufhin die 200

*Dominica, Roseau, Kolonialhäuser*

Mann starke Armee des Landes auf. Bei den für Mitte 1995 vorgesehenen Wahlen wird sie nicht mehr antreten.

| **Roseau** |
| --- |
| Einw.: 120 000 |

Viele Besucher aus Guadeloupe und Martinique kommen am Wochenende nach Roseau, um sich hier in eine Zeit zurückzuversetzen, in der Pointe-à-Pitre und Fort-de-France genauso aussahen wie diese kleine Stadt, die mit ihren schlichten verwitterten Holz- und Steinhäusern mit Jalousien, überhängenden Balkonen, gelegentlichem Gingerbread-Schmuck, fast immer aber mit verrosteten Wellblechdächern ein typisch karibisches Flair ausströmt. Das an der Mündung des Roseau River gelegene Roseau (der französische Name bedeutet Schilf) erhielt als Hauptstadt den Vorzug vor dem damals malariaverseuchten Portsmouth, doch trotz einiger unsagbar scheußlicher Betonklötze, in denen die Regierungsbeamten arbeiten, herrscht in Roseau immer noch das Flair einer ländlichen Kleinstadt, in der Ziegen und Hühner über den Rasen des Außenministeriums laufen und auch der Besucher stets freundlich mit einem *Hello* oder *Yeah man* begrüßt wird. Doch auch in Roseau ist in den letzten Jahren manches in Bewegung geraten. Ein neuer Tiefseehafen soll den vom Hurrikan David verwüsteten Hafen aufmöbeln, den internationalen Handel fördern und Kreuzfahrtschiffe, die bisher in Portsmouth vor Anker gehen, in die Hauptstadt locken. Außerdem warten neue Hotels, Restaurants und Läden auf Touristen. Herausragende Sehenswürdigkeiten bietet Roseau, das man vom Morne Bruce aus überblickt, allerdings nicht. Auch der berühmte Botanische Garten ist seit Hurrikan David nur noch ein Schatten seiner selbst. Besichtigen kann man die ab 1845 im neoromanisch-neogotischen Baustil errichtete katholische *Cathedral Our Lady of Fair Haven* (Virgin

Lane), das in ein Hotel umgewandelte *Fort Young* von 1770, das rotweiße *Vena's Hotel* (Cork Street), in dem Jean Rhys (1890 bis 1979), die große Schriftstellerin Dominicas, geboren wurde (ihr Roman *Wide Sargasso Sea* erlangte Weltruhm) sowie das alte *General Post Office* von 1810, einst das alte Markthaus. Seit dem Bau der neuen Markthalle wirkt der kopfsteingepflasterte *Old Market Square* mit viktorianischem Denkmal aus Schmiedeeisen (einst das koloniale Zentrum der Stadt, auf dem man Sklaven versteigerte und hinrichtete) etwas verlassen, während man frühmorgens auf dem *New Market* (Bay Street) bei einer frisch geschlürften Kokosnuß eintaucht in das farbige, laute, fröhliche Leben der Karibik.

## Umgebung

**Carib Territory:** Wer die wilde atlantische Ostküste zwischen Castle Bruce und Marigot entlangfährt, sollte schon genau hinsehen, um das 1500 Hektar großen Reservat der letzten Karibenindianer nicht unbemerkt zu durchfahren. Hier wird bitterlich enttäuscht, wer wilde nackte Indianer vorzufinden glaubt, die um Feuerstätten tanzen und an den Knochen schmackhafter Europäer nagen – ein Bild, das seit Robinson Crusoe in den Köpfen herumgeistert (»Kannibale« leitet sich von der spanischen Verballhornung *caribales* ab). Wenn überhaupt, so wurde Menschenfleisch lediglich im Rahmen religiöser Zeremonien verzehrt, in denen man die Kraft der getöteten Feinde in sich aufnehmen, zumindest aber unschädlich machen wollte. »Schön, daß uns die Europäer dazu auch noch Messer und Gabel geliefert haben«, kommentierte ein Bewohner des Territory sarkastisch die seinerzeit viel kolportierte Geschichte, daß den Kariben die zarten Franzosen am besten geschmeckt hätten, während sie die zähen Spanier nur widerwillig fraßen. »Time to restore our dignity«, fordert Gregory Rabess in seinem Lied *Ele Karifouna*. Der schwarze Unterdrücker habe den weißen Master abgelöst, erläutert der sich leidenschaftlich für die Sache der Karifouna (so nennen sich die Kariben selbst) engagierende Sänger in einem anderen Lied, *Democracy*. Es ist schon so: Bestenfalls Desinteresse bringen die schwarzen Herren in Roseau den Kariben entgegen, es sei denn, ein Minister leistet sich den absurden Vorwurf, daß die »Unsauberkeit« im Territory kein schöner Anblick für Touristen sei. Als leiste man sich die zumeist in bitterer Armut lebenden Kariben lediglich als wohlfeile malerische Fotomotive! Wer sich ein wenig mit der Geschichte dieses einst so mutigen und stolzen Indianerstamms vertraut gemacht hat, der im 17. Jh. selbst die waffentechnisch weit überlegenen Europäer mit seinen Giftpfeilen und scharfkantigen Holzkeulen das Fürchten lehrte, wird das letzte Reservat der Kariben so desillusioniert verlassen wie diese selbst, die sich ihre trostlose Situation oft genug wenigstens für ein paar Stunden schöntrinken.

Eingerichtet wurde das Reservat (so nannte man es damals, und der Begriff ist auch heute noch ehrlicher als Territory) im Jahre 1903, und zwar auf Befehl Königin Victorias, die sich wohl einen aufrüttelnden Bericht über die beklagenswerten Lebensumstände der letzten reinrassigen Kariben zu Herzen genommen hatte, die den letzten Rest ihrer kulturellen Identität zu verlieren drohten. Wer das kleine Schild »You are entering the Carib Territory« übersehen hat, erkennt das Reservat an drei Dingen: den strohgedeckten Pavillons und Ständen, in denen die Menschen ihre hochwertigen Flechtwaren verkaufen, dann den immer noch im traditionellen Stil gefertigten Einbaumkanus und schließlich an den Menschen selbst, deren leicht mongolisch wirkende Gesichtszüge mit hohen Backenknochen karibisches Blut verraten. Als »reinrassig«, wenn man dieses Wort überhaupt noch gebrauchen will, gelten nur noch einige Handvoll der Reservatsbewohner. Ob es überhaupt noch einen »hundertprozentigen« Kariben gibt, vermag niemand mit Bestimmtheit zu sagen. Jedenfalls spricht nur noch einer von ihnen, der über 70 Jahre alte Lewis Dupigny, die Sprache seines Volkes, das sich seit langem, wie die schwarze Bevölkerung, in Englisch oder im französischen *créole* verständigt. Mit Dupigny wird die karibische Sprache, von der es nur alte Wörterbücher gibt, unwiederbringlich aussterben. Zu kümmern scheint es

*Dominica, Salybia, Kirchengemälde von L. Honychurch* ▷

die wenigsten. Leider ist man untereinander selbst zu zerstritten, um die eigene Sache in Roseau und vor der Weltöffentlichkeit entschieden vertreten zu können. Weitgehend machtlos bleibt daher auch der für jeweils fünf Jahre gewählte Chief des Volkes (1994 löste Hilary Frederick den seit 1984 amtierenden Irvince Auguiste ab). Nicht einmal die Vorschriften, wer im Territory leben darf, sind konsequent: Während eine Karibin, die einen Schwarzen heiratet, das Reservat verlassen muß, darf ein Karibe ohne weiteres mit einer schwarzen Ehefrau im Reservat leben. Das Land gehört allen Karifouna gemeinsam, was für den einzelnen allerdings zur Folge hat, daß er bei der Bank wegen fehlender Sicherheiten keinen Kredit bekommt. Strom und fließendes Wasser sind immer noch die Ausnahme; immerhin gibt es vier Schulen. Wer an die überall in der Karibik ausgelassen um jedes fremde Auto tobenden schwarzen Schulkinder gewöhnt ist, wird verwundert die schüchterne Reserviertheit der hiesigen Schüler zur Kenntnis nehmen. Vielleicht verzichtet man aus Respekt vor der Fotoscheu der Menschen, die sich meist nur stumm wehren, freiwillig darauf, die Kamera zu zücken.

Im Hauptdorf **Salybia** ist die *Kirche* sehenswert, deren Altar aus einem Kanu geschnitzt wurde. Das Gemälde der Rückwand mit Szenen der Christianisierung der Kariben schuf Lennox Honychurch*. An der Außenwand der Kirche zeigt ein weiteres Wandbild, wie die Kariben Christoph Kolumbus am 3. November 1493 freundlich und arglos empfingen. Für die Karifouna ein heiliger Ort ist der zur Küste hinunter führende erstarrte Lavastrom *Escalier Tête Chien*, der einer riesigen steinernen Schlange gleicht. Wer mehr über das Territory erfahren möchte, kann sich im *Carib Council Office* informieren oder Charles Williams als Führer engagieren, der auch Zimmer vermietet. Den besten Dienst erweist man den letzten Karifouna jedoch, wenn man ihre schönen in Ocker, Braun und Schwarz gehaltenen Flechtarbeiten aus Larouma-Schilf wie Körbe, Hüte, Untersetzer, Fächer oder Flaschenhüllen erwirbt. Und sich dann still und leise wieder auf den Weg macht.

**Lavi Domnik Museum:** Unweit des Canefield Airport nördlich von Roseau präsentiert das wichtigste Museum der Insel, das im *Old Mill Cultural Centre*, einer der wenigen (in Ruinen) erhaltenen Zuckermühlen Dominicas, untergebracht ist, geologische Entstehung, Geschichte u. Kultur der Insel.

**Massacre:** Bei dieser Siedlung an der Westküste sollen 1674 britische Truppen 80 Kariben umgebracht haben. Das Massaker wurde durch die Feindschaft zweier Halbbrüder

*Dominica, Massacre, Wandgemälde von L. Honeychurch (u); Portsmouth, Fort Shirley (r)* ▷

ausgelöst, der eine Europäer, der andere halber Karibe. Ein farbenfrohes Wandgemälde von Lennox Honychurch* erinnert an der Dorfeinfahrt an die tragische Geschichte der Kariben. Von der Kirche hoch über dem Dorf bietet sich ein schöner Blick auf die Küste.

**Portsmouth:** Die zweitgrößte Stadt Dominicas (2000 Einw.) am Naturhafen der an der nördlichen Westküste gelegenen Prince Rupert Bay, in der 1493 eine Karavelle der Kolumbusflotte vor Anker ging, ist heute ein sehr beschaulicher Ort. Auf der bewaldeten Halbinsel Cabrits nördlich von Portsmouth errichteten die Briten ab 1770 die Festungsanlagen von *Fort Shirley*, zu deren Vollendung die Franzosen während ihrer fünfjährigen Besetzung (1778–83) ihr Scherflein beitrugen. Über 600 Mann taten hier einst Dienst. Einige verrostete Kanonen sind noch heute auf die Bucht hinaus gerichtet. In Sichtweite der imposanten, heute von Lianen und Feigenbäumen überwucherten Mauern besiegte der britische Admiral Rodney am 12. April 1782 in der Entscheidungsschlacht von Saintes die französische Flotte von Admiral de Grasse. Heute dient das 1854 aufgegebene Fort Shirley als Informationsbüro des *Cabrits National Park*, der als Unterwasserschutzgebiet auch Teile der Bucht umfaßt.

*Dominica, Massacre, Kirche*

# Dominikanische Republik
(RépubIica Dominicana)

Kolumbus höchstpersönlich hat wohl die beste Tourismuswerbung für das Land geschrieben, als er am 16. Dezember 1492 in sein Bordbuch notierte: »Eure Hoheit können mir glauben, daß diese Ländereien so überaus gut und fruchtbar sind, besonders die Insel Española, daß man es mit Worten nicht beschreiben kann, und wer es nicht mit eigenen Augen gesehen hat, könnte es nicht glauben.« Doch noch vor zehn Jahren war die Dominikanische Republik – zumindest in Deutschland – nahezu ein weißer Fleck auf der touristischen Landkarte, obwohl hier die ältesten Gebäude der Neuen Welt, die höchsten Berge der Antillen und traumhafte Strände zu finden sind. Darüber hinaus sind die Dominikaner, zu 73 Prozent Mulatten, wahrscheinlich die freundlichsten Menschen der Karibik. Mittlerweile ist das Land zu einem überaus beliebten und dazu relativ preiswerten Pauschalreiseziel geworden. Aufgrund der kulturellen und landschaftlichen Vielfalt ist die Dominikanische Republik für einen Strandurlaub allein aber viel zu schade.

## GESCHICHTE

Vor der spanischen Eroberung war die zweitgrößte Antilleninsel, deren Territorium sich heute die Staaten Dominikanische Republik und Haiti teilen, von den zur Gruppe der Arawak gehörenden Tainos besiedelt, die aus den Urwäldern Venezuelas und der Orinoco-Mündung in mehreren Wellen eingewandert waren. Sie nannten die Insel Ayiti (großes Land), aber auch Quisqueya (gebirgiges Land). Die Taino besaßen die höchstentwickelte indianische Zivilisation der Karibik. Sie lebten vor allem von Fischfang und Landwirtschaft, bauten Mais, Maniok, Yucca, Ananas, Tabak und Baumwolle an. Ihre Kanus, die sie aus ausgehöhlten Baumstämmen fertigten, konnten bis zu 20 Personen befördern. Die Tainos standen in Kontakt zu den zentralamerikanischen Kulturen, von denen sie das rituelle Ballspiel übernahmen. In der Form von Holzskulpturen, Masken und Amuletten verehrten sie

zahlreiche Schutzgeister (*cemi*), die sie auch auf Höhlen- und Felswänden abbildeten. Ihre wichtigste religiöse Zeremonie war der Cahoba-Kult, bei dem man den Rauch halluzinogener Pflanzen einatmete. Die Insel war in fünf Kazikenreiche unterteilt: Der Kazike Guarionex herrschte über Maguà im Norden, Cayacoa über Higüey im Osten, Caonabo über Maguana im Süden; auf dem Territorium des heutigen Haiti regierten Guacanagarix über Marien im Norden und Caonabo und später die schöne Königin Anacoana über Xaragua im Süden. Insgesamt sollen in den zahlreichen Dörfern von Ayti etwa 600000 Indianer gelebt haben. Auch in die deutsche Sprache haben Wörter der Taino Eingang gefunden, darunter Ananas, Banane, Hurrikan, Kannibale, Kanu und die Hängematte (*hamaca*). In der Zeit, da Kolumbus in Spanien die Segel setzte, wurden die Taino von den ebenfalls aus dem nördlichen Südamerika stammenden kriegerischen Kariben bedrängt. Diese hatten bereits die kleinen Antillen in Besitz genommen.

Am 5. Dezember 1492 sichtete Kolumbus – von Kuba kommend – die Nordküste der Insel und ging einen Tag später beim heutigen Môle Saint-Nicolas (Haiti) an Land. In der etwas weiter östlich gelegenen Bahia de la Concepción (heute Baie des Moustiques, Haiti) nahm er einige Tage später das Land für die Krone Spaniens in Besitz, pflanzte ein großes Kreuz auf und taufte die Insel La Española (später Hispaniola), da ihn die Landschaft an Kastilien erinnerte. Kolumbus, der Marco Polos *Il Milione* als »Reiseführer« im Gepäck hatte, glaubte in Indien angekommen zu sein und hielt die Indianer für Untertanen des Großkhans, dessen sagenhaftes Goldreich er zu finden hoffte. Der Kazike Guacanagarix von Marien empfing den großen Navigator freundlich und gestattete ihm, mit dem Holz des havarierten Flaggschiffs Santa María unweit des heutigen Cap-Haïtien das Fort Navidad zu errichten. Dort ließ der Entdecker vor seiner Heimfahrt 39 Spanier zurück, die jedoch auf die Gastfreundschaft der Indianer mit Mord, Plünderung und Vergewaltigung antworteten. Aus Rache überfiel Caonabo, der Kazike von Xaragua, das Fort und ließ keinen Spanier am Leben. 1493 kehrte Kolumbus, von den Katholischen Königen zum Admiral ernannt, mit 17 Schiffen und 1560 Männern zurück und gründete die erste Steinsiedlung der Neuen Welt, La Isabela (unweit des heutigen Luperón). Seinem Bruder Bartolomé überließ er die Verwaltung von Hispaniola, während er selbst auf der Suche nach Gold in das Tal Cibao (dessen Name ihn an das sagenhafte Cipango – Japan – erinnerte) und ins Zentrum der Insel vorstieß, wo er in der Schlacht von La Vega Real den Kaziken Caonabo besiegte. Bald darauf mußten die Indianer Tribute in Form von Goldstaub, Baumwolle oder Lebensmitteln aufbringen und wurden spanischen Kolonisten als Zwangsarbeiter zugeteilt. 1498 gründete Bartolomé Colón am Ostufer des Río Ozama La Nueva Isabela, das nach einem Wirbelsturm auf die Westseite des Flusses verlegt wurde: das spätere Santo Domingo.

Als Entdecker war Kolumbus zweifellos genial, als Verwalter weit weniger. Bald rebellierte ein Teil der Spanier unter Francisco Roldán offen gegen den Admiral, der sich vor der spanischen Krone rechtfertigen mußte. 1500 wurde er auf seiner dritten Reise von Francisco de Bobadilla, den die Katholischen Könige zur Kontrolle nach Santo Domingo entsandt hatten, zusammen mit seinen Brüdern in Ketten nach Spanien zurückgeschickt. Zwar erreichte Kolumbus dort seine Rehabilitierung, erhielt aber seine alten Titel und Befugnisse nicht wieder zurück. Seine vierte Fahrt durfte er nur unter der Bedingung antreten, Hispaniola fernzubleiben.

1501 löste Nicolás de Ovando den unfähigen Bobadilla ab. Seine Verwaltung gilt als vorbildlich, doch ließ er Zigtausende von Indianern hinschlachten und Anacaona, die »Königin« von Xaragua, wegen angeblichen Verrats aufhängen. Gleiches geschah mit Cotubanama, dem Kaziken von Higüey. Mit einem Aufstand wurden die Spanier jedoch nicht fertig: Der getaufte Kazike Enriquillo führte mit den Indianern von Xaragua einen langen, erbitterten Kleinkrieg gegen die Kolonialmacht, dem erst Karl V. mit einem Vertrag ein Ende bereitete. Da die indianische Bevölkerung der Zwangsarbeit nicht gewachsen war, von Seuchen dahingerafft wurde oder massenweise Selbstmord beging, führten die Spanier 1503 die ersten afrikanischen Sklaven ein. Die Goldvorkommen des Cibao waren jedoch bald erschöpft, und da in Mexiko und Peru weit größere Reichtümer winkten, entvölkerte sich die Kolonie zusehends, und die Sklavenimporte gingen zurück. Die verbliebenen Spanier scharten sich um die Hauptstadt Santo Domingo, die sie jedoch nicht vor der Eroberung und Plünderung durch den englischen Korsaren Francis Drake im Jahre 1586 schützen konnten. Um 1625 setzten sich französische Bukaniere und Freibeuter auf der Isla Tortuga (im Norden der haitianischen Küste) fest. Der 1664 zum Gouverneur von Tortuga ernannte Bertrand d'Ogeron gründete 1670 das heutige Cap Haïtien, und immer mehr Franzosen ließen sich in dem entvölkerten Land nieder. Im Vertrag von Ryswyck (1697) trat das militärisch schwache Spanien den Westteil Hispaniolas an Frankreich ab. Der Handel mit Zucker, Kaffee, Baumwolle und Indigo machte in Folge die französische Kolonie Saint Domingue reich, während der spanische Ostteil zusehends verarmte. 1795 mußte Spanien im Vertrag von Basel der Abtretung des Ostteils an Frankreich zustimmen. Zwischenzeitlich war es zu Sklavenaufständen und einem Bürgerkrieg gekommen, bei dem der Schwarze Toussaint L'Ouverture die Oberhand behielt. Die weißen Pflanzer im Ostteil riefen die Engländer zur Hilfe, die den Nord- und Südosten des Landes besetzten, während die Spanier das Zentrum zu halten vermochten. Als französischer Gouverneur nahm Toussaint im Januar 1801 Santo Domingo ein und schaffte am 27. August die Sklaverei ab. 1802 landeten Truppen Napoleon Bonapartes, dem Toussaint zu eigenmächtig geworden ist, auf Hispaniola, eroberten den spanischen Teil und nahmen Toussaint gefangen, unterlagen dann aber fiebergeschwächt den Freiheitskämpfern unter Jean-Jacques Dessalines. Im Ostteil von Hispaniola vermochten sich die französischen Truppen aber zu halten. Am 1. Januar 1804 rief Dessalines die freie Republik Haiti aus. Napoleons Spanienfeldzug (1808) brachte die spanische Bevölkerung Hispaniolas gegen die französischen Truppen auf, die sich nach der verlorenen Schlacht von Palo Hincado (1809) den Engländern ergaben und das Land verließen. Für kurze Zeit verwaltete Spanien wieder den Ostteil der Insel, allerdings so interesselos, daß am 1. Dezember 1821 José Nuñez de Cáceres die Unabhängigkeit Santo Domingos von »España Boba«

(Blödes Spanien) erklärte und dem neuen Staat den Namen »Estado Independiente de Haití Española« gab. Während die Weißen sich in Folge nicht zwischen Unabhängigkeit und dem Anschluß an die Republik Kolumbien von Simon Bolívar entscheiden konnten, neigten die Schwarzen und Mulatten eher einer Vereinigung mit Haiti zu. So hatte Haitis Präsident Jean Pierre Boyer leichtes Spiel, als er am 9. Februar 1822 in Santo Domingo einmarschierte und Hispaniola für eins und unteilbar erklärte. Bald machten sich die Haitianer jedoch verhaßt, da sie, um die 1825 mit Frankreich gegen Anerkennung ihrer Unabhängigkeit ausgehandelte riesige Entschädigungssumme bezahlen zu können, die Wirtschaft des Landes ruinierten. Am 16. Juli 1839 gründeten neun Männer unter ihrem Führer Juan Pablo Duarte (1813–76), dem Ramón Mella und Francisco del Rosario Sánchez zur Seite standen, im Namen der »Dreieinigkeit des Allmächtigen Gottes« den Geheimbund La Trinitaria, dessen Mitglieder am 27. Februar 1844 die haitianische Garnison in Santo Domingo erstürmten und die Dominikanische Republik ausriefen. Der spätere Nationalheld Duarte war übrigens während dieser Zeit im Exil auf Curaçao. General Santana behielt in den nachfolgenden Streitigkeiten die Oberhand und wurde erster Präsident. In den nächsten Jahren scheiterten alle blutigen Versuche der Haitianer, den Ostteil der Insel zurückzuerobern. 1861 kehrte Spanien als Schutzmacht gegen die Haitianer zurück und annektierte das Land. Im Restaurationskrieg (1863–65) erkämpften sich die Dominikaner ihre Unabhängigkeit zurück. Machtkämpfe zwischen nationalistischen Oppositionsgruppen und Regierungsanhängern, die das Land an eine Großmacht anschließen wollten, zeichneten auch die Geschichte der Zweiten Republik, deren Angliederung an die USA der Kongreß von Washington 1870 mit nur einer Stimme Mehrheit ablehnte. 1882–99 errichtete Ulisses Heureaux eine gnadenlose Diktatur und stürzte das Land in eine aberwitzige Verschuldung und eine immer stärkere finanzielle Abhängigkeit von den USA. Nach Heureaux' Ermordung steuerte das Land in politisches und wirtschaftliches Chaos und verlor seine Finanzhoheit an die USA, die schließlich am 29. November 1916 Marinesoldaten in Santo Domingo einmarschieren ließen. Erst nach den Wahlen vom 15. März 1924 zogen die Truppen wieder ab. Die Dritte Republik stand unter dem Zeichen des Diktators Rafael Leonidas Trujillo (1891–1961), der 1937 Tausende von Haitianern ermorden ließ, dafür aber jüdische Flüchtlinge aus Deutschland aufnahm. Nach einem gescheiterten Mordanschlag auf den

*Ázua de Compostela, Campo Santo*

venezolanischen Präsidenten Betancourt war Trujillo, den die USA lange als Bollwerk gegen den Kommunismus stützten, außenpolitisch isoliert. Auch im Land selbst wurde der Widerstand immer größer: Am 30. Mai 1961 fiel der Diktator einem Anschlag zum Opfer. Der noch von Trujillo als Strohmann eingesetzte Präsident Balaguer (*1907) führte die Regierung weiter. Nach seinem Sturz wählten die Dominikaner 1963 Juan Bosch (*1909) zum Präsidenten. Seine sozialrevolutionären Projekte veranlaßten die Militärs zu einem von den USA unterstützten Putsch; nach bürgerkriegsähnlichen Unruhen landeten am 28. April 1965 erneut US-Kampfverbände, die nach der Einsetzung eines Übergangspräsidenten 1966 wieder abzogen. Die Vierte Republik ist von einer Figur bestimmt: dem mittlerweile greisen und fast erblindeten Präsidenten Joaquín Balaguer, der von 1966 bis 1978 regierte und seit 1986 wieder Präsident ist. 1990 setzte er sich in manipulierten Wahlen gegen seinen großen Rivalen Juan Bosch durch, gewann im Mai 1994 gegen den farbigen Kandidaten Peña Gómez und trat damit seine 7. Präsidentschaft an.

## Ázua de Compostela

Einw.: 80 000

1504 gründete Diego Velázquez, der Eroberer Kubas, den Ort, der damals allerdings etwa 15 km weiter südlich am Meer lag (heute El Pueblo Viejo de Ázua). Schon 1508 erhielt der rasch aufstrebende Hafen die Stadtrechte. Der spätere Eroberer des Aztekenreiches, Hernán Cortés, war hier von 1505 bis 1511 Stadtschreiber. Hier soll 1535 der Taino-Rebell Enriquillo gestorben und in der Kirche von Santa María de Ázua beigesetzt worden sein. Im heutigen Pueblo Viejo sind noch Ruinen aus der frühen Kolonialzeit zu sehen. Im dortigen Hafen sollen 1798 die überstürzt nach Havanna überführten angeblichen – oder tatsächlichen – Gebeine des Kolumbus eingeschifft worden sein. Nach der Zerstörung wurde Ázua von kanarischen Siedlern an der heutigen Stelle wiederaufgebaut. Dreimal wurde die Stadt von haitianischen Truppen zerstört: zunächst brannte sie Jean Dessalines, Anführer der haitianischen Invasionstruppen, nieder, dann rächte sich Charles Herald für seine Niederlage in der Schlacht von San José am 19. März 1844, zuletzt ordnete 1849 der haitianische Diktator Faustino Soulouque nach der verheerenden Niederlage am Fuß des Berges El Número eine Politik der verbrannten Erde an. Am 8. November feiern die Einheimischen ihr Patronatsfest zu Ehren der Nuestra Señora de los Remedios. Eine kulinarische Spezialität des Orts ist Ziegenkäse, der mit Maniokkuchen verspeist wird.

**Parque Central:** Der schattige Hauptplatz der Stadt besitzt einen gelben Pavillon aus der Trujillozeit. Der Park ist umgeben von hübschen Arkadenhäusern und der gelbweiß gestrichenen Kirche.

**Campo Santo:** Der vor der Stadt liegende schöne, typisch dominikanische Friedhof sieht mit seinem weißen Meer aus Grabkapellen sehr malerisch aus.

### Umgebung

**San Juan de la Maguana** (93 km nw): Etwa 6 km n der 1504 von Diego Velázquez gegründeten Stadt, die noch einige schöne viktorianische Häuser besitzt, liegt der Zeremonienplatz eines Taino-Stammes, der unter dem Kaziken Caonabo den Spaniern erbitterten Widerstand leistete und systematisch ausgerottet wurde. In der Mitte der kreisförmig angeordneten Steine ragt eine Säule mit einem eingemeißelten Gesicht auf. Darauf soll angeblich die »Königin« Anacoana Platz genommen haben.

## Barahona

Einw.: 70 000

Bis heute ist Barahona, seit 1907 Hauptstadt der gleichnamigen Provinz, eine recht ruhige Hafenstadt, in deren Umgebung hauptsächlich Dominikaner ihren Urlaub verbringen. Doch die Tourismusindustrie steht in den Startlöchern: Alles wartet auf die

*Barahona, Parteizentrale des PRD*

Eröffnung des internationalen Flughafens, die bereits für 1993 angekündigt wurde, bis Ende 1994 jedoch noch nicht stattgefunden hat.

Im 17. Jh. war die von der Landseite her kaum zugängliche Bucht von Barahona ein beliebter Schlupfwinkel für Piraten und Freibeuter, darunter die berüchtigten Cofresí. Angeblich sollen in den Bergen zahlreiche Schätze vergraben sein. Barahonas Gründung erfolgte erst 1802 durch den haitianischen General Toussaint L'Ouverture, der sich als Anführer von Sklavenrevolten einen Namen machte und Santo Domingo einnahm. Edelhölzer, Kaffee und Zuckerrohr sorgten für einen gewissen Wohlstand. In einem für höhere Angestellte der privaten Zuckerfabrik errichteten Vorort blieben viele schöne Holzhäuser mit Veranda erhalten. 1927 wurde in Barahona die erste Seetransportgesellschaft der Antillen gegründet, die Verbindungen zwischen Port au Prince, den US-amerikanischen Virgin Islands, San Juan de Puerto Rico und Santiago de Cuba herstellte.

Am 4. Oktober feiern die Einwohner von Barahona das *Patronatsfest zu Ehren der Heiligen Jungfrau des Rosenkranzes* (Nuestra Señora del Rosario).

Etwas südlich von Barahona liegt eine Mine, in der Larimar abgebaut wird. Der nur in der Dominikanischen Republik vorkommende türkisblaue Halbedelstein, ein sog. »blauer Pektolit«, wird poliert und zu hübschem Schmuck verarbeitet und fehlt in keinem Souvenirladen des Landes. Der Kunsthandwerker Miguel Mendez hat 1974 den Stein als erster verarbeitet und vertrieben. Er gab ihm den ersten Teil des Namens seiner Tochter Larissa und fügte das Wort »mar« (Meer) hinzu, da die ersten Stücke am Strand gefunden wurden. Der in der Sierra de Bahoruco entspringende Fluß hatte sie aus den Bergen dorthin gebracht. Die Abzweigung zu dieser Mine liegt an der spektakulären Küstenstraße, die in südlicher Richtung weiter nach Enriquillo und von dort aus – am Nationalpark Jaragua vorbei – in nordwestlicher Richtung zum Grenzort Pedernales führt.

CORREOS
Y
COMUNICACIONE
TITUTO POSTAL DOM
CONFIABLE
VO GOBIERNO
INES

*Barahona, Cuerpo de bomberos*

**Parque Central:** Der Hauptplatz der Stadt ist von einigen hübschen viktorianischen Häusern umgeben. Dazu gehören die rot-weißblau gestrichene Parteizentrale des Partido Revolucionario Dominicano, an der das Stadtwappen prangt, das alte Gebäude der *Correos y Telecomunicaciones* (Instituto Postal) mit einem kuriosen Fresko, das eine dralle Nackte mit einem Skelett zeigt, und in einer Nebenstraße die rotblau gestrichene *Feuerwehrzentrale* (Cuerpo de bomberos), durch welche die tapferen Brandlöscher stolz den Besucher führen.

## Umgebung

**Cabral** (20 km nw): Das Dorf ist für seinen Karneval bekannt, in dem die *cahúas* – das sind als gehörnte Teufel Verkleidete – von Karfreitag bis Ostermontag durch den Ort toben. Auf dem Friedhof holen sie mit Hieben auf die Grabsteine verstorbene »Kollegen« symbolisch aus den Gräbern und lassen sie an den Feierlichkeiten teilhaben. Später bringt man die unsichtbaren Karnevalisten in einem rituellen Trauerzug auf den Friedhof zurück.

◁ *Barahona, Fresko am Instituto Postal*

**Lago Enriquillo:** Der flache Salzwassersee (200 $km^2$) nimmt den Westteil der bis zu 40 m unter dem Meeresspiegel liegenden heißen Enriquillo-Senke ein, die von den Bergen der Sierra de Neiba und der Sierra de Baoruco umgeben ist. In diesen Bergen leistete der Indianerführer Enriquillo den span. Kolonialherren erfolgreich erbitterten Widerstand. Man erreicht den See auf der zur haitianischen Grenze nach Jimaní führenden Straße. An der Abzweigung nach Neiba (45 km nw von Barahona) steht ein mächtiges Denkmal zu Ehren Enriquillos, den die Dominikaner gerne als ihren ersten Freiheitshelden sehen. 13 km n liegt in einer Palmenoase **Neiba**, das Weinbauzentrum der Dominikanischen Republik. Von dort führt die Carretera Enriquillo am nördlichen Seeufer entlang. 25 km w von Neiba, bei Po-

*Holzkirche in der Nähe von Barahona*

*Neiba (Barahona), Höhlen von Las Caritas*

strer Río, entdeckt man direkt oberhalb der Straße den Eingang der *Höhlen von Las Caritas*, in denen sich Enriquillo mit seinem Stamm verborgen gehalten haben soll. An den Höhlenwänden sind – sogar vom Auto aus – Felsritzungen (Petroglyphen) der Taino zu erkennen: Sie erinnern an von Kindern gezeichnete Strichmännchen. Weitere 13 km w bietet sich in *La Descubierta* die Möglichkeit, mit dem Boot zum *Nationalpark Isla Cabritos* überzusetzen. Auf der Insel sind Spitzkrokodile (vor allem frühmorgens), Leguane und Flamingos zu beobachten.

## Higüey

Einw.: 40 000

Die heutige Hauptstadt der Provinz La Altagracia wurde 1504 von Nicolás de Ovando gegründet und unter Juan Ponce de León, dem Eroberer von Puerto Rico, besiedelt. Der Name der Stadt bedeutet in der Taino-Sprache »Sonne«. Zwischen 1567 und 1571 errichtete man für ein aus Spanien stammendes Gnadenbild der Nuestra Señora de Altagracia eine spätgotische Kirche. Die Madonna soll in der Schlacht von Limonada am 21. Januar 1691 den Spaniern zum Sieg über die Franzosen verholfen haben: Seit dieser Zeit entwickelte sich Higüey zu einem Wallfahrtszentrum. Der immer stärkere Pilgerstrom machte im 20. Jh. die Errichtung einer neuen, eigenwillig modernen Wallfahrtskirche erforderlich. Am 21. Januar, dem Patronatsfest, und am 16. August verwandelt sich die Stadt in einen großen Marktplatz.

**Basílica Nuestra Señora de la Altagracia:** 1947 schrieb man einen internationalen Wettbewerb aus, um eine neue Wallfahrtskirche für das Gnadenbild der Madonna von Altagracia zu schaffen. 3000 Pilger sollten hier Platz finden. Die französischen Architekten A. J. Dunoyer de Segonzac* und Pierre Dupré* wurden schließlich mit dem Bau beauftragt. 1954 legte man den Grundstein zu einer Kirche, deren von mächtigen parabelförmigen Spannbetonbögen geprägte Architektur nichts Vergleichbares hat. 1965

*Higüey, Basílica Nuestra Señora de la Altagracia*

war der Hauptaltar fertig, und 1968 setzte man die herrlichen, im französischen Chartres geschaffenen Glasfenster ein. Am 21. Januar 1971 wurde das Bauwerk eingeweiht und zur Kathedrale, zur Basilika und zum Nationalmonument erklärt. Der 80 m hohe Turmbogen des hurrikanfesten Stahlbetonbaus ist aus vielen Kilometern Entfernung zu sehen. Das Glockenspiel ist das größte seiner Art in ganz Amerika. Eine von überdachten Kolonnaden gesäumte große Allee führt zum Eingangsportal der Kirche, das mit Kupferplatten verkleidet ist, die Szenen der Marienverehrung in Higüey zeigen. Das in mystisches Dämmerlicht gehüllte Innere birgt das berühmte Marienbild.

**Iglesia de San Dionisio:** Die alte Kathedrale aus dem 16. Jh. präsentiert sich in schlichter weißer Bemalung. Ihre Ausstattung zeigt zwar einige Stilbrüche, ist aber durchaus sehenswert, insbesondere der mit Blattgold überzogene Holzaltar und der Azulejo-Schmuck.

*Higüey, Iglesia de San Dionisio*

## Umgebung

**La Otra Banda** (5 km ö): Das Dorf mit seinen pastellfarbenen Häusern zählt zu den hübschesten des gesamten Landes.
**Punta Cana** (50 km ö): Vor wenigen Jahrzehnten war Punta Cana lediglich ein winziges Nest an der östlichen Inselpitze von Hispaniola, bis der Club Méditerranée das paradiesische Fleckchen Erde mit seinen endlosen blendendweißen Palmenstränden entdeckte. Mit der Einsamkeit ist es längst vorbei: Heute säumen mehrere riesige Ferienanlagen die Strände und bieten luxuriösen All-inclusive-Urlaub mit allen erdenklichen Sport- und Freizeitaktivitäten. Von der dominikanischen Außenwelt ist man hier, 50 Kilometer von der nächsten dominikanischen Stadt entfernt, allerdings geradezu perfekt abgeschottet. Was die meisten Urlauber offensichtlich nicht stört. Im Gegenteil: Ein US-amerikanischer Reiseprospekt warb für Punta Cana allen Ernstes mit den Worten »...where you don't have to mix with the locals«.
**San Rafael de Yuma** (22 km s): Über einen Feldweg gelangt man nach 2 km zur *Casa Fuerte de Ponce de León*. Das quadratische, festungsartige Wohnhaus wurde 1505/06 errichtet. Man kann sich das Haus vom Wärter aufschließen lassen, um Mobiliar, Rüstungen und Waffen aus frühkolonialer Zeit zu besichtigen, muß sich aber auf völlig überzogene Geldforderungen einstellen. Vom nahe gelegenen Hafen Boca de Yuma brach Ponce de León 1508 zu seiner Eroberung der östlichen Nachbarinsel Borinquén (heute Puerto Rico) auf. Heute folgen nicht wenige arme Dominikaner seinen Spuren und versuchen, mit armseligen Flößen illegal die mit den USA asoziierte Insel zu erreichen. Nicht wenige kommen dabei in der haiverseuchten Meerenge um: Bootsflüchtlinge, von denen in den Zeitungen – im Gegensatz zu den kubanischen – nie die Rede ist.

*San Rafael de Yuma (Higüey), Casa Fuerte de Ponce de León* ▷

*La Romana, Altes Holzhaus*

## La Romana

Einw.: ca. 100 000

Die Stadt wurde nach einer römischen Waage benannt, mit der man im Hafen Ex- und Importe wog. Erbaut wurde sie im Jahre 1851 als Exporthafen der riesigen Zuckerfabrik Central de la Romana. Ihre Blütezeit erlebte sie in den 20er Jahren, als kubanische Zuckerfabrikanten und etwas später die US-amerikanische Gulf & Western Company viel Land für die Zuckergewinnung erwarb. Aus dieser Zeit stammen die vielen hübschen bunten Holzhäuschen rund um die Avenida Libertad, die für die besseren Angestellten der Zuckerfabrik errichtet wurden. Bekannt ist La Romana jedoch vor allem wegen seiner 30 000 Hektar großen exklusiven Hotel- und Ferienanlage *Casa de Campo*, die als eine der luxuriösesten der Karibik gilt und ihren eigenen Flughafen besitzt.

## Umgebung

**Altos de Chavón** (3 km n): Hoch über dem Ufer des Río Chavón thront in herrlicher Lage eine Kuriosität, die nur dem Gehirn eines Amerikaners entspringen konnte. Charles Bluhdorn, in den 70er Jahren Präsident der Gulf & Western Company, ließ hier 1974 ein Künstlerdorf errichten, das an ein mittelalterliches Mittelmeerdorf erinnert. Europäern mutet dieses Disneyland der Architektur, das der dominikanische Architekt Tony Caro* entwarf, ein wenig seltsam an, doch kommt man nicht umhin, die detailgetreue Rekonstruktion von Kalksteinfassaden, Kopfsteinpflaster und einer Kirche zu bewundern. Sogar an ein Amphitheater im antiken Stil hat man gedacht, das 5000 Zuschauern Platz bietet und – recht passend – 1982 mit einem Konzert Frank Sinatras eröffnet wurde. Auch Placido Domingo hat hier schon gesungen. Amüsiert betrachtet man die teilweise verblüffenden Stilmischungen, wenn vor der Dorfkirche *San Estanislao* mit romanischem Portal und gotischer Fensterrose fernöstlich gedrechselte Pagodensäulen stehen oder der Baustil der Häuser sich nicht zwischen italienisch-ligurisch und zentralkastilisch entscheiden kann. Ein Gebäude hat man gar mit metallenen Nilpferden verziert! Immerhin hat Papst Johannes Paul II. der Kirche eine in Krakau gefertigte Holzplastik des hl. Stanislaus nebst einer Urne mit dessen Asche gestiftet. Wenn hier also so manches an eine Filmkulisse erinnert, dann nicht von ungefähr: Der italienische Künstler Roberto Copa, der Filme von Fellini und Visconti ausstattete, hat nämlich die Bauarbeiten überwacht. Verschiedene Läden und Galerien bieten Werke einheimischer Künstler an. Sehenswert ist das didaktisch hervorragend aufbereitete *Museo de Arte Préhispanico*, das bemerkenswerte authentische Artefakte der Taino-Kunst zeigt, die im Osten Hispaniolas ausgegraben wurden. Auch eine Kunstschule für Studenten aus aller Welt wurde eingerichtet. Höhepunkt des Besuchs ist der Blick hinunter in das palmengesäumte Flußtal des Chavón, auf dem die Miniaturausgabe eines Mississippi-Schaufelraddampfers gemächlich entlangtuckert.

**Bayahibe** (21 km sö): Das malerische Fischerdorf mit seinem schönen kilometerlangen Palmenstrand galt lange als Geheimtip des Individualtourismus, doch scheint sich heute fast jedes Haus in eine Pension oder ein Restaurant verwandelt zu haben. So herrscht hier heute die etwas eigentümliche Atmosphäre eines kommerzialisierten Alternativtourismus vor, wie sie in der Dominikanischen Republik eigentlich sonst eher selten zu finden ist. Von hier legen täglich Touristenboote ab, die zum Nationalpark Isla Saona fahren.

*Altos de Chavón (La Romana), San Estanislao*

## La Vega

Einw.: 80 000

Einige Kilometer nördlich der Stadt gründete der nach Gold suchende Kolumbus 1495 die Festung *Nuestra Señora de la Concepción*, um die bald eine Siedlung entstand: *La Vega Vieja*. Hier mußten die Indianer im Frondienst Gold aus dem Flußsand waschen, wobei den Spaniern erst allmählich klar wurde, daß die vermuteten reichen Vorkommen hier nicht zu finden waren. Trotzdem entwickelte sich die Stadt, die 1507 ihr Wappen erhielt, erste Münzprägeanstalt Amerikas wurde und den Rang eines Erzbistums mit Santo Domingo teilte, so rasch, daß der span. König ihr sogar die Eröffnung eines Bordells (*prostíbulo*) genehmigen mußte: das erste der Neuen Welt! 1562 wurde die Stadt durch einen Erdrutsch in Folge eines Erdbebens, das auch das alte Santiago zerstörte, vernichtet. Erst im 17. Jh. gründete man La Vega neu. Anfang des 20. Jh. war es durch eine Eisenbahnlinie mit dem Hafen Sánchez verbunden und erlebte seine größte wirtschaftliche Blüte, wie die erhaltenen viktorianischen Gebäude zeigen: Justizpalast, Feuerwehrhaus und ein Theater. Die 1992 vollendete Betonkathedrale ist dagegen von zweifelhafter Ästhetik. Besuchenswert ist La Vega v. a. seines berühmten *Karnevals* wegen, der allerdings bereits er-

folgreich den Weg in die Kommerzialisierung beschritten hat. Bunt und phantasievoll verkleidete *diablos cojuelos* (hinkende Teufel) mit gräßlichen Masken toben jeden Sonntag im Februar durch die Straßen und teilen Schläge mit luftgefüllten Rinds- oder Schweineblasen (*vejigas*) aus.

## Umgebung

**La Vega Vieja** (4 km n): Hier sind westlich der Carretera Duarte die Ruinen der 1562 zerstörten Stadt zu besichtigen: die noch zwei Meter hohen Mauern der *Fortaleza de la Concepción* (mit provisorischem Museum) sowie die kärglichen Mauerreste der Kathedrale (nicht zugänglich) und des *Monasterio de San Francisco* (1502). Es war das älteste der Neuen Welt und hat so illustre Bewohner wie Las Casas gesehen. Der Grundriß – Kapelle, Sakristei, Brunnen und Kreuzgang, um den herum die Zellen angeordnet waren – ist noch deutlich zu erkennen. Einige Gräber des Friedhofs wurden freigelegt und durch provisorische Abdeckungen geschützt. Wie in La Isabela wurden die Spanier auf dem Rücken liegend mit über der Brust gekreuzten Händen begraben, während die Tainos die traditionelle Embryohaltung einnehmen. Die Bewohner des Dorfes Pueblo Viejo, das teilweise über der Ruinenstätte errichtet wurde, betrachten Besucher übrigens mit einem gewissen Argwohn, da jeder neugierige Tourist die Wahrscheinlichkeit erhöht, daß die dominikanische Regierung ihre Ausgrabungsarbeiten fortsetzt und die Menschen aus ihren Häusern vertrieben werden.

**Santo Cerro** (5 km nw): Die Wallfahrtskirche des »Heiligen Bergs« wurde 1880 an die Stelle eines älteren, 1842 durch ein Erdbeben zerstörten Gotteshauses gesetzt, das auf Befehl von Kolumbus errichtet worden war. An diesem Ort hatte Kolumbus 1495 ein kleines Holzkreuz zimmern lassen, das ihm im Kampf gegen den rebellischen Kaziken Guarionex zum Sieg verhalf. Die Indianer versuchten das Kreuz mit ihren Brandpfeilen zu zerstören, worauf, so will es die Legende, eine Erscheinung der Virgen de las Mercedes die Pfeile zurückschleuderte. Davon tief beeindruckt, gaben die Indianer ihren Widerstand auf und ließen sich taufen. In einer Kapelle der dem alten Kolonialbau nachempfundenen Kirche illustriert ein 1922 von Enrique García Godoy* gemaltes Bild diese Szene. Links vom Haupteingang steht ein angeblicher Nachfahre des Baums (*árbol de nispero*), aus dessen Holz das Kreuz geschnitzt wurde. Vom Hof der Kirche bietet sich ein großartiger Ausblick auf diesen Teil des Cibao-Tals, den Kolumbus La Vega Real (königlicher Garten) nannte. Am 24. September pilgern zahlreiche Wallfahrer auf den Hügel, um die Jungfrau zu verehren.

◁ *Altos de Chavón (La Romana), Río Chavón*

## Monte Cristi

Einw.: 20 000

Während seiner zweiten Reise erwog Kolumbus den Gedanken, an diesem Naturhafen am Fuß des Berges El Morro die erste Stadt in der Neuen Welt zu gründen, entschied sich dann aber für das weiter östlich gelegene La Isabela (siehe Puerto Plata). Juan de Bolaños holte 1533 nach, was der große Admiral versäumt hatte. 1606 wurde die Stadt aufgegeben, 1697 wiederaufgebaut und 1842 durch ein Erdbeben zerstört. Anfang des 20. Jahrhunderts erlebte sie ihre wirtschaftliche Blütezeit, als man von hier landwirtschaftliche Produkte und Edelhölzer nach Europa verschiffte. Aus dieser Zeit stammen die vielen, heute leider recht heruntergekommenen viktorianischen Häuser der Stadt. Bemerkenswert ist besonders der alte *Palacio de Justicia*. Vermutlich wird der Tourismus Monte Cristi jedoch schon bald aus seinem Dornröschenschlaf erlösen: Die hübschen Strände der Umgebung und dreihundert Sonnentage im Jahr (die Region ist die trockenste des gesamten Landes) deuten darauf hin. Außerdem hat die Stadt im Februar einen recht iinteressanten *Karneval* zu bieten, bei dem Menschen, die hörnerlose Stiermasken (*toros*) tragen, mit ihren Peitschen auf unverkleidete Bürger (*civiles*) losgehen.

**Casa de Máximo Gómez** (Av. Mella, 29): In diesem alten Haus, das in ein Museum

*Puerto Plata, Viktorianisches Haus*

umgewandelt worden ist, sicherte Máximo Gómez Baez dem Führer des kubanischen Befreiungskriegs José Martí in einem Dokument die Unterstützung der Dominikanischen Republik zu.

**El Reloj:** Den in der Mitte des Parque Central aufgestellte Uhrturm ließen die reichen Bürger von Monte Cristi 1895 aus Frankreich kommen.

## Umgebung

**Parque Nacional Monte Cristi:** Der westlich der Stadt an der haitianischen Grenze gelegene Nationalpark umfaßt den Küstenstreifen sowie die Inselgruppe Cayos Siete Hermanos. Er besitzt eine üppige Mangrovenvegetation und bietet dem Besucher vor allem seltene Wasservogel- und Reptilienarten.

◁ *Monte Cristi, Fresko von Máximo Gómez*

## Puerto Plata

Einw.: 88 000

Auf seiner ersten Fahrt passierte Kolumbus die Nordküste Hispaniolas und rühmte die Bucht von Puerto Plata als »bestes und schönstes Land der Welt«. In seinem Bordbucheintrag vom 11. Januar 1493 notiert er: »Am Fuß des Berges gibt es einen sehr guten Hafen, dessen Einfahrt 14 Spannen breit ist. Und dieser Berg ist sehr hoch und schön, und alles ist dicht besiedelt.« Und der Admiral nahm an, daß es hier gute Flüsse und viel Gold geben müsse. Den heute Loma Isabel de Torres genannten Berg taufte Kolumbus Monte de Plata (Silberberg). Las Casas, der Herausgeber des Bordbuchs, merkt dazu an, der große Admiral habe den Berg so genannt, weil dessen hohe Spitze stets in einen Nebel getaucht sei, der sie weiß und silbrig erscheinen lasse. Bartolomé Colón gründete 1496 die Stadt und taufte sie San Felipe de

Puerto Plata. 1508 verlieh die span. Krone der Stadt ihr Wappen. Die neuen, lukrativeren Entdeckungen der Spanier in Mittel- und Südamerika machten dem wirtschaftlichen Aufschwung des Hafens ein jähes Ende, da viele Konquistadoren und Siedler hoffnungsfroh weiterzogen und die Stadt allzu isoliert von Santo Domingo lag, über das der gesamte Warenverkehr mit Spanien laufen mußte. Die Bewohner von Puerto Plata pfiffen bald auf den span. Zoll der Hauptstadt, verlegten sich aufs Schmuggeln und trieben ungeniert Handel mit den immer zahlreicher in diesen Gewässern auftauchenden englischen und französischen Piraten, die auf der Isla de Tortuga einen berüchtigten Schlupfwinkel besaßen. Das sah sich die span. Krone nicht allzulange an: Um 1600 wurden auf königlichen Befehl alle Bewohner von Puerto Plata in die Umgebung von Santo Domingo umgesiedelt und die Stadt zerstört. 1742 gestattete Spanien Auswanderern von den Kanarischen Inseln, die Stadt wiederaufzubauen, um die Franzosen, die bereits den Westteil Hispaniolas (das heutige Haiti) kontrollierten, daran zu hindern, der Krone auch diesen Landstrich zu entreißen (zu diesem Zeitpunkt lebten nur noch 6000 Spanier im Ostteil der Insel). Der Aufschwung der Stadt setzte jedoch erst im 19. Jh., nach der Abschaffung des span. Zolls, ein; fortan exportierte Puerto Plata Rum, Tabak und Kaffee aus der fruchtbaren Cibao-Ebene. Aus jenem »Goldenen Zeitalter« stammen die zahlreichen schönen viktorianischen Holzhäuser. Trujillos zentralistische Politik ließ die Stadt jedoch wieder in einen Dämmerschlaf zurücksinken. Die jüdischen Einwanderer, die Trujillo ins Land holte, wurden daher im Hafen von Puerto Plata begeistert begrüßt. In den siebziger Jahren setzte die touristische Entwicklung ein: Heute landen am unlängst modernisierten Flughafen neben Linienmaschinen aus Kanada und den USA zahlreiche Chartermaschinen aus Europa, bes. aus Deutschland. 4 km ö der Stadt wurde der riesige Touristenkomplex Playa Dorada mit insgesamt 14 Hotels errichtet, die vorzugsweise All-inclusive-Urlaub anbieten. Es gibt nicht wenige Urlauber, die ihr goldenes Getto nie verlassen und echtes dominikanisches Leben höchstens auf einem kurzen Ausflug in die Stadt kennenlernen. Allen gegenteiligen – nicht immer selbstlosen – Beteuerungen in den Touristenhotels zum Trotz ist Puerto Plata, heute gerne die »Braut des Atlantiks« genannt, eine völlig ungefährliche Stadt, und niemand sollte darauf verzichten, am Wochenende die ausgelassene Partyatmosphäre auf dem Malecón, dem Uferboulevard, zu erleben.

**Fortaleza San Felipe** (am Westende des Malecón): Die restaurierte, annähernd quadratische Festungsanlage wurde 1564–77 zum Schutz des Hafens vor Piraten auf Befehl Philipps II. erbaut. Sie ist das einzige Gebäude aus dem 16. Jh., das in Puerto Plata erhalten ist. Außerhalb der Hauptstadt Santo Domingo gibt es übrigens im gesamten Land nur noch zwei weitere Gebäude aus dem 16. Jh.: die *Casa Ponce de León* in San Rafael de Yuma und die alte Kathedrale von Higüey.

Die drei Räume des Hauptturms sind als Museum hergerichtet: Zu sehen sind u.a. fürchterlich verrostete Waffen, Münzen und Kanonenkugeln. Wer die Nebenräume besuchen will, muß sich bücken: Die Eingänge sind nur einen guten Meter hoch. Die starken Mauern der Festung haben illustre, allerdings nicht freiwillige Gäste gesehen. Im 19. Jh. war der dominikanische Freiheitsheld und Mitglied des Trinitaria-Geheimbundes Juan Pablo Duarte hier eingekerkert; später, von 1930 bis 1961, füllte der berüchtigte Diktator Trujillo die Zellen mit politischen Gegnern, denen er nicht die »Ehre« der Torre del Homenaje in Santo Domingo angedeihen ließ. Eine Wendeltreppe führt zur oberen, noch mit einigen Kanonen bestückten Plattform hinauf, durch deren Schießscharten man einen guten Blick auf den verdächtig ruhigen Hafen und den dahinter fast 800 m aufsteigenden, von einer Christusfigur gekrönten Berg Loma Isabel de Torres werfen kann. Seit einiger Zeit trägt er die Narben eines Flugzeugabsturzes.

Auf dem Parkplatz vor der Festung steht ein bronzenes *Reiterstandbild* des aus Puerto Plata stammenden Generals Gregorio Luperón (1839–97): Dieser kämpfte von 1863 bis 1865 im Restaurationskrieg gegen die Spanier, die für kurze Zeit im Land wieder die Herrschaft übernommen hatten. – Der 24 m hohe eiserne *Leuchtturm* wurde im Auftrag der provisorischen Regierung Luperón von Robert Hills & Sons in London

*Puerto Plata, Fortaleza San Felipe* ▷

gegossen, in Einzelteilen zerlegt auf die Insel geschafft und 1879 aufgestellt.

**Malecón:** Diese kilometerlange, stets von einer kühlenden Brise des Atlantiks umfächelte Uferpromenade ist vor allem abends einen Besuch wert. Dann sieht man die achtlos die Uferböschung hinuntergeworfenen Abfälle nicht mehr, dafür pulsiert das Leben um so heftiger. Zahllose kleine Imbißstände, die sog. *freituras* oder *chimi churris*, überbieten sich gegenseitig mit lauter Merengue-Musik, Einheimische aus allen sozialen Schichten plaudern, trinken, flirten und tanzen miteinander, ab und zu zieht eine drei- oder vierköpfige Merengue-Band, genannt *perico ripiao*, die Promenade entlang und singt freche Lieder. Touristen werden, wenn sie sich denn aus ihren Hotelgettos wagen, freundlich und bereitwillig in die große Party einbezogen. Wer am nächsten Tag wieder erscheint, wird feststellen, daß ihm eine erstaunliche Vielzahl von Menschen wie einem alten Bekannten die Hände schütteln oder auf die Schulter klopfen: ein unter Einheimischen ständig praktiziertes Ritual, das der sozialen Rückversicherung dient. Vielleicht erhascht man aber auch einen Blick auf die weniger freundliche Realität des dominikanischen Lebens: auf zerlumpte Kinder, die spätabends um ein paar Pesos betteln, oder einen arroganten Polizeiobersten, der einer Budenbesitzerin die – natürlich illegale – Stromleitung abzwickt, weil sie nicht rechtzeitig wie die anderen ihr »Schutzgeld« bezahlt hat.

**Mercado Municipal** (Calle Villanueva/Calle El Moro): Der moderne zweigeschossige Rundbau ist an seinen gen Himmel weisenden spitzen Dreiecken leicht zu erkennen. Dominikaner feilschen draußen um Kleidungsstücke, Obst und Gemüse, während drinnen das meiste auf die Bedürfnisse der Touristen ausgerichtet ist: So fehlen die obligatorischen Bilder haitianischer Malerei ebensowenig wie Larimarschmuck, Bernsteinketten oder afrikanisch inspirierte Holzschnitzereien.

**Museo del Ambar Dominicano** (Calle Duarte, 61): Das in einem schönen viktorianischen Gebäude untergebrachte Bernsteinmuseum zeigt eine überaus sehenswerte, magisch beleuchtete Sammlung, die hervorragend in Spanisch und Englisch beschriftet ist. Das goldfarbene Baumharz wird in der Dominikanischen Republik nicht vom Meer angespült wie an der Ostseeküste, sondern aus Lagerstätten der Cordillera Septentrional (Nordkordillere) gefördert. Besonders faszinierend sind zahlreiche Exemplare mit

*Puerto Plata, Museo del Ambar Dominicano*

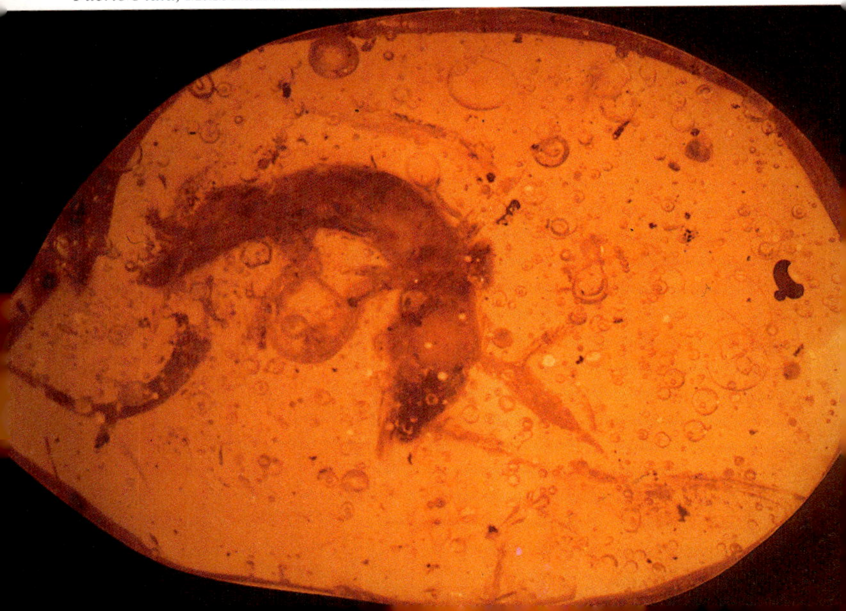

fossilen Einschlüssen: Luftbläschen, Wassertropfen, Blätter, Gräser, Fliegen, Wanzen, Grillen und Tausendfüßler. Kostbarstes Stück ist ein kleiner Stein mit einer darin eingeschlossenen kleinen Eidechse. Bernstein kann – je nach der Einwirkung von vulkanischer Asche oder Gasen – alle möglichen Farbschattierungen haben: von Gelb über Rubinrot zu Kobaltblau und Grau. Die begehrtesten Exemplare zeigen eine milchig weiße Farbe. Die in der Dominikanischen Republik gefundenen Stücke zeichnen sich durch besonders große Transparenz und Vielfalt an Millionen Jahre alten fossilen Einschlüssen aus. Jährlich werden in der Nordkordillere mehrere Tausend Tonnen gefördert. Wer sich im oberen Stockwerk an den unbezahlbaren Exemplaren erfreut hat, kann ein Stockwerk tiefer in einem großen Bernsteinladen schönen Schmuck mit Echtheitszertifikat erwerben. Bei manchen Händlern besteht dagegen die Gefahr, billige Plastikware angedreht zu bekommen.

**Museo del Arte Taino** (Calle Beller, 22): Im oberen Stock des blauweißen Gebäudes mit hübschem spanischem Patio ist eine Sammlung von Objekten und Keramiken der Taino-Indianer zu sehen, allerdings nur als Repliken. Ein Stockwerk tiefer kann man in den Geschäften lokales Kunsthandwerk (*artesania*), darunter Taino-Repliken, erwerben.

**Parque Central:** Der Hauptplatz im Herzen des historischen Stadtkerns ist der wichtigste Treffpunkt der Stadt. Hier wird man bald von Schuhputzern und Touristenführern (die offiziellen sind an den einheitlichen Blumenhemden zu erkennen) belagert, hier warten die Taxis und Motorradtaxis (*motoconchos*) auf Kundschaft, ältere Herren lesen auf den Bänken in aller Ruhe ihre Zeitung und lassen sich von den Verkäufern, die Lotterielose, Getränke, Obst und *chulamia* (gebackene Yucca, eine Spezialität der Region) anpreisen, nicht stören. Im Zentrum steht ein 1880 im viktorianischen Stil erbauter und hübsch restaurierter Musikpavillon. Schöne alte viktorianische Holzhäuser und die schlichte *Iglesia San Felipe* mit ihren beiden weißen Türmen umgeben den Platz.

**Außerdem sehenswert:** *Cuartel de Bomberos* (Malecón): Das rotweiß gestrichene Feuerwehrhaus von Puerto Plata fällt, wie so manches in der Dominikanischen Republik (z. B. Barahona und San Pedro de Marcoris), sehr pittoresk aus: Es besitzt sage und schreibe vier Türme! – *Fábrica de Rón Brugal* (Av. Luís Ginebra): Die rotweiß gestrichene Rumfabrik wird von Touristen viel besucht. Allerdings kann man hier nur dabei zusehen, wie Arbeiter auf langen Fließbändern Flaschen abfüllen, etikettieren und in Kartons abpacken. Die kostenlose Rumprobe lohnt sich dagegen: Brugal ist eine der drei großen Rumsorten der Dominikanischen Republik (die anderen beiden heißen Bermúdez und Barceló) und der goldbraune *anejo*, der mindestens 12 Jahre in Eichenfässern reift, kann es mit jedem Cognac aufnehmen – zu einem Bruchteil des Preises! – *Hostal Jimessón* (Calle Kennedy, 41): Es lohnt sich, einen Schritt in die Rezeption des Hotels mit hübschem Patio zu tun, die mit unzähligen alten Uhren dekoriert ist.

## Umgebung

**Parque Nacional Histórico La Isabela** (ca. 50 km w): Mit den Holzplanken des gestrandeten Flaggschiffs Santa María hatte Kolumbus auf seiner ersten Reise in der Nähe des heutigen Cap Haïtien (Haiti) Weihnachten 1492 das Palisadendorf *La Navidad* errichtet – die erste europäische Siedlung in der Neuen Welt – und dort 39 Männer zurückgelassen. Als Kolumbus im Winter 1493 zurückkehrte, fand er das Dorf zerstört vor. Der Kazike von Jaragua, Caonabo, hatte die Spanier, die sich offensichtlich der indianischen Bevölkerung gegenüber wie Barbaren verhalten hatten, massakrieren lassen. Am 10. Dezember 1493 gründete Kolumbus daher weiter östlich die erste aus Stein errichtete Siedlung der Neuen Welt und nannte sie zu Ehren der Katholischen Königin Isabella von Kastilien, die seine erste Fahrt ermöglicht hatte, La Isabela. Von hier aus unternahm er Streifzüge in das Tal Cibao und die Inselmitte. Doch auch La Isabela war kein glückliches Schicksal beschieden: Hunger, Seuchen und Indianerüberfälle, dazu die ewige Gier nach Gold, das hier kaum zu finden war, veranlaßten die Spanier dazu, 1496 ihre Ansiedlung in den Süden der Insel zu verlegen und auf dem

Ostufer des Río Ozama als La Nueva Isabela (Santo Domingo) neu zu gründen. Die Steine nahm man mit, und so erfordert diese direkt an einer schönen Meeresbucht gelegene Ausgrabungsstätte einige archäologische Phantasie. Was man besichtigt, ist übrigens nur die auf einem Plateau gelegene Festungsanlage, in die man sich vor indianischen Angriffen zurückzog. Aufgeschichtete Steine markieren die Umrisse der Kirche (etwa 15 x 5 m), in der Pater Bernardo Boyl am 6. Januar 1494 die erste Messe der Neuen Welt zelebrierte. Direkt am Meer liegt das ursprünglich zweistöckige, heute noch etwa 70 cm große Haus des Kolumbus, das vermutlich einen Aussichtsturm (*mirador*) besaß. Dahinter liegt der Friedhof. Moderne weiße Holzkreuze markieren die einzelnen Gräber. In einem geöffneten und überdachten Grab liegt das Skelett eines Spaniers, zu erkennen an den über der Brust gefalteten Armen (während die Taino sich in Embryohaltung begraben ließen). Das Museum, in dem die hier gefundenen Gegenstände ausgestellt werden sollen, war im Oktober 1994 geschlossen. Unweit der Ruinenstätte thront eine neuerrichtete Kirche im Stil der frühen kolonialen Gotteshäuser.

## Samaná

Einw.: 40 000

Am 12. Januar 1493 betrat Kolumbus auf seiner ersten Fahrt den Boden der heutigen Halbinsel von Samaná, die zu dieser Zeit zum Herrschaftsbereich des Kaziken Guarionex gehörte. Die Spanier wurden von Ciguayo-Indianern empfangen, die Kolumbus für Kariben hielt. Diese erwiesen sich als weit weniger friedfertig als die Taino und überschütteten – wie Kolumbus in seinem Bordbuch notiert – die Spanier mit einem Pfeilhagel. Daher nannte Kolumbus die Bucht von Samaná Golfo de las Flechas (Bucht der Pfeile). Kanarische Einwanderer gründeten am 21. August 1756 unter dem damaligen Gouverneur Francisco Rubio y Peñaranda die Stadt Santa Barbara de Samaná. Der span. König Ferdinand VI. hoffte

◁ *La Isabela (Puerto Plata)*

*La Isabela (Puerto Plata), Skelett eines Spaniers*

damit die französischen Bukaniere und Freibeuter auf der Isla de Tortuga in Schach zu halten. Als im Vertrag von Basel (1795) den Franzosen die Kontrolle über die gesamte Insel übertragen wurde, schmiedeten sie große Pläne mit Samaná: Der Ort sollte unter dem Namen Port Napoléon neue Hauptstadt Hispaniolas werden. Daraus wurde nichts: Zunächst riefen die Haitianer 1804 ihre Republik aus, dann vertrieben spanische Truppen mit englischer Unterstützung in der Schlacht von Palo Hincado (1809) die Franzosen auch aus dem Ostteil der Insel. Nach ihrer Invasion von 1822 übernahmen die Haitianer das Kommando, und Präsident Jean Pierre Boyer siedelte auf der Halbinsel Samaná an die 2000 entflohene schwarze Sklaven aus den USA und den kleinen Antillen an. Ihre Nachkommen tragen Namen wie Green, King oder Smith, sprechen noch heute ein seltsames Pidgin-Englisch, sind dunkler als die übrige dominikanische Bevölkerung und in zahlreiche protestantische Glaubensgemeinschaften zer-

splittert. Der Voodoo-Glaube ist in den abgelegenen Dörfern des Regenwaldes noch sehr lebendig: In Vollmondnächten saugen angeblich Werwölfe (sog. *paca*) den Ziegen das Blut aus, Menschen ohne Köpfe irren umher, und schöne Sirenen mit wallenden schwarzen Haaren, die *ciguapas,* schlagen junge Männer in ihren Bann, die abends nicht rechtzeitig Heim und Herd aufsuchen.
Neben dem ab dem 4. Dezember begangenen Patronatsfest feiert Samaná im Februar einen bemerkenswerten *Karneval.* Man tanzt die Bambula, den Maskentanz Oli Oli und den geradezu verteufelt erotischen Chivo Florete. Am Sonntag ziehen die Teufel mit ihren Peitschen und dem Tod aus, um die Kinder in Angst und Schrecken zu versetzen. Nicht nur zur Karnevalszeit serviert man rund um Samaná die kulinarischen Köstlichkeiten Fisch in Kokosmilch und *yaniqueques* (Johnny Cakes).
Die Stadt wurde 1946 durch einen Großbrand zerstört und besitzt keine alten Häuser mehr. Was auf Befehl Trujillos wiederaufgebaut wurde, ist leider nicht sonderlich reizvoll, und Präsident Balaguer hat ebenfalls nicht wenige architektonische Sünden hinterlassen. In die Gattung absurde Architektur könnte man eine lange Brücke einstufen, die drei Inselchen miteinander verbindet und bei einem Restaurant enden sollte, das niemals fertig wurde.

**Iglesia »La Churcha«:** Die 1823 errichtete und von einem englischen Methodisten eingeweihte protestantische Kirche ist das einzige Bauwerk der Stadt, das den Großbrand relativ unbeschadet überstanden hat.

## Umgebung

**Sánchez** (35 km w): In diesem einst blühenden Seehafen begann die einzige Eisenbahnverbindung der Dominikanischen Republik. Die Züge fuhren nach San Francisco de Macorís und La Vega. Vom Reichtum der Jahrhundertwende zeugen noch viele hübsche Holzhäuser im viktorianischen Stil. Eine mittlerweile gute Serpentinenstraße führt durch gebirgige Regenwaldlandschaft zur Nordküste nach *Las Terrenas* (34 km), das vermutlich die schönsten Strände der Dominikanischen Republik besitzt.

**Los Haitises:** Von Samaná aus kann man Bootsausflüge in den am Südufer der Bucht von Samaná gelegenen Nationalpark unternehmen, der neben einer faszinierenden Mangrovenvegetation, seltenen Tierarten und bizarren Felsformationen auch bemerkenswerte *Höhlenmalereien der Tainos* zu bieten hat: Piktogramme und Petroglyphen. Die Bucht von Samaná ist im Winter (Januar bis März) Aufenthaltsort von zahlreichen Buckelwalen, die sich hier paaren und ihre Jungen aufziehen. Die Samaná vorgelagerte Insel *Cayo Levantado*, oft als »Bacardi-Insel« bezeichnet (weil hier angeblich die bekannte Rumwerbung gedreht wurde – bezeichnenderweise mit Reggae-Musik), gilt mit ihren palmengesäumten blendendweißen Sandstränden als karibische Trauminsel par excellence, doch hat auch sie dem Massentourismus bereits Tribut gezollt.

## San Pedro de Macoris

Einw.: 90 000

Die an der Mündung des Río Higuamo liegende viertgrößte Stadt der Dominikanischen Republik – ihr Zuname erinnert an die hier einst ansässigen Macoris-Indianer – wurde 1822 von Einwanderern aus verschiedenen Ländern gegründet und erhielt 1870 Zulauf von Spaniern, die vor dem kubanischen Unabhängigkeitskrieg geflohen waren. 1882 wurde San Pedro zur Provinzhauptstadt erhoben. Seine wirtschaftliche Blütezeit erlebte das Zentrum der Zuckerindustrie, als nach dem Ausbruch des Ersten Weltkriegs die Zuckerpreise in die Höhe schossen: Diese Zeit ist unter dem Begriff »Tanz der Millionen« in die Annalen der Stadtgeschichte eingegangen. Damals war der Bedarf an Zuckerrohrarbeitern groß; deshalb holte man ehemalige Sklaven, die *cocolos*, von den britischen Jungferninseln nach San Pedro, deren Nachkommen teilweise heute noch Pidgin-Englisch, das sogenannte »Bongo-Talk«, sprechen. Die Arbeiter brachten auch ihre Traditionen mit, die am 29. Juni, dem Tag des Patronatsfestes,

*San Pedro de Macoris,* ▷
*Iglesia San Pedro Apóstol*

zum Vorschein kommen. Dann führen kostümierte *guyolas* in den Straßen ihre *momises* genannten alten Tänze vor. San Pedro besitzt nicht nur eine zollfreie Industriezone (Zona franca), die viele Menschen beschäftigt, sondern auch eine Universität mit renommierter Fakultät und dem besten Baseballteam des Landes.

**Iglesia San Pedro Apóstol:** Die gelb und weiß gestrichene Kirche wurde 1915 im neogotischen Stil vollendet und nach einem Hurrikan 1930 wiedererrichtet. Sie besitzt hübsche Glasfenster und einen reichgeschnitzten Altar aus Mahagoniholz.

**Cuerpo de bomberos:** Das flammendrote Feuerwehrgebäude wurde in den Jahren 1907 bis 1915 errichtet.

**Cueva de las Maravillas:** In dieser Höhle sind prähispanische Zeichnungen erhalten.

**Parque Duarte:** Rund um den schattigen Hauptplatz, an dem Pferdekutschen auf Passagiere warten, stehen einige prächtige viktorianische und neoklassizistische Gebäude im Zuckerbäckerstil aus der Zeit des größten wirtschaftlichen Booms, darunter das Postgebäude *Correos y Telecomunicaciones* und das ehemalige *Parlament*.

## Santiago de los Caballeros

Einw.: über 700 000

Die zweitgrößte Stadt des Landes liegt im fruchtbaren Tal Cibao, in dessen Namen Kolumbus Cipango (Japan) wiederzuerkennen glaubte. Nachdem man in den Flüssen des Cibao Gold gefunden hatte, gründete Bartolomé Colón 1495 unweit der heutigen Stadt (im heutigen Jacagua) eine befestigte Siedlung, in der sich 30 spanische Edelleute des Jakobsritterordens niederließen (daher der Name Santiago de los Trenta Caballeros). 1507 verlieh Ferdinand der Katholische dem Ort das Stadtrecht. 1563 zerstörte ein Erdbeben den Ort, ebenso wie La Vega Vieja im Süden. Am Ostufer des Río Yaque baute man die Stadt wieder auf, die in der Folgezeit noch mehrmals von Erdbeben heimgesucht und 1804 von haitianischen Truppen auf dem Rückzug in Brand gesteckt wurde. Die Stadt nahm 1844 am Unabhängigkeitskrieg teil, wurde 1857 vorübergehend Hauptstadt des Landes und nahm zwischen 1863 und 1865 am Restaurationskrieg teil.

*Santiago de los Caballeros, Catedral, Portal* ▷

*Santiago de los Caballeros, Centro de Recreo*

*Santiago de los Caballeros, Tabakfabrik (l); Palacio Consistorial (r)*

Am 4. September 1863 rief man hier die Republik aus. Die Bewohner lebten hauptsächlich von Rum und Tabak, die sie über die Nordküste – dem Handelsmonopol des fernen Santo Domingo entzogen – exportierten. Der wirtschaftliche Aufschwung fällt aber erst ins 19. Jh. Gleich zwei der drei großen dominikanischen Rumfabriken (Bermúdez und Barceló) sind hier angesiedelt, außerdem stellen zahlreiche Tabakfabriken der Stadt die feinsten Zigarren des Landes her. Sogar der Tabakmogul Zino Davidoff läßt seine Havannas nicht mehr auf Kuba, sondern hier drehen. Santiago ist stark von der Industrie geprägt und wird daher von Touristen nicht übermäßig viel besucht. Viel hält man sich hier auf seine Arbeitsmoral und auf die dominierend helle Hautfarbe zugute. Die 1962 gegründete Universität der Stadt besitzt einen guten Ruf. Wie das weiter südlich gelegene La Vega feiert auch Santiago einen ausgelassenen *Karneval* (im Februar und August): hier mit *lechones* genannten Teufeln, die als Schweine verkleidet sind und Pappmachémasken tragen. Dabei bekämpfen sich zwei rivalisierende Gruppen: »La Joya« (zu erkennen an ihren gezackten Hörnern) und »Los Pepines« (mit glatten Hörnern). Die *Fiesta patronal* findet um den 22. Juli herum statt. Angeblich soll in Santiago der Merengue entstanden sein.

**Catedral Santiago Apóstol** (Parque Duarte): Die 1991 renovierte rosafarbene Kirche mit ihren zwei Türmen wurde 1868–95 in einer Mischung aus Neogotik und Neoklassizismus errichtet. Sie besitzt schöne Glasfenster des dominikanischen Künstlers José Rincón Mora* und einen kunstvoll geschnitzten Altar aus Mahagoni. In der Kirche liegt das Grab des Diktators Ulises Heureaux in friedlicher Eintracht neben den Gräbern mancher Helden des Restaurationskriegs.

**Centro de la Cultura** (Calle del Sol; etwas nördlich des Parque Duarte): Das große weiße Bauwerk präsentiert regelmäßig interessante Ausstellungen zeitgenössischer dominikanischer Maler.

**Centro de Recreo** (Parque Duarte): Das in einem extravaganten Neomudéjarstil errichtete Gebäude datiert von 1894. Es ist Sitz eines exklusiven Privatklubs.

**Fábrica de Rón Bermúdez** (Av. J. Armando Bermúdez/Blanca Mascaro): Die 1852 gegründete Rumfabrik lohnt einen Besuch, da hier nicht nur der Abfüllvorgang zu beobachten ist, sondern die Angestellten den Besucher auch zu den Lagerstätten führen, wo der goldbraune *anejo* in alten Eichenholzfässern reift. Wer nicht schon von den Alkoholdämpfen benebelt ist, sollte die am Schluß kredenzte Probe nicht auslassen. Der 15 Jahre gereifte *Aniversario* wird nicht umsonst in edle französische Cognacflaschen abgefüllt!

**Monumento a los Héroes de la República:** Das riesige, 67 m hohe Marmordenkmal ist das Wahrzeichen der Stadt. 1940 ließ Trujillo es zu Ehren der Helden errichten, die für die Wiedererrichtung der Republik ihr Leben gaben, nannte es dann aber bezeichnenderweise zu seiner eigenen Glorifizierung *Monumento a la Paz de Trujillo* (Denkmal an den Frieden Trujillos). Die Innenräume der Halle schmücken Wandgemälde des spanischen Malers Vela Zanetti*. Ein Aufzug führt zur Aussichtsplattform der von einem Engel gekrönten Säule hinauf, von wo aus sich ein großartiger Blick über die Stadt bietet.

**Museo del Tabaco** (Calle 30 de Marzo/Calle 16 de Agosto; gegenüber dem Parque Duarte): Das 1984 in einem viktorianischen Haus eröffnete Tabakmuseum bietet eine gute Einführung in die Geschichte der Tabakproduktion vom 16. bis 20. Jh. Das Rauchen haben die Spanier den Tainos abgeschaut. Offenbar fanden sie Geschmack daran, denn schon bald nach der Conquista begannen Siedler damit, Tabak anzubauen. Zum Ärger der Krone scherten sich die Bauern des Cibao jedoch wenig um das königliche Tabakmonopol und verkauften ihren Tabak – vorbei an den Nasen der im fernen Santo Domingo residierenden königlichen Inspektoren – an die Franzosen. Die politisch unruhigen Zeiten des 19. Jh. führten dazu, daß – im Gegensatz zu Kuba – in der Dominikanischen Republik die erste Zigarrenmanufaktur erst 1902 gegründet wurde,

*Moca (Santiago de los Caballeros), Iglesia del Sagrado Corazón de Jesús*

und zwar durch den Deutschen Richard Söllner. Mit dem US-amerikanischen Handelsembargo gegen die Castroinsel schlug die Stunde der Dominikanischen Republik: Die Qualität des im Cibao angebauten Tabaks gilt mittlerweile als die beste der Welt. Tabak ist eine hellgrüne Pflanze mit langen ovalen Blättern, die nach drei bis vier Monaten Reife einzeln mit der Hand geerntet, getrocknet und in Ballen verkauft werden. In den Fabriken werden die Tabakblätter durch mehrfaches Wickeln um die Hand von ihrer Mittelader befreit und dabei in zwei Hälften getrennt, zurechtgeschnitten und fachkundig gerollt, wobei die ausgeklügelte Blattmischung von entscheidender Bedeutung für die Qualität ist: In einem hölzernen Schraubstock preßt man die Zigarre in die richtige Form. In Zedernholzkistchen verpackt stehen sie dann zum Export bereit. Eine ausgezeichnete Zigarre erkennt man übrigens – ganz abgesehen von Geschmack und Preis – daran, daß ihre Asche erst sehr spät abfällt.

*Salcedo (Santiago de los Caballeros), Wandbild der Tres Hermanas*

**Museo Folklórico de Tomás Morel** (Calle Restauración, 74): Das Folkloremuseum zeigt sehr schöne Karnevalskostüme und -masken, die man zweimal pro Jahr auf den Straßen der Stadt spazierenträgt.

**Palacio Consistorial** (Parque Duarte): Das Ende des 19. Jh. errichtete viktorianische Gebäude diente einst als Rathaus der Stadt. Heute ist hier das *Museo de la Villa* untergebracht, das die Geschichte Santiagos nachzeichnet.

**Parque Duarte:** In der Mitte des schattigen, von schönen Häusern umgebenen Hauptplatzes steht ein viktorianischer Pavillon. Man kann von hier aus eine Kutschenfahrt durch die Innenstadt unternehmen.

## Umgebung

**Moca** (21 km ö): Die Stadt liegt inmitten eines überaus fruchtbaren Anbaugebiets für Kaffee und Kakao. 1899 fiel hier der Diktator Ulises Heureaux einem Attentat zum Opfer. Sehenswert sind die neoklassizistische *Iglesia Nuestra Señora del Rosario* mit gotisierenden Fenstern und die monumentale *Iglesia del Sagrado Corazón de Jesús* neueren Datums mit mehrstöckigem Turm. An der *Plaza Viaducto* entdeckt man eine auf dem Rest eines Viadukts thronende Dampflokomotive. Sie erinnert an die Zeit, als Moca an der längst eingestellten Eisenbahnlinie zwischen dem Hafen Sánchez und La Vega lag.

**Salcedo** (35 km ö): Aus der 14 km östlich von Moca liegenden Stadt stammten die »drei Schwestern Mirabal«. Sie waren mutige Gegnerinnen des Diktators Trujillo, der sie deshalb am 25. November 1960 ermorden ließ: eine Tat, die auch international hohe Wellen schlug. An der Umgrenzungsmauer der *Plazoleta de las Hermanas Mirabal* erinnert ein Wandbild an die Heldinnen der Stadt, denen 5 km weiter östlich das *Museo de las Hermanas Mirabal* gewidmet ist.

## Santo Domingo

Einw.: ca. 2,5 Mio.

Die Hauptstadt der Dominikanischen Republik gleicht weit mehr einer lateinamerikanischen Metropole als einer trägen karibischen Inselstadt. Hier sind die Gegensätze größer als anderswo: der sorgsam restaurierten Zona Colonial aus dem 16. Jh. und den vornehmen Villen und klimatisierten Bürohäusern steht die chaotische Welt eines Industriemolochs gegenüber, in dem viele Menschen in armseligen Slums ihr Dasein fristen. Doch ihre Lebensfreude lassen sich auch die Ärmsten nicht nehmen. Bei Tag und bei Nacht schwingt die Stadt im Rhythmus der ansteckenden Merengue-Musik, die auch den ungelenken Europäer schnell in ihren Bann zieht.

### GESCHICHTE

Gegründet wurde die Stadt am 4. August 1498 von Bartolomé Colón, dem Bruder von Christoph Kolumbus. Damals lag sie noch am östlichen Ufer des Río Ozama und hieß La Nueva Isabela (zum Andenken an die aufgegebene erste Siedlung La Isabela an der Nordküste). Nach einem Hurrikan baute man die Stadt am gegenüberliegenden Ufer wieder auf. In Santo Domingo wurden das erste erhaltene Steinhaus, die erste Kathedrale, die erste Universität und das erste Hospital der Neuen Welt errichtet. 1508 erhielt die Stadt ihr königliches Wappen. Die Entdeckung weit reicherer Ländereien auf dem amerikanischen Festland besiegelten jedoch das Schicksal von Santo Domingo, das nur noch Verpflegungshafen für die aus Peru und Mexiko nach Spanien segelnden Gold- und Silberflotten war. Nach der Plünderung durch den englischen Korsaren Francis Drake versank die Stadt allmählich in einen Dämmerschlaf. 1936 drängte ihr der größenwahnsinnige Diktator Trujillo sogar seinen eigenen Namen auf: Erst 1961 erhielt Ciudad Trujillo den alten Namen zurück. Die Fünfhundertjahrfeiern der Entdeckung Amerikas verliehen der Stadt neuen Schwung: Die koloniale Altstadt erstrahlt heute im alten Glanz, und bis zur Fünfhundertjahrfeier der Stadtgründung wird aus

*Santo Domingo, Basílica Menor, Doppeladler*

dem schmuddeligen Hafen an der Mündung des Río Ozama ein schicker Anlegeplatz für Kreuzfahrtschiffe geworden sein.

### SAKRALBAUTEN

**Basílica Menor de La Virgen de la Anunciación:** Besonders US-Amerikaner stehen immer wieder ehrfürchtig vor diesem zweitältesten Bauwerk der westlichen Hemisphäre: Die Kirche ist tatsächlich die einzige gotische Kathedrale der Neuen Welt. Eine erste Holzkirche ist seit 1502 belegt. Der Architekt Alonso Rodríguez* überwachte im Auftrag des spanischen Königs den Bau einer ersten Steinkirche, deren Grundstein 1514 Kolumbus' Sohn Diego legte. 1519 kam der erste Bischof Hispaniolas, Alejandro Geraldini, in Santo Domingo an, dem die noch ungenügend vorangeschrittene Kirche viel zu klein erschien. Daher legte er am 25. März 1521 symbolisch erneut den Grundstein für die heutige Kathedrale Santa María la Menor. Da Alonso Rodríguez mittlerweile in Mexiko beschäftigt war, vollendeten Luis de Moya und Rodrigo de Liendo bis 1540 die Kirche. Der Turm auf der W-Seite blieb allerdings unvollendet und überragt den Kirchenbau nicht. Möglicherweise verzichtete man wegen der in dieser Region häufigen Hurrikane auf die Aufführung. 1546 erhob Papst Paul III. die Kathedrale – sie ist die älteste der westlichen Hemisphäre – zur Catedral Primada de las Indias, die Autorität über alle Kirchen der Neuen Welt besaß. Schon wenige Jahrzehnte später widerfuhr ihr jedoch größte Schmach. Der englische Pirat Francis Drake plünderte sie 1586 und mißbrauchte sie als Hauptquartier für seine Truppen. In der ersten Kapelle nördlich des Hauptaltars kampierte er selbst, in der Capilla San Pedro hielt er seine Gefangenen fest, bis das Lösegeld eintraf. Als Drake wieder abzog, hatte er den gesamten Kirchenschatz und 25000 von den Bürgern Santo Domingos zusammengebrachte Dukaten im Gepäck. Danach hat das herrliche Bauwerk sein Gesicht nur noch wenig verändert. Anfang des Jahrhunderts wurde die Kathedrale zu einer »minderen« (*menor*) Basilika erhoben und damit den römischen Basiliken weitgehend gleichgestellt.

Wie bei allen gotischen Kirchen dient die Westseite als Schaufassade. Im Sonnenlicht des späten Nachmittags erstrahlt der Korallenstein besonders schön in gelbbraunen Ockerfarben. Geradezu magisch wirkt die Erscheinung der Kathedrale im nächtlichen – generatorgesicherten – Scheinwerferlicht besonders dann, wenn die übrige Altstadt wegen eines der häufigen Stromausfälle in tiefes Dunkel getaucht ist. Die möglicherweise von Gil de Liendo* geschaffene Prunkfassade ist im span. plateresken Stil gehalten, wobei sich Einflüsse der italienischen Frührenaissance bemerkbar machen. Das vom andalusischen Manierismus beeinflußte große Doppelportal zeigt zwei sich in der Mitte vereinigende Rundbögen, deren Laibungen Kassettenschmuck aufweisen, und wird von einer zentralen korinthischen Säule gestützt. Man beachte den habsburgischen Doppeladler, der vom Reich Karls V. kündet, »in dem die Sonne nicht unterging«, sowie die Büsten der vier Evangelisten sowie Petrus und Paulus. Ein friesverziertes vorspringendes Gesims bildet den Abschluß. Neben dem Hauptportal besitzt die Kirche noch die – heute verschlossene – südliche

*Santo Domingo, Basílica Menor, Netzgewölbe*

*Puerta del Perdón*, deren Erreichen einst Asyl für alle von weltlicher Gerichtsbarkeit Verfolgten bedeutete, sowie das zur Plaza de Colón weisende *Nordportal*, durch das man heute die Kirche – nur in dezenter Kleidung! – betritt. Dessen hervorgehobener Mittelbogen wird von je zwei kleineren Bögen flankiert. Der Zinnenkranz erinnert an die Zeit, in der die Kathedrale als Wehrbau fungierte, der – anders als in Mexiko – nicht vor den Angriffen der bis zu diesem Zeitpunkt schon weitgehend ausgerotteten Indios Hispaniolas, sondern vor Piratenüberfällen Schutz gewähren sollte. Die dreischiffige, im Stil der isabellinischen Spätgotik gehaltene Hallenkirche (54 m lang, 23 m breit und 16 m hoch) zeigt ein leicht erhöhtes Mittelschiff, einen polygonalen Chorabschluß und doppelte Pfeilerreihen, die sich palmenartig zu einem achtjochigen Netzgewölbe ausfächern. Die schmäleren Seitenschiffe besitzen dagegen nur ein einfaches Kreuzgewölbe. Auf die Lichtdurchflutung europäischer Kathedralen wurde aus klimatischen Grün-

den verzichtet; man beschränkte sich auf kleine gotische Fenster; die modernen Glasmalereien schuf der Dominikaner José Rincón Mora*.
Da die Altäre – der Hauptaltar wurde 1586 bei der Plünderung durch Francis Drake zerstört – allesamt in die Seitenkapellen verbannt wurden, kann der Blick ungehindert durch das Schiff schweifen, das zwar die geometrische Strenge, leider aber nicht die hier so willkommene Kühle europäischer Kathedralen ausstrahlt. Das nach der wundersamen Auffindung des Kolumbusgrabs (1877) errichtete neogotische weiße Marmorgrabmal von 1898 wurde in den 1992 eröffneten → *Faro a Colón* überführt. Aus den Gründungsjahren stammt noch der schön geschnitzte Bischofsstuhl aus Mahagoniholz im Chor. Er soll von Taino-Künstlern geschaffen worden sein. Von den 14 Seitenkapellen, die nachträglich eingebaut wurden und die Nischen der Strebepfeiler ausfüllen, sind folgende besonders bemerkenswert (ausgehend vom Nordeingang gegen den Uhrzeigersinn): Von innen gesehen direkt rechts (also westlich) neben dem Nordeingang ist die *Capilla Dos Leones* zu finden. Hier ist der 1524 verstorbene Bauherr der Kirche, Bischof Geraldini, bestattet. Sein Wappen erscheint über zwei Steinlöwen. In einem Mahagonikreuz ist eine Inschrift mit dem Gründungsbeschluß zu lesen. Als nächstes folgt die *Capilla Cosme y Damián* mit dem Grab des Erzbischofs Meriño, dann die *Capilla Nuestra Señora de la Luz*. Hier wurden bis zu ihrer Überführung in den → *Faro a Colón* für einige Jahre die mutmaßlichen Gebeine des Kolumbus bewahrt. In der nachfolgenden *Capilla Nuestra Señora de la Altagracia* ruhten einst die sterblichen Überreste der großen Dominikaner Duarte, Mella und Sánchez (heute im → *Altar de la Patria* im Parque de Independencia). Das Altarbild hat nicht der spanische Maler Zurbarán* selbst gemalt, wie einige Führer gern behaupten, sondern es stammt wohl von einem seiner Schüler. Ein wertvolles Altarbild aus dem 16. Jahrhundert bewahrt die letzte Kapelle der Nordseite, die *Capilla de la Virgen Antigua*. Es wurde von den Katholischen Königen Isabella und Fernando gestiftet. Kolumbus, ein tiefer Verehrer der Virgen de Guadalupe, brachte den Altar, dessen teilweise vergoldete Holzschnitzereien im plateresken Stil gehalten sind, auf seiner zweiten »Indien«-Fahrt mit. Man kann nun durch das Hauptportal ins Freie auf den nur auf diese Weise zugänglichen atriumartigen, von einer niedrigen Zinnenmauer gesäumten Vorplatz treten. Hier wurden die Indios, denen man anfänglich den Zutritt zur Kirche verwehrte, unterwiesen. Von hier aus bewundert man die prachtvolle Westfassade. Anschließend schreitet man die Kapellen der Südseite ab. Dem Westeingang am nächsten findet man die *Capilla Corazón de María*, es folgen die *Capilla San José* (früher San Francisco), die *Capilla San Pedro*, die wegen ihrer Gewölbefresken aus dem 16. Jh. bes. bemerkenswerte *Capilla del Santísimo Sacramento*, das Südtor, die Taufkapelle mit einer vermutlich von einem Schüler Murillos gemalten Maria von der Unbefleckten Empfängnis und als letzte die *Capilla Santa Ana*. Hier ist das prächtige weiße spätgotische Marmorgrabmal des Konquistadorensohns Rodrigo de Bastidas zu finden, der es zum Bischof von Puerto Rico brachte (nicht zu verwechseln mit dessen gleichnamigem Vater). Er finanzierte die Fertigstellung der Kathedrale. Man beachte den Kontrast zwischen dem gotischen Fenster und dem Renaissancebogen. Wieder an der Nordfront folgen die platereske *Capilla de las Animas* mit pflanzlichen und figürlichen Motiven und – unmittelbar rechts vom Haupteingang – die *Capilla de la Virgen de las Dolores*.

**Capilla de la Tercera Orden** (Calle Padre Billini)**:** Die 1559 errichtete einschiffige Kapelle des Dritten Ordens mit spätgotischem Gewölbe und einigen Seitenkapellen war im 19. Jh. Heimstatt der von Eugenio María de Hostos gegründeten ersten laizistischen Schule, der Escuela Nacional, die Lehrer ausbildete. Heute dient sie als städtische Bibliothek.

**Capilla de La Virgen del Rosario:** Die 1943 restaurierte, nicht sehr leicht zugängliche Kapelle (wer den Wärter nicht findet, muß über einen Zaun klettern) liegt direkt am Ostufer des Río Ozama, auf dem Gelände der riesigen Getreidemühle (Molinos Dominicanos). Sie diente als Gotteshaus der ersten spanischen Ansiedlung La Nueva Isabela. Die erste Steinkirche der Neuen Welt, wie oft behauptet wird, war sie aber nicht: Dieser Ruf kommt der 1493 errichteten Kirche des alten La Isabela (westlich von → Puerta Plata an der Atlantikküste) zu, von der allerdings nur spärliche Grundmauerreste erhalten sind.

**Capilla de los Remedios** (Calle Las Damas). Die Kapelle aus dem frühen 16. Jh. mit Kampanile und got. Bogen bildet den nördlichen Abschluß des *Hostal de Nicolás de Ovando*. Hier versammelten sich vor der Fertigstellung der Kathedrale die Bewohner der frühen Kolonialstadt zum Gebet. Der Familie Dávila diente sie als Privatkapelle. Pedrarias Dávila (1440–1531) gehörte dem kastilischen Hochadel an und war 1514 Kommandant der mächtigsten Amerikaflotte. Als Gouverneur des Isthmus von Panama organisierte er den Handel mit Spanien und regierte von 1526 bis zu seinem Tode Nicaragua. – An der Nordseite der Kapelle schließt sich die kleine *Plazuela del Gobernador* mit einer im Jahre 1753 auf Befehl des Gouverneurs Francisco Rubio y Penaranda errichteten **Sonnenuhr** (*Reloj solar*) auf einem steinernen Obelisken an. Sie war die erste öffentliche Uhr der Stadt, die aufgrund der Hurrikangefahr auf Turmuhren verzichtete. Die Gerichtsbeamten in den gegenüberliegenden → *Casas Reales* haben sie sicherlich besonders geschätzt, wußten sie doch mit einem Blick aus dem Fenster, wann es Zeit war, den Büroschlaf zu Hause fortzusetzen.

**Capilla San Andrés** (Calle Arzobispo Nouel): Die Kapelle gehörte zum gleichnamigen Hospital (heute Hospital Padre Billini), in dem man einst Indios behandelte. Im Inneren der Kirche ist ein sehr schöner Barockaltar mit dem *Cristo de San Andrés* zu sehen, dem man Wunderheilungen nachsagte.

**Convento San Francisco** (Calle Emiliano Tejera): Im 1508–12 errichteten ältesten Kloster der Neuen Welt wurde der Kazike Guarocuya unterwiesen und auf den Namen Enriquillo getauft. 13 Jahre lang sollte er später in der Sierra de Bahoruco gegen die Spanier kämpfen. 1586 zündete Francis Drake das Kloster an; durch Erdbeben im Jahre 1673 und 1751 wurde es noch weiter in Mitleidenschaft gezogen. 1795 gab es der Franziskanerorden auf. Der Wirbelsturm von 1930 brachte auch noch große Teile der Westfassade zum Einsturz. Nur noch Ruinen blieben erhalten. Unter einer zerstörten Wölbung noch zu sehen ist das Grab des Konquistadoren Alonso de Ojeda. Heute nutzt man die Ruinen als Rahmen für kulturelle Veranstaltungen.

**Convento de los Dominicanos:** Ein königlicher Gründungserlaß von 1510 erwähnt eine Predigerschule (Convento de la Orden de Predicadores de América), doch kann es sich hierbei lediglich um einen Holzbau gehandelt haben. Der heutige Steinbau wurde erst 1524 begonnen und muß 1535 vollendet gewesen sein. Jedenfalls lauten die ältesten Grabinschriften auf dieses Datum. 1538 erhob Papst Paul III. das Dominikanerkloster zur Universität, die den Namen Thomas von Aquins annahm und die erste Hochschule der Neuen Welt war. Hier hielt Fray Antonio de Montesino seine berühmte Brandrede (»Ich bin die Stimme, die in der Wüste ruft...«) gegen die barbarische Behandlung der indianischen Bevölkerung. Dieser Protest sollte den hier wirkenden Dominikanerpater und »Beschützer der Indios« Bartolomé de las Casas nachhaltig prägen. Mit seinem »Kurzen Bericht über die Verwüstung Westindiens« prangerte Las Casas in Folge die Versklavung und systematische Ausrottung der indianischen Bevölkerung an und war maßgebend an der Verabschiedung humaner Schutzgesetze durch Karl V. beteiligt (die allerdings wenig fruchteten). Der Hochschulbetrieb der heutigen *Universidad Autónoma de Santo Domingo* findet inzwischen in modernen Gebäuden am Stadtrand statt; das ursprüngliche Seminargebäude wurde durch den Straßenbau zerstört.

Äußerlich wirkt die Klosterkirche recht schlicht, mit Ausnahme ihrer sehr schönen zweigeschossigen Westfront im Stil der Frührenaissance mit Pilastergliederung. Eine Balustrade trennt das untere Feld mit dem Hauptportal von der oberen Partie der Fassade, die mit der Fensterrosette abschließt. Andalusische Kacheln und barockes Rankenwerk aus Stuck sorgen für zusätzlichen Schmuck. Der zierliche Turm an der Nordseite ragt kaum über das Dach der Kirche hinaus.

Vom niedrigen Langhaus abgesehen, das im 18. Jh. mit vierjochigem Tonnengewölbe wiederaufgebaut wurde, hat sich der spätgo-

*Santo Domingo, Convento San Francisco*

tische Charakter der über lateinischem Kreuz errichteten Basilika mit Chorpolygon erhalten. Abgesehen von dem niedrigen Langhaus mit vierjochigem Tonnengewölbe ist der spätgotische Bau noch gut zu erkennen. Der Hochaltar in der Chorapsis soll ein Geschenk Karls V. gewesen sein, jedenfalls läßt dies der über dem Bild des hl. Dominikus angebrachte Doppeladler vermuten. Bemerkenswert ist das zur 1650 angefügten *Capilla del Rosario* führende platereske Renaissanceportal auf der Südseite des Langhauses. In der Rosenkranzkapelle selbst fällt das herrliche Fresko des Deckengewölbes ins Auge, das christliche und antike Symbolik vereint. Es zeigt die Sonne (Gott), die von vier die Jahreszeiten symbolisierenden griechischen Göttern, Jupiter (Frühling), Mars (Sommer), Merkur (Herbst) und Saturn (Winter), umkreist wird. Diese stehen gleichzeitig für die vier Evangelisten. Um sie herum gruppieren sich wiederum die 12 Tierkreiszeichen, die sowohl die Monate des Jahres als auch die 12 Apostel repräsentieren.

**Hospital San Nicolás de Bari** (Calle Hostos): Das erste Steinhospital der Neuen Welt – die Kranken wurden sowohl stationär wie ambulant behandelt – ließ 1503–09 Nicolás de Ovando errichten, angeblich auf dem Boden des Hauses einer schwarzen Frau, die einst Kranke versorgt habe. Die Spitalskapelle war die erste der Schutzheiligen des dominikanischen Volkes, der Jungfrau von Altagracia, geweihte Kapelle. In der Nähe steht die moderne *Iglesia de Altagracia* aus dem 20. Jh. Francis Drake ließ der mildtätigen Einrichtung das gleiche Schicksal wie dem Kloster San Francisco angedeihen, doch hielt das äußerst stabile Gebäude anschließend noch mehreren Erdbeben und Wirbelstürmen stand. Erst 1911 wurden wegen Einsturzgefahr einige Mauern niedergerissen. Unzählige Tauben, die hier gefüttert werden, flattern durch die Ruinen.

**Iglesia Conventual de las Mercedes** (Calle Las Mercedes/Calle José Reyes): Die festungsartige, 1534 errichtete Kirche war einst Teil eines Mercedarierklosters. Da sie mehrmals umgebaut wurde, vereint sie Stilelemente der ausgehenden Spätgotik mit Renaissanceformen. Sehenswert sind ein Bischofsgrab von 1644, das Bildnis der Nuestra Señora de las Angustias (1734), der mit Silber verzierte Hauptaltar aus dem 18. Jh. und das vielverehrte Gnadenbild der María de las Mercedes, das schon den spanischen Dichter Tirso de Molina, der 1616–18 im Kloster lebte, verzückte. Weltweit einmalig ist übrigens, daß hier in einer kirchlichen Einrichtung eine Freimaurerloge untergebracht ist.

**Iglesia Conventual de Santa Clara** (Calle Padre Billini): Der 1552–56 errichtete, ursprünglich der hl. Anna geweihte Konvent, ab dem 17. Jh. ein Kloster der Klarissinnen, war das erste Nonnenkloster der Neuen Welt. Als nicht ganz uneigennütziger Wohltäter spielte sich der in der Kirche, die schöne alte Kassettendecken aus Stein besitzt, bestattete Don Rodrigo Pimentel auf: Er pflegte nämlich, so heißt es wenigstens, seine diversen Geliebten im Kloster unterzubringen ...

**Iglesia del Carmen** (Calle Arzobispo Nouel): Die Kirche wurde 1729 errichtet und besitzt ein bekanntes Christusbild, das während der Karfreitagsprozession durch die Straßen der Hauptstadt getragen wird. Von historischer Bedeutung ist der Vorplatz der Kirche, die *Plazoleta de la Trinitaria*. Eine Marmortafel am Haus mit der Nr. 255 weist darauf hin, daß in diesem Gebäude Duarte, Mella und Sánchez den Geheimbund der Trinitaria gründeten und einen Aufstand gegen die haitianischen Okkupanten vorbereiteten, der zur Unabhängigkeit der Dominikanischen Republik führte.

**Iglesia Santa Bárbara** (Calle Gabino Puello): Die Taufkirche von Juan Pablo Duarte wurde ab 1578 als Teil einer der hl. Barbara (Schutzpatronin der Soldaten) gewidmeten gleichnamigen Festungsanlage errichtet, 1586 von Drake geplündert und 1591 durch einen Hurrikan zerstört. Etwa hundert Jahre später errichtete man sie im Stil des Frühbarock mit zwei ungleichen Türmen neu. Im Inneren besitzt sie schöne Barockretabeln. Vom Garten aus bietet sich ein schöner Blick auf die Zona Colonial.

**Regina Angelorum** (Calle Padre Billini/ Calle José Reyes): In der 1537 errichteten Kirche ist der sozial engagierte Wohltäter Pater Billini bestattet. Im Kloster lebten auch die ersten Dichterinnen der Neuen Welt: Sor Leonor de Ovando und Elvira de Mendoza.

## PROFANBAUTEN

**Alcázar de Colón** (Plaza de España): In dieser dreiflügeligen Palastanlage ist man der Geschichte der Eroberung Westindiens näher als irgendwo sonst. Hier trafen sich berühmte Konquistadoren wie Hernán Cortés, der das Aztekenreich eroberte, Nuñez de Balboa, der als erster zum Pazifik vordrang, Ponce de León, der Puerto Rico unterwarf, und Francisco Pizarro, der das Inkareich in Peru auslöschte. 1509 gestattete die spanische Krone Diego Colón, dem ältesten Sohn des Kolumbus und Nachfolger des Vizekönigs Nicolás de Ovando, dieses Bollwerk aus mächtigen Korallensteinquadern am Hochufer des Río Ozama zu errichten. Diego wandelte dabei auf einem politischen Minenfeld: Zwar machte die strategisch günstig gelegene Festung verteidigungstechnisch durchaus Sinn, um sich gegen Angriffe von Piraten oder rebellischer Indios zu schützen, andererseits war der spanische König stets von Mißtrauen erfüllt, der durch die Eroberung des Kolumbus legitimierte Diego Colón könnte sich allzu unabhängig machen. Vielleicht deshalb lockert eine zweigeschossige Galerie mit jeweils fünf Rundbögen und Mudéjar-Schmuck im Stil der spanischen Frührenaissance den massiven Eindruck der noch ganz mittelalterlich wirkenden flankierenden, schmucklosen Baukörper ab. Erstaunt nimmt man zur Kenntnis, daß der Alcázar von Santo Domingo, für dessen Bau Diego weit über tausend Indios schuften ließ, mit seinen 72 Türen und Fenstern ohne einen einzigen Nagel errichtet wurde. Bei Cortés muß der Bau jedenfalls einen nachhaltigen Eindruck hinterlassen haben. Nach der Eroberung Mexikos errichtete er sich in Cuernavaca (Bundesstaat Morelos) einen fast identischen Palast – und handelte sich dementsprechend Ärger mit den Beamten Karls V. ein. 1514 zog Diego mit seiner Frau María de Toledo und dem Hofstaat hierher um. Bartolomeo Colón, der Bruder des großen Admirals, starb

*Santo Domingo, Alcázar de Colón*

hier. Bis 1577 residierten die Nachkommen der Familie, die der Krone längst lästig geworden waren, in diesem Palast. Wahrscheinlich ließ man ihn deshalb ungerührt verfallen, nachdem Francis Drake ihn ausgiebig geplündert hatte. Im 20. Jh. war das zuletzt als Steinbruch mißbrauchte Gebäude nur noch ein Trümmerhaufen. Der spanische Architekt Javier Barroso* leitete die von Trujillo 1955 angeordnete Restaurierung, die eine Million Dollar kostete. Eine erneute Restaurierung in den 70er Jahren unter Präsident Balaguer wurde nötig, weil sich die US-Truppen während der Kämpfe im Juni 1965 wenig um Historie kümmerten und das Gebäude heftig beschossen.

Im Inneren des neuerstandenen Palastes ist heute das *Museo Virreinal* untergebracht, zu dessen Einrichtung die spanische Regierung Mobiliar aus der Zeit des Vizekönigreichs beisteuerte. Hier wird die Kolonialzeit wieder lebendig, so wenig museal präsentieren sich die zahlreichen wertvollen Exponate, die teilweise allerdings Nachbildungen sind. Da gibt es einen Ritter in Rüstung auf einem hölzernen Roß zu sehen, viel historische Keramik, alte Möbel, die aussehen, als hätten sie hier schon zur Zeit der Erbauung hier gestanden, ein Klavichord aus der Renaissancezeit, Wandteppiche und Bilder mit Kolumbusszenen, eine mit Azulejos ausgekleidete Küche aus dem 16. Jahrhundert sowie mit Elfenbein eingelegte Tische. Die Holzfigur vom Tod der Jungfrauen, die während der Schießereien beim Einmarsch der US-Truppen Anfang der 60er Jahre zersplitterte und wieder zusammengesetzt wurde, entstand im 16. Jahrhundert in Flandern.

**Altar de la Patria** (Parque de Independencia): Der Altar des Vaterlandes ist ein nicht übermäßig geschmackssicheres Mausoleum aus Marmor mit den an die zehn Meter hohen Statuen der Freiheitshelden Juan Pablo Duarte, Ramón Matias Mella und Rosario Sánchez. Ihre sterblichen Überreste ruhen in drei Nischen, über denen eine ewige Flamme brennt. Vor dem Eingang paradiert eine Ehrenwache.

*Santo Domingo, Altar de la Patria*

**Casa Consistorial** (Parque Colón): Das Rathaus stammt zwar aus dem 16. Jh., wurde später jedoch einschneidend verändert.

**Casa de Bastidas** (Calle Las Damas): Sie schließt sich im Norden der → *Fortaleza Ozama* an und ist nach ihrem früheren Besitzer, dem Konquistador Rodríguez Bastidas benannt, der 1493 mit der zweiten Fahrt des Kolumbus nach Hispaniola kam, 1500–02 eine Expedition an die Küsten von Venezuela, Kolumbien und Panama leitete und 1512 Alkalde von Santo Domingo wurde. Später war Bastidas Gouverneur des von ihm gegründeten Santa Marta (im heutigen Kolumbien); sein gleichnamiger Sohn brachte es zum Bischof der Insel Puerto Rico. In späterer Zeit dienten die Räume rund um den arkadengesäumten, weitgehend originalgetreuen schönen Innenhof als Militärhospital, während hier heute Kunstgalerien und Bibliotheken untergebracht sind. Die Außenfront wurde neoklassizistisch umgebaut. Das Gebäude ist übrigens wichtige Anlaufstelle für Naturliebhaber, denn hier ist die zentrale Verwaltung der Nationalparks untergebracht, von der man die unbedingt erforderlichen Genehmigungen zum Besuch der einzelnen Reservate bekommt.

**Casa de Diego Caballero** (Calle Arzobispo Nouel/Calle Arturo Pellerano Alfau): Das 1523 errichtete Gebäude wird von zwei Rechtecktürmen flankiert.

**Casa de Francia** (Calle Las Damas/Ecke Calle El Conde): Das Gebäude ist in der recht einheitlichen Häuserfront an der Westseite der Calle Las Damas ziemlich leicht zu erkennen: Über dem Eingang flattert nämlich die französische Trikolore. Sie zeigt an, daß hier das Centre Culturel Français seine Heimstatt hat, das eine Bibliothek besitzt und Ausstellungen organisiert. Die Franzosen haben sich ein geschichtsträchtiges Gebäude ausgesucht: 1509 zog hier der Gouverneur von Hispaniola, Nicolás de Ovando, ein. Etwas später soll Hernán Cortés hier die Eroberung des Aztekenreichs geplant haben, weswegen das Haus auch *Casa de Hernán*

*Cortés* heißt. Später gehörte das Haus dem großen spanischen Aristokraten Hernando de la Vega, der allerdings nie einzog. Bald darauf kaufte es der Chronist und Wächter der Torre del Homenaje, Gonzalo Fernández de Oviedo. 1917 wurde das Haus restauriert, 1978 für 50 Jahre an Frankreich verpachtet. Es zeigt noch einen stark spätgotischen Charakter.

**Casa de Juan Pablo Duarte** (Calle Isabel La Católica/Celestino Duarte): Das architektonisch wenig bemerkenswerte Geburtshaus Duartes, der einer der drei Väter der dominikanischen Unabhängigkeit war, ist heute ein Museum. Es zeichnet das Leben Duartes nach, der 1876 im venezolanischen Exil starb.

**Casa de la Moneda** (Calle Arzobispo Meriño): Das in der 2. Hälfte des 16. Jh. errichtete einstöckige Gebäude prunkt mit einem prächtigen Portal im plateresken Stil. Seinen Rahmen bildet ein steinerner Schmuckfries mit fünf Medaillons, wovon das mittlere ein Porträt Karls V. trägt. 1972 wurde es restauriert und beherbergt heute ein numismatisches Museum.

**Casa del Cordón** (Calle Isabel La Católica/Calle Emiliano Tejera): Seinen Namen verdankt dieses Haus der Franziskanerkordel, die zwischen Portal und Fenster der ansonsten schlichten Fassade im Stil der isabellinischen Spätgotik aufgesetzt ist. Berühmt ist es jedoch aus einem anderen Grund. Es handelt sich nämlich um das älteste erhaltene Steingebäude der Neuen Welt, das nach der europäischen Entdekkung errichtet wurde. Bauherr war Don Francisco de Garay, erster Notar der Insel und späterer Gouverneur von Jamaica, der das Haus im Jahre 1503 errichten ließ. Francisco hatte Kolumbus schon auf seiner ersten Fahrt begleitet und war wohl in den folgenden Jahren zu genügend Wohlstand gekommen, um sein Haus in großzügiger Geste dem Sohn des Admirals, Diego Colón, schenken zu können. Dieser residierte hier mit seiner Frau, María de Toledo, bis zur Fertigstellung des Alcázar. Felipa und María, die zwei Töchter des Paares, wurden hier geboren. Die weitere Geschichte ist weniger ruhmreich. 1586 beschlagnahmte der Pirat Francis Drake das Haus für die Dauer seiner Besetzung von Santo Domingo und ließ hier die wohlhabenden Bürger von Santo Domingo zur Entrichtung des gewaltigen Lösegelds aufmarschieren. Hier »befreite« Drake auch die edlen Damen der Stadt von ihrem gesamten Schmuck, mit dem er dann Königin Elisabeth I. von England beehrte, mit deren Einverständnis er handelte. In späterer Zeit erfuhr das Haus zwar einige Veränderungen, seine architektonische Substanz blieb jedoch erhalten. Heute residiert hier die Verwaltungszentrale des Banco Popular Dominicano, der viel Geld zur Restaurierung des Gebäudes ausgab. Ein angegliedertes Museum widmet sich der Wohnkultur des 16. Jh.

**Casa de Tostado** (Calle Padre Billini/Calle Arzobispo Meriño): Das Haus wurde 1516 als erzbischöfliches Palais errichtet; später wohnte hier der Stadtschreiber Don Francisco de Tostado, ein hoher königlicher Beamter, der angeblich von Kanonenkugeln der Piratentruppen Drakes vom Leben zum Tode befördert wurde. Die restaurierte Eckfront weist eine Besonderheit auf, die in ganz Amerika kein zweites Mal zu finden ist: Über dem Portal prangt ein gotisches Zwillingsfenster mit Maßwerkschmuck. Seit 1970 dienen seine Räume dem *Museo de la Familia Dominicana del Siglo XIX* als Heimstatt, das die komplette Wohnungseinrichtung einer Familie aus dem späten 19, Jh. zeigt.

**Casas Reales** (Calle Las Damas): Der große, bis 1520 vollendete Gebäudekomplex bestand ursprünglich aus zwei Palästen, in denen die 1513 gegründete und 1799 nach Kuba verlegte Königliche Audienz, die Königliche Schatzkammer sowie der erste Gerichtshof der Neuen Welt, die Capitanería General, untergebracht waren. 1967 wurde das Gebäudeensemble restauriert. An einer seiner Mauern lehnt der Anker einer geborgenen spanischen Galeone. Seine Räume beherbergen heute das *Museo de Las Casas Reales*, das 1976 von Präsident Balaguer und dem spanischen Königspaar Juan Carlos und Sofia eröffnet wurde. Man betritt das Gebäude durch das schlichte Portal mit schön verzierter Fensterbalustrade im plateresken Stil und den Wappen Karls V., Hispaniolas und der Stadt Santo Domingo. Das Museum zeichnet die Geschichte der Kolo-

*Santo Domingo, Faro a Colón*

nialzeit nach, präsentiert nautische Karten und Geräte, die zur Zeit der Conquista benutzt wurden, zeigt vizekönigliche Kunst und Einrichtungsgegenstände, eine einfache Zuckermühle, eine voll eingerichtete Apotheke und allerlei Waffen. Eine Seltenheit ist schließlich das einzige bekannte Wappen der »verrückten« Königin Johanna von Kastilien, die nach dem Tode ihres Gatten Philipp des Schönen ihren Verstand verlor (Juana La Loca). Es war einst an der Südfassade angebracht. – Im *Voluntariado de las Casas Reales* sind Ausstellungen zeitgenössischer dominikanischer Kunst zu sehen.

**Faro a Colón:** Schon vom → *Alcázar de Colón* an der Plaza de España in der Zona Colonial ist er zu sehen, dieser monumentale Marmorsarkophag, in den man 1992 Christoph Kolumbus einbetoniert hat. Niemand soll ihn mehr stehlen können. Doch ist es der wahre Kolumbus? Am 20. Mai 1506 war der glorreiche »Entdecker« der Neuen Welt in Valladolid völlig verarmt und vergessen gestorben. Man setzte ihn in einem Kartäuserkloster nahe Sevilla bei. 1539 erwirkte María de Toledo, die Witwe von Diego Colón, bei Kaiser Karl V. die Überführung der Gebeine nach Santo Domingo, wie es Kolumbus angeblich gewünscht hatte, auch wenn im Testament kein Hinweis darauf zu finden ist. Der Petition wurde stattgegeben. Ob der Sarg oder die Urne von Kolumbus wirklich in Santo Domingo ankam und im Familiengrab in der Kathedrale beigesetzt wurde, ist allerdings nicht zu beweisen. Als Francis Drake 1586 Santo Domingo plünderte, entfernten die Priester alle Hinweise, die auf das Familiengrab hindeuteten, um etwaige Profanierungen zu verhindern. Dabei blieb es die nächsten 200 Jahre. Als Spanien jedoch 1795 im Vertrag von Basel auch die Osthälfte Hispaniolas an Frankreich abtreten mußte, holte man in aller Hast eine Urne aus dem Grab und brachte sie in die Kathedrale von Havanna. Als Kuba selbständig wurde, überführten die Spanier besagte Urne in die Kathedrale von Sevilla, wo sie noch heute steht. Damit ist die Sache für die Spanier erledigt. Die Dominikaner sehen das allerdings ganz anders. 1877 stieß ein Arbeitertrupp in der Kathedrale von Santo Domingo nämlich auf drei Krypten: In einer Gruft ruhten die Gebeine von Luiz Colón, eine war leer und in der dritten fand sich eine Urne mit der Aufschrift »Illustre Varón Don Cristóbal Colón, Primer Almirante de América«. Den Inhalt »identifizierte« Padre Billini als die Gebeine des echten Kolumbus. Für die Dominikaner war die Sache klar: Die Spanier hatten irrtümlicherweise Diego, den Sohn von Kolumbus, mitgenommen.

Die Pläne, dem großen Admiral ein monumentales Denkmal zu errichten, gehen bis auf das Jahr 1852 zurück. Damals schlug der dominikanische Historiker Antonio del Monte y Tejede vor, östlich des Río Ozama, wo sich die erste Ansiedlung der Spanier, La Isabela, befunden hatte, ein monumentales Denkmal zu errichten: einen Leuchtturm, der ungefähr so aussehen sollte wie der Koloß von Rhodos mit den beiden amerikanischen Subkontinenten in den Armen. Die Idee verschwand bald wieder in den Schubläden. Am 6. Dezember 1898 weihte man das neue Marmormausoleum für die 1877 aufgefundenen sterblichen Überreste des Admirals ein. Während der 5. Panamerikanischen Konferenz in Santiago de Chile griff man die Idee eines Leuchtturms wieder auf, an dessen Finanzierung sich möglichst viele Länder beteiligen sollten. Im November 1927 schrieb die Panamerikanische Union (heute Organisation der amerikanischen Staaten) das Projekt aus: Es gewann der Engländer J. L. Gleave*, der ein riesiges Betonkreuz vorschlug, das ein riesiges Lichtkreuz an den Himmel projizieren sollte. Am 14. April 1948 nahm man die Arbeiten auf, die aus Geldmangel aber bald wieder unterbrochen wurden. Erst 1987 baute man weiter, und am 6. Oktober 1992 weihte Präsident Balaguer das riesige Betonkreuz feierlich als »Achtes Weltwunder« ein. Angaben über die Kosten schwanken erheblich: Kritiker sprechen von bis zu hundert Millionen Dollar. Unzählige Menschen mußten ihre Slumwohnungen räumen. Präsident Balaguer rechtfertigte die für das arme Land immensen Ausgaben mit den Worten: »Die Menschen brauchen Schuhe, aber sie brauchen auch eine Krawatte. Und der Leuchtturm ist ihre Krawatte.« Dem Autor des Buches gegenüber erklärte ein am Ufer des Río

*Santo Domingo, Faro a Colón, Kolumbusgrab*

Ozama hausender Slumbewohner allerdings skeptisch, daß er sich – ohne Strom und sauberes Wasser – an dieser Krawatte höchsten aufhängen könne ...

Das riesige kreuzförmige Gebäude aus Stahlbeton (310 m lang, 44 m breit und 33 m hoch) stimmt Besucher nicht unbedingt versöhnlich. Schattenlos liegt es da in der gleißenden Sonne. Im Zentrum des Kreuzes, das man über eine monumentale Treppenflucht betritt, hat man das neogotische Marmormausoleum aufgestellt, das bis 1992 in der Kathedrale von Santo Domingo stand. Die Spanier Carbonell* und Romeu* hatten es 1898 skulptiert. Vier Marinesoldaten in Galauniform bewachen mit stoischer Miene die Gebeine des großen Admirals. Die Seitenkammern des Gebäudes, die den – recht knausrigen – mitfinanzierenden Staaten zur Selbstdarstellung dienen sollen, sehen noch reichlich karg aus: Lediglich Spanien, Mexiko, Taiwan und Japan haben sich einige Mühe gegeben. Wertvolle Kunstgegenstände sind rar, zumeist begnügt man sich mit Fotografien. In den meisten Kammern ist bislang lediglich eine Fahne des jeweiligen Landes aufgestellt. Die Zurückhaltung hat wohl nicht nur finanzielle Gründe: Kolumbus wird in den meisten Staaten Lateinamerikas nicht mehr als der große Entdecker gefeiert, sondern als Wegbereiter der Zerstörung großer Kulturen und des Sklavenhandels. In der Nähe des Eingangs befindet sich eine Kapelle mit verschiedenen Marienbildern. Das Obergeschoß des Leuchtturms ist bisher nicht zugänglich; hier soll u. a. ein Museum der Taino-Kunst eingerichtet werden. Nachts projizieren 149 Scheinwerfer ein überdimensionales Lichtkreuz gen Himmel (bei bewölktem Himmel bes. eindrucksvoll), das der Autor noch in 60 km Entfernung gesehen hat. Aufgrund der notorischen Energieknappheit im Land, die in Santo Domingo fast täglich zu stundenlangen Stromausfällen führt, leuchtet das Kreuz bislang nur an Wochenenden und Feiertagen. Der erforderliche Strom soll in Zukunft von einem mit Sonnenenergie betriebenen Generator kommen.

**Fortaleza Ozama** (Calles Las Damas): Zwischen der ältesten Straße der Neuen Welt und dem Flußufer erstreckt sich die alte Hafenfestung von Santo Domingo. Dieser älteste militärische Bau der Neuen Welt sollte die Stadt vor Piratenüberfällen schützen, was im Falle von Francis Drake fehlschlug. Man betritt das Areal durch ein neoklassizistisches Tor, das 1787 unter Karl III. errichtet wurde. Das im weiten begrünten Innenhof errichtete Denkmal gilt dem Chronisten Fernández de Oviedo (1478–1557), der ab 1525 eine *Historia general y natural de las Indias* (Allgemeine und Naturgeschichte Westindiens) schrieb, angeblich in der sofort ins Auge fallenden mächtigen *Torre de Homenaje (Huldigungsturm).* Sie wurde im Jahre 1503 unter Nicolás de Ovando erbaut, ist 18,5 Meter hoch und weist zwei Meter dicke Mauern auf. Ihr Name ist ein wenig schmeichelhaft. Zwar wurde von hier aus tatsächlich den in die Flußmündung des Ozama einlaufenden Schiffen Salut (Homenaje) erwiesen, doch diente der Festungsturm in erster Linie weit dunkleren Zwecken. In den Verliesen folterte man zunächst Indianerrebellen, später schmachteten hier Ketzer (der Turm war Sitz der Inquisition), dann Befreiungskämpfer und schließlich Zeitgenossen, die sich den Zorn des Diktators Trujillo zugezogen hatten. Streng achtete man auf die koloniale Rassenordnung. Die unteren Verliese waren Indios und Mulatten vorbehalten, den weißen Staatsgefangenen erwies man dagegen die »Ehre« des obersten Geschosses, das ursprünglich nur über Leitern zugänglich war. Wer immer Santo Domingo besetzt hielt, ob nun die Briten, Franzosen, Haitianer oder US-Amerikaner, zog auf dem Turm seine Flagge auf. Von der obersten Plattform bietet sich ein schöner Rundblick auf die Altstadt und das weniger schöne Viertel östlich des Río Ozama, das Uferslums und Industrieanlagen, darunter die alles dominierende Getreidemühle, sowie seit 1992 der Steinkoloß des Faro à Colón prägen. Der Anblick des schmuddeligen Hafens, in dem augenblicklich nur ein paar große Schiffe vor sich hin rosten, wird sich in den nächsten Jahren allerdings entscheidend ändern. Eine neue Uferstraße hat man schon gebaut, und bald werden hier nur noch schicke Kreuzfahrtschiffe anlegen. Die Menschen, die am Ostufer in ihren aus Brettern, Wellpappe und Kartons zusammengeflickten Hütten hausen, werden sich andere, den Touristenaugen verborgenere Viertel suchen müssen.

*Santo Domingo, Mercado Modelo*

*Santo Domingo, Torre de Homenaje* ▷

Heineken
Heineken

Die weiteren Bauten der Festung sind weniger bemerkenswert: Zu nennen sind die niedrige, nach der hl. Barbara benannte *Pulverkammer* aus dem 18. Jahrhundert und das kleine *Fort Santiago* an der Südostecke. Die Zinnenmauer, welche die Festung zum Hafen hin abschließt, hat übrigens erst Trujillo (1937) aufstocken lassen – dies war jedoch zu dieser Zeit ebenso sinnlos wie so viele andere Bauten des größenwahnsinnigen Diktators.

**Hostal Nicolás de Ovando** (Calle Las Damas): Das Hotel der gehobenen Klasse gegenüber der *Casa de Francia* besteht eigentlich aus zwei frühkolonialen Häusern: der zwischen 1510 und 1515 aus ockerfarbenem Korallenstein errichteten einstigen Residenz des Gouverneurs Nicolás de Ovando (1460 bis 1518) und dem Wohnhaus der Familie Dávila. Erst der Umbau zum Hotel (1974) vereinte die beiden Häuser rund um einen Swimmingpool, von dem aus sich ein Blick über den Río Ozama und den Hafen bietet. Sehr gut erhalten blieben das spätgotische Portal an der ansonsten schmucklosen, ungegliederten Fassade und die Innenhöfe. Die historische Einrichtung (inklusive Ritterrüstung) unterliegt allerdings wegen mangelnder Kontrolle einem gewissen »Schwund«. Die Zimmer mit ihrem altspanischen Mobiliar vermitteln das rechte koloniale Flair. Chaotisches Management führt leider dazu, daß dieses im Staatsbesitz befindliche Hotel – von der oft zitierten Luxusklasse weit entfernt – wegen »sanitärer Gründe« des öfteren geschlossen ist, zuletzt kurzfristig im Oktober 1994. Um es besichtigen zu dürfen, braucht man hier aber nicht zu wohnen.

**Hostal Nicolás Nader** (Calle Luperón): Das sorgsam restaurierte Palais war Ende des 19. Jh. die Residenz des renommierten Historikers Pedro Henríquez Ureña und des Präsidenten Ulisses Heureaux. Der charmante Patio dient gleichzeitig als Kunstgalerie, und in den modern eingerichteten Zimmern des Hotels kann man zu recht zivilen Preisen übernachten.

**Hotel Palacio** (Calle Duarte): Das koloniale Gebäude, in dem einst Präsident Báez residierte, wurde hervorragend restauriert und in ein Hotel umgewandelt. Es ist heute ein rosafarbenes Schmuckstück der Zona Colonial und besitzt einen idyllischen Patio.

**Mercado Modelo** (Avenida Mella): Eine Besichtigung von Santo Domingo wäre ohne den Besuch dieses »Mustermarkts« höchst unvollkommen. Hier taucht der Besucher ein ins dominikanische Leben, und trotz des

*Santo Domingo, Hotel Palacio*

Gedränges der wild gestikulierenden Menschen geht es hier recht ungefährlich zu, sofern man die Geldbörse vor allzu flinken Fingern in Sicherheit bringt. Vor dem Markt breiten die Obst- und Gemüsehändler ihre appetitlich aufgeschichtete Pracht aus: Kochbananen (*plátanos*) und Süßbananen (*guineos*), Mangos, Kokosnüsse, Yamwurzeln, Papayas, Guaven, Limonen, Avocados und vieles mehr. Um die Ecke feilschen Haitianer um gebrauchte Elektrogeräte und Kleidungsstücke. Aus unzähligen Kassettenrecordern dröhnt Merengue-Musik, die natürlich ebenfalls zu erwerben ist: oftmals als billige Raubkopie. Über eine Treppe betritt man sodann den in geheimnisvolles Dämmerlicht getauchten Markt selbst. Natürlich gibt es hier alles, was das Touristenherz begehrt: massengefertigte knallbunte haitianische Malerei, afrikanisch inspirierte Holzfiguren, Bernsteinketten und Larimarschmuck. Besonders schön sind Karnevalsmasken, Schaukelstühle (*mesedoras*) und Musikinstrumente, während andere Dinge wie Objekte aus Schildpatt und schwarzer Koralle (die der deutsche Zoll aufgrund des Artenschutzabkommens umgehend beschlagnahmt) eher heiligen Zorn erregen. Dominikaner interessieren sich mehr für pappsüße *dulces* aus Milch, Honig und Früchten, Gewürze zur Rumaromatisierung und Flaschen mit Wurzelextrakten, Schlangen- und Krötengiften oder Heilkräutern, die nicht nur gegen Rheumatismus, Schnupfen und sonstige Zipperlein helfen, sondern auch für neue Manneskraft sorgen. Letzteres versprechen auch die Läden, die alles mögliche Zubehör für Voodoo-Zeremonien verkaufen. Für alle Sorgen des Lebens lassen sich für wenige Pesos Zettelchen erwerben, deren Zauber die spröde Angebetete gefügig machen, den Ehemann zur Treue zwingen, dem Nebenbuhler die Pest an den Hals wünschen oder die böse Schwiegermutter zum Teufel schikken soll. Der Autor dieses Buches schwört auf ein stets im Geldbeutel getragenes Zettelchen (*Oración a la Santa Camisa*), das vor korrupten Verkehrspolizisten schützt (und mußte seither tatsächlich keinen Peso mehr bezahlen). Hoffentlich haben die Verkäufer auch einen Zauber gegen die Verantwortlichen parat, die aus dem Mercado Modelo ein keimfreies Kunsthandwerkszentrum für Touristen machen wollen. Unser Christus der Übel und Gefahren verwandle sie in grüne Leguane oder Nachteulen ...

**Palacio de Bellas Artes** (Avenida Independencia/Máximo Gómez): Der neoklassizistische Prachtbau ist nach dem → *Teatro Nacional* das zweitgrößte Theater der Stadt.

*Santo Domingo, Palacio de Bellas Artes*

*Santo Domingo, Palacio de Borgellá*

**Palacio de Borgellá** (Parque Colón): Der durch seine italienisierende – möglicherweise aber auch dem Alcázar de Colón nachempfundene – Arkadenfront auffallende Palast wurde Anfang des 19. Jahrhunderts durch den gleichnamigen haitianischen Gouverneur erbaut, der hier während der haitianischen Besetzung (1822–44) residierte. Als Spanien ab 1861 für kurze Zeit die Souveränität über die Dominikanische Republik zurückerlangte, trat hier die königliche Audienz zusammen. Später diente das Gebäude als Gericht, Senatssitz und Kunstschule.

**Palacio Nacional** (Calle Delgado, 32): Dieses Prachtexemplar des reinsten Neoklassizismus aus rosa Marmor konnte kein anderer errichten als der Diktator Trujillo, der die Dominikanische Republik mit einer ganzen Reihe architektonischer Geschmacksverirrungen beglückte. Als wären drei Etagen nicht genug, ließ der größenwahnsinnige Bauherr dem Ganzen noch eine riesige Kuppel aufsetzen, die 18 m Durchmesser aufweist. Platz für die Regierung ist hier also allemal, doch Präsident Balaguer, der seine erste Präsidentschaft Trujillo verdankt, verläßt abends, wie einer der Wachen erzählte, fluchtartig das Gebäude. Hier zu wohnen bringt eben doch nur ein echter Diktator fertig...

**Pantéon Nacional** (Calle Las Damas): Man betritt diese Zeremonienstätte in dezenter Kleidung – und als Deutscher mit gemischten Gefühlen. Das liegt nicht an der bewegten Geschichte der ehemaligen, 1714–40 erbauten Jesuitenkirche, die man nacheinander als Tabaklager, Theater und Bürogebäude nutzte, bis 1955 Trujillo – »Wohltäter des Vaterlandes und Wiederhersteller der finanziellen Unabhängigkeit« – den strengen Zentralbau mit barocker Fassade zur Ehrenstätte der Helden der dominikanischen Geschichte machte. Der von der Kuppel herabhängende große Bronzeleuchter, den der spanische Caudillo Franco Trujillo – von

*Santo Domingo, Palacio Nacional* ▷

*Santo Domingo, Pantéon Nacional*

Generalissimo zu Generalissimo – zum Geschenk machte, mag noch angehen, doch die Eisengitter der oberen Galerie sollen in deutschen Konzentrationslagern geschmiedet worden sein. Das behaupten jedenfalls steif und fest die Führer. Tatsächlich bilden die zusammengefügten lateinischen Kreuze – übrigens zwangsläufig – kleine Hakenkreuze. Als Geschenk der deutschen Regierung ist ein solche Geschmacklosigkeit jedoch selbst in den fünfziger Jahren nicht denkbar, es sei denn, die Gitter wären schon in der Zeit des Dritten Reichs in die Dominikanische Republik gebracht worden. Hitler pflegte bekanntermaßen beste Beziehungen zu Trujillo. Letzterer hatte das Pantheon übrigens zu seiner eigenen Begräbnisstätte auserkoren. Daraus wurde allerdings nichts: Das prunkvolle Grab blieb leer. Kurze Zeit nachdem der Diktator 1961 einem Attentat zum Opfer gefallen war, schaffte seine Familie den Sarg nach Frankreich – übrigens unter chaotischen Umständen. Man sinniere lieber nicht über die Gitter nach, sondern betrachte den Soldaten in Prunkuniform, der mit unbewegten Gesicht den Saal abschreitet und dem ewigen Feuer mit präsentiertem Gewehr seine Reverenz erweist. Duarte, Mella und Sánchez sind übrigens nicht hier, sondern im → *Altar de la Pátria* beigesetzt. Die vielleicht sympathischste hier zu findende Heldin ist María Trinidad Sánchez: Das patente Mädchen nähte die erste dominikanische Fahne. An den Bau schließen sich die wesentlich älteren *Casas de los Jesuitas* an, die früher verschiedene Schulen und Universitäten beherbergten und nun dem Museum der → *Casas Reales* zugeschlagen werden sollen.

**Puerta de la Misericordia** (Calle Palo Hincado): Das Tor, das Teil der kolonialen Befestigungsanlage der Altstadt war, verdankt seinen Namen der Tatsache, daß die Bevölkerung hier in einem heute verschwundenen Kapellchen während der zahlreichen Erdbeben den göttlichen Beistand erflehten. Hier feuerte Mella am 27. Februar 1844 den ersten Schuß des Unabhängigkeitskrieges gegen die Haitianer ab.

**Puerta del Conde:** Das große Stadttor aus dem 18. Jahrhundert an dem am 27. Januar des Jahres 1844 die Unabhängigkeit der Dominikanischen Republik ausgerufen wurde, war Teil der kolonialen Stadtmauer. Benannt ist es nach dem Grafen Penalva, der als Gouverneur 1655 die Insel gegen die Engländer verteidigte. Das Tor markiert das Ende der Fußgängerzone → *Calle El Conde* und den Eingang zum *Parque de la Independencia* mit dem → *Altar de la Pátria*. Dazwischen aber tost der Straßenverkehr der *Calle Palo Hincado* (letztere ist nach der Schlacht von Palo Hincado benannt, in der kreolische Kämpfer die napoleonischen Truppen besiegten). Wer sie überquert, verläßt die beschauliche *Zona Colonial* und lernt, eingehüllt in die übelriechenden Abgaswolken der Guaguas genannten Sammeltaxis, ein anderes, pulsierendes Santo Domingo kennen.

**Puerta de San Diego** (Calle Las Damas/ Emiliano Tejera): Das zwischen 1540 und 1555 errichtete Stadttor ist das einzige von Santo Domingo, das Verzierungen aufweist. Es führte vom Hafen in die ummauerte Stadt, und so wurden hier Waren und Reisende kontrolliert.

*Santo Domingo, Puerta del Conde*

## STRASSEN UND PLÄTZE

**Calle El Conde:** In der von der → *Calle Las Damas* an der Kathedrale vorbei zur → *Puerta del Conde* führenden Fußgängerzone reihen sich Geschäfte und Kaufhäuser, Restaurants und Cafés aneinander. Hier macht man mit Sicherheit Bekanntschaft mit zahlreichen Schuhputzerjungen, illegalen Geldwechslern, offiziellen und selbsternannten Touristenführern, die sich gegen Abend gern in Schlepper für recht unseriöse Etablissements verwandeln (»chipi-chipi, my fren«). Dennoch geht es hier, wie in der gesamten Zona Colonial, sicherer zu als in jeder deutschen Großstadt.

**Calle Las Damas:** Diese von den spätgotischen und Renaissancegebäuden der 1992 von der UNESCO zum Weltkulturerbe der Menschheit erklärten Zona Colonial gesäumte Straße ist die älteste der Neuen Welt, die ein Pflaster erhielt. Mit gutem Grund: Hier pflegte nämlich Maria de Toledo, Gattin des Vizekönigs Diego Colón und Nichte des spanischen Königs, mit ihrem weiblichen Hofstaat auf und ab zu flanieren, und die feinen Damen hatten wenig Lust, sich ihre langen Roben und bestickten Samtpantöffelchen schmutzig zu machen. Heute versucht man nach Kräften, den noch weitgehend musealen Charakter dieser ehrwürdigen Straße aufzulockern.

**Malecón:** Die viele Kilometer lange Uferstraße, die von der Zona Colonial in Richtung Westen führt, heißt offiziell zwar Avenida de George Washington, doch unter diesem Namen würde sie kaum ein Dominikaner finden. Zwei Obelisken aus der Trujillo-Zeit schmücken den Boulevard: Den Beginn der Zona Colonial markiert das aufgrund seiner leicht gespreizten Doppelsäulen »La Hembra« (das Weib) getaufte Denkmal, das Trujillo anläßlich der vollständigen Rückzahlung aller Auslandsschulden (mit der die Dominikanische Republik ihre an die USA abgetretene Zollhoheit zurückerlangte) errichten ließ. Das Gegenstück heißt, wie könnte es anders sein, »El

Macho«: Diesen Obelisken ließ Trujillo zur Feier des einjährigen Namensjubiläums von Ciudad Trujillo aufstellen. Doch diese zwei heute weißgetünchten Denkmäler (alle Inschriften Trujillos wurden herausgeschliffen) haben mit der Attraktivität des Malecón nichts zu tun. Hier, zwischen Zona Colonial und Avenida Lincoln, verwandelt sich die Straße gegen Abend in eine große Flaniermeile: Unzählige Bars, Eiscafés, Kinos und Diskotheken sorgen für Unterhaltung. Um hier Merengue zu tanzen, benötigen die Dominikaner lediglich ein Kofferradio. Im Karneval oder während des großen Merenguefestivals im Juli versinkt die gesamte Stadt im Tanzfieber. Auch sonst bleibt auf dem Malecón niemand lange allein. In letzter Zeit scheint sich der Betrieb jedoch etwas in die weiter vom Meer entfernt gelegenen Straßen zu verlagern. Jenseits der Avenida Máximo Gómez ist der hier nur noch schlecht beleuchtete Malecón nachts kein empfehlenswerter Aufenthaltsort mehr. Nicht nur einsame Damen sind hier auf Ihren Geldbeutel aus ...

**Parque de Colón:** Der nördliche Vorplatz der Kathedrale, der *Parque de Colón*, war einst der Mittelpunkt der Kolonialstadt. Hier muß man sich der Armada der Touristenführer und Schuhputzer erwehren. In der Mitte steht ein 1887 von dem Franzosen E. Gilbert* errichtetes Denkmal. Es zeigt Kolumbus in Erobererpose. Zu seinen Füßen kauert die Taino-»Königin« Anacaona. Sie soll die schönste und begabteste Frau der Insel gewesen sein, konnte jedoch den von Nicolás de Ovando befohlenen Massenmord an ihrem Volk 1503 nicht verhindern, der unter dem Namen Furia de Jaragua ein trauriges Kapitel in der Geschichte Hispaniolas bildet.

**Parque de la Independencia:** In das Pflaster der Parkanlage mit dem → *Altar de la Patria* ist eine bronzene Windrose eingelassen, genannt »El Kilómetro Zero«. Von hier aus werden die Entfernungen zu allen Städten im Land gemessen.

**Parque Duarte:** Den beschaulichen Platz gegenüber dem → *Convento de los Dominicanos* ziert ein Denkmal für den Freiheitshelden Duarte. Die Vergangenheit des Platzes ist weniger idyllisch: Hier ließ Nicolás de Ovando die indianische »Königin« Anacaona aufhängen, nachdem er sie der Anzettelung eines Aufstandes beschuldigt hatte. Grund dazu hätte die schöne Frau wahrlich gehabt, denn Ovando ließ 1503 heimtückisch Tausende ihres Volkes hinmetzeln. 1586 setzte Francis Drake die Henkertradition fort und ließ einige zuvor als Geiseln genommene Mönche aufknüpfen, um den saumseligen Bürgern der Stadt bei den Lösegeldzahlungen auf die Sprünge zu helfen. Später hielt man hier Stierkämpfe und religiöse Volksfeste ab.

**Parque Mirador del Sur:** Diese rund 7 Kilometer lange grüne Oase mit Skulpturen, Brunnen und einem künstlichen See dient allen Bewohnern der Hauptstadt als willkommener Zufluchtsort, denn nur die wenigsten von ihnen können sich eine Wohnung in dem vornehmen schattigen Stadtteil Gazcue leisten. In den meisten Armenvierteln steht kaum ein Baum oder Strauch. Die größte Attraktion, eine Tropfsteinhöhle, erwacht aber erst am Abend nach 21 Uhr zum Leben: Hier wurde nämlich die riesige Diskothek, *La Guacara Taïna* (Avenida Romulo Betancourt, 165) eingerichtet, und insbesondere am Wochenende tobt hier an drei Bars und auf zwei Tanzflächen das Merenguefieber.

**Plaza de la Cultura** (Avenida Máximo Gómez/Calle Cesar Nicolás Pensón): In diesem großen Park sind die wichtigsten Museen der Stadt versammelt: → *Museo del Hombre Dominicano*, → *Museo del Arte Moderna*, → *Museo de Historia Natural*, → *Museo de la Historia y de Geografía* sowie das → *Teatro Nacional* und die *Biblioteca Nacional*. Hier trifft man viele Schüler und Studenten der nahe gelegenen Zona universitaria, die es vorziehen, unter schattigen Bäumen ihre Kurse vorzubereiten.

**Plaza España:** Auf dem weiten, 1991 vergrößerten schattenlosen Vorplatz des → *Alcázar de Colón* steht eine Statue des Gouverneurs Nicolás de Ovando. Hier finden abends des öfteren Veranstaltungen unter freiem Himmel statt. Der Platz bietet einen weiten Bliclk über den Hafen bis hin zum *Faro a Colón*.

*Santo Domingo, Parque Duarte* ▷

JUAN PABLO DUARTE
FUNDADOR DE LA
REPUBLICA DOMINICANA
1813 — 1838 — 1844 — 1876

*Santo Domingo, Museo del Hombre Dominicano, Taino-Petroglyphen*

**Plaza Padre Billini:** Auf dem Platz steht ein Denkmal des großen Philantropen Pater Don Francisco Javier Billini (1837–90), der in Santo Domingo u. a. ein Waisenhaus gründete. Folglich erscheint er mit einem Kind auf dem Arm. Billini identifizierte die sterblichen Überreste von Kolumbus in der Kathedrale.

**MUSEEN**

**Las Atarazanas Reales** (Calle Colón): Im Atarazana-Viertel mit seinen verwinkelten Gassen waren einst die Werften, Lagerhäuser, Seilereien, Zollbuden und Sklavenhütten angesiedelt. Welcher Trubel zu dieser Zeit wohl herrschte, läßt sich heute allerdings nicht mehr nachvollziehen, allzu perfekt hat man das Viertel restauriert. Schicke Kunstgalerien, Boutiquen und Souvenirshops okkupieren heute die Lagerhäuser, die Restaurants und Bars von heute haben nichts mehr mit den Hafenschenken von einst zu tun. 1990 wurde in einem 1518 begonnenen und 1543 von Diego de Torres* vollendeten Ziegelgebäude mit Steinarkaden das *Museo del Rescate Submarino* oder *Museo Marítimo* eröffnet. Es zeigt eine großartige Sammlung von Schätzen, die man seit 1976 aus dominikanischen Gewässern geborgen hat. Es sind insbesondere die Ladungen von vier Schiffen, die Aufmerksamkeit erregen. Die 1620 in Havanna gebaute *Nuestra Señora de la Concepción* wurde während eines schweren Hurrikans von der Silberflotte, die mit der größten Silberladung aller Zeiten nach Spanien unterwegs war, getrennt und zerschellte am 31. Oktober 1641 manövrierunfähig auf dem Korallenriff Abrojos im Norden der Insel. 1687 barg der englische Seemann William Phips immerhin 50000 Pfund Silber aus 50 m Tiefe. 1978 holten dann die Taucher des Amerikaners Burt Webber das mit Korallen bis zur Unkenntlichkeit verpappte Silber an die Oberfläche. Davon sah das Museum allerdings wenig; immerhin spendierten die Taucher kulturgeschichtlich interessante Gebrauchsgegenstände, die man bei der Gelegenheit ebenfalls gehoben hatte. Für das Museum

*Museo del Hombre Dom., Taino-Keramik*

*Santo Domingo, Museo del Arte Moderno*

ergiebiger erwiesen sich die zwei Galeonen *Guadalupe* und *Tolosa*. Diese hatten 1724 Cádiz in Richtung Veracruz (Mexiko) verlassen und waren hauptsächlich mit Quecksilber beladen, das man zur Förderung von Silber und Gold benötigte. Am 25. August liefen die beiden Schiffe in die Bucht von Samaná ein, da Kapitän Ladrón de Guevara die Küste vermessen wollte, und sanken in der Nähe von Miches in einem Sturm. 1300 der 2000 Passagiere kamen dabei um. Das Wrack der Guadelupe wurde ab dem 31. Oktober 1976 geborgen; ein Jahr später fand man auch die Tolosa. Neben Quecksilber hatten die Schiffe wertvolle Schätze an Bord, die heute im Museum ausgestellt sind: Schmuck mit Edelsteinen, Gold- und Silbermünzen, Kristallvasen, Geschirr, Degen, Kanonen und nautische Instrumente. Bei den Suchaktionen fand man auch das 1778 gebaute französische Kriegsschiff *Scipion*, das mit seinen 74 Kanonen nach einer Schlacht mit den englischen Kriegsschiffen London, Badger und Torbay am 17. Oktober 1782 in der Bucht von Samaná sank.

**Museo de la Historia Natural** (Parque de la Cultura): Exponate zur Naturgeschichte Hispaniolas; interessante Bernsteinabteilung.

**Museo del Arte Moderno** (Parque de la Cultura): Das moderne Gebäude, das als einziges der besuchenswerten Museen eine angenehme Klimaanlage besitzt, präsentiert eine ständige Kollektion von Bildern und Skulpturen der besten zeitgenössischen dominikanischen Künstler. Von großem Interesse und hohem Niveau sind auch die häufigen Wechselausstellungen.

**Museo de las Casas Reales:** → Casas Reales.

**Museo del Hombre Dominicano** (Parque de la Cultura): Das Museum bietet ein aufregendes Panorama der dominikanischen Kultur von der Frühgeschichte bis heute. Bes. interessant sind die Säle, die sich mit der indianischen Kultur in der Karibik beschäftigen. So präsentiert das Museum die beste Sammlung von Taino-Kunst: Petroglyphen (Steinritzungen), hochentwickelte anthropomorphe und zoomorphe Terrakotten aus der Boca-Chica-Phase (1000 bis 1500 n. Chr.), die als Grabbeigaben dienten, sowie Amulette und rituelle Gegenstände. Große didaktisch angelegte Schaukästen illustrieren das Leben der Tainos. Weitere Säle widmen sich der Conquista, der Sklaverei, verschiedenen religiösen Riten (darunter Voodoo-Zeremonien) sowie mit Masken und Kostümen dem Karneval.

**Museo Nacional de la Historia y Geografía** (Parque de la Cultura): Das etwas verstaubt wirkende Museum präsentiert die Geschichte der Dominikanischen Republik von der Conquista bis zur Gegenwart. Die Kolonialzeit wird sehr kurz abgehandelt, um so ausführlicher sind die haitianische Okkupation, der Freiheitskampf von Duarte, Mella und Sánchez, die erste US-Intervention (1916) und die Trujillo-Zeit illustriert. Aufgrund der fehlenden Klimaanlage herrschen in den drei Sälen allerdings Saunatemperaturen, so daß die meisten Besucher bald wieder ins Freie flüchten.

**Außerdem sehenswert:** *Acuario Nacional* (Avenida de las Américas): 1991 eröffnetes Aquarium mit vielen großen Bassins, in denen sich die heimische Meeresfauna tummelt: Haie, Barracudas, Rochen, Schildkröten und unzählige bunte Tropenfische. – *Centro de los Héroes de Constanza, Maimon y Etstero Hondo* (George Washington/Winston Churchill): Trujillo beging mit der großen Friedenssäule 25 Jahre »des Friedens und der Brüderlichkeit der freien Welt«. Daher heißt die Gedenkstätte im Volksmund nach wie vor »La Feria«. Nach der Ermordung des Diktators wandelte man den Platz in eine Gedenkstätte für die 54 Dominikaner um, die 1959 von Kuba aus mit Flugzeugen in den dominikanischen Bergen (in Constanza, Maimon und Estero Hondo) gelandet waren, um Trujillo zu stürzen. Verräter hatten jedoch den Diktator informiert, dessen Truppen die Invasoren empfingen. Die meisten starben in dem darauffolgenden Gemetzel, die Überlebenden in den Verliesen Trujillos. – *Jardín Botánico:* Im riesigen Botanischen Garten lernt man eine Unmenge von überwiegend in der Dominikanischen Republik heimischen tropischen Pflanzen kennen. Palmenhaine, eine Urwaldschlucht, Orchideenkulturen, ja sogar einen »Japanischen Garten«. – *Los Tres Ojos* (Avenida de las Américas): Das Tropfsteinhöhlensystem unter freiem Himmel besitzt drei Seen (die »drei Augen«); der letzte ist nur mit einem Floß zugänglich. – *Monumento a Montesino:* Das 40 m hohe Denkmal wurde 1982 eingeweiht, als der damalige mexikanische Staatspräsident López Portillo die Dominikanische Republik besuchte. Der Dominikanermönch Fray Antón de Montesino war der erste, der in einer Predigt die unmenschliche Behandlung der Indios scharf angriff. Anklagend weist der »Rufer in der Wüste« auf das weite Meer hinaus.

## Umgebung

**La Caleta** (20 km ö): An der Autopista de las Américas liegt an der Abzweigung zum Flughafen das *Museo-Pantéon*, das exhumierte Skelette von Taino-Indianern zeigt, die in der typischen Hockstellung bestattet wurden. Taucher kommen im *Parque Submarino* auf ihre Kosten. Dort wurde mit einem versenkten Wrack ein künstliches Korallenriff geschaffen, wo viele bunte Tropenfische zu beobachten sind.
**Boca Chica** (32 km ö): In den 20er Jahren errichteten sich wohlhabende Hauptstädter am Strand von Boca Chica ihre Sommerresidenzen. Der Zuckerbaron Don Juan Bautista Vicini leitete den Hotelboom ein, und so wird vom luxuriösen All-inclusive-Urlaub bis zu billigen Absteigen alles angeboten. Der Strand, an dem alle erdenklichen Wassersportarten möglich sind, bietet feinsten weißen Sand, das maximal 150 cm tiefe, nicht sehr saubere Meer gleicht allerdings eher einem überdimensionalen Planschbecken. Dafür bietet Boca Chica neben Sosúa den größten Touristenrummel der Dominikanischen Republik: Unzählige Bars, Restaurants und Diskotheken sorgen dafür, daß sich hier keiner langweilt. Am Wochenende machen zahllose Dominikaner aus der Hauptstadt mit ihren Kofferradios den Strand zur größten Freilichtdiskothek des Landes. Unliebsame Begleiterscheinungen sind leider nicht ausgeblieben: Nirgendwo ist die Kriminalität höher als hier, und die

*Santo Domingo, Monumento a Montesino* ▷

*Sosúa, Sinagoga*

Prostitution hat geradezu bedrängende Ausmaße angenommen.
**Juan Dolio** (45 km ö): Das Zentrum des Pauschalreisetourismus bietet Hotels, Restaurants, ein paar Geschäfte und – jedenfalls für karibische Verhältnisse – recht bescheidene Strände: sonst nichts.

## Sosúa

Einw.: 10 000

Neben Boca Chica im Osten von Santo Domingo bietet Sosúa den meisten Touristenrummel. Doch viele deutsche Urlauber wissen gar nicht, daß sie hier einem Teil ihrer eigenen Vergangenheit begegnen, wenn sie durch Straßen mit den für ein karibisches Land so seltsamen Namen wie Calle E. Kuhnhard oder Calle Dr. Rosen gehen. Sosúa wurde nämlich vor gut 50 Jahren von deutschen und österreichischen Juden gegründet, und die Vorgeschichte, die zu dieser Gründung führte, birgt einige nahezu makabre Pointen. Auf der Weltkonferenz für europäische Flüchtlinge in Evian, an der 32 Nationen teilnahmen, zeigte sich Diktator Trujillo als einziger bereit, jüdische Flüchtlinge aufzunehmen. Es war nicht reine Menschlichkeit, die den Diktator zu diesem noblen Schritt bewog: Zum einen ging es ihm darum, sein nach dem im Oktober 1937 befohlenen Massaker an 12 000 Haitianern arg ramponiertes Image in der Welt aufzupolieren, zum anderen sollten die weißen Siedler die Hautfarbe der Dominikaner »aufhellen«: Rassismus mit umgekehrten Vorzeichen! 100 000 hätten kommen dürfen, davon 90 Prozent ledige Männer. Nur 6000 waren es schließlich, die sich vor den Konzentrationslagern hierher retteten. Leicht hatten sie es nicht. Von Landwirtschaft verstanden die wenigsten etwas, doch vermochten sie in engagierter Gemeinschaftsarbeit ein neues Zuhause zu schaffen und kamen mit ihren Fleisch- und Milchprodukten – in der Dominikanischen Republik zu dieser Zeit begehrte Mangelware – sogar zu Wohlstand. Nach dem Krieg zogen aber viele Bewohner, besonders deren Kinder, in die USA und nach Kanada. Mit dem Touristenboom verschwand der jüdische Charakter der Gemeinde, die meisten Häuser mußten Hotels weichen. Sicherlich eine Ironie der Geschichte, daß in Sosúa heute wieder fast mehr deutsch als spanisch gesprochen wird, denn während in den 80er Jahren vorwiegend Frankokanadier hier Urlaub machten, ist der Ort heute fest in der Hand der großen (und kleineren) deutschen Reiseveranstalter. Dominikanisches Leben findet man dagegen im einheimischen Ortsteil *Los Charamicos*, der vom Hotelviertel *El Batey*, wo einst die Juden wohnten, durch die lange *Playa Sosúa* getrennt ist. Leider ist – wie in Boca Chica – die Entwicklung zu einer Art dominikanischen Pattaya, mit allen negativen Begleiterscheinungen, kaum mehr aufzuhalten.

**Sinagoga** (Calle Alejo Martínez). Die sichtbarste architektonische Hinterlassenschaft der Siedler ist eine bescheidene Synagoge aus Holz, die sich – von der Straße zurückversetzt – zwischen den vielen Hotelbauten versteckt. Man erkennt sie am blauen Davidstern, der das Gittertor ziert. Leider ist sie zumeist verschlossen.

*Río San Juan (Sosúa), Laguna Gri Gri*

## Umgebung

**Cabarete** (15 km ö): Der Touristenort ist ganz auf die Bedürfnisse der Windsurfer eingestellt, die beste Bedingungen vorfinden.
**Río San Juan** (63 km ö): Die kristallklare *Laguna Gri Gri*, zu der man per Boot auf einen mangrovengesäumten Fluß gelangt, sowie die schöne palmengesäumte *Playa Grande* weiter östlich machen den Ort zu einem beliebten Ausflugsziel, doch siedeln sich auch hier immer mehr Hotels an.

## San Cristóbal

Einw.: 70 000

Die Stadt verdankt ihren Namen einer angeblich von Bartolomé Colón Anfang des 16. Jh. an der Mündung der goldführenden Flüsse Haina und Nigua errichteten Festung. Die heutige Stadt wurde allerdings erst Anfang des 19. Jh. gegründet. Am 6. November 1844 wurde hier im Rathaus die erste Verfassung der Dominikanischen Republik unterzeichnet. Trujillo bedachte 1939 seine Geburtsstadt mit dem Titel »Verdienstvolle Stadt«: eine Ehre, die man nach 1961 schnell wieder loszuwerden trachtete. Als dauerhafter erwiesen sich die Bauten, mit denen der Diktator »seine« Stadt überhäufte.

**Parque Central:** Der schattige Hauptplatz der Stadt besitzt eine Kolumbusbüste und den obligatorischen Pavillon – natürlich von Trujillo.

**Parroquía de Nuestra Señora de Consolación:** Die 1946 unter Trujillo errichtete neoklassizistische Kirche wurde nach den Zerstörungen, die Hurrikan David angerichtet hatte, Ende der 80er Jahre restauriert. Für wenige Monate ruhte hier 1961 der Leichnam des Generalissimo, bevor man ihn außer Landes schaffte.

**Casa de la Caoba:** In der überwiegend aus Mahagoniholz (*caoba*) auf einem Hügel errichteten Villa residierte der blutrünstige Diktator Trujillo, wenn er sich nicht in Santo Domingo aufhielt. Sie wird im Augenblick restauriert.

**Palacio del Cerro:** Südwestlich der Stadt ließ Trujillo auf einer Anhöhe, welche die gesamte Umgebung überragt, für angeblich 5 Millionen Dollar einen festungsartigen Prunkpalast aus Stahlbeton von erlesener Scheußlichkeit errichten, um den sich allerlei Geschichten und Legenden ranken. Der Diktator soll bei seinem ersten Besuch im Aufzug steckengeblieben sein und danach wutentbrannt alle ausländischen Architekten des Landes verwiesen haben. Sein älterer Sohn Ramfís und die geliebte Tochter Flor de Oro (»Goldblume«) sollen sich jedoch inmitten der deprimierenden Fresken des spanischen Malers Vela Zanetti* wesentlich wohler gefühlt haben: Das kapriziöse Mädchen empfing hier angeblich ihre Liebhaber, die sie am nächsten Morgen »verschwinden« ließ.
1979 besetzten Menschen, die durch Hurrikan David obdachlos geworden waren, den Palast. Er soll restauriert werden, doch sind die Arbeiter nicht gerade mit Feuereifer bei der Sache.

## Umgebung

**Baní** (36 km w): Die schmucke kleine Stadtnmit der auffallend hellhäutiger Bevölkerung wurde im 18. Jahrhundert von Einwanderern gegründet, die von den Kanarischen Inseln stammten und durch Zuckerrohr, Kaffee und Salzgewinnung zu Wohlstand kamen. Hier wurde 1836 Máximo Gómez geboren, der sich als Waffengefährte von José Martí und General der kubanischen Freiheitskämpfer auszeichnete. In einem kleinen Park erinnern ein Denkmal, ein Pflock von seiner Geburtshütte sowie einige Wandmalereien an den großen, 1905 auf Kuba gestorbenen Mann. Im modernen Rathaus wurde ihm zu Ehren ein kleines Museum eingerichtet. In Baní wird auch das zuckersüße Konfekt *dulce de leche* hergestellt. – 28 km westlich befindet sich die Halbinsel *Las Salinas* mit einer großen Saline sowie einem Strand an der Bahia Las Calderas, der vor allem bei den Windsurfern sehr beliebt ist.
**Nigua** (15 km s): In der Umgebung des kleinen, Ortes, der direkt am Meer liegt, kann man die Ruinen von zwei kolonialen Zukkerfabriken aus dem 18. Jahrhundert zu besichtigen.

*San Cristóbal, Palacio del Cerro*

**Hahnenkampf**

*Club gallistico:* Fast in jedem Dorf stößt man auf das gleiche Schild. Wer bei Hahnenkampf nur an der Tierquälerei denkt, hat sicher nicht unrecht, doch kein Dominikaner wird den Vorwurf begreifen. Im Hahnenkampf offenbart sich lateinamerikanischer Machismo in Reinkultur, und wie der ebenfalls kritisierte Stierkampf hat auch dieser »Sport« altehrwürdige kulturhistorische Wurzeln. Spanische Konquistadoren haben den Hahnenkampf, dessen Ursprünge sich bis ins alte Griechenland und nach Kleinasien zurückverfolgen lassen, in die Neue Welt gebracht, doch nur in der Dominikanischen Republik hängen die Menschen mit der gleichen Leidenschaft daran wie in Venezuela oder Kolumbien. Juan Luis Guerra hat diese Passion in seinem Lied *La Gallera* besungen, Gabriel García Márquez sie in seinem Kurzroman *Der Oberst hat niemand, der ihm schreibt* (1958) geschildert. »Die Illusion kann man nicht essen«, hält die Frau des Obersten, der nur noch für seinen Hahn lebt, dem *aficionado* vor. »Aber sie nährt«, lautet die Antwort.

Wie Fußball, Baseball oder Stierkampf besitzt der Hahnenkampf seine eigenen Gesetze, Helden und Legenden – und eine eigene Spalte in den Zeitungen. Der kreolische Hahn (*el criollo*) ist zweieinhalb bis vier Pfund schwer und wird nach Herkunft und Farbe seiner Federn klassifiziert (Braun wird am höchsten geschätzt, Weiß am wenigsten). Während der Aufzucht bekommt er nur einmal täglich – mittags – eine strenge Diät aus Getreidekörnern und Insektenlarven zu fressen (einmal die Woche auch rohes Fleisch) und wird sorgsam gepflegt, gebadet und mit Öl massiert. Mit schwächeren Gegnern (*monos*) wird er gereizt und erprobt er seine Kräfte, bis er reif ist für den großen Tag. Jeder Hahnenzüchter hat sein eigenes Geheimrezept, um sein Tier scharf zu machen.

Am Vorabend werden die Tiere registriert, nach Gewicht, Alter, Stärke und Erfahrung taxiert, und ein dementsprechender Gegner ausgewählt. Die Wetten werden abgeschlossen. Je mehr Einsätze auf einen Hahn laufen, desto früher kommt er zum Einsatz. In numerierten Käfigen warten die Tiere auf ihren Kampf. Jetzt erhält der Hahn, dem man die natürlichen Sporen – angeblich schmerzfrei – abgesägt hat, seine fürchterlichen Waffen: metallische oder synthetische Sporen, die mit Wachs und Klebebändern fixiert werden. Stolz zeigen die Kontrahenten ihren Hahn in der Arena herum, bis der Schiedsrichter zum Start pfeift. Unter den tobenden Anfeuerungen der Menge attackieren sich die scharfgemachten Hähne nach einigem Zögern wie wild, bis einer eine Schwäche zeigt und verwundet wird. Für alle möglichen Verletzungen kennen die *aficionados* ein Wort: *el golpe de vaca* ist ein tiefer tödlicher Stich, *el bolsón* eine tödliche Verwundung der Halsschlagader, *la canillera* eine Fußverletzung, *el golpe de sangre* trifft die Lunge, *el ojo de tomate* das Auge. Europäische Besucher sollten da lieber die Wettkontrahenten betrachten, die immer erregter diskutieren und gestikulieren – ihre Waffen werden derweil von einem Polizisten in einer Holzkiste am Eingang verwahrt –, während des Kampfes ihre Wetten ändern, verdoppeln, verdreifachen. Maximal 15 Minuten dauert der Kampf, wenn ein Hahn nicht vorher stirbt oder aufgibt. Verzweiflungsklagen und Siegesgeheul kann binnen Minuten, ja Sekunden, die Seiten wechseln, wenn der schon besiegt geglaubte Hahn nicht aufgibt und den Gegner doch noch an einer ungeschützten Stelle erwischt. Was der Schiedsrichter entscheidet, hat absolute Autorität. Jetzt wechseln lappige, verschwitzte, zerknitterte Hundertpesoscheine den Besitzer, und es sind keine kleinen Summen. Manch einer verliert – oder gewinnt – einen Wochen-, wenn nicht Monatslohn. Stolz schreitet der Sieger mit seinem Hahn von dannen, während der Verlierer traurig sein verletztes oder totes Bündel Federn aufsammelt. Doch in einer Woche wird man sich wiedertreffen. Frauen haben in der Arena zumeist nichts verloren und sind doch oft die größten Leidtragenden. Denn während der Gewinn selten in die Haushaltskasse wandert, kann ein größerer Verlust existentielle Sorgen für die zumeist vielköpfige Familie bedeuten.

**Merengue**

Kein Land der Welt ist mehr von einem einzigen Rhythmus besessen wie die Dominikanische Republik. Mit Klängen von Merengue-Musik wird der Tourist schon am Flughafen empfangen – und wieder verabschiedet. Vermutlich hat er ihn bis dahin auch ein wenig tanzen gelernt, denn die Schritte sind einfach, und bereitwillige Lehrer (und Lehrerinnen) schnell gefunden. Merengue-Musik begleitet das Leben der Dominikaner von der Wiege bis zur Bahre: Schon vierjährige Mädchen wiegen sich kokett im Rhythmus, aus den Radios der Taxis, der Bars, der Läden schallen die neuesten Stücke, und in allen Diskotheken, die nicht völlig von Touristen dominiert sind, gibt Merengue den Ton an und nicht Techno oder Popmusik. Ob nun Piraten aus Tortuga mit ihren Holzbeinen oder Sklaven mit Eisenkugeln an den Beinen den »Hinketanz« erfunden haben, ob er als Ausdruck der Freude anläßlich eines Sieges über die Haitianer entstanden ist oder ob schon die Taino ihren Fuß im Spiel hatten: darüber läßt sich trefflich streiten. Die einen erklären Merengue kompromißlos zum urdominikanischen Kulturgut, andere glauben an einen Ursprung in Kuba oder gar Afrika. Selbst die Herkunft des Namens ist ungeklärt: Hat das englische »merry ring« damit zu tun, oder die Süßspeise aus Eischnee und Zucker? Sicher ist nur, daß Merengue Mitte des 19. Jahrhunderts im Cibao aufkam und ursprünglich nur mit drei Instrumenten gespielt wurde: Für die Melodie sorgte das zwischen 1874 und 1880 aus Deutschland eingeführte *accordion* (Puerta Plata pflegte damals gute Handelsbeziehungen mit Hamburg), das die gitarrenähnlichen spanischen Saiteninstrumente ersetzte; den Rhythmus trommelte man mit der *tambora*, einer kleinen, doppelseitig mit Ziegenfell bespannten Trommel afrikanischen Ursprungs. Drittes Instrument war die *güira*, einst eine Kalebasse mit Kerben, heute ein Zylinder aus Weißblech mit Rillen und Höckern, über die man mit einem Metallstab schrappt. Oft kommen noch Maraca-Rasseln dazu. Dergestalt treten nach wie vor die auf dem Land besonders beliebten *perico ripiau* (frikassierter Papagei) genannten drei- oder vierköpfigen Combos auf, denen man auch am Strand, in der Kneipe, auf dem Malecón, in den Hotels und am Flughafen begegnet. Die Zeiten, in denen die an die traditionelle *tumba* oder *contradanza* gewöhnte feine Gesellschaft in diesem »schrecklichen, geschmacklosen Tanz« den Untergang der dominikanischen Kultur sah, sind natürlich längst vorbei. Der stets populistisch denkende Trujillo sorgte dafür, daß die Radiostationen Merengue sendeten, und in den 70er Jahren eroberte der Tanz die Diskotheken. Diese findet man heute in jedem noch so kleinen Dorf. Die modernen Gruppen haben den traditionellen Instrumenten weitere hinzugefügt: Trompeten, elektrische Gitarren und Keyboards. Die neuesten Stücke werden längst in modernen Elektronikstudios gemischt und nehmen Einflüsse anderer Musikformen wie Salsa, Reggae oder Rap auf. In den witzigen, oft anzüglich-frivolen Liedern geht es in erster Linie um Frauen, deren sinnliche Ausstrahlung, sprödes Verhalten oder Treulosigkeit in dramatischen Worten besungen wird. Die Titel sprechen meist für sich. Hier ein Auszug aus der Produktion von 1994: Der Mann schmachtet eine tanzende Schönheit an (*La bailadora*: Eddy Herrera), sie spielt die Schüchterne (*La timida*: Rokabanda), weil er sie so liebt (*Por quererte tanto*: Los Toros), verliert er den Verstand (*Perdí la cabeza*: Fernando Villalona), nach kurzem Genuß (*En gozo*: Rokabanda) als Sklave ihrer Liebe (*Esclavo de tu amor*: Los Hermanos Rosario), erkennt er sie als Lügnerin (*Eres mentirosa*: Caña Brava) und hat dementsprechend viele Gründe, sich zu betrinken (*Motivos para beber*: Caña Brava) und für den Rest seiner Tage (*Por los años que me quedan* (Los Hijos de Puerto Rico) über den Sinn seiner Liebe nachzudenken (*Para que quererte*: Los Hermanos Rosario). Viele Lieder vereinen aber auch sozialkritische Anklage – Armut und politische Mißstände – mit zündenden Melodien und Rhythmen. Mittlerweile brechen auch reine Frauencombos in die Macho-Welt der Merenguesänger ein: Sehr populär sind im Augenblick Las Chicas del Can. Bereits klassische Namen, die auch für viele andere Gruppen schreiben, sind Wilfrido Vargas, Willi Colón, Ray Barreto oder Eddy Palmieri. In Deutschland bekannt ist Juan Luis Guerra, der oft der balladenhaften Form der *bachata* den Vorzug gibt.

*Rechts: Merenguefieber*

# ngue ¿Cómo surg

guira
ituida

rdeón

dos
el país
omo

detestable baile de tan poco gusto", que comenzó a sustituir la

tumba, el baile preferido y considerado como el baile

nacior
La
merer
en e C
1915-
escrito
"desap
final d
En
éxito
pa
u

su

ual
titud
de la

s
di
re
ac
las
var
de
nue

# Grenada

Ein Fallschirmspringer, den man in stockdunkler Nacht irgendwo über den Windward-Inseln aus dem Flugzeug stieße, würde Grenada dennoch erkennen: am Duft. Nicht zu Unrecht wird Grenada (sprich Grienehda) die Gewürzinsel der Karibik genannt, auf der die Nase bald Muskatnuß und Zimt wittert. Die amerikanischen Luftlandetruppen haben Grenada 1983 denn auch problemlos gefunden. Sie sind verantwortlich dafür, daß der kleine Inselstaat mit seinen 99 000 Einwohnern, den selbst die seinerzeit heftig gegen die US-Invasion protestierende internationale Friedensbewegung vorher nicht einmal auf der Landkarte gefunden hätte, für einige Zeit ins Rampenlicht der Weltöffentlichkeit trat. Doch die GIs zogen bald wieder ab, und allmählich versinkt die Insel wieder im karibischen Dämmerschlaf, lediglich um eine gut ausgebaute Straße rund um die Insel, ein paar Hotels und den Jumbo-Flughafen Point Salines reicher; letzterer einst Stein des Anstoßes und heute »erstes US-kubanisches Joint-venture«, wie die Grenadians scherzen. Über Politik spricht man auf Grenada – besonders nach ein paar mit geriebener Muskatnuß bestreuten Rum Punches – mehr als auf den Nachbarsinseln, und zu den Ereignissen von 1983 kennen die meisten Grenadians wenigsten drei Versionen: eine für US-Touristen, eine für europäische Besucher und eine, die sie meist für sich behalten. »Thank you, 82nd Airborne« steht in verblaßter Schrift noch auf mancher Hauswand, doch auch die T-Shirts mit dem Konterfei von Maurice Bishop, dem charismatischen sozialistischen Premierminister, sind noch längst nicht aus dem Straßenbild verschwunden.

Die meisten Touristen interessieren sich wesentlich mehr für die Schönheit des Landes, dessen Berge die ersten spanischen Seeleute an die Hügel Granadas erinnerten (woraus die Franzosen La Grenade machten). *Grand Anse Beach*, auf dem 1983 die Amerikaner landeten, zählt zu den schönsten Stränden der Karibik, landeinwärts stürzen spektakuläre Wasserfälle wie die *Annandale Falls*, zu denen man die Kreuzfahrtpassagiere in

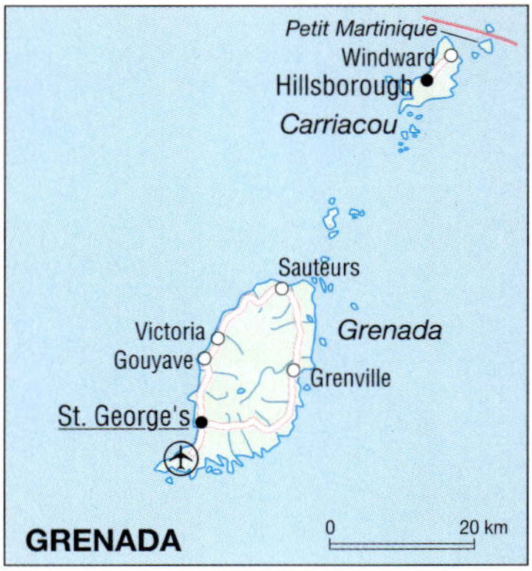


Bussen karrt, und die drei besonders malerischen *Concord Falls* zu Tal. Unberührten Regenwald, weitere Wasserfälle und einen stillen Kratersee besitzt die *Grand Etang Forest Reserve*, während der Nationalpark *La Sagesse Nature Centre & Marquis* drei schöne Strände, Korallenriffe, eine Mangrovenlandschaft mit vielen Vogelarten, einen Salzteich sowie Küstenwald und Dornkakteenwälder bietet. Grenada besitzt darüber hinaus die schmuckste Hauptstadt der Ostkaribik. Auch über den südlichen Inseln der Grenadinen – Carriacou, Petit Martinique und zahlreichen weiteren, meist unbewohnten kleinen Eilanden – flattert die Fahne Grenadas.

## GESCHICHTE

Wieder einmal war es Kolumbus, der die Insel als erster Europäer sichtete, und zwar 1498 auf seiner dritten Reise. Er landete zwar nicht, gab ihr aber den Namen Concepción, der sich nicht lange hielt. Die kriegerischen Kariben verleideten den Spaniern eine Besiedelung ihrer Insel Camerhogne. Auch die ersten 200 englischen Kolonisten rieben die Kariben schnell auf. Erst dem französischen Gouverneur von Martinique, Du Parquet, gelang es 1650, den Kariben die Nutzungsrechte der Insel für einige läppische Beile, Glasperlen und – das immerhin – zwei Flaschen Cognac abzuschwatzen, und er siedelte 200 Unerschrockene auf La Grenade an. Schon bald ging den Indianern ein Licht auf, welch schlechtes Geschäft sie da gemacht hatten, doch alle Giftpfeile und mit Kanus eingetroffene Verstärkung aus Dominica und St. Vincent halfen nichts: Die letzten von ihnen stürzten sich, von französischen Truppen aufgerieben und in den Norden abgedrängt, lieber von einer steilen Klippe, als den Feinden lebendig in die Hände zu fallen. Wieder einmal hatte die »Zivilisation« über die »Barbarei« gesiegt. 1674 wurde Grenada französische Kronkolonie. Den Gewinnern machten jedoch bald die Briten die Beute streitig: 1763 eroberte Admiral Rodney die Insel, 1779 holten sich die Franzosen Grenada zurück, mußten es aber 1783 im Vertrag von Versailles endgültig an die Briten abtreten. Viele französische Grenadians wanderten nach Trinidad aus. Auch auf Grenada wäre die übliche Leidensgeschichte der schwarzen Sklaven zu erzählen, die zunächst auf Tabak- und Zuckerplantagen schuften und später Baumwolle, Kaffee, Kakao und Muskatnuß ernten mußten. Als im Zuge der Französischen Revolution auf den französischen Antillen die Sklaven vorübergehend befreit wurden, führte 1795 der freigelassene Mulatte Julien Fédon, der selbst eine Plantage besaß, mit französischer Unterstützung eine blutige Rebellion an, die das gesamte Land überzog. Der britische Gouverneur wurde gefangengenommen und mit einer Reihe von Geiseln hingerichtet. Erst im darauffolgenden Jahr konnte britische Verstärkung unter Ralph Abercromby die Aufständischen ebenso blutig niederwerfen. Die Führer wurden hingerichtet oder nach Honduras deportiert. Fédon selbst wurde allerdings niemals gefaßt. Nach der Abolition im Jahre 1834 schufteten irische Landarbeiter zu kaum besseren Bedingungen auf den Plantagen. 1877 wurde die Insel britische Kronkolonie. Von 1885 bis 1958 war Grenada Sitz der britischen Verwaltung der Windward Islands. 1967 erlangte es als Mitglied der mit Großbritannien assoziierten westindischen Staaten innere Autonomie und am 7. Februar 1974 als Mitglied des Commonwealth die volle Souveränität. Diese stand jedoch unter dem Schatten blutiger Unruhen, da sich Eric Gairy, der sich seit seinen Tagen in der Ölraffinerie von Aruba zum Sprecher der Arbeiter aufgeworfen hatte und bereits 1951 politischer Führer geworden war, als Premierminister wegen seiner korrupten, von Vetternwirtschaft und geheimpolizeilicher Unterdrükkung geprägten Amtsführung bei der Bevölkerung zusehends verhaßt machte. Am 13. März 1979 stürzte die Oppositionsgruppe New Jewel Mouvement den im Ausland weilenden Gairy in einem unblutigen Putsch und errichtete eine »revolutionäre Volksregierung« unter der charismatischen Führung

*Grenada, Französisches Kolonialhaus im Norden*

des 34jährigen Maurice Bishop, die sich zwar durch Gesundheits- und Bildungsreformen hervortat und anfänglich einen wirtschaftlichen Aufschwung herbeiführte, allerdings zusehends die politische Meinungsfreiheit unterdrückte. Ein Revolutionsrat löste das Parlament ab. Außerdem näherte sich Bishop wirtschaftlich und politisch Kuba an, das Berater auf die Insel schickte. 1981 schloß Grenada ein geheimes Militärabkommen mit der Sowjetunion. Die Amerikaner beäugten das unbotmäßige Eiland in ihrem Hinterhof immer argwöhnischer und befürchteten einen Dominoeffekt für die gesamte Karibik, um so mehr, als in Nicaragua 1979 die sandinistische Revolution triumphiert hatte. Den Ausbau des Flughafens mit kubanischer Hilfe interpretierten die Vereinigten Staaten gar als konkrete militärische Bedrohung. Im Oktober 1983 wurde der international zusehends unter Druck geratene Bishop von einer betonkommunistischen Fraktion seiner Partei unter Hausarrest gestellt. Eine große Menschenmenge befreite ihn und marschierte mit ihm auf Fort George (seinerzeit Fort Rupert genannt) zu. Das Militär verlor die Nerven und eröffnete das Feuer: etwa 40 Demonstranten blieben tot zurück. Bishop wurde mit sieben Gefolgsleuten im Innenhof des Forts überstürzt exekutiert, die Insel unter eine vierundzwanzigstündige Ausgangssperre gestellt. Nun sah Präsident Ronald Reagan seine Stunde gekommen und ließ sich von einem Teil der CARICOM-Staaten – Jamaica, Barbados, Antigua, Dominica, St. Lucia und St. Vincent – zur Intervention »überreden«. Vorgeschützter Grund war die angeblich gefährdete Sicherheit amerikanischer Studenten der St. George's Medical School. Am 25. Oktober des gleichen Jahres landeten Truppen der 82nd Airborne Division, unterstützt von eher symbolischen Kontingenten der sechs genannten karibischen Staaten, auf Grenada und brachen die erbitterte Gegenwehr der Kubaner (die meisten Grenadians verfolgten das Spektakel lieber in ihren Häusern). Eine Operetteninvasion war es nicht: 42 amerikanische GIs, 70 Kubaner und 170 Grenadiens starben, darunter zwölf, die bei einem versehentlichen Bombenangriff auf das Nervenkrankenhaus der Insel ums Leben kamen. Die Wahlen vom Dezember 1985 brachten Herbert Blaize ins Amt; amtierender Premierminister ist Nicholas Brathwaite.

Am zweiten Wochenende im August feiert Grenada einen farbenfrohen, ausgelassenen *Karneval* im Stil Trinidads mit Calypsomusik, Steelbands und kostümierten Umzügen. Afrikanischer und nicht minder fröhlich geht es zu, wenn im Februar auf Carriacou der Karneval tobt.

*Grenada, St. George's, St. Andrew's Presbytery*

| **St. George's** |
| --- |
| Einw.: 30 000 |

In Pastellfarben gehaltene kreolische und georgianische Steinhäuser (Holzhäuser wurden nach einer Reihe verheerender Brände verboten) mit Dächern aus roten Fischschuppenziegeln, verrostetem Wellblech oder Teerpappe klettern die steilen Straßen rund um die Carenage genannte hufeisenförmige Ankerbucht hinauf. Manche besitzen noch schöne schmiedeeiserne Balkone und – vor allem an der Church Street – *sedan porches* genannte spitzgiebelige, ehemals an beiden Seiten offene Vorbauten, damit die in

*Grenada, St. George's, Straße* ▷

*Grenada, St. George's, Haus mit »sedan porches«*

Sänften herbeigetragenen Menschen beim Aussteigen nicht naß wurden, wenn ein Tropenguß niederging. Der tiefe *Carenage* (engl. *to careen* = kielholen), den alte Lagerhäuser und auch das 1990 ausgebrannte Finanzministerium (sämtliche Unterlagen gingen dabei praktischerweise verloren) säumen, ist ein im Meer versunkener Vulkankrater, der seine Aktivität noch nicht völlig eingestellt hat. Das erzählt man aber lieber nicht den zahllosen Passagieren der riesigen Kreuzfahrtschiffe, die hier vor Anker gehe und die kleinen Obst- und Gemüseschiffe wie Spielzeug aussehen lassen.

**St. Andrew's Presbytery** (Church Street): Das auch als Scot's Kirk (Schottenkirche) bekannte Gotteshaus aus gelben Ziegeln mit hohem Glockenturm wurde 1831 unweit von Fort George errichtet. Die Freimaurer sollen dabei die Hand im Spiel gehabt haben.

**St. George's Methodist Church** (Green Street): Die heute älteste Kirche der Stadt wurde 1820 errichtet.

**St. Georges's Parish Anglican Church** (Church Street): Die anglikanische Pfarrkirche wurde 1825 anstelle der ursprünglichen französischen katholischen Kirche von 1763 errichtet. Sie besitzt auf der obersten Plattform vier Fialen und ist mit rosa Stuck verziert. Steintafeln erinnern an die Opfer der Fédon-Rebellion und zeigen Ansichten der Stadt des 18. und 19. Jh.

**St. George's Roman Catholic Church** (Church Street): Die 1884 (Turm von 1818) für die noch aus französischen Tagen zahlreiche katholische Bevölkerung errichtete Kirche besitzt von allen Gotteshäusern die schönste Aussicht der Stadt.

**Fort George** (Church Street): 1706 errichteten die Franzosen zum Schutz des Innenhafens auf einer später (1894) untertunnelten Landzunge *Fort Royal*, das nach der britischen Eroberung nach dem zu dieser Zeit regierenden König umbenannt wurde. Einige alte Kanonen sind noch immer in Stellung. Heute ist das Fort, das man am Wochenende

*Grenada, Gouyave, Gingerbread-Dekor*

(die Aussichtspunkte täglich) besichtigen kann, Hauptquartier der Polizei. Von hier bietet sich der schönste Ausblick auf Stadt und Hafen. Die Einschußlöcher in der alten Mauer des Innenhofes markieren die Stelle, an der Maurice Bishop und seine Gefährten im Kugelhagel seiner eigenen Miliz starben. »No Pain No Gain Brother«, steht als verwittertes Graffiti daneben.

**Government House:** Die 1802 errichtete heutige Residenz des Gouverneurs mit Hafenblick ist ein schönes Beispiel georgianischer Kolonialarchitektur.

**Fort Frederick** (Richmond Hill): Auf diesem Hügel oberhalb von St. George's begannen die Franzosen nach ihrer Eroberung Grenadas mit dem Bau von nicht weniger als vier Forts, die dann die Briten nach ihrer Rückkehr fertigstellten. Recht gut erhalten (bzw. restauriert) ist *Fort Frederick*, während *Fort Matthew*, in dem eine Nervenheilanstalt untergebracht war, 1983 irrtümlich von den Amerikanern bombardiert wurde. Vom alten Paradeplatz und den Batteriestellungen bietet sich der schönste Ausblick. Im ehemaligen Militärhospital ist heute das Inselgefängnis untergebracht, in dem auch die Mörder des Premierministers George Bishop einsitzen, deren Todesstrafe man nach internationalen Appellen in lebenslange Haft umwandelte.

**York House** (Church Street): Das 1801 im georgianischen Stil errichtete Haus ist Sitz des Parlaments und des Supreme Court von Grenada. Wenn das Hohe Haus nicht gerade tagt, kann man das Gebäude besichtigen.

**Market Square:** Der oberhalb der *Esplanade*, wo Fisch versteigert wird, gelegene Markt von St. George's gehört zu den malerischsten der kleinen Antillen. Neben Obst und Gemüse werden hier unter bunten Sonnenschirmen natürlich die Gewürze der Insel verkauft: kleine Säckchen mit Muskat, das aus der roten Blüte des Muskatbaums gewonnene *mace*, Lorbeerblätter, nach Vanille duftende Tonkabohnen, Saffron (nicht mit

*Grenada, Sauteurs, Friedhof am Carib's Leap*

echten Safran zu verwechseln), Zimtstangen und Gewürznelken. Am lebhaftesten geht es am Samstagmorgen zu, doch wer die Kamera zückt, macht manchmal mit dem Obst einer fotoscheuen Marktfrau schneller Bekanntschaft, als ihm lieb ist.

**National Museum** (Ecke Young und Mockton Street): Das in einer 1704 errichteten alten französischen Armeebaracke untergebrachte kleine Museum präsentiert u.a. Petroglyphen der Arawak, die Badewanne von Kaiserin Joséphine, Karnevalskostüme und alte Dampfmaschinen der Zuckerplantagen. Zeitungsausschnitte berichten von den turbulenten Ereignissen der revolutionären Zeit.

## Umgebung

**Grenville:** Die zweitgrößte Stadt der Insel, am mittleren Abschnitt der Ostküste gelegen, ist ein lebhafter Fischerhafen mit einer Muskatfabrik und besitzt einige schöne alte Gebäude, darunter *Anglican Church*, *Court House*, *Polizeiwache* und *Postamt*. Die alte *katholische Kirche* wurde 1841 errichtet, soll restauriert und in eine Bücherei umgewandelt werden. Sehenswert ist auch der Markt Grenvilles, auf dem man weit weniger Touristen trifft als in St. George's. – Einige Kilometer südlich liegt die Ortschaft **Marquis.** Hier massakrierten die aufständischen Gefolgsleute Fédons im Schlaf überraschte britische Einwohner. Auf dem Gelände des einige Kilometer nördlich von Grenville gelegenen alten *Pearls Airport* gräbt man immer noch figürliche Arawak-Keramik aus der Erde.

**Gouyave**: Hauptattraktion des Fischerhafens, in dem man Ende Juni *Fisherman's Birthday* mit Segnungen von Boot und Netzen sowie Tänzen und Bootsrennen feiert, ist die wichtigste Muskatnußfabrik des Landes, die Cooperative Nutmeg Association. Hier kann man den nicht überanstrengt wir-

*Grenada, Grenville, Anglican Church* ▷

kenden Arbeitern und Arbeiterinnen dabei zusehen, wie sie bei Dämmerlicht im obersten Stock die *mace* genannte Muskatblüte von der Nuß trennen, im zweiten Stock die Nüsse in Regalen zum Trocknen ausbreiten, die dann in einer elektrischen Maschine geknackt werden. Die durch einen Schacht fallenden Nüsse werden sortiert, Schalen, Nüsse und halbe Nüsse getrennt und in ein Wasserbad geworfen. Die guten sinken zu Boden, die schlechten schwimmen obenauf. Sodann sortiert man sie nach Größe und verpackt sie in Säcke für den Export. Der Muskatbaum (*Myristica fragrans*) wurde Mitte des 19. Jahrhunderts von den Holländern aus Indien eingeführt und gedieh hier so gut, daß Grenada heute (nach den indonesischen Molukken-Inseln) zweitgrößter Exporteur der Muskatnuß ist, die auch in der Flagge der Insel erscheint. Man verarbeitet sie in der Pharmazie, der Parfümindustrie und als Gewürz- und Konservierungsmittel in der Fleischverarbeitung. Auf Grenada kann man auch Nutmeg Jelly, eine köstliche Marmelade, kaufen. – Etwas südlich von Gouyave liegt *Dougalston Estate*, eine der ältesten Gewürzfarmen der Insel, in der neben Muskatnüssen auch Zimt, Gewürznelken und Kakao geerntet werden. Leider ist sie seit der Revolution sehr heruntergekommen. – Einige Kilometer nördlich von Gouyave liegt der Fischerort **Victoria**, in dessen Nähe man – wie auf Carriacou – noch die typischen »double-ended« Fischerboote baut. Man beachte auch den im Meer liegenden Felsen mit indianischen Petroglyphen.

**River Antoine Distillery:** Seit 1795 produziert diese Destille an der Nordostküste Rum. Das alte Wasserrad von damals ist immer noch in Betrieb. Besucher gewinnen hier einen Eindruck davon, wie mühevoll die Rumbrennerei einst gewesen ist. Mit Hilfe des Rades preßt man den Saft aus dem Zuckerrohr und kocht ihn in großen Kupferkesseln über Mangoholzfeuern. Auch wer hier keinen Tropfen des 73prozentigen Rums probiert, wird durch die Dämpfe reichlich benebelt wieder ins Freie taumeln.

**Sauteurs:** Die Ortschaft an der Nordspitze Grenadas ist nach dem französischen Wort für »Springer« benannt, denn hier stürzten sich 1654 die letzten Kariben der Insel 300 Meter tief in den Tod. Ein schmaler Weg führt durch den Friedhof der katholischen zweitürmigen *St. Patrick's Church* zur *Carib's Leap* genannten Felskante, von der sich ein Blick auf die unbewohnten Inseln im Norden wie Les Tantes, Sugar Loaf, London Bridge und Kickem Jenny bietet. Bei klarem Wetter erscheint sogar das ferne Carriacou am Horizont. – Etwas westlich von Sauteurs liegt das 1908 mit Werksteinen und Mörtel aus Limetten- und Zuckersirup errichtete Plantagenhaus *Morne Fendue*, heute eines der beliebtesten Restaurants der Insel, in dem die über 80jährige Betty Mascoll, deren Vater das Haus baute, beste kreolische Küche serviert.

## CARRIACOU

Die größte Insel der Grenadinen (34 km$^2$, etwa 6000 Einw.) gehört zwar zu Grenada, ist aber stark auf ihre Eigenständigkeit bedacht. Sogar Sezessionswünsche sind immer wieder zu hören. Die Zeiten des Zuckerrohrs und der Baumwolle sind längst vorbei, auch der Bau von Segelschonern, den schottische Zimmerleute auf der Insel einführten, floriert in **Windward** seit kurzem nicht mehr. Nur der Schmuggel, besonders Whisky und Zigaretten, leider aber auch keine geringe Menge von Drogen, blüht nach wie vor. Die 1965 erstmals abgehaltene *Carriacou Regatta* ist aus dem Festkalender der Insel nicht mehr wegzudenken, ebensowenig wie der im Februar gefeierte Karneval sowie weitere Festlichkeiten, bei denen man den westafrikanischen *Big Drum Dance* aufführt. Durch ekstatisches Trommeln auf kleine, mit Ziegenhaut bespannte Rumfässer nimmt man Verbindung mit verstorbenen Ahnen auf. Im Hauptort **Hillsborough**, der noch einige Häuser aus dem 18. und 19. Jh. besitzt, präsentiert das *Carriacou Historical Society Museum* indianische und koloniale Artefakte. Noch relativ französisch geprägt ist **L'Esterre**, wo man das Atelier des lokalen Malers Canue Calliste* besuchen kann, dessen »naive« Bilder mit Meerjungfrauen und Segelbooten auch internationale Anerkennung finden. 5 km nordöstlich von Carriacou liegt die kleine, hauptsächlich von Yachten besuchte Insel **Petit Martinique**, deren Bewohner vom Fischfang, der Seefahrt und ungeniertem Schmuggel leben. Zollbeamte aus St. Vincent trauen sich erst gar nicht auf die überaus selbstbwußte Insel.

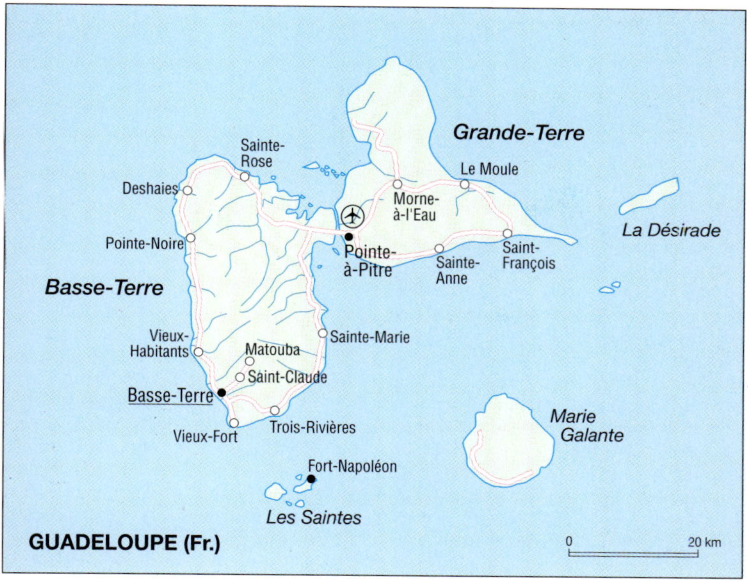


## Guadeloupe

Wie ein smaragdgrüner Schmetterling, der sich auf einem riesigen Türkis niedergelassen hat: So sieht Guadeloupe aus der Luft aus. Die Flügel dieses Schmetterlings sind eigentlich zwei (durch den Mangrovenkanal Rivière Salée getrennte) außerordentlich unterschiedliche Inseln. Ihre Namen könnten unlogischer kaum sein: Grande-Terre nennt man die kleinere der beiden, Basse-Terre die gebirgigere. Das Rätsel löst sich, wenn man weiß, daß Grande-Terre der größte der einst drei Verwaltungsbezirke von Guadeloupe war, während Basse-Terre einer alten Seemannsbezeichnung zufolge »unter dem Winde« liegt. (Die gleiche Logik gilt auch für Terre de Haut und Terre de Bas der Saintes-Inseln.) Während das sanft gewellte Grande-Terre mit blendendweißen Sandstränden, Korallenriffen und Zuckerrohrfeldern gesegnet ist, zeigt die Vulkaninsel Basse-Terre mit kleinen schwarzsandigen Stränden, üppigem Regenwald und tosenden Wasserfällen ein ganz anderes Bild. Weitere Inseln sind Dépendancen von Guadeloupe: das noch heute vom Zuckerrohr geprägte Marie-Galante, das vulkanische Archipel Les Saintes und die karge Felseninsel La Désirade. Ebenfalls zum Département Guadeloupe (seit 1974) gehören Saint-Barthélemy und der französische Teil von Saint-Martin (beide gesondert behandelt).

Die Rivalität zwischen den beiden größten Inseln der französischen Antillen, Guadeloupe und Martinique, ist so alt wie die französische Präsenz in der Karibik selbst. In Paris sprach man gern von den »Grands Seigneurs de la Martinique« und den »Bons Gens de la Guadeloupe«. Ganz grün sind sich die Bewohner der beiden Inseln heute noch nicht: Den Guadeloupéens sind die Martiniquais einfach zu *métropolitain*, zu parishörig also, während man auf Martinique des öfteren mit leiser Arroganz von den »afrikanischen« rebellischen Nachbarn im Norden spricht. Da mögen die Intellektuellen der Inseln noch so sehr nach den Gemeinsamkeiten einer kulturellen *antillanité* suchen, die Menschen (fast) die gleiche Sprache, nämlich das französische *créole* sprechen, den gleichen *ti-punch* (Rum mit

etwas Zuckersirup und Limonenscheibe) zu sich nehmen, nach der gleichen Zouk-Musik tanzen: Sogar die *indépendantistes* von Guadeloupe und Martinique streben die Unabhängigkeit lieber getrennt voneinander an. Die Animositäten haben in erster Linie historische Gründe.
Guadeloupe war immer die ärmere, weniger privilegierte Insel. Lange wurde es sogar von Martinique aus verwaltet. »Schwärzer« ist Guadeloupe vor allem deshalb, weil während der Französischen Revolution die meisten – adeligen – *békés* (weiße Grundbesitzer) auf der Guillotine landeten, während man sich auf Martinique in diesen unruhigen Zeiten weise dem Schutz Großbritanniens unterstellte. Rebellisch ist man geblieben, wie die blutigen Auseinandersetzungen der 70er Jahre zeigen. Kein Wunder, daß mancher innerfranzösische Steuerzahler den Sinn der großzügigen (allerdings nicht uneigennützigen) Subventionen in Milliardenhöhe in Frage stellt, die den 390 000 Insulanern einen (fast) europäischen Lebensstandard garantieren, auch wenn die Arbeitslosigkeit an die 30 Prozent beträgt. Das wirtschaftliche Los der armen Nachbarinsel Dominica im Süden mögen auf Guadeloupe auch die fanatischsten Streiter für die Unabhängigkeit (in Port-Louis vereinen sie über 40 Prozent der Stimmen auf sich) nicht teilen. Die mit der französischen Dominanz einhergehende kulturelle Überfremdung, ja Identitätszerstörung bringen kreolische Intellektuelle gerne mit der lange den schwarzen Kindern eingetrichterten Schulbuchweisheit »Nos ancêtres, les Gaulois« (Unsere Vorfahren, die Gallier) auf den Punkt, und sie ist selbst den gemäßigtsten politischen Kräften bewußt. Nicht wenige Guadeloupéens, die allzuoft ihr »Paradies« verlassen müssen, um in den tristen Vorstädten von Paris ihr Heil zu suchen, sehen auch die touristische Vermarktung ihrer Insel mit skeptischen Augen. Dies mag den kühlen, bisweilen gleichgültigen Empfang erklären, den hier schon mancher überhebliche Tourist hinnehmen mußte. Respekt und Einfühlungsvermögen öffnen aber auch auf Guadeloupe viele Türen, und unzählige Besucher haben schon erlebt, wie schnell Reserviertheit in Herzlichkeit und Gastfreundschaft umschlug.
Zu feiern versteht man auf Guadeloupe nicht weniger als auf anderen Karibikinseln. Das größte Fest ist der *Karneval*, der mit Masken, Kostümen, mitreißender Musik und burlesken Späßen gefeiert wird. Rosenmontag ist der Tag der Travestie, an dem Männer und Frauen gern die Rollen tauschen. Der Faschingsdienstag gehört den »Diables Rouges«, den roten Teufeln, welche die Festwägen begleiten. Am Aschermittwoch begraben schwarzweißgewandete Trauernde »Vaval« – bis zum nächsten Jahr.

## GESCHICHTE

Ihren ersten Namen »Karukera« (Insel der schönen Wasser) verdankt Guadeloupe den Kariben, die hier, wie auf den anderen Inseln der kleinen Antillen, die viele Jahrhunderte vorher eingewanderten Arawak verdrängten. Das kriegerische Volk flößte auch Kolumbus Respekt ein, der auf seiner zweiten Reise die Insel lediglich passierte und sie Santa María de Guadalupe taufte, nach dem berühmten Wallfahrtsort in der spanischen Provinz Estremadura. Spanische Expeditionen unter Ponce de León und Antonio Serrano bereicherten – so jedenfalls nach europäischer Lesart – ebenso die Kochtöpfe der Kariben wie einige unglückliche französische Missionare. Erst 1635 schlug den Indianern die letzte Stunde. Unter dem Kommando zweier normannischer Edelleute, Liénard de l'Olive und Duplessis d'Ossonville, landeten 600 französische Siedler auf Guadeloupe. Neben einigen freien Familien und Missionaren waren etwa 500 von ihnen Kontraktarbeiter der ersten Compagnie des Isles de l'Amérique, die ihre Überfahrt in 36 Monaten freiwilliger Knechtschaft abbezahlen mußten. Binnen weniger Jahre vertrieben sie nach erbittert geführten Kämpfen die überlebenden Indianer nach Dominica und St. Vincent.
Einige adelige Großgrundbesitzer teilten sich die Insel auf, bekämpften sich aber gegenseitig, bis die Compagnie des Indes occidentales Guadeloupe übernahm. Nachdem diese in Konkurs gegangen war, fiel die Insel an die französische Krone. Im Jahre 1644 begann auf Guadeloupe die Herrschaft des Zuckerrohrs. Aus Brasilien vertriebene holländische Juden, die sich für einige Jahre auf Guadeloupe niederließen, perfektionierten die Zuckerverarbeitung. Um 1650 führte

*Guadeloupe, Karnevalskunst*

MASQUES PEINTS
ARTISANAT LOCAL
PEINTURE SUR TISSU

man die ersten Sklaven ein. Schon 1656 mußte man deren erste Revolte niederschlagen.

Guadeloupe litt lange unter der Vorherrschaft von Martinique. Die Kolonialverwaltung saß in Fort Royal (heute Fort-de-France) und aller Zucker mußte – obendrein noch schlechter bezahlt – über Martinique ausgeführt werden. Außerdem vernachlässigten die Franzosen die Sicherung der Insel, die deshalb des öfteren von englischen Plünderungszügen (1691 und 1703) heimgesucht wurde. Paradoxerweise erlebte Guadeloupe jedoch während der englischen Besetzung von 1759 bis 1768 einen wirtschaftlichen Aufschwung, da es Zugang zu den Märkten Großbritanniens und Nordamerikas bekam. 1775 erhielt das in den Schoß Frankreichs zurückgekehrte Guadeloupe die Selbstverwaltung.

Die Wirren der Französischen Revolution nutzten die Engländer dazu, im April 1794 Guadeloupe erneut zu besetzen. Doch bald wendete sich das Blatt. Im Juni des gleichen Jahres landete Victor Hugues, ein vom Pariser Wohlfahrtsausschuß nach Guadeloupe entsandter Bürgerkommissar, auf der Insel, eroberte Fort Fleur d'Épée, zog in Pointe-à-Pitre ein und verkündete dort das berühmte Dekret des französischen Konvents vom 16. Pluviose des Jahres II. (4. Februar 1794), der die Sklaverei abgeschafft hatte. Im November des gleichen Jahres war der letzte Engländer vertrieben. Doch Victor Hugues zeigte sich als gelehriger Schüler Robespierres und errichtete auf Guadeloupe eine Terrorherrschaft. Auf der Guillotine von Pointe-à-Pitre starben angeblich Tausende von royalistischen Pflanzern. Victor Hugues eroberte nicht nur St. Lucia, Sint Eustatius und Saint Martin zurück, seine Korsaren fügten den Engländern auch schwere Verluste zu. Doch 1798 hatte er sich auf Guadeloupe so verhaßt gemacht, daß er die Insel verlassen mußte. 1802 führten napoleonische Truppen unter General Richepance die Sklaverei wieder ein. Blutige Aufstände waren die Folge, und viele Afrikaner begingen lieber Selbstmord, als sich erneut unter das Joch der Sklaverei zu beugen. Unvergessen bleibt die heldenhafte Gegenwehr des republikanisch gesinnten Leutnants Delgrès, der sich in Matouba lieber in die Luft sprengte, als sich zu ergeben. Noch zweimal (1810 und 1815) wurde Guadeloupe von den Engländern besetzt, bis es endgültig bei der französischen Herrschaft blieb. Im Zuge der Revolution von 1848 wurde die Sklaverei schließlich auf den französischen Antillen endgültig abgeschafft. Maßgeblich daran beteiligt war Victor Schoelcher, der fünfzehn Jahre lang für dieses Ziel gekämpft hatte. Die mittleren und kleinen Zuckerrohrplantagen überlebten den Ausfall der billigen Arbeitskräfte nicht, während die Großgrundbesitzer Kontraktarbeiter aus Indien auf die Insel holten.

Im Zweiten Weltkrieg standen die französischen Antillen zunächst unter der Kontrolle Vichys und wurden daher von den Alliierten blockiert. Am 15. Juli 1943 schloß man sich dem Comité français de la libération nationale an. Während die Briten nach dem Krieg ihre Inselkolonien auf immer größere Selbständigkeit vorbereiteten, gingen die Franzosen einen anderen Weg. Am 19. März 1946 wurden Guadeloupe und Martinique als Départements d'Outre Mer (D.O.M.) unmittelbar in den französischen Staatsverband eingegliedert. Beide Inseln gehören daher ebenso zur Europäischen Union wie die Provence oder die Normandie. Am 17. September 1989 fegte der Jahrhunderthurrikan Hugo über die Insel hinweg und richtete katastrophale Schäden an.

## GRANDE-TERRE

Auf der flachen, sonnenreichen Kalksteininsel mit ihren feinsandigen weißen Stränden konzentriert sich der Tourismus: In **Gosier**, dessen kleine Strände eher mittelmäßig sind, sitzen die Hotelburgen dicht an dicht, und eine Vielzahl von Restaurants, Bars und Diskotheken kümmert sich um die – überwiegend französischen – Pauschaltouristen. In **Sainte-Anne**, das 1759 die Engländer und später mehrere Wirbelstürme verwüsteten, hat der Club Méditerranée seine Zelte aufgeschlagen, an dessen gelecktem (bis zum oberen Flutsaum allen zugänglichem) Privatstrand *La Caravelle* sich die Gäste auch nahtlos bräunen. Am kaum weniger schönen Gemeindestrand geht es dagegen familiärer zu. Der dritte und wohl hübscheste Touristenort, mit einigen Luxushotels, ist der bunte Fischerhafen **Saint François**, dessen alte *cases* (Häuschen aus Holz

*Guadeloupe, Pointe-à-Pitre, Office du Tourisme*

und Wellblech) wiedererrichtet wurden, nachdem sie Hurrikan Hugo mitsamt dem Strand weggeblasen hatte. Abseits des Touristenstroms leben in der karstigen Hügellandschaft *Grands-Fonds* mit 100 Meter hohen Kuppen und teilweise unter dem Meeresspiegel liegenden Mulden noch einige hundert »Blancs-Matignons«: hellhäutige Bauern aristokratischer Herkunft mit blondem oder braunem Haar. Während der Revolution hielten sie sich verborgen, bestellten nach ihrem finanziellen Ruin durch die Sklavenbefreiung ihre kleinen Felder selbst und heiraten nach wie vor nur untereinander. Eher an die Bretagne als an die Karibik erinnern auch die Klippen der Ostspitze *Pointe-des-Château*. Noch spektakulärer ist der Blick von der Nordspitze *Pointe de la Grande Vigie*, der bis zu den Inseln La Désirade, Antigua und Montserrat schweift. Zuckerrohrfelder und stellenweise Mangrovensümpfe prägen den nördlichen Inselteil, der einst letztes Rückzugsgebiet der Kariben war und einige schöne Strände und hübsche Fischerdörfer besitzt.

| **Pointe-à-Pitre** |
| --- |
| Einw.: 26 000 (Agglomeration 100 000) |

Das wirtschaftliche Zentrum Guadeloupes (nominelle Hauptstadt ist nach wie vor Basse-Terre) versprüht nicht gerade den Charme, den man von karibischen Städten erwartet. Der triste Betongürtel mit seinen Mietskasernen und Supermärkten erinnert an die *banlieues* innerfranzösischer Städte, ebenso der chaotische Autoverkehr, der in den Stoßzeiten immer wieder zu kilometerlangen Staus führt. Urlauber haken die Sehenswürdigkeiten von Pointe-à-Pitre inklusive Einkaufsbummel auf der lebhaften *Rue Frébault* zumeist in einem Tagesausflug ab: Übernachten will hier kaum jemand, da die Stadt um acht Uhr abends die Bürgersteige hochklappt und das spärliche Nachtleben in den engen Gassen und kleinen Holzhäuschen des Hafenviertels Carénage kein ungefährliches Vergnügen ist. Wirklich etwas los

*Guadeloupe, Pointe-à-Pitre, Wandbild*

ist in der Stadt (vom Karneval abgesehen) am Samstag nach dem 10. August, wenn die Köchinnen der Insel ihre *Fête des cuisinières* feiern und in ihren schönsten Kleidern mit Lebensmittelkörben und Küchengeräten durch die Stadt paradieren

Pointe-à-Pitre verdankt seinen Namen einem 1654 von der Inquisition aus Brasilien vertriebenen holländischen Juden namens Pieter, der hier auf einer Landzunge (*pointe*) Fisch verkaufte. Den Hafen legten erst die englischen Besatzer (1759–63) an. Nachdem Frankreich 1763 im Vertrag von Paris Guadeloupe gegen die Abtretung Kanadas zurückerlangt hatte, legte man das sumpfige Terrain trocken. 1769 zählte der Ort schon 60 Häuser. 1794–98 regierte die »Terreur« des Victor Hugues. Während auf der Place de la Victoire die Köpfe französischer Royalisten rollten, zogen vom Hafen Pointe-à-Pitres die Korsaren aus, um britische Schiffe zu jagen. 1843 zerstörte ein Erdbeben die Stadt. Sie wurde bald wiederaufgebaut, doch 1897 folgte ein weiterer Erdstoß, 1899 wütete ein verheerender Brand und 1928 ein Wirbelsturm. Hurrikan Hugo trug 1989 unzählige *cases* der Armensiedlungen davon. Diese Heimsuchungen erklären die vielen, meist recht unansehnlichen modernen Bauten der Stadt, zwischen die sich nur noch gelegentlich ein schönes Kolonialgebäude mischt. Nach dem Ausbruch des Vulkans La Soufrière bei Basse-Terre zog 1976 die Verwaltung und Jurisprudenz nach Pointe-à-Pitre um. Auf dem Flughafen *Le Raizet* landete 1970 die erste Boeing 747. Gegenwärtig wird er ausgebaut; 1995 sollen hier jährlich 2,5 Mio. Fluggäste starten und landen.

**Basilique Saint-Pierre-et-Saint-Paul** (Place Gourbeyre): Die auf den Fundamenten des von Victor Hugues zerstörten Palais-Royal errichtete Vorgängerkirche wurde im Jahre 1843 durch ein Erdbeben zerstört und 1847 als interessante Eisenkonstruktion mit einer vom lateinamerikanischen Jesuitenstil inspirierten Fassade wiederaufgebaut.

**Chambre d'Agriculture** (Ecke Rue Frébault und Sadi-Carnot): Eines der wenigen

*Guadeloupe, Pointe-à-Pitre, Wandbild, das den Zouk feiert*

erhaltenen schönen alten Kolonialgebäude des Fin de siècle.

**Marché Saint-Antoine** (Ecke Rue Peynier und Frébault): Mag der größte Teil von Pointe-à-Pitre auch in Beton ersticken, hier verteidigt die Karibik ihr Lebensrecht. An den vielen Ständen des überdachten kolonialen Marktplatzes türmen sich appetitlich aufgeschichtete tropische Früchte, Gemüse und Gewürze, und die ausladenden Marktfrauen haben mit ihrem Lockruf »Doudou mwen, vini pou mwen« (komm zu mir, Liebling) schon manchen Touristen zum Kauf von Mangos, Apfelbananen, Passionsfrüchten, Papayas, Litschis, Avocados und Christophinen verleitet, der eigentlich nur auf ein Foto aus war (worauf die Damen, wenn sie vorher nicht sehr höflich gefragt werden, mit kreolischen Schimpfkanonaden reagieren). Besänftigen lassen sie sich dann am besten, wenn man ihnen eine gehörige Portion *Bois bandé* (»Ständer-Holz«) abkauft. Die Erklärung, was man damit anfängt, gibt es mit vielsagendem Augenrollen gratis dazu. Mit Vanilleschote, einer Zimtstange, etwas Ingwer in Rum ansetzen und nach einer Woche ausprobieren, ob der Name hält, was er verspricht ...

**Place de la Victoire:** Der breite Platz, den noch einige hübsche Kolonialgebäude umgeben, ist nach dem entscheidenden Sieg benannt, den Victor Hugues 1794 über die englischen Besatzer errang. Der Revolutionär pflanzte nicht nur die Königspalmen und Flamboyantbäume ein, sondern dezimierte mit einer hier aufgestellten Guillotine die Aristokraten und Royalisten der Insel. Die Zeit dieser Schreckensherrschaft zeichnete der kubanische Schriftsteller Alejo Carpentier in seinem Roman *El siglo de las luces* nach. Die Büste zeigt den ersten schwarzen Gouverneur Guadeloupes, Felix Éboué. Am unteren Ende des Platzes schließt sich der alte Hafen von Pointe-à-Pitre an, genannt *La Darse*. Hier fahren die Schiffe zu den Inseln Marie-Galante, Les Saintes und La Désirade ab; außerdem herrscht hier ein buntes Markttreiben.

*Guadeloupe, Pointe-à-Pitre, Musée Saint-John-Perse*

**Musée Schoelcher** (24, rue Peynier): Das in einem rosafarbenen alten Kolonialgebäude untergebrachte Museum widmet sich dem Lebenswerk des auf Guadeloupe und Martinique verehrten Sklavenbefreiers. Victor Schoelcher (1804–1883), der Sohn eines elsässischen Porzellanfabrikanten, hatte auf einer Reise nach Louisiana und Florida die Sklaverei kennengelernt, die seiner Ansicht nach Sklaven und Herren gleichermaßen entwürdigte. Nach langem Kampf für die Abolition hatte er 1848 das Dekret redigiert, in dem die Pariser Nationalversammlung den Sklaven die französischen Bürgerrechte verlieh. In der Folgezeit setzte sich Schoelcher, der mehrmals Abgeordneter von Guadeloupe und später auch Senator war, für die Bildung der Schwarzen ein. Das Museum zeigt neben persönlichen Andenken und schönen Porzellanstücken interessante Dokumente, Stiche und Objekte zum Thema Sklaverei.

**Musée Saint-John-Perse** (9, rue de Nozières): Das Museum ist in der *Maison Pagès* untergebracht, dem schönsten Kolonialgebäude von Pointe-à-Pitre, das eigentlich nach Louisiana unterwegs war, nach einem Wirbelsturm jedoch auf der Insel versteigert wurde. Das Erdgeschoß dieser verspielten Eisenkonstruktion mit Galerien, Vordach, Träger und Zierleisten präsentiert kreolische Wohnkultur mit Trachten, Stichen und Karten, der erste Stock Dokumente und fotografische Aufnahmen zum Erdbeben von 1897, und der zweite Stock Andenken (Artikel, Fotografien, Briefe) an Saint-John Perse (1887–1975). Der berühmteste Schriftsteller Guadeloupes verließ im Alter von zwölf Jahren seine Heimatinsel und lebte anschließend in Südfrankreich und den Vereinigten Staaten. Als erster Autor der Karibik (in die er nie mehr zurückkehrte) erhielt er 1960 den Literaturnobelpreis. Besonders die poetischen Traumbilder der Sammlungen *Pour fêter une enfance* (1910) und *Amers* (1957) feiern die Farben und Düfte seiner Heimatinsel.

*Guadeloupe, Pointe-à-Pitre, Altes Haus* ▷

RESTAURA

*Guadeloupe, Basse-Terre, Altes Haus*

## Umgebung

**Bas-du-Fort**: Das in der ersten Hälfte des 18. Jh. wiedererrichtete *Fort Fleur d'Épée* sollte den Hafen Pointe-à-Pitres von Osten her schützen, wurde aber im April 1794 von den Engländern und im Juni 1794 von den Revolutionstruppen Victor Hugues zurückerobert. Einen Monat später kehrten die Engländer mit 2000 Mann zurück, wurden jedoch zurückgeschlagen. Heute ist hier das *Musée départemental* untergebracht. – Im Yachthafen des Touristenzentrums wird seit 1978 die große Rumstraßenregatta (*Route du Rhum*) ausgetragen.
**Le Moule:** Der einst bedeutende Zuckerhafen an der Atlantikküste wurde schon Ende des 17. Jh. gegründet und besitzt eine neoklassizistische Kirche (1850), schöne Kolonialhäuser und einen überdachten Markt. Etwa einen Kilometer außerhalb (im Weiler La Rosette), zeigt das bemerkenswerte *Musée Edgar-Clerc* archäologische Funde aus der Zeit der Arawak und Kariben (Tongefäße, Mörser, Muschelketten, deformierte Schädel) und eine naturgeschichtliche Sammlung. – Etwa auf halbem Wege zwischen Le Moule und Saint-François liegt das im Eiffel-Stil der Jahrhundertwende errichtete Herrenhaus *Maison Zévalos*, das die Geschichte der *Maison Pagès* in Pointe-à-Pitre teilt.
**Morne-à-l'Eau:** Der Anfang des 19. Jh. gegründete Ort besitzt einen sehr sehenswerten Friedhof mit prunkvollen, stufenförmig angeordneten Grabhäuschen, die im Schachbrettmuster schwarzweiß gekachelt sind. Allerheiligen entzündet man auf dem Friedhof unzählige Kerzen.

## BASSE-TERRE

»Palé mwen dè lanme la ka kouri en lé sab la, Palé mwen dè riviè la ka koulé en manmel la, Palé mwen dè soleil la ka kongné en lè tole la...« (Erzähl mir vom Meer, das an die Strände spült, vom Fluß, der von den

*Guadeloupe, Basse-Terre, Rathaus*

Vulkanen strömt, von der Sonne, die an die Wellblechdächer stößt...), so besingt Tanya St. Val auf *créole* in ihrem bekannten Zouk-Chanson *Tropical* die Landschaft Basse-Terres. Die Strände, von denen Tanya spricht, sind lavaschwarz, die besungenen Zwillingsvulkane heißen liebevoll *Les Mamelles* (Frauenbrüste) und die Flüsse des smaragdgrünen Regenwaldes, der größtenteils Nationalpark ist, stürzen sich in wilden Kaskaden zu Tal wie die *Cascade aux Écrevisses* oder die *Chutes du Carbet*. Die Sonne mag sich bisweilen verstecken, doch leuchten die bunten kreolischen Häuser von Basse-Terre nach einem heftigen Regenschauer um so intensiver.

**Basse-Terre:** Noch immer ist das 1643 gegründete und in der Folgezeit oft umkämpfte Basse-Terre nominell administrative Hauptstadt Guadeloupes. Nachdem der Vulkan La Soufrière im August 1976 zu rumoren begonnen hatte, evakuierte man den Süden der Insel, um der Bevölkerung das Schicksal der Bewohner von Saint-Pierre auf Martinique zu ersparen, die bei einem Ausbruch des Mont Pelée umgekommen waren. Die Soufrière beruhigte sich allerdings wieder und nach fünf Monaten kehrten die meisten Bewohner wieder zurück. Basse-Terre, das noch alte Kolonialhäuser besitzt, ist mit seinen etwa 15 000 Einwohnern längst nicht so hektisch wie Pointe-à-Pitre. Im alten *Fort Charles* (heute Fort Delgrès) ist heute ein historisches Museum untergebracht. Sehenswert sind außerdem die *Kathedrale* mit Jesuitenfassade aus dem frühen 19. Jh., der *Grand Marché* und die *Place du Champ-d'Arbaud*. Die weiße *Préfecture* von 1935 sieht aus wie ein Gouverneurspalast.

**Deshaies:** Das Fischerdorf gehört mit seinen authentischen Holzhäuschen und seiner geschützten Bucht zu den malerischsten Orten, die *Plage de la Grande Anse* (2 km n) zu den schönsten Stränden Guadeloupes.

*Umstehende Doppelseite:* ▷
*Guadeloupe, Basse-Terre, Cathédrale (l);*
*Sainte-Marie, Hindutempel (r)*

**Matouba:** Die höchstgelegene Ortschaft Guadeloupes (665 m), die im 19. Jh. von indischen Kontraktarbeitern besiedelt wurde und ihrer heißen Quellen wegen berühmt ist, liegt in umittelbarer Nachbarschaft zum Vulkan *La Soufrière* (1467 m). Hier sprengte sich Leutnant Delgrès, ein Mulatte, 1802 auf der *Habitation d'Anglemont* mit einigen hundert Gefährten freiwillig in die Luft, nachdem er den Kampf gegen die Truppen von General Richepance verloren hatte, die im Auftrag Napoleons die »Ordnung«, sprich die Sklaverei, wiederherstellen sollten. Ein Denkmal erinnert an diese traurige Episode, von der sowohl André Schwartz-Bart in seinem Roman *La Mulâtresse Solitude* als auch Anna Seghers in einer ihrer Erzählungen berichten.

**Pointe Noire:** Das Holzmuseum *Maison du Bois* zeigt die Geschichte der Tischlerkunst, die in diesem Ort eine lange Tradition hat.

**Saint-Claude:** Der ehemalige Kurort, in dem sich betuchte Beamte aus Basse-Terre niederließen, besitzt sehr schöne Villen mit prächtigen Gärten. Hier befindet sich auch das Besucherzentrum *La Maison du Volcan*, in dem man viel Wissenswertes über den Vulkan *La Soufrière* erfährt, dessen Ausbruch 1976 viele Einwohner vertrieb.

**Sainte-Marie:** Ein von *indépendantistes* verunstaltetes Denkmal (1916) erinnert daran, daß Kolumbus hier am 4. November 1493 erstmals die Insel betrat. Heute leben hier viele Inder, die der Admiral damals vergeblich suchte. Sie sind Nachfahren der indischen Kontraktarbeiter, die im 19. Jh. den Platz der befreiten Sklaven auf den Plantagen einnahmen. Im nahen Changy steht der sehenswerte *Temple hindu* (Gottesdienst Freitag und Sonntag), dessen weiße Fassade polychrome Götterstatuen zieren. Maryse Condé, die bekannteste Schriftstellerin Guadeloupes, hat die hier zu besonderen Feiertagen abgehaltenen Opferzeremonien geschildert, bei denen das Blut von Hühnern und Ziegen fließt. Auch Nicht-Hindus dürfen den Tempel betreten, allerdings nur ohne Schuhe, Fotoapparat und – ganz wichtig – ohne Rindsleder (Gürtel oder Tasche!).

**Sainte-Rose:** Das Fischerdorf im Norden der Insel besitzt ein interessantes *Musée du Rhum*, das die Geschichte des Zuckerrohrs und die Methoden des Rumbrennens über drei Jahrhunderte hinweg veranschaulicht. Einige Kilometer südlich kann man unweit von Boucan die *Domaine de Saint-Séverin* besuchen, eine Rumdestillerie, die seit 1802 auf traditionelle Weise von einem Wasserrad angetrieben wird.

*Guadeloupe, Sainte-Marie, Hindutempel, Detail (l); Trois-Rivières , Arawak-Petroglyphen (r)*

**Trois-Rivières:** Der Ort stellt nicht nur einen ausgezeichneten gleichnamigen Rum her, sondern präsentiert im *Parc archéologique des Roches gravées* enigmatische Petroglyphen (Felszeichnungen) der Arawak (300–400 n. Chr.). – Von Trois-Rivières legen die Fähren zu den Iles des Saintes ab.

**Vieux-Fort:** Hier an der Südspitze Basse-Terres errichteten um 1650 die ersten französischen Siedler das *Fort Royal*. Heute dient es als *Centre de Broderie et des Arts Textiles*, in dem man junge Frauen in der Stickkunst unterweist, die hier eine lange Tradition hat.

**Vieux-Habitants:** Die älteste Siedlung Guadeloupes wurde schon 1636 gegründet. Auf dem Friedhof ruhen die »alten Einwohner« der Insel, die sich nach Erfüllung ihres Dreijahresvertrags als freie Menschen niederlassen durften und sich mit dieser Bezeichnung von den Neuankömmlingen abgrenzten. Die Kirche, die im Augenblick komplett restauriert wird, erscheint bereits auf einer Karte von 1667, die Pater Du Tertre zeichnete. Dieser hatte zehn Jahre zuvor die *Histoire générale des Antilles* verfaßt, nach deren Lektüre Rousseau den Mythos vom »Guten Wilden« entwickelte. Die attraktive Kirche allerdings wurde 1759 von den Engländern niedergebrannt und von Kapuzinermönchen wiederaufgebaut.

*Guadeloupe, Vieux-Habitants, Église*

## LA DÉSIRADE

Kolumbus nannte die Felseninsel La Desirada (die Erwünschte), als er sie nach seiner zweiten Überfahrt 1493 erblickte. Später diente sie als Verbannungsort für Leprakranke und unbotmäßige Mitglieder adeliger Familien. Heute ist die Insel (1600 Einw.), auf der fast ausschließlich Fischerfamilien leben, einer der intimsten und familiärsten Orte der Karibik.

## LES SAINTES

Kolumbus erblickte das aus insgesamt acht Vulkaninseln bestehende Archipel (3000 Einw.) zu Allerheiligen (Todos los Santos), daher der Name. In der Meerenge zwischen diesen Inseln und dem im Süden gelegenen Dominica fügte am 12. April 1782 der britische Admiral Rodney mit 36 Schiffen der französischen Flotte des Admirals de Grasse, die mit 34 Schiffen unterwegs war, um Jamaika anzugreifen, eine vernichtende Niederlage zu. Die blonden Haare und blauen Augen verdanken die Saintos ihren Vorfahren aus der Bretagne und der Normandie. Zuckerrohr gedieh auf den Inseln nicht, daher brauchte man auch keine Sklaven einzuführen. Viele der Fischer tragen noch den traditionellen *salako*, einen breiten Strohhut, den ihre Vorfahren aus Frankreich mitbrachten. Man kann ihn als Souvenir erwerben. Billiger sind allerdings die köstlichen Kokosplätzchen, genannt »Tourments d'amour« (Liebesqualen), die überall von Kindern verkauft werden.
Auf der Hauptinsel *Terre de Haut* erhebt sich das zwischen 1845 und 1867 erbaute *Fort Napoléon*, das bis Anfang des 20. Jh. als Gefängnis diente.

## MARIE GALANTE

Auf der runden, lediglich sanft gewellten Insel (16000 Einwohner) scheint die Welt der

Antillen auf den ersten Blick noch weitgehend in Ordnung. Trotz der herrlichen Strände tummeln sich hier nur relativ wenige Touristen. Kolumbus segelte 1493 nur vorbei und nannte die damals von Kariben bewohnte Insel nach einer seiner Karavellen »María Galanda«. Erst 150 Jahre später trafen die ersten französischen Siedler auf der Insel ein, die in der Folgezeit insgesamt dreimal von den Engländern besetzt wurde. Von den großen Zeiten des Zuckerrohranbaus künden nicht nur einige vornehme Pflanzerhäuser wie das klassizistische *Château Murat* aus dem 18. Jahrhundert (heute das *Éco-Musée*), sondern auch die Ruinen von siebzig Zuckermühlen (»L'Ile aux Cent Moulins« nannte man Marie-Galante in ihrer Blütezeit). Marie Galante stirbt in Schönheit, heißt es dagegen heute. Wohl wahr: Die Insel ist ein einziges Freilichtmuseum des Zuckerrohranbaus, der sich längst nicht mehr rentiert, aber kräftig subventioniert wird. Doch den besten (allerdings auch teuersten) Rum der Karibik, davon sind die Einwohner fest überzeugt, stellt man hier immer noch her. Die französischen Antillen verschmähen den billigeren, aus Abfallmelasse hergestellten »Rhum industriel« der anderen Karibikinseln (dazu gehört auch die bekannte Sorte mit der Reggae-Werbung) und produzieren feinsten »Rhum agricole« aus dem ausgepreßten Zuckerrohrsaft selbst. Dieser kocht zunächst in riesigen Gärungsbottichen und schlägt sich nach zwei Tagen in einer Kupfersäule als hochprozentiges Destillat nieder. Mit Quellwasser reduziert man den Rum auf 59 Prozent Alkoholgehalt. Der junge weiße Rum eignet sich hervorragend zum *ti-punch*, der mit Zuckersirup und Limonenscheibe schon am Morgen (als *decolleur*) genossen wird. Einige Jahre in alten Fässern gereift, kann es der dann braune Rum locker mit der Qualität eines erstklassigen Cognacs aufnehmen. *Père Labat* heißt der beste Rum von Marie-Galante. Und vielleicht ist er neben dem haitianischen *Barbancourt* auch wirklich der beste Rum der ganzen Welt.

Auf Qualität achteten die revoltierenden Sklaven der Rumdestillerie *Pirogue* wohl kaum, als sie 1848 den gesamten Zucker- und Rumvorrat der Fabrik in einen Tümpel, die *Mare au Punch*, schütteten und damit den größten *ti-punch* der Antillen zubereiteten.

# Haiti

Die Fernsehbilder sind schon wieder verblaßt. Schon bald nach der Landung der US-Marines und der Rückkehr Präsident Aristides im Oktober 1994 eilten die Journalisten zu neuen Krisenschauplätzen der Welt. Zurück blieb das ärmste Land der westlichen Hemisphäre, bei dem einem das gängige Wort von der »karibischen Lebensfreude« schnell im Halse steckenbleibt. Die elenden Slumsiedlungen, die Heerscharen hungernder Kinder, die auf giftigen Müllhalden nach Nahrung suchen, das ökologisch verwüstete Land und immer neue Wellen politischer Gewalt locken keinen Touristen mehr nach Haiti. Dem Autor war es aufgrund der 1994 herrschenden Blockade nicht möglich, seine Informationen zu überprüfen (eine Einreise über die Dominikanische Republik scheiterte). Daher fairerweise nur eine kurze Übersicht der allerwichtigsten Sehenswürdigkeiten eines Landes, das aufgrund seiner kulturellen Bedeutung eigentlich einen gewichtigen Teil dieses Führers beanspruchen dürfte. Von einer Reise muß derzeit dringend abgeraten werden. Aus hoffentlich einsichtigen Gründen wurde daher auch auf atmosphärische Beschreibungen, zum Beispiel der Märkte, verzichtet: Sie würden angesichts des augenblicklich herrschenden Elends allzu deplaziert wirken.

## GESCHICHTE

Die Kolonialgeschichte Hispaniolas wird im Abschnitt »Dominikanische Republik« behandelt. – 1789 lebten etwa 30000 Franzosen, etwa gleich viele freigelassene Schwarze und 450000 Sklaven im französisch kontrollierten Ostteil Hispaniolas, Saint-Domingue. Dieser galt zu dieser Zeit als die reichste Kolonie in der Neuen Welt. Als die weißen Pflanzer den Mulatten der Insel die von der Pariser Nationalversammlung gewährten Bürgerrechte verweigerten, kam es zur Revolte. Im August 1791 rief der Voodoo-Priester Boukman die in noch entsetzlicheren Verhältnissen lebenden schwarzen Sklaven zur Revolte auf: Zahlreiche Weiße wurden massakriert oder flohen auf die

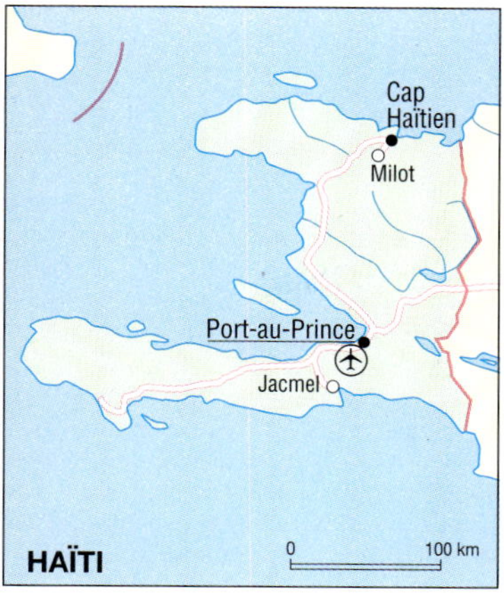


Nachbarinsel Kuba. Aus den bürgerkriegsähnlichen Wirren ging der Schwarze Toussaint L'Ouverture als Führer hervor, der bis 1796 Saint-Domingue befriedete und als brillanter Politiker und inoffizieller Gouverneur der nur noch nominell französischen Kolonie regierte. Als er jedoch die Autonomie anstrebte und sich selbst zum Gouverneur auf Lebenszeit ausrief, schickte der erboste Napoleon Bonaparte 1802 eine von seinem Schwager, General Leclerc, befehligte Armee von 34 000 Soldaten in die Karibik. Leclerc nahm Toussaint wortbrüchig während einer Unterredung fest und ließ ihn nach Frankreich deportieren, wo Napoleon ihn im Kerker verhungern und erfrieren ließ. Im Mai 1802 führte der Pariser Konvent die Sklaverei wieder ein, und die schwarze Bevölkerung erhob sich erneut. Die von Malaria und Guerillaattacken dezimierte französische Armee mußte sich zurückziehen, und am 1. Januar 1804 rief Jean-Jacques Dessalines, der auf die Seite der Aufständischen gewechselt war, die Republik Haiti aus. Als Tyrann machte er sich aber bald, besonders bei den Mulatten, so verhaßt, daß er 1806 ermordet wurde. Der darauffolgende Bürgerkrieg zwischen den Mulatten des Südens unter General Pétion und den Schwarzen des Nordens, die Henri Christophe zu ihrem Führer erkoren, führte zur Teilung des Landes.

Der äußerst fähige Henry Christophe entwickelte sich nach einigen Jahren umsichtiger Politik zu einem größenwahnsinnigen Despoten, der sich 1811 sogar zum König krönen ließ. Seine Festung La Ferrière ist das mächtigste Bollwerk der Neuen Welt. Nach seinem Selbstmord vereinte General Boyer nicht nur den Süden wieder mit den Norden, sondern annektierte sogar den gera-

*Haiti, Marktszene*

de erst von Spanien unabhängig gewordenen Ostteil Hispaniolas, der 1843 wieder verlorenging. In der Folge prägten Unruhen, Staatsstreiche und korrupte Diktatoren das immer weiter verarmende Land. 1915 intervenierten die Vereinigten und regierten Haiti bis 1934.

1957 kam der berüchtigte François Duvalier an die Macht, der als »Papa Doc« mit Hilfe seiner *tonton macoutes* (Onkel Schnappsack) genannten Schergen auf Haiti eine blutige Schreckensherrschaft errichtete, die Graham Greene in seinem Roman *Die Stunde der Komödianten* schilderte. 1986 floh Jean-Claude, sein Sohn und Nachfolger »Baby Doc«, aus dem Land. Manipulierte Wahlen und Staatsstreiche wechselten sich ab, bis am 7. Februar der erste demokratisch gewählte Präsident Haitis die Macht übernahm. Präsident Aristides sozialreformerischer Elan führte am 30. September des gleichen Jahres zum Putsch des Militärs, aus dem General Raoul Cédras als starker Mann hervorging. Die massiven Menschenrechtsverletzungen führten zu einer Fluchtwelle von Haitianern. Immer schärfere Sanktionen der Vereinten Nationen, die der Forderung nach einer Rückkehr Aristides Nachdruck verleihen sollten, konnten Cédras nicht zum Rücktritt bewegen. Erst angesichts der unmittelbar bevorstehenden US-Invasion erklärte sich Cédras im September 1994, nach Vermittlung des amerikanischen Expräsidenten Jimmy Carter, zum Rücktritt bereit; die amerikanischen Marines besetzten Stunden darauf ohne Blutvergießen die Insel. Am 15. Oktober kehrte Präsident Aristide zurück, dessen Amtszeit noch bis Februar 1996 läuft. Ob das Land, dessen Menschen in kaum vorstellbarer Armut leben, nunmehr zur Ruhe kommen wird, bleibt jedoch äußerst zweifelhaft.

## Cap-Haïtien

Einw.: über 100 000

Die zweitgrößte Stadt Haitis wurde 1670 als Cap-Français gegründet und war im 18. Jahrhundert die reichste französische Stadt Amerikas, das »Paris der Antillen«. Während der Revolution erlebte sie von 1791 bis 1802 Plünderungen und Brände. 1802 hielt hier Pauline Bonaparte hof, die Gemahlin des französischen Expeditionsgenerals Leclerc, doch 1803 zog Dessalines, der sich auf die Seite der Aufständischen geschlagen hatte, in die Stadt ein. Einige Jahre darauf wurde Cap-Haïtien die Hauptstadt des Nordreiches von Henri Christophe, der sich 1807 zum Präsidenten auf Lebenszeit machte und 1811 zum König Henri Ier krönen ließ. Im südlich gelegenen Milot errichtete er seinen Palast Sans-Souci und nicht weit von dort die himmelsstürmende Citadelle La Ferrière. Cap-Haïtien wurde 1842 fast vollständig durch ein Erdbeben zerstört und besitzt daher nur noch wenige vornehme Häuser mit Balkonen aus dem 18. und 19. Jahrhundert. Die Kathedrale wurde 1942 wiedererrichtet.

### Umgebung

**Milot** (19 km s): Nach dem Vorbild von Schloß Sanssouci in Potsdam ließ König Henri Christophe (1767–1820) über dem Dorf einen prächtigen *Palast* errichten, der durch das Erdbeben von 1842 weitgehend zerstört wurde. Gut erhalten blieb die Fassade des einst »königlichsten Gebäudes der Neuen Welt«, durch dessen einst mit Kristallüstern, edlen Holztäfelungen und Wandteppichen reich ausgestattete Hallen der schwarze Graf von Limonade und der Herzog von Marmelade wandelten. – Mit dem Maultier geht es das letzte Stück Weges hinauf zur *Citadelle La Ferrière*, die 200 000 Menschen in schlimmster Zwangsarbeit 1804–17 auf dem 945 Meter hohen Pic La Ferrièrre nach Plänen des Architekten Henry Barré* errichteten. Die 9300 Quadratmeter umfassende Festungsanlage besitzt stellenweise bis zu 43 Meter hohe und bis zu vier Meter dicke Mauern mit drei Geschützgalerien, die einst 365 Kanonen aufnahmen. Von bis zu 15 000 Soldaten verteidigt, glaubte der größenwahnsinnige König jede ausländische Invasion (und die damit verbundene Wiedereinführung der Sklaverei) abwehren zu können. Nach einem Schlaganfall und dem Verrat seiner Palastgarde erschoß sich der Despot 1820 mit einer Silberkugel und wurde im Innenhof der Zitadelle begraben.

## Port-au-Prince

Einw.: über 1,5 Mio.

Die nach der »Prince«, dem ersten französischen Schiff, das um 1700 in der Bucht von Gonave vor Anker ging, benannte Stadt wurde 1749 gegründet und 1806 zur Hauptstadt der neuen Republik erklärt. Zwar besitzt sie im Zentrum noch einige schöne Häuser im Gingerbread-Stil, dafür aber auch die schlimmsten Slums der Karibik. Riesige Abfallhaufen türmen sich auf den Straßen, die nachts von marodierenden Soldaten oder versprengten *attachés* (Schergen der Putschisten) unsicher gemacht werden. Noch immer recht ungestört leben dagegen die Reichen in ihrem erhöht gelegenen vornehmen Vorort Pétionville.

**Cathédrale épiscopale Sainte-Trinité:** Dem Voodoo-Kult nahestehende Künstler, darunter Philomé Obin*, Castera Bazile* und Rigaud Benoit*, schufen die überaus eindrucksvollen naiven Wandmalereien der Apsis und der Seitenschiffe. Sie stellen Szenen des Neuen Testaments in haitianischer Landschaft dar, darunter Jesus und die Apostel als Schwarze, Judas dagegen als Weißen, und erregten damit 1951 ungeheures Aufsehen. Der katholische Erzbischof weigerte sich sogar, das Gotteshaus einzuweihen, was dann sein »mutigerer« protestantischer Kollege übernahm.

**Cathédrale Notre-Dame:** Die 1915 im neobyzantinischen Stil errichtete katholische Hauptkirche der Stadt erinnert mit ihren zwei Türmen, denen Kuppelhelme aufgesetzt sind, etwas an Sacre-Cœur in Paris.

**Cathedrale coloniale:** Die 1771 errichtete Holzkirche hat als eines der wenigen noch erhaltenen Gebäude aus der franz. Kolonialzeit alle politischen Wirren überstanden.

**Grand Hotel Oloffson:** Das im Gingerbread-Stil mit hölzernen Türmchen und gußeisernen Balkonbalustraden errichtete Hotel im Stadtteil St-Gérard diente Graham Greene als Schauplatz seines Romans »Die Stunde der Komödianten«. In den Straßen rund um die Avenue de la Martinière gibt es weitere schöne Beispiele im Gingerbread-Stils.

**Marché de Fer:** Die rot und grün gestrichene Eisenkonstruktion der Markthalle, die im Stil den alten Pariser Halles ähnelt, wurde 1889 aus dem belgischen Brügge nach Haiti gebracht.

*Haiti, Naive Malerei*

**Palais National**: Die in grellem Weiß gehaltene Präsidentenresidenz wurde auf den Fundamenten zweier 1869 bzw. 1912 zerstörter Vorgängerbauten von Georges Baussan* nach dem Vorbild des Washingtoner Kapitols und des Pariser Petit Palais mit hoher Säulenvorhalle errichtet. Hier residierten »Papa Doc« und »Baby Doc«. 1991 zerrten die Putschisten Präsident Aristide aus seiner Residenz. – Auf der *Place des Héros de l'Indépendance* vor dem Palast ließ »Papa Doc« 1968 die von Albert Mangonès* geschaffene Bronzestatue des »Marron Inconnu« aufstellen. Mit einem Stoß in eine Lambimuschel ruft der Negersklave zum Aufstand auf. Auf dem Platz stehen weitere Standbilder haitianischer Helden, u. a. die Statue von Toussaint L'Ouverture, die Normil Ulysse Charles* schuf.

**Centre d'Art** (Rue de l'Enterrement): Das wichtigste Kunstzentrum der Stadt bietet mit seinen Bildern und Skulpturen (teilweise käuflich) einen hervorragenden Querschnitt der zeitgenössischen haitianischen Kunst.

**Musée d'Art Haïtien** (Rue Capois): Das 1972 errichtete Museum bietet mit seinen etwa 400 (teilweise im Wechsel ausgestellten) Bildern einen repräsentativen Überblick über die naive Kunst Haitis.

**Musée du Panthéon national haïtien (MUPANAH)**: Das von Alexandre Guichard* errichtete Museum zeichnet in seinen sieben Sälen die Geschichte Haitis nach. Zu sehen sind hier u. a. der vier Meter große Anker der Santa María, des gestrandeten Flaggschiffs von Kolumbus, die Plantagenglocke, mit der Toussaint L'Ouverture 1793 die Freiheit der Sklaven einläutete, und die silberne Pistole, mit der sich 1820 König Henri-Christophe erschoß. Ein Ölgemälde des Walisers Richard Evans* von 1818 zeigt den Despoten. Das angegliederte Mausoleum bewahrt als »Symbol der Einheit« die Gräber des Mulatten Pétion, der den Freiheitskämpfer Simón Bolívar unterstützte, und des Schwarzen Toussaint L'Ouverture.

**Musée du Peuple Haïtien:** Das Museum zeigt neben präkolumbischen Stein- und Tongerätschaften der Arawak vor allem Exponate der Sklaverei. Eine kleine Abteilung widmet sich dem Voodoo-Kult.

## Umgebung

**Jacmel** (83 km s): Die 1781 gegründete Stadt, die im 19. Jh. durch den Kaffee-Export reich wurde, ist zwar nur noch ein Schatten ihrer einstigen Blüte, besitzt aber noch zahlreiche farbenfrohe Kolonialhäuser mit schmiedeeisernen Balkonen, eine in bunter Stilmischung aufgeführte Kirche sowie eine alte eiserne Markthalle.

### Voodoo

Haiti und Voodoo, das gehört für die meisten untrennbar zusammen. Schon bei der Nennung dieses Wortes läuft weißen Touristen ein Schauer den Rücken hinunter. Unvergessen ist Graham Greenes verfilmter Roman »Die Stunde der Komödianten«, der deutlich machte, welchen Einfluß der Voodoo-Kult auf die haitianische Gesellschaft hat. Noch frischer sind die Voodoo-Drohungen, die der Putschistengeneral Cédras ausstieß, als die USA im September 1994 die Invasion Haitis ankündigten, um die Rückkehr von Präsident Aristide zu erzwingen.

»Aufgeklärte« Europäer mögen darüber lächeln, doch wer einmal auf Haiti war, wird bald feststellen, wie ernst, ja todernst, Voodoo sein kann. Voodoo beinhaltet nicht nur ein spirituelles, sondern auch medizinisch-pharmazeutisches Wissen, und die Berichte, daß schon manchem Ausländer der Voodoo zum Verhängnis geworden sei, ob nun eines Liebeszaubers oder bösen Fluches wegen, sind nicht unbedingt als reine Ammenmärchen abzutun.

Voodoo (auch Wodu oder Vodou geschrieben) ist eine kraftvolle, außerordentlich beunruhigende animistische religiöse Praxis, die okkulte Kräfte anruft und Blutopfer fordert. Ursprünglich stammt der Kult, dessen Name von Vodun (Fon-Sprache für »Gott«) abgeleitet ist, aus dem westafrikanischen Dahomey (heute Benin), einer Region, aus der viele Sklaven auf die Inseln der Antillen verschleppt wurden. Die afrikanische Vorstellung, daß die verstorbenen Familienmitglieder in das Leben der Lebenden eingreifen können, sowohl positiv als auch negativ, also im Alltag ständig präsent sind, ist die Wurzel des Voodoo-Glaubens. Im Falle der Schwarzen auf den Antillen tritt zu dieser Vorstellung das Gefühl, von Afrika abgelehnt, verkauft und zu endloser Sklaverei fern der Ahnen verurteilt zu sein. Dem Sklaven, der zumeist nackt aus der qualvollen Enge der Schiffe an das Ufer der Antillen stolperte, war nur eines geblieben: seine Erinnerung, sein magischer Glaube und seine übernatürliche Interpretation der Natur, die ständig das verblassende Gedächtnis der Sklaven auffrischte, die bereits länger von der Heimat getrennt oder schon in der Karibik auf die Welt gekommen waren.

Im Laufe der Jahrhundete vermischten sich verschiedene afrikanische und christliche Glaubensvorstellungen, wobei der Voodoo, der die Heiligen der römisch-katholischen Welt mit den afrikanischen Göttern assoziierte – sehr zum Kummer der Missionare –, eher noch an Kraft gewann. Zwar gibt es den Glauben an ein höchstes Wesen, das jedoch von den unzähligen Heiligen bzw. Göttern (*loas*) fast in den Hintergrund gedrängt scheint.

Voodoo ist keine Heilslehre, er verspricht keine Erlösung oder geistige Vervollkommnung. Im Voodoo kommunizieren die Lebenden mit den Toten. Letztere greifen auf vielerlei Art in die Alltagswelt ein. Sie können eine Krankheit heilen (oder bringen), finanziellen Wohlstand schenken oder nehmen, die Ernte beeinflussen, einem Beamten zu Karriere verhelfen, eine Frau fruchtbar oder unfruchtbar machen, ja man kann sie sogar anrufen, um einen Liebespartner an sich zu binden oder dem Rivalen Schaden zuzufügen. Stets gilt es, mit den unzähligen Ahnen und Geistern, die wie Schutzengel von Einzelpersonen und Familien anzusehen sind, auf gutem Fuß zu stehen, sie mit äußerstem Respekt zu behandeln, denn ihr Zorn kann den Unachtsamen ins Verderben stürzen. Man opfert ihnen zumeist Hähne, Reis und Rum. In den Träumen oder in der zeremoniellen Trance treten die Ahnen mit den Lebenden in Verbindung, offenbaren Geheimnisse oder geben Anordnungen.

Neben dieser »privaten« Form des Voodoo-Glaubens gibt es auch den öffentlichen Voodoo-Kult, der weißen Zuschauern, wenn sie nicht enge haitianische Vertraute haben, fast immer verschlossen bleibt, auch wenn gegen Dollars manchmal Touristenshows inszeniert werden, die mit dem wahren Kult wenig zu tun haben. Da mögen die Trommeln noch so beschwörend dröhnen und das Blut von Ziegen und Hühnern in Strömen fließen: In die echten heiligen Orte, die *houmforts*, gelangt kein Außenstehender. In diesen Tempeln stehen Devotionalien wie ein Bild der Jungfrau, ein heiliger Stein, aber auch leere Rum- und Colaflaschen. Die Kulthandlungen leiten initiierte Priester (*houngans*) oder Priesterinnen (*mambos*). Außerdem gibt es weitere in der schwarzen Magie besonders bewanderte *bocors* sowie Personen, die oft erstaunliche (und gefährliche) Kenntnisse der Pflanzenheilkunde besitzen.

Eine priesterliche Hierarchie kennt der Voodoo nicht: *houngans*, *mambos* und *bocors* fungieren in erster Linie als Mittler zwischen der Welt der Lebenden und der Geister. Bei den Voodoo-Zeremonien in den *houmforts* singen die Teilnehmer das Lied des Schlangengottes Dambala, der Priester oder die Priesterin schneidet nach allerlei Vorbereitungen einer Ziege mit einem schnellen Schnitt den Hals durch oder reißt bzw. beißt einem Hahn den Kopf ab: Das herausschießende Blut wird in einem Behälter gesammelt und den Göttern geopfert. Manche Teilnehmer trinken anschließend von dem Blut oder benetzen sich damit den Körper und die Kleider. Rumflaschen kreisen, deren Inhalt die Feiernden herausprusten. Vom immerwährenden Trommelwirbel fallen immer mehr der ekstatisch Tanzenden in Trance und erhalten die Botschaft der Ahnen und Geister. Manche strecken sich wie im Koma aus, andere werden von heftigen Krämpfen geschüttelt: alles Zeichen, daß die *loas* von ihren Körpern Besitz ergriffen haben, von denen die Person »wie ein Pferd geritten« wird.

Untrennbar zum Voodoo gehören die *Zombies,* die als angebliche »Untote« unzählige Horrorfilme genährt haben. Doch Zombies sind keine von den Toten auferstandene Leichen, die nachts über die Lebenden herfallen, sondern Personen, die durch spezielle Nervengifte in einen komaähnlichen Zustand versetzt wurden, als Scheintote beerdigt und nach einigen Stunden wieder exhumiert werden, um ihren schrecklichen Herren als willenlose Sklaven für schwerste Arbeiten zu dienen. Die Schattenwesen ohne Erinnerung an ihr früheres Leben dürfen weder Fleisch noch Fisch zu essen bekommen und auf keinen Fall Salz zu sich nehmen, sonst erlangen sie ihr früheres Bewußtsein zurück und üben schreckliche Rache an ihren Peinigern. Mit *Dézafi* (kreolisch für Herausforderung oder Hahnenkampf) hat 1975 der haitianische Autor Frankétienne zu diesem Thema einen eindrucksvollen Roman geschrieben, der außer auf kreolisch – weniger wirkungsvoll – auch in französischer Sprache vorliegt (unter dem Titel *Les affres d'un défi*). »Mizé maké-nou lan tout kò / mizé poté-nou lan tèt / mizè monté sou nou / mizé pilonnin nou« (»Das Elend brandmarkt unseren Körper / das Elend steigt uns in den Kopf / das Elend steigt in uns auf / das Elend zerstampft uns«, so beschreibt Frankétienne in magisch-beschwörenden Wortbildern den Zombie-Zustand der Haitianer und spielt deutlich auf die Zustände während der Diktatur der Familie Duvalier an. Die voodoo-gläubigen Diktatoren »Papa Doc« und »Baby Doc« sollen sich zur Erhaltung ihrer Macht solcher Zombies bedient haben. Bevor Baby Doc 1986 seinen Palast verließ und nach Frankreich flüchtete (wo er noch immer ungestört seine Millionen verpraßt), soll er zwei ungetaufte Babys dem höchsten Voodoogott geopfert haben, damit keiner je seinen Platz würde einnehmen können. Die Außenstehenden oft sinnlos erscheinenden Blutbäder, die Haiti auch in jüngster Zeit immer wieder ins Chaos zurücksinken lassen, erinnern an das plötzliche Erwachen der Menschen aus ihrem lethargischen, geschundenen Dasein, das Frankétienne beschreibt. Dann beginnt das *dechoukaj*, das Ausrotten mit Stumpf und Stiel, das selbst vor den Friedhöfen nicht haltmacht.

»Hier sind gewaltsame Tode natürliche Tode«, ist in Graham Greenes Roman zu lesen. Baron Samedi, der unheimliche Herr der Friedhöfe, führt ein unangefochtenes Regiment über Haiti. Gegen ihn waren sogar die französischen Zuckerpflanzer machtlos, als 1791 der aufständische Sklave und Vodoopriester Boukman den großen Sklavenaufstand entfesselte und das große Gemetzel über Haiti hereinbrach. Über 50000 napoleonische Soldaten fielen im vergeblichen Kampf gegen die fanatisierten schwarzen Kämpfer. Möglicherweise hatte Expräsident Jimmy Carter die Warnung der Geschichte vor Augen, als er im September 1994 eine »friedliche« Besetzung Haitis und den »ehrenvollen« Abzug der Tage zuvor noch als Schurken beschimpften Putschistengeneräle aushandelte.

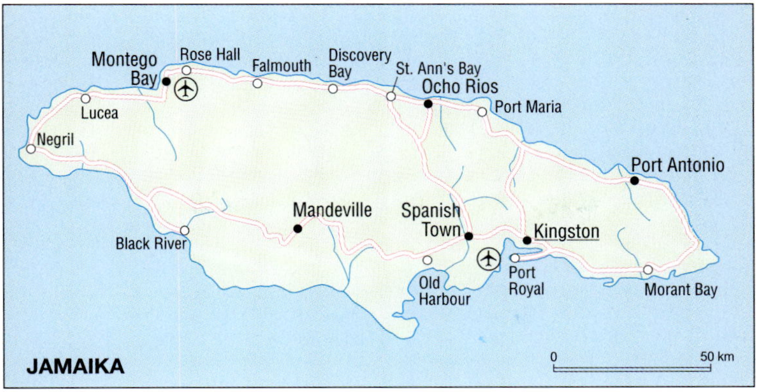


# Jamaika

Vielleicht ist ja der ansteckende Rhythmus des Reggae daran schuld, dieses »taking it easy with...«, daß Jamaika geradezu als Inkarnation aller Karibikträume gilt. Das Land besitzt großartige Strände, herrliche Wälder wie die Blue Mountains, eine hervorragend ausgebaute touristische Infrastruktur und ein pulsierendes Leben, das seinesgleichen sucht. Manchmal kann ein Jamaika-Urlaub allerdings auch recht anstrengend werden. Jamaikaner sind zwar von Natur aus freundliche und liebenswerte Menschen, doch man tritt hier leichter ins Fettnäpfchen als anderswo in der Karibik. Die Tradition, den weißen Herrenmenschen die Stirn zu bieten, pflegten die Maroons schon vor 300 Jahren, und nicht selten wird ein allzu forscher Tourist daran erinnert, daß die Zeiten der Sklaverei vorbei sind. Das Wichtigste, was ein weißer Besucher den Menschen entgegenbringen kann, ist »respect mon«. Wer die Gleichrangigkeit des anderen akzeptiert, auch wenn dieser in zerlumpter Kleidung und mit leeren Taschen daherkommt oder einem zum x-ten Mal irgendwelchen Touristenkitsch oder *ganja* (Marihuana) andrehen will, hat schon halb gewonnen. Die zweite Lebensphilosophie der Jamaikaner ist das »soon come«, ein unübersetzbarer Zeitbegriff, der zwischen sofort, später und irgendwann einmal anzusiedeln ist. Er entspricht am ehesten dem spanischen *mañana* oder dem mexikanischen *ahorita* und bringt europäische Perfektionisten regelmäßig auf die Palme. Doch nach einigen Wochen sieht man die karibische Lethargie, die zu gegebenem Anlaß blitzartig in geniale Geschäftstüchtigkeit umschlagen kann, auch mit positiven Augen: beste Voraussetzungen, um den höchsten Grad der Perfektion zu erlangen, nämlich immer »cool« zu bleiben, immer vorauszuschauen und sich nicht um das zu kümmern, was um einen herum alles schiefläuft. Dann stellen sich die guten »vibes« und das »irie-feeling« ganz von alleine ein. Cool runnings, mon!

## GESCHICHTE

Die Taino-Indianer auf Hispaniola hatten Kolumbus von einem Goldland im Süden erzählt, das Xamayca heiße. Übersetzungsfehler haben manchmal große Wirkungen, denn als der Admiral am 5. Mai 1494 die Insel ansteuerte, machten ihm die dort seit etwa 500 Jahren lebenden Arawak sehr rasch klar, daß Xamayca eigentlich »Land der Wälder und Wasser« heiße. Zwar rühmte Kolumbus die Insel, auf der das »Land den Himmel zu berühren schien«, doch wo kein Gold zu finden war, lohnte ein längerer Aufenthalt nicht. Neun Jahre später kehrte er während seiner vierten Reise zurück und blieb ein ganzes Jahr: nicht freiwillig allerdings, denn seine beiden wurmzerfressenen Schiffe waren für die Heimreise nicht mehr zu gebrauchen, und Ersatz aus Hispaniola ließ auf sich warten. Die Indianer erlitten auf Jamaika das gleiche Schicksal wie auf Hispaniola. Innerhalb von hundert Jahren hatten Zwangsarbeit und europäische Krankheiten auch die letzten Arawak ausgelöscht. Die erste Ansiedlung, Sevilla La Nueva, wurde 1509 im Norden an der St. Ann's Bay gegründet, doch 25 Jahre später verlegten die Spanier ihre Hauptstadt wegen des gesünderen Klimas an die Südküste nach Villa de la Vega (heute Spanish Town). Die Siedler hielten sich hauptsächlich mit Viehzucht über Wasser, stets von Piratenangriffen bedroht. Kuba war den Spaniern wichtiger, und so dämmerte Jamaika dahin, bis die Briten 1655 die Insel eroberten. Vor ihrem Abzug ließen die Spanier ihre Sklaven frei in der Hoffnung, sie würden den Briten das Leben schwermachen, was die *cimarrones* (engl. maroons) dann auch die nächsten zwei Jahrhunderte taten.

Port Royal wurde die Basis der Bukaniere, Korsaren und Piraten wie Charles Vane, Blackbeard, Calico Jack Rackham und die beiden Frauen Anne Bonney und Mary Read. Sie reparierten hier ihre Schiffe und verwandelten ihre Beute in bare Münze und Rum, meist in friedlicher Eintracht mit der britischen Navy, die in ihnen eine willkommene Unterstützung im Kampf gegen die Spanier sah. Der berüchtigtste aller englischen Piraten, Henry Morgan, brachte es sogar zum Gouverneur von Jamaika. Port Royal wurde das Sündenbabel der Karibik, bis ein Erdbeben mit nachfolgenden Flutwellen 1692 das Hafenviertel mit Spelunken und Bordellen ins Meer spülte. Mit dem massiven Anbau von Zuckerrohr stieg Jamaika zur reichsten britischen Kolonie in Westindien auf. Die prächtigen, Great Houses genannten Pflanzerresidenzen künden noch heute vom Reichtum, der auf dem Rücken unzähliger aus Afrika verschleppter Sklaven angehäuft wurde, die man oft mit unmenschlicher Grausamkeit behandelte. An blutigen Aufständen sollte es auch nicht fehlen. Da Teile des Landesinneren wie das Cockpit Country nur schwer zugänglich waren, konnten einige Sklaven fliehen und in den Hügeln Maroon-Gemeinden bilden. Nachts schlichen sie sich auf die Plantagen, zündeten sie an und stahlen Vieh. Gegen die Guerillataktik der Maroons erwies sich das britische Militär als weitgehend machtlos. 1739 überließ man ihnen Land gegen die Zusicherung, keine Plantagen mehr anzugreifen und entflohene Sklaven auszuhändigen. 1760 mußte man jedoch die Tacky's Rebellion niederschlagen; 1795 erhoben sich die Sklaven unter dem Eindruck der haitianischen Revolution erneut. Mit Bluthunden spürte man die Maroons auf und deportierte viele von ihnen nach Sierra Leone. Wenige Jahre vor Abschaffung der Sklaverei führte San »Daddy« Sharpe die Sklaven zu einer gewaltigen Rebellion. Auch sie wurde niedergeschlagen und Sharpe aufgeknüpft, doch beschleunigten die Aufstände die Entscheidung des Londoner Parlaments, die Sklaverei 1834 abzuschaffen. Nach einer vierjährigen »Lehrzeit« waren sie endgültig frei, aber kaum besser dran als vorher. Wer ein Stück Land bewirtschaften konnte, hatte Glück, doch viele hatten keine andere Wahl, als weiterhin auf den Plantagen zu schuften. Die elende Situation führte 1865 zur Revolte in der Morant Bay. Auch sie wurde blutig erstickt, die Anführer George William Gordon und Paul Bogle gehängt und viele weitere Aufrührer umgebracht und in Massengräbern verscharrt. Anfang des 20. Jh. stieg Marcus Garvey mit seiner »Back to Africa«-Bewegung zu einem gefeierten Schwarzenführer auf, der prägenden Einfluß auf das Bewußtsein schwarzer Bevölkerungsschichten in der ganzen Welt ausübte und die spätere Rastafarian-Bewegung maßgeblich beeinflußte. Die Rastafarians sahen sich als verlorener Stamm Zions. Ihr Gott Jah würde sie zurück ins Gelobte Land bringen. Als ihren Messias verehrten die Rastas Kaiser Haile Selassie von Äthiopien, den Löwen von Juda und Ras (»Prinz«) Tafari.

Aus den politischen Wirren der 30er und 40er Jahre führten die zwei Nationalhelden Alexander Bustamante, Führer der Jamaica Labour Party, und Norman Manley, von der People's National Party, Jamaika in die Unabhängigkeit. Am 6. August 1962 »entließ« sich Jamaika, einer Volksabstimmung von 1961 folgend, selbst in die Souveränität. Konflikte dieser beiden großen Parteien, die manchmal blutig ausgetragen wurden, bestimmten die folgenden Jahrzehnte. Michael Manley, Sohn des Parteigründers, wurde achtmal ins Amt des Premierministers ge-

*Jamaika, Historisches Gemälde an der Universitätsbibliothek Kingston* ▷

*Jamaika, Kingston, Devon House*

wählt. Seine Verstaatlichungspolitik und sein Flirt mit Fidel Castro brachten nicht die erhofften Resultate und führten zu Problemen mit den USA. Sein Gegner, Edward Seaga, löste ihn für neun Jahre ab, und als Manley 1989 ins Amt zurückkehrte, hatte er sich zu einem Befürworter des freien Marktes gewandelt. Augenblicklicher Premierminister ist P. J. Patterson, der Manleys Politik fortzuführen versprach.

| **Kingston** |
| --- |
| Einw.: ca. 1 Mio. |

Der schlechte Ruf von Kingston, das seit 1872 die Hauptstadt Jamaikas ist, hat schon fast wieder etwas Anziehendes. Es gilt nicht nur als gefährlichste Stadt der Karibik, auch in architektonischer Hinsicht bietet Kingston vergleichsweise wenig. Wer aber unverfälschtes jamaikanisches Leben kennenlernen will, sollte auf einen Besuch keinesfalls verzichten. Auf dem *Coronation Market*, wo jamaikanische Händler ihre *ben dung* genannte Ware (patois für bend down) auf dem Boden ausbreiten, herrscht ebenso das unorganisierte Chaos wie auf der *Parade*, dem Herzen der Stadt, wo die Busfahrer potentielle Kunden fast gegen deren Willen in ihre Gefährte nötigen. Die modernen Viertel von Uptown gelten als recht sicher, doch tagsüber darf man sich ruhig – mit viel Witz und wenig Geld – in das Menschengewühl der Downtown stürzen. Die unzähligen Higglers und Hustlers können allerdings zur echten Plage werden. Wichtig ist also die richtige Einstellung (cool mon!). Die Elendsviertel (*shantytowns*) wie das in Bob Marleys *No Woman No Cry* verewigte Trench Town sind ohne einheimische Begleiter jedoch absolut tabu.

**Kingston Parish Church** (Victoria Park): Der Vorgängerbau der heutigen Kirche wurde bereits 1695 errichtet, wovon noch ein mit 1699 datierter Grabstein auf dem

*Jamaika, Kingston, Ward Theatre*

Friedhof zeugt. 1907 fiel er einem Erdbeben zum Opfer. Vier Jahre später baute man das Gotteshaus nach alten Plänen wieder auf. Es besitzt einen Hochaltar, dessen Standbilder der Madonna und des heiligen Thomas von der chinesischen bzw. der syrischen Gemeinde Kingstons gestiftet wurden. Die Buntglasfenster zeigen Szenen der Auferstehung Christi, des Pfingstwunders und in der Nordkapelle mystische Freimaurersymbole. Die Pietà malte Susan Alexander*. Ein Grabmal wurde zu Ehren von Admiral John Benbow erstellt, der als Held in Port Royal fiel. Der viereckige Uhrturm wurde zum Gedenken an die Gefallenen des Ersten Weltkrieges errichtet. Die Glocke ist allerdings wesentlich älter und wurde schon 1715 gegossen.

**St. Andrew Scots Kirk** (Duke Street): Anfang des 19. Jh. spielten die Schotten eine wichtige Rolle im Geschäftsleben Jamaikas. 1814 errichteten sie die erste presbyterianische Kirche auf Jamaika, die dem Erdbeben von 1907 zum Opfer fiel und in etwas kleineren Dimensionen wiederaufgebaut wurde.

**Synagogue** (Duke Street): Im Garten der einzigen Synagoge Jamaikas sind eine Reihe sehr alter jüdischer Grabsteine zu sehen, die man von dem alten, längst aufgelassenen jüdischen Friedhof hierherbrachte.

**Devon House** (Trafalgar/Hope Road): Das ländliche Herrenhaus zählt zu einem der schönsten Jamaikas. 1881 ließ es George Stiebel im Stil der Great Houses der amerikanischen Südstaaten errichten. Stiebel soll der erste Schwarze gewesen sein, der in der Karibik Millionär wurde; angeblich machte er sein Glück als Goldsucher in Lateinamerika. In dem renovierten Gebäude sind alte Möbel zu sehen, im ehemaligen Kutschenhaus warten ein Restaurant und eine Bar auf Gäste und in den früheren Nebengebäuden mehrere Läden von Kunsthandwerkstätten auf Kundschaft.

**Gordon House** (Duke Street): Seit 1960 tagt in diesem modernen Gebäude das Parlament von Jamaika. Man kann seinen Sitzungen beiwohnen, allerdings nur in sehr korrekter

HOPE
GARDENS

Kleidung. Benannt ist das Haus nach dem jamaikan. Freiheitskämpfer William Gordon, der 1865 an der Rebellion in der Morant Bay teilnahm und hingerichtet wurde.

**Headquarters House** (Duke Street): Das Haus, in dem heute der National Trust untergebracht ist, gilt als eines der wichtigsten und schönsten Wohnhäuser Jamaikas. Errichtet wurde es in der zweiten Hälfte des 18. Jh. Der Bauherr, ein reicher Kaufmann und Plantagenbesitzer namens Thomas Hibbert, ließ es angeblich so prächtig gestalten, um zwei andere Kaufleute auszustechen, die mit ihm gewettet hatten, wer von ihnen das schönere Haus bauen könne. Vergleiche sind leider nicht mehr möglich, da die Bauten der Konkurrenten 1907 durch ein Erdbeben zerstört wurden und abbrannten. Das einstöckige Haus im englischen Landhausstil besitzt einen hölzernen Treppenaufgang. Sein Giebeldach war für Kingston damals ungewöhnlich. Von seinem Ausguck, »Crows Nest« genannt, spähte Hibbert aufs Meer hinaus, um einlaufende Schiffe rechtzeitig zu entdecken. Ab 1870 diente das Haus als Regierungssitz, bis die Regierung 1960 in das gegenüberliegende moderne Gordon House umzog.

**King's House**: Der Vorgängerbau fiel dem Erdbeben von 1907 zum Opfer. Nach Plänen von Sir Charles Nicholson baute man die offizielle Residenz des Generalgouverneurs wieder auf.

**Vale Royal** (Lady Musgrave Road): Die heutige Residenz des Premierministers ist ein schönes Herrenhaus, das 1694 der reiche Kaufmann Simon Taylor aus Kingston errichtete. Von seinem kleinen Aussichtsturm konnte er rechtzeitig sehen, wann wieder ein mit reichen Schätzen beladenes Piratenschiff Port Royal ansteuerte. Dazu wurde sogar ein Fernglas eingebaut.

**Ward Theatre** (Victoria Park): Das Theater wurde von Statthalter Ward gestiftet. Besonders sehenswert sind die von Weihnachten bis Ostern stattfindenden Vorstellungen der National Pantomime, bei denen es alles andere als ruhig zugeht. Später im Jahr treten Wanderbühnen und örtliche Komödiantengruppen auf.

**Hope Botanical Gardens:** Den größten Botanischen Garten Westindiens ließ vor etwa hundert Jahren Gouverneur Sir John Peter Grant auf einem Gelände anlegen, das 1671 Major Richard Hope gekauft hatte. Hier ist die ganze tropische Pflanzenwelt Westindiens versammelt. Bewässert wird der Garten durch ein Aquädukt von 1758. Hurrikan Gilbert richtete 1988 Verwüstungen an.

**National Heroes Park**: In dieser Parkanlage befand sich früher einmal die bekannteste Pferderennbahn der Karibik. Heute sind hier einige Ministerien untergebracht. Benannt ist der Park nach den Statuen der größten Helden Jamaikas, die hier aufgestellt sind. Dazu gehören die 1865 nach der Rebellion in der Morant Bay hingerichteten Märtyrer der Freiheit Paul Bogle, ein Prediger, und George William Gordon, außerdem Marcus Garvey, der mit seiner Universal Negro Improvement Association Anfang des 20. Jh. großen Einfluß auf die schwarze Bevölkerung ausübte, sowie die Unabhängigkeitskämpfer Alexander Bustamante und Norman Manley. Seit einiger Zeit ist auch Nanny, die legendäre Anführerin der Maroons vertreten. Geschätztester Ausländer ist der südamerikanische Freiheitsheld Simón Bolívar, der auf Jamaika lange Zeit im Exil lebte.

**Bob Marley Museum** (56 Hope Road): Für Reggae-Fans ist Bob Marleys ehemaliges Musikstudio Tuff Gong, das die typischen Farben Rot, Gelb und Grün zeigt, geradezu ein Wallfahrtsort. 1986 wurde es in ein Museum für den größten Reggaestar Jamaikas umgewandelt. Am Eingang steht eine lebensgroße farbige Statue Marleys mit Gitarre. Auf einer Führung werden die Kindheit und Familie Marleys vorgestellt: Bilder, Zeitungsausschnitte, Andenken, sein Order of Merit. Die Einschußlöcher an der Wand erinnern an ein gescheitertes Attentat auf Marley. Natürlich wächst hier überall Ganja (Marihuana), und der süßliche Geruch der *spliffs* steigt in die Nase. Kameras sind innerhalb des Gebäudes absolut tabu. Natürlich ist das Museum ein Sammelplatz vieler von Ganja benebelter Rastas und Pseudo-Rastas, die hier herumhängen, Vorträge über die Rasta-Philosophie halten oder die übli-

◁ *Jamaika, Kingston,*
*Hope Botanical Gardens*

## Reggae

Wer an Jamaika denkt, dem fällt sofort Reggae ein, der seinen Siegeszug längst auch in Europa angetreten hat. Mit dem berühmten Urlaubsfeeling, das die Musik vermittelt, hatte Reggae aber ursprünglich nichts zu tun. Reggae enstand – in der Nachfolge von Mento, Ska und Rocksteady – Ende der 60er Jahre in den *shanty towns* von Kingston, wo das Leben von Arbeitslosigkeit und Kriminalität geprägt war und immer noch ist. Seinen internationalen Durchbruch erlebte er in *The Harder They Come*, einem Film, den der Jamaikaner Perry Henzell 1972 produzierte. Vor einem Hintergrund aus Korruption, Gewalt und Hoffnungslosigkeit spielte Jimmy Cliff darin einen gefeierten Reggae-Star aus dem Getto Trench Town, der die Philosophie des »You can get it if you really want it« vertritt, jedoch auf der falschen Seite des Gesetzes steht und schließlich im Kugelhagel der Polizei endet. Wenn Cliff daraufhin auch eine steile Karriere beschieden war, so wurde doch ein anderer zum Messias des Reggae: Bob Marley, der mit seiner Gruppe The Wailers mit dem Album *Catch a Fire* den Durchbruch schaffte. Marley verband in seinen Liedern die soziale Anklage mit den von tiefer Humanität geprägten Glaubensvorstellungen der Rastafarians, forderte in *Get up stand up* die Rechte der Schwarzen ein, besang in *Exodus* den Auszug der »Jah People« und schrieb mit dem nostalgischen *No Woman No Cry* den vielleicht bewegendsten Reggae-Song überhaupt. Manche seiner Lieder machten andere zu großen Hits, wie zum Beispiel Eric Clapton, der Marleys *I shot the Sheriff* übernahm. Marleys Charisma schaffte es sogar, die zwei rivalisierenden politischen Führer Jamaikas zu versöhnen, wenigstens für kurze Zeit. 1981 starb Marley mit 36 Jahren auf dem Höhepunkt seiner Popularität. Sein unverwechselbares Konterfei mit der dichten Dreadlock-Mähne ziert heute unzählige T-Shirts, und am 6. Februar 1995 feierte man enthusiastisch seinen 50. Geburtstag. Auch Peter Tosh, der mit *Johnny Be Goode* einen Welterfolg landete, vertrat die klassische *Roots*-Version des Reggae, die auf Jamaika in den letzten Jahren von den auf die Dauer monoton klingenden, hämmernden Sprechgesängen des Dance Hall (auch *raggamuffin* genannt) ein wenig in den Hintergrund gedrängt wurde. Damit wurden u. a. Shabba Ranks, Buju Banton und Lady Patra erfolgreich. In den Texten dreht es sich hauptsächlich um unverblümt erotische Inhalte (*slack lyrics*). Eine große Rolle spielen dabei die Diskjockeys (Dee-jays), die zur Musik der neuesten Hits mit rasender Schnelligkeit eigene Texte aus dem Ärmel schütteln (man nennt das Toasten), während sie die Platten vorstellen. Man muß schon Patois können, um etwas davon zu haben. Unzählige Gruppen auf Jamaika warten vor den Studios hoffnungsvoll auf ihren internationalen Durchbruch. Musik ist der einzige echte Exportschlager des Landes, sagen die Jamaikaner. Auch der traditionelle *Roots*-Reggae wird weiter gepflegt, zum Beispiel von Dennis Brown, Third World, Ziggy Marley (einem Sohn Bob Marleys) und natürlich von den Wailers selbst, die nach wie vor erfolgreich sind. Die Rasta-Ideologie hat allerdings sehr an Überzeugungskraft verloren. Eine Veteranin des Reggae, Dawn Penn, die schon für viele berühmte Musiker Lieder geschrieben hat, landete 1994 mit *You don't love me anymore* einen klassischen *Roots*-Hit mit dem typischen *riddim* (Rhythmus), der international das Markenzeichen des Reggae geblieben ist. Auch die klassischen, nachdenklichen Sprechgesänge, genannt *dub poetry*, sind immer noch beliebt. Bekannte Vertreter dieser Musikart sind Mutabaruka oder Linton Kwesi Johnson. Die jamaikanische Musik beeinflußt mittlerweile auch die Musik in Europa. In London hat man aus Versatzstücken von Raggamuffin, Techno und Hip Hop den maschinengewehrartigen Jungle kreiert. Über Gruppen wie Ace of Base oder DJ Bobo, die ihre Songs lediglich mit etwas Reggae-Riddim unterlegen und damit internationale Millionenerfolge feiern, rümpft man in Jamaika aber nur die Nase. Es war halt schon immer so: Das große Geld machen wieder einmal die Weißen ...

*Jamaika, Kingston, Bob Marley Museum (r)*

BOB MARLEY
MUSEUM
BOB MARL
MUSEUM
GUIDED TO
OPENING HOURS MON
FRI 9:30AM — 5:00
PUBLIC HOLIDAYS
12:30PM — 6:00
TOUR LAST 1H
VIEWING.LIBRARY
BOB LIVE ON VID
ADULTS
CHILDREN 4-12 YEARS
GROUP OF 15 PERSONS OR
NO FILMING OR TA
PLEASE LEAVE EQU
AT THE GATE

*Jamaika, Kingston, Statue von Bob Marley am Sportstadion*

chen Devotionalien wie T-Shirts mit dem Konterfei Marleys, rot-gelb-grüne Mützen und Poster verkaufen. Und alle haben sie Marley gekannt. Yeh-mon!

**Institute of Jamaica** (East Street): Die 1879 gegründete Einrichtung fördert Literatur, Kunst und Wissenschaft. Besonders interessant ist die West India Reference Library. Sie besitzt die größte Sammlung von Manuskripten, Zeitungsberichten und Büchern über westindische Themen. Eine Kuriosität sind die »Shark Papers«. Dabei handelt es sich um das Logbuch eines amerikanischen Blockadebrechers, das der Kapitän über Bord warf, als er von einem britischen Schiff aufgebracht wurde. Doch es half ihm nichts. Einige Tage später entdeckte man das verräterische Buch im Bauch eines Hais und konnte dem Kapitän den Prozeß machen.

**National Gallery** (Roy West Building): Das bedeutendste Kunstmuseum Jamaikas war vorher im Devon House untergebracht und residiert jetzt in einem großen, hellen Neubau. Es präsentiert moderne, überwiegend jamaikanische Malerei und Skulptur von 1922 bis heute. Glanzstücke moderner jamaikanischer Bildhauerei sind die von afrikanischen Schnitzereien beeinflußten Arbeiten von Edna Manley* (1900–89), die mit dem Nationalhelden Norman Manley verheiratet und die Mutter des langjährigen Premierministers Michael Manley war. Ihre Holzplastik »Negro Aroused« ist Mittelpunkt der Ausstellung. Sehr sehenswert sind auch die Holzfiguren des intuitiven Bildhauers und Malers Kapo* (alias Mallica Reynolds, 1911–89). Auch von Jamaikas vermutlich größtem intuitiven Maler, John Dunkley*, sind Bilder vertreten.

## Umgebung

**Morant Bay** (21 km ö): Der an der gleichnamigen Bucht gelegene Ort nimmt einen traurigen Platz in der jamaikanischen Geschichte ein. 1838 waren zwar alle Sklaven nach vierjähriger »Lehrzeit« endgültig freigekommen, doch blieb ihnen keine Alternative, als weiter auf den Plantagen zu schuften. 1865 kam es nach der unrechtmäßigen Verhaftung eines Schwarzen zum Aufstand, der in Morant Bay vor dem Court House blutig niedergeschlagen wurden. Über hundert Menschen wurden hingerichtet, darunter die Anführer der Schwarzen Paul Bogle und George William Gordon. Vor dem originalgetreu wiedererrichteten Court House steht ein Denkmal für Bogle, das die renommierte Künstlerin Edna Manley* schuf. Es zeigt einen kämpferischen Helden mit Machete. Unter dem alten Fort aus dem 18. Jh., in dem noch Kanonen zu sehen sind, entdeckte man 1965 ein Massengrab der Getöteten. Die *Parish Church* wurde 1881 errichtet.

**Port Royal:** Mit der Fähre von der Ocean Front im Hafen von Kingston oder über die am Norman Manley International Airport vorbeiführende Straße (Anfahrt 15 km) kommt man in das einst berüchtigte, an der Spitze der zehn Kilometer langen Landzunge Palisadoes gelegene Port Royal. Hier versammelten sich nicht nur die Piraten der gesamten Karibik, hier befand sich auch das Hauptquartier der Royal Navy. Wem das als

*Jamaika, Port Royal (Kingston), Torbogen*

*Jamaika, Port Royal (Kingston), Fort Charles*

*Jamaika, Port Royal (Kingston), St. Peter's Church*

Widerspruch in sich erscheint, der muß bedenken, daß man damals nach der Devise »der Feind meines Feindes ist mein Freund« verfuhr. Denn ob die Piraten nun offizielle Kaperbriefe der britischen Krone hatten oder einfach nur gemeine Seeräuber waren: der Navy kam ihr unbändiger Haß auf die Spanier sehr zustatten. Nachdem die Piraten von ihrer Basis Tortuga vertrieben worden waren, schleppten sie ihre in der Karibik zusammengeraubten Schätze – Juwelen, Rumfässer, kostbare Seidenstoffe und Gold – in das 1655 von den Briten befestigte Port Royal, dessen Kaufleute glänzende Geschäfte machten. Bald erlangte Port Royal den Ruf als »verkommenste und rechtloseste Stadt der Welt«, in der auf zehn Einwohner eine Spelunke kam. Dort ließen sich die Piraten so lange mit Rum vollaufen und amüsierten sich mit den zahllosen Freudenmädchen, bis das Geld ausging und sie zu neuen Plünderungszügen hinaus aufs Meer fuhren. Moralisten wetterten über dieses »Sodom und Gomorrha«, das der gerechte Zorn Gottes treffen würde. Am 7. Juni 1692 war es soweit. Ein verheerendes Erdbeben erschütterte die Stadt. Die nachfolgenden Flutwellen rissen Hafen und Geschäftsviertel ins Meer hinunter und schleuderten Schiffe auf die Überreste der Stadt. 300 Menschen starben, von den 3000 Häusern der Stadt blieben ganze 200 übrig. Als das Schlimmste vorbei war, so heißt es, hätten einige Bewohner seelenruhig weitergetrunken. Die britische Marine baute Port Royal als Militärbasis wieder auf. Doch schon 1703 wurde sie durch einen Großbrand verwüstet und 1721 durch einen Hurrikan völlig zerstört. Jetzt hatten die Einwohner die Nase voll, zogen nach Kingston und überließen der Marine und den Fischern das Feld.

Ausgangspunkt der Besichtigung ist das 1656–62, also kurz nach der britischen Eroberung Jamaikas, erbaute *Fort Charles*. Nach dem Erdbeben wurde es vergrößert. Zwei Bastionen boten Schutz vor Angriffen; in den Schießscharten der Steinfestung drohen noch die meisten der einst 104 Kanonen aufs Meer hinaus. Die Kommandostelle Nelson's Quarterdeck erinnert daran, daß der

*Jamaika, Port Royal (Kingston), Giddy House*

spätere Held von Trafalgar 1779–80 das Fort kommandierte, als ein Angriff der französischen Flotte bevorstand. Im Fort ist das *Maritime Museum* untergebracht, das Modellschiffe und Kanus der Arawak zeigt. Sehenswert ist auch das im ehemaligen Naval Hospital von 1819 untergebrachte *Museum of Historical Archaeology*, das Schmuck, Waffen und Gebrauchsgegenstände, die teilweise von Tauchern aus dem Meer geholt wurden, sowie Stiche und Illustrationen zeigt. *St. Peter's Church* wurde 1725 erbaut. Ihr schlichter Innenraum besitzt eine hölzerne Empore, deren Verzierungen angeblich von Sklaven geschnitzt wurden. Eine kuriose Geschichte erzählt das Epitaph von *Galdy's Tomb*. Lewis Galdy wurde während des Erdbebens von einem Erdspalt verschluckt, ein Nachbeben spie den Todgeweihten jedoch wieder hinaus ins Meer, und Galdy, der seine Geschichte später vermutlich tausendmal erzählen mußte, beschloß sein Leben als alter Mann. Der rührendste Bau ist *Giddy House*, das »Schwindlige Haus«. Den ehemaligen Royal Artillery Store (Waffenlager) legte 1907 das Erdbeben so schief auf die Seite, daß einem schon beim Anblick schwindlig wird. Bevor man sich wieder nach Kingston einschifft, kann man den 15 m hohen *National Trust Tower* unweit der Anlegestelle besteigen, der eine großartige Aussicht über die Bucht nach Kingston bietet.

## Mandeville

Einw.: 50 000

Die in 700 m Höhe gelegene Stadt war einst ein willkommener kühler Zufluchtsort der Engländer, die im Sommer aus dem schwülheißen Kingston flohen. Seit den 50er Jahren ist Mandeville Zentrum des weltweit größten Abbaugebiets für Bauxit, das zur Aluminiumherstellung benötigt wird. Unter den Kolonialbauten sind das *Court House* und die *St. Mark's Parish* Church zu nennen, die beide 1820 im georgianischen Stil errichtet wurden. Etwas außerhalb befindet sich das Ende des 18. Jh. weitgehend aus Holz errichtete hübsche Herrenhaus *Marshall's Pen*, das mit schönen Möbeln der Zeit eingerichtet ist. Die Gärten liegen auf einer ehemaligen Kaffeeplantage.

## Umgebung

**Black River** (39 km w): Die kleine Hafenstadt gehört zu den ältesten Städten Jamaikas. Von ihrer großen Zeit, als sie Ausfuhrhafen für Naturfarbstoffe war, die man aus Hölzern gewann, zeugen noch viele georgianische Holz- und Steinhäuser im Gingerbread-Stil. In Black River brannte 1893 das erste elektrische Licht der Insel, und 1903 fuhr hier das erste nach Jamaika importierte Auto. Von 1837 datiert die *Parish Church of St. John the Evangelist*. – 20 km nordwestlich befindet sich in malerischer Lage die im 19. Jh. gegründete *Appleton Sugar Factory Distillery*, wo der beste Rum Jamaikas hergestellt wird. – 8 km nördlich fährt man auf der nach Mandeville führenden Straße (zwischen New Holland und Lacovia) auf der *Bamboo Avenue*, einem 5 km langen Tunnel von raschelnden Bambusbäumen.

*Jamaika, Port Royal (Kingston), Galdy's Tomb*

## Montego Bay

Einw.: 60 000

Jeder Jamaika-Tourist kennt Montego Bay, das die Einheimischen kurz Mo Bay nennen, denn auf dem Donald Sangster Airport landen die Chartermaschinen aus Übersee. Schon um die Jahrhundertwende setzte am besten Strand von Mo Bay, Doctor's Cave, der Tourismus ein, und heute läuft in den Hotelpalästen die Urlaubsindustrie auf Hochtouren. Unübersehbar sind jedoch auch die Slumviertel an den Hängen des North Gully, in deren Wellblechhütten wahrscheinlich der Straßenhändler hausen muß, über dessen Aufdringlichkeit auf dem Crafts Market man sich gerade noch geärgert hat. Wahrscheinlich ist Montego Bay der Ort, in dem das »echte« Jamaika durch den Tourismus am meisten in Mitleidenschaft gezogen wurde. Viele Individualtouristen sind daher in die einstige Hippie-Kolonie Negril weitergezogen, der allerdings allmählich das gleiche Schicksal droht.

In der Bucht ankerte 1494 schon Kolumbus. Wegen der hier herrschenden günstigen Winde nannte er sie »Golfo de Buen Tiempo«. Später waren die Spanier prosaischer. Montego leitet sich vom spanischen *manteca* ab, das Butter oder Speck bedeutet. Im Hafen verluden die Spanier nämlich tierische Fette. Nur zögerlich siedelten sich Ende des 17. Jahrhundert die ersten englischen Kolonisten an, die ständig Überfälle von Piraten und den Maroons zu fürchten hatten, die im umwegsamen Cockpit Country lebten. Im Winter 1831/32 kam es zu einem Sklavenaufstand unter »Daddy« Sam Sharpe. Der hatte eigentlich nur einen Sitzstreik inszeniert, doch lief die Sache aus dem Ruder, und zahlreiche Plantagen gingen in Flammen auf. Erst nach Monaten konnten die Briten die Rebellion niederschlagen. Am 23. Mai 1832 wurde Sharpe auf dem Marktplatz gehängt. Außerdem brachte die britische Kolonialmacht fünfhundert seiner Anhänger um. Montego Bay ist für sein jährlich stattfindendes Reggae Sunsplash Festival bekannt, dessen Eintrittspreise sich aber die meisten Jamaikaner längst nicht mehr leisten können. Einige alte georgianische Häuser stehen noch an der George Street.

**St. James Parish Church:** Die hübsche Kirche wurde 1775–82 aus Kalkstein errichtet und 1957 nach einem Erdbeben restauriert. Im Inneren mit Mahagonieinrichtung ist eine Plastik der Rose Palmer zu sehen, die der Brite John Bacon* schuf, der auch für das Rodney Memorial verantwortlich zeichnete.

**Sam Sharpe Square:** Der Platz wurde nach dem Sklaven benannt, der die Rebellion von 1831–32 anführte. In das ehemalige Gefängnis The Cage (1806), in dem heute die Besucherinformation untergebracht ist, sperrte man früher alle Sklaven, die man nach der Ausgangssperre um drei Uhr nachmittags auf der Straße antraf (sie galten als *runaways*). Ab sechs Uhr abends kamen Betrunkene und Seeleute dazu, die sich nach dieser Uhrzeit ebenfalls nicht mehr auf der Straße blicken lassen durften.

**Slave Ring** (Ecke Union und East Street): Das in Ruinen liegende Amphitheater soll einst als Sklavenmarkt gedient haben; später fanden hier Hahnenkämpfe statt.

## Umgebung

**Falmouth** (21 km ö): Der 1790 gegründete Ort war einst ein bedeutender Zuckerhafen. Von dieser Zeit künden noch schöne georgianische Häuser mit steinernen Fundamenten und Holzaufsätzen, besonders in der Market Street. Ein georgianisches Juwel ist das 1815 errichtete *Court House*, dessen Inneneinrichtung restauriert wurde. Der 1799 von der Familie Barret erbaute Pfarrhof *Methodist Manse* in der Market Street besitzt schöne schmiedeeiserne Balkone.

**Good Hope Great House:** Das 1755 in der gleichnamigen, noch arbeitenden Plantage errichtete Herrenhaus ist neben Rose Hall ein Juwel der jamaikanischen Great Houses. Das Mobiliar ist noch originalgetreu erhalten.

**Greenwood Great House** (15 km ö): Das prächtige Herrenhaus errichteten 1780–1800 Vorfahren der berühmten Dichterin Elizabeth Barret Browning. Zu sehen sind erlesenes Mobiliar der Zeit und interessante Musikinstrumente.

**Lucea** (17 km w): Das Gerichtsgebäude aus dem 19. Jh. besitzt einen Uhrenturm mit korinthischen Säulen. Das Uhrwerk stammt aus Deutschland.

**Negril** (42 km w): Im 17. Jh. war Negril ein berüchtigter Schlupfwinkel der Piraten, die hier spanische Schiffe auf dem Weg zwischen Cádiz und Havanna abfingen. Heute hat sich der in den 70er Jahren bei Hippies sehr beliebte Strand zu einem beliebten Ferienziel gemausert. Negril gilt als karibische Hochburg für Touristinnen, die bei den hier scharenweise aufkreuzenden »Rent a Dreads« Urlaub von der Emanzipation machen.

**Rose Hall Great House** (9 km ö): Das prächtige Herrenhaus ist das berühmteste Jamaikas, nicht nur seiner Architektur wegen. 1770 ließ John Palmer, der damals Vertreter der Königin im Kirchenbezirk St. James war, diesen dreistöckigen Bau mit breiten Freitreppen und Terrassen errichten. Die Restaurierung finanzierte der amerikanische Millionär John Rollins. Heute fehlt das Haus auf keinem Touristenausflug. Das meiste der kostbaren Inneneinrichtung stammt zwar aus anderen Häusern, teilweise sogar aus dem Ausland, doch datieren manche Museumsstücke noch vom 17. Jh. Rose Hall ist von einer Legende umwittert, die alle Elemente eines Schauerromans vereint. Sie dreht sich um die »weiße Hexe« Annie, die bei einer haitianischen Priesterin Voodoo-Künste erlernt habe soll. Ihren ersten Ehemann, John Palmer, den sie als Achtzehnjährige heiratete, habe sie nach drei Jahren vergiftet, ihren zweiten Gatten erdolcht und den dritten schließlich erwürgt. Nicht genug damit – sie hielt sich auch zahlreiche Sklaven als Liebhaber, die sie mit Voodoo-Zauber an sich band, um sie kurzerhand umzubringen, wenn sie ihrer überdrüssig war. Schließlich hätten die Sklaven rebelliert und ihre Herrin im Schlaf umgebracht. Natürlich darf da der Geist der bösen Annie nicht fehlen, der angeblich durch die Räume spukt. Zahlreiche Schriftsteller hat die Legende zu Erzählungen inspiriert, und Russ Meyer hat gar einen äußerst zweifelhaften Film über Annie gedreht. Mit der Realität hat die Legende offenbar wenig zu tun. Nachdem die Biographie auf die echte Annie Palmer nicht paßt, die nur mit einem Mann verheiratet war und in allen Ehren 1846 starb, versucht man es jetzt mit Rosa Palmer von Rose Hall, die tatsächlich vier Männer hatte. Mit dem letzten lebte sie allerdings 23 Jahre zu-

*Jamaika, Port Antonio, Altes Haus*

sammen, und dieser bestattete sie auch auf dem Friedhof von Montego Bay, als sie im hohen Alter von 72 Jahren starb. – Nicht weit von Rose Hall liegt das im 19. Jh. errichtete *Cinnamon Hill Great House*, in dem einst die Familie Barret residierte. Der amerikanische Countrysänger Johnny Cash hat das Herrenhaus erworben und kommt regelmäßig zu Besuch. Am Wasserfall hinter dem Golfplatz wurden Szenen des James-Bond-Films *Live and Let Die* gedreht.

**Seaford Town** (22 km s): Die Ortschaft wurde 1835 von überwiegend aus dem Weserbergland stammenden norddeutschen Siedlern gegründet. Sie bauten hier Zucker, später auch Bananen an. Heute leben hier nur noch 200 ihrer Nachfahren, die meisten wanderten in den 60er Jahren nach Kanada aus. Abgesehen von ihren blonden Haaren unterscheiden sie sich in ihrer Lebensweise nicht von den übrigen Jamaikanern.

**Sign Great House** (5 km ö): Das inmitten einer großen Plantage gelegene schöne Herrenhaus aus dem 18. Jh. wurde in ein Ferienhotel umgewandelt.

## Ocho Rios

Einw.: 11 000

Ocho Rios selbst ist zwar ein eher steriles Urlaubszentrum mit perfekt entwickelter touristischer Infrastruktur, bietet aber reizvolle Ausflugsziele. Der Name ist vermutlich eine Verballhornung des spanischen Las Chorreras (Wasserfälle). Einst plünderte der Pirat John Davis von hier aus vorbeifahrende Schiffe, heute ankern hier die majestätischen Kreuzfahrtschiffe vor einer Kulisse weniger majestätischer Hotelburgen.

### Umgebung

**Discovery Bay** (21 km w): 1494 ging Kolumbus auf seiner zweiten Reise in dieser Bucht, die er wegen des Wassermangels Puerto Seco nannte, erstmals in Jamaika an

*Jamaika, Port Antonio, Altes Haus*

Land. Im Freilichtmuseum *Columbus Park* sind Ruinen einer alten Zuckerfabrik, eine Wassermühle und alte Kanonen zu besichtigen. – 8 km südlich liegt das Städtchen **Brown's Town**. Im nahe gelegenen Dorf Nine Miles kam 1945 Bob Marley zur Welt. Er liegt in einer auf einem Hügel versteckten kleinen Kapelle begraben, zu der am 6. Februar, seinem Geburtstag, die Anhänger pilgern und seine Musik spielen. Die bemalten Glasfenster zeigen den äthiopischen Löwen von Juda, der im Glauben der Rastafarians eine wichtige Rolle spielt. Überall entdeckt man Porträts des äthiopischen Kaisers Haile Selassie. Im Garten wachsen natürlich jede Menge Ganjapflanzen.

**Dunn River Falls** (3 km w): Die berühmten, aus einer Höhe von 190 m in flachen Kaskaden zu Tal sprudelnden Wasserfälle sind ein touristisches Muß für jeden Jamaika-Besucher. In Menschenketten geht es durch das Wasser hinauf, wobei man sich mit einem gelegentlichen Bad am Weg erfrischt.

**St. Ann's Bay** (7 km w): In der gleichnamigen Bucht saß Kolumbus ab dem 24. Juni 1503 auf seiner vierten Reise ein ganzes Jahr lang fest, weil seine vermoderten Schiffe »Capitania« und »Santiago« für die Rückfahrt nach Spanien nicht mehr zu gebrauchen waren. Taucher haben die Rümpfe auf dem Meeresboden entdeckt. Die eingeschüchterten Arawak, die einen früheren Aufenthalt noch in lebhafter Erinnerung hatten, lieferten ihm und seiner Mannschaft zunächst Verpflegung. Als sich das Gastspiel in die Länge zog, weil ein Schiff aus Santo Domingo den ungeliebten Entdecker am Strand zurückgelassen hatte, mußte Kolumbus die aufsässigen Arawak mit einer vorausgesagten Mondfinsternis bei der Stange halten. Schließlich wagten sich zwei seiner Gefährten mit einem Kanu auf den gefährlichen Weg nach Hispaniola, um den Admiral mit einem Schiff aus seiner mißlichen Lage zu befreien. Eine in Genua, seiner Heimatstadt, gegossene Statue erinnert an den großen Admiral. In St. Ann's Bay wurde 1887 der Schwarzenführer Marcus Garvey geboren, dem ein Denkmal vor der Stadtbibliothek gewidmet ist. Das *Court House* da-

*Jamaika, Port Antonio, Märchenschloß Trident Castle*

tiert von 1866. Beim Bau der katholischen *Kirche* (1939) verwendete man Material aus einer alten spanischen Kirche. – Etwa einen Kilometer westlich liegen die Ruinen der ersten spanischen Ansiedlung *Sevilla Nueva*, die 1509 oder 1510 Don Juan de Esquivel im Auftrag von Diego Colón, dem Sohn von Kolumbus, gründete. 25 Jahre lang war sie die Hauptstadt, bevor man wegen des gesünderen Klimas nach Spanish Town im Süden auswich. – In der Nähe liegt das *Seville Great House* von 1745 mit historischem Museum.

**Port Maria** (20 km ö): Der Ort besitzt ein *Court House* aus dem Jahr 1820, die *Kirche* ist ein Jahr jünger. An den Osteraufstand der Sklaven von 1760 erinnert das *Tacky Monument*. Bekannt ist der Ort jedoch in erster Linie für das *Firefly House*, in dem der 1973 verstorbene Schriftsteller Noël Coward lebte. Es besitzt die vermutlich beste Aussicht Jamaikas. Kein Wunder, daß Coward hier *A Room with a View* geschrieben hat. Es wurde in ein kleines Museum mit Andenken an den Autor umgewandelt. – Ein weiterer berühmter Autor, Ian Fleming, wohnte im 7 km östlich gelegenen *Oracabessa*, und zwar im *Goldeneye House*. Der Name seines Helden James Bond fiel ihm ein, als ihm ein ornithologisches Standardwerk über die Vögel Jamaikas in die Hände fiel, dessen Autor so hieß. Berühmte Schriftsteller wie Truman Capote und Graham Greene weilten hier als Gäste.

## Port Antonio

Einw.: 18 000

Seitdem die Kreuzfahrtschiffe in dem zu klein gewordenen Hafen nicht mehr vor Anker gehen können, ist Port Antonio wieder ein idyllischer Ort, nur darf man hier seinen Regenschirm nicht vergessen. Öfter als anderswo auf Jamaika prasseln hier tropische Regenschauer nieder. Die Briten mußten Anfang des 18. Jahrhunderts Siedler mit

*Jamaika, Port Antonio, Märchenschloß Trident Castle (l); Christ Church (r)*

kostenlosen Grundstücken, Sklaven und Steuerbefreiungen hierherlocken; die Angst vor Spaniern und Maroons war einfach zu groß. Mit dem Zuckeranbau hatte man wenig Erfolg, da es dazu nicht trocken genug war. Als die Amerikaner um 1870 darauf kamen, daß sich die bislang verächtlich als Viehfutter abgetane Banane auf der Schiffsüberfahrt zu einer wohlschmekkenden süßen Frucht entwickelte, schlug die Stunde Port Antonios, das zum weltweit größten Ausfuhrhafen für Bananen aufstieg. Port Antonio ist Harry Belafontes Tallyman Town: *tally* nannte man die Metallscheibe, die angab, wie viele Stiele die Staude zählte, die der Arbeiter abgeliefert hatte. Die gesammelten Scheiben konnte er am Schluß gegen Bargeld umtauschen. Als Touristenort wurde Port Antonio von ausländischen Gästen eines vorüberfahrenden Schiffes entdeckt, die sich von der bezaubernden Lage des Ortes zwischen zwei Häfen gefangennehmen ließen. Bald wurde Port Antonio zum Tummelplatz der reichen und berühmten Leute wieder Filmschauspieler Errol Flynn, der Schriftsteller Rudyard Kipling, der Zeitungsbaron William Randolph Hearst, der Jazzkönig Paul Whitman und der Milliardär J. P. Morgan. Flynn, der bekannterweise gerne in Piratenfilmen spielte, kaufte das vorgelagerte Navy Island und feierte dort rauschende Feste, an denen u. a. Bette Davis und Ginger Rogers teilnahmen. Im Ort sind noch viele alte Holzhäuser im Gingerbread-Stil zu sehen. Die neoromanische *Christ Church* datiert von 1840. *Fort George* wurde 1729 mit meterdicken Mauern errichtet und dient heute als Schule und Sportplatz.

**Folly Great House:** Erbauen ließ diese »Torheit« um die Jahrhundertwende der Millionär Alfred Mitchell. Er war der eigentliche Dumme, denn seine Bauleute hatten den Beton mit Salzwasser angemacht, das Mauern und Eisenträger angriff. Das Dach ist längst eingefallen, nur die zahlreichen Säulen stehen noch. – Nicht weit davon entfernt steht Trident Castle, das weiße Märchenschloß eines Jamaikaners, das dieser gelegentlich vermietet.

## Spanish Town

Einw.: 55 000

Die älteste Stadt Jamaikas wurde 1534 unter dem Namen Villa de la Vega (Stadt auf der Ebene) am Río Cobre (heute Copper River) von den Spaniern gegründet. Als die Engländer 1655 Jamaika einnahmen, ließen sie bei den vielen Kirchen, Klöstern und Abteien der Stadt keinen Stein auf dem anderen, so daß aus der spanischen Zeit keine Spuren mehr erhalten sind. Trotzdem lohnt der Besuch, denn rund um den Hauptplatz The Park (auch Park Square und Town Square genannt) erhebt sich das bedeutendste georgianische Gebäudeensemble der Karibik. Es wurde im 18. Jh. errichtet, zur Zeit des Zukkerbooms. Damals war Spanish Town die Hauptstadt Jamaikas und blieb es – mit Ausnahme eines Intermezzos in Kingston (1755–58) bis 1872.

**Cathedral Church of St. James**: Das einige Straßen südlich des Park Square gelegene Gotteshaus ist die älteste Kirche der englischsprachigen Karibik. Sie wurde 1712–14 auf den Fundamenten der ab 1523 von den Spaniern gegründeten und Mitte des 17. Jh. umgebauten *Iglesia Santiago de la Vega* in Ziegelbauweise über einem lateinischen Kreuz errichtet. Der Holzturm mit seinem ungewöhnlichen spitzen Helm, der an amerikanische Vorbilder erinnert, wurde 1831 angefügt. Die vielen, bis auf das 17. Jh. zurückgehenden Grabdenkmäler und Erinnerungstafeln erinnern an berühmte Persönlichkeiten Jamaikas. Seit 1843 ist die Kirche offizieller Sitz des jamaikanischen Zweiges der Church of England.

**Court House:** An der Südseite des Park Square steht das 1818 errichtete Court House, in dem noch heute das Kreisgericht tagt. Im oberen Stock ist die *Town Hall* (Rathaus) untergebracht.

**House of Assembly:** An der Ostseite des Platzes befindet sich der ehemalige Rathaussaal, heute Parish Council Office. Das 1762 errichtete Gebäude zeigt rundbogige Arkaden, darüber eine Säulengalerie und Dreiecksgiebel.

*Nachfolgende Doppelseite:* ▷

*Spanish Town Rodney Memorial (l); Rodney Memorial, Standbild (r)*

◁ *Jamaika, Spanish Town, Cathedral*

*Jamaika, Spanish Town, Court House*

GEORG BRYDG RODNEY
BARON. RODNEY
PRID. ID. APRILIS
BRITANN. PACEM REST

**King's House:** Die ehemalige Residenz des Gouverneurs von Jamaika begrenzt die Westseite des Park Square. Es wurde 1762 errichtet, brannte allerdings 1925 nieder. Erhalten blieb die langgestreckte Ziegelfassade, die ein schlichter Säulenportikus etwas auflockert. In den ehemaligen Stallungen ist heute ein archäologisches Museum untergebracht.

**Rodney Memorial:** An der Nordseite des Park Square erhebt sich ein überkuppelter, an den Stirnseiten mit reliefierten Siegesszenen verzierter Pavillon, den Kolonnaden mit den beiden seitlichen Querflügeln verbinden. Der renommierte englische Architekt John Bacon* errichtete 1819 aus italienischem Marmor das Monument, das an europäische Rokoko-Formen erinnert, zu Ehren von Admiral George Rodney, der 1782 die von Admiral de Grasse befehligte französische Invasionsflotte kurz nach ihrem Auslaufen zwischen Guadeloupe und Dominica abfing und in der Schlacht von Saintes vernichtete. Das Standbild Rodneys zeigt den Helden im Gewand eines römischen Kaisers; auf der vorgelagerten Plattform stehen einige sehr gut erhaltene Kanonen. In den Kolonnaden ist heute das Archives Office untergebracht, das eine große Sammlung historischer Dokumente aus der Kolonialzeit präsentiert.

## Umgebung

**White Marl Arawak Museum** (5 km ö): An der Straße nach Kingston liegt dieses bedeutende Museum, dessen Bau einer Arawak-Hütte nachempfunden ist. Es präsentiert wichtige Funde aus präkolumbischer Zeit. Die Höhlen in der Umgebung waren einst von Arawak bewohnt, die sich beispielsweise in der Mountain River Cave mit Höhlenmalereien verewigten. Die Petroglyphen, die Jäger, Schildkröten und Vögel zeigen, wurden an der Unterseite dünner Kalkflächen angebracht und waren daher nicht der Erosion durch Wind und Wasser ausgesetzt.

**Old Harbour** (11 km w): Im Ort selbst ist ein graziler blauer Uhrturm aus viktorianischer Zeit sehenswert. – Einige Kilometer nordwestlich befinden sich die Ruinen des burgartigen *Colbeck Castle*, das einmal das größte Bauwerk Jamaikas war. Es steht heute in einer großen Tabakplantage. Errichtet hat es der englische Siedler John Colbeck, der sich damit gegen die Überfälle der Maroons und vor einem etwaigen Angriff der Franzosen schützen wollte. Unter den vier Ecktürmen waren früher die Sklavenquartiere eingerichtet.

*Jamaika, Spanish Town, House of Assembly*

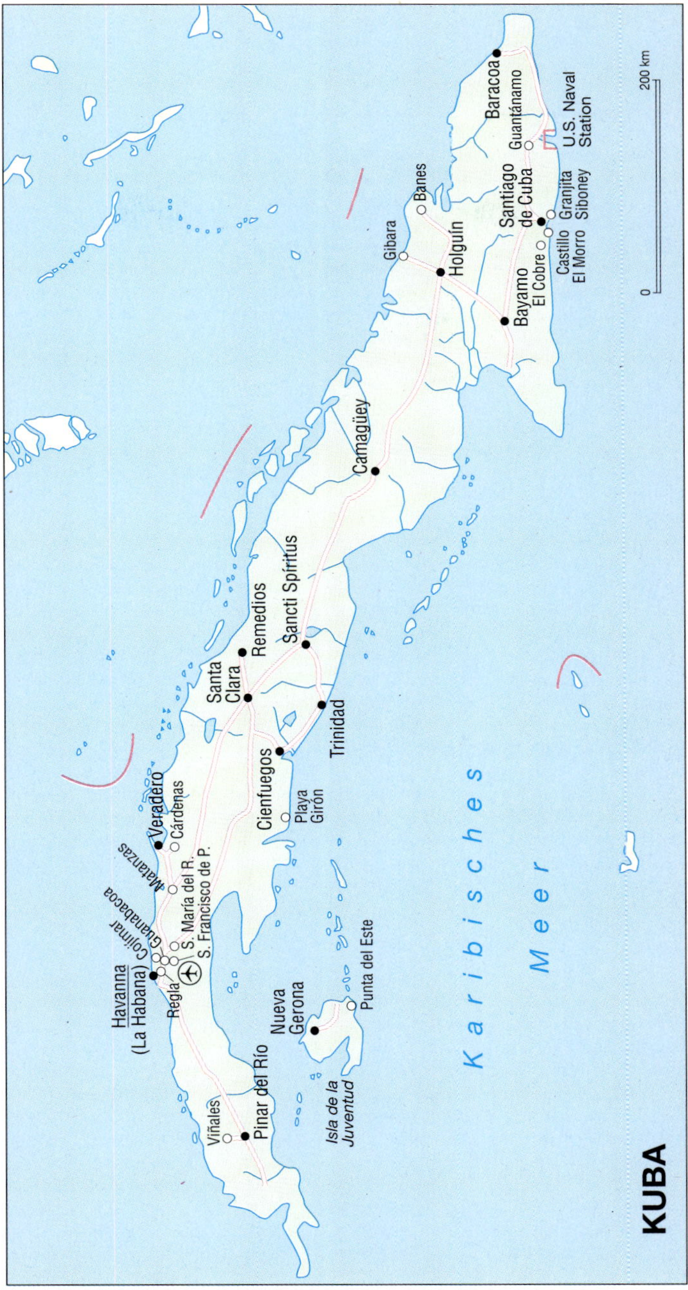
KUBA
Havanna
(La Habana)
Regla
Cojímar
Guanabacoa
Matanzas
Varadero
Cárdenas
S. María del R.
S. Francisco de P.
Viñales
Pinar del Río
Nueva
Gerona
Punta del Este
Isla de la
Juventud
Cienfuegos
Playa
Girón
Trinidad
Santa
Clara
Remedios
Sancti Spíritus
Camagüey
Gibara
Holguín
Banes
Bayamo
El Cobre
Santiago
de Cuba
Castillo
El Morro
Granjita
Siboney
Guantánamo
U.S. Naval
Station
Baracoa
Karibisches
Meer
0
200 km

# Kuba

Es fiele sicherlich schwer, ein Land als Paradies zu beschreiben, in dem 1994 Tausende von Menschen ihr Leben aufs Spiel setzten, um mit selbstgebastelten Flößen den gefahrvollen Weg nach Miami anzutreten, um dann zumeist hinter dem Stacheldraht des Lagers Guantánamo ihre Träume zu begraben. Die Bilder gingen um die Welt und verstellten dabei den Blick auf ein Land, das sich zwar wirtschaftlich in der schlimmsten Krise seiner Existenz befindet und mit absurden Parolen wie »Sozialismus oder Tod« ins nächste Jahrtausend gehen will, in kultureller Hinsicht jedoch das reichste der Karibik ist. Touristen, die sich zwei Wochen Urlaub in einem Luxushotel in Varadero gönnen, werden allerdings ein völlig anderes Kuba sehen als das in diesem Kapitel vorgestellte. Denn die Strände mögen zwar augenblicklich Kubas größtes Kapital sein, doch wer nicht durch die verfallenden, aber voller Leben pulsierenden Altstadtstraßen Havannas geschlendert ist, auf dem fast mythischen Malecón flaniert, das Kopfsteinpflaster des kolonialen Juwels Trinidads getreten und in den Musikkneipen Santiago de Cubas zu Salsa und Conga gewippt hat, der hat von Kuba wenig gesehen. Das individuelle Reisen mag seine Schwierigkeiten haben, doch die sagenhafte Gastfreundschaft der Kubaner wird jeden Ausländer begleiten. Hoffentlich auch dann noch, wenn Kuba einmal in den Schoß des Kapitalismus zurückgekehrt ist ...

## GESCHICHTE

Christoph Kolumbus, der am 28. Oktober, von den Bahamas kommend, die Nordostküste Kubas erblickte, sprach vom »herrlichsten Land, das Augen je sahen«. Um die Ehre, der erste Ankerplatz des Admirals gewesen zu sein, der hier Indien suchte und nicht fand, streiten sich Baracoa, Nuevitas und Bariay. Baracoa hat das beste Faustpfand zu bieten: ein Holzkreuz aus Spanien, das Kolumbus dort in die Erde gepflanzt haben soll. Kuba war zu dieser Zeit bereits Tausende von Jahren besiedelt gewesen. Jäger und Sammler waren die ältesten Indianervölker, die Guanajatebeyes, die in Höhlen lebten. Nach ihnen kamen die Ciboney und Taino, die eine recht hochentwickelte Kultur besaßen, Tabak rauchten, Yucca und Maniok anbauten und ansehnliche Keramik herstellten. Sie mußten bald bereuen, daß sie die Spanier anfänglich so freundlich begrüßt hatten. Was die Goldgier nicht schaffte, erledigten eingeschleppte europäische Krankheiten. Die Schufterei in den spanischen *encomiendas* überlebten die wenigsten. Die tapfere Gegenwehr des Kaziken Hatuey im Osten Kubas, der lieber in die Hölle wollte, als im Himmel seinen spanischen Schergen zu begegnen, war vergebens. Nur einige Namen und die Form der *bohíos* genannten strohgedeckten Hütten erinnern noch an die indianische Urbevölkerung. 1514 gründete der Konquistador und erste Gouverneur Diego Velázquez die sieben ersten *villas* der Insel: Baracoa, Santiago, Bayamo, Puerto Principe (Camagüey), Trinidad, Sancti Spíritus und Havanna, das damals noch an der Südküste lag. Ein Eldorado wurde Kuba jedoch nicht, eher eine Versorgungsstation für die Gold- und Silberschiffe aus Mexiko und Peru. Mit Festungen schützten die Spanier ihre Etappenziele in der Karibik, und so erhielten Havanna und Santiago de Cuba mächtige Bollwerke, die sogar den berüchtigtsten Korsaren Respekt einflößten. Henry Morgan plünderte lieber das in Zentralkuba gelegene Puerto Príncipe. Mit dem Anbau von Tabak und Zucker kam eine weiße Oberschicht zu Wohlstand: auf dem Rücken der zahlreich aus Westafrika eingeführten Sklaven, denen die Insel ihr afrokubanisches Erbe verdankt. Es ist heute vor allem in der Musik und in der synkretistischen Santería-Religion zu spüren.

Für die Unabhängigkeitsbewegungen Lateinamerikas zeigte man auf Kuba lange wenig Sympathien, da die Pflanzer die Abschaffung der Sklaverei fürchteten. Die vielen aus Haiti geflohenen französischen Pflanzer bestärkten sie in diesem Gefühl. Kuba schwelgte lieber in einem Zuckerrausch ohnegleichen, von dem beispielsweise die prachtvollen Herrenhäuser in Havanna und Trinidad zeugen. Die Zuckerkrise von 1857

*Kuba, Fidel Castro:* ▷
*»Die Geschichte wird mich freisprechen«*

M-26-7
A HISTORIA ME ABSOLVERA
"El asalto al Cuartel Monca
no significó el triunfo de
Revolución en ese instant
pero señaló el camino y tr
un programa de Liberació
Nacional que abriría a nues
Patria las puertas del
Socialismo"
SECCION POLITICA M

beendete den Boom. Es folgten die ersten Aufstände gegen die Spanier. 1868 wurde der Freiheitsheld Carlos Manuel de Céspedes Präsident der ersten »Republik in Waffen«, ließ die Sklaven frei (womit sich die Spanier noch weitere 20 Jahre lang Zeit lassen sollten). Schwarze Mambi-Armeen machten den Spaniern schwer zu schaffen, doch den Krieg gewinnen konnte keine Partei. 1895 erhoben sich die Patrioten erneut unter ihrem charismatischen Anführer José Martí, der allerdings schon in der ersten Schlacht fiel. 1898 holten dann die USA, die schon lange ein begehrliches Auge auf Kuba geworfen und dort kräftig investiert hatten, ihren »big stick« aus der Tasche. Amerikanische Marines beendeten nach einem dreimonatigen »splendid little war« (glänzenden kleinen Krieg) die spanische Präsenz auf Kuba. 1902 zogen sie wieder ab, nicht ohne das junge republikanische Kuba mit dem Washingtoner Platt Amendment seiner äußeren Souveränität zu berauben. Eine funktionierende Demokratie hinterließen die USA nicht: die Abfolge willfähriger Diktatoren wie Gerardo Machado und Fulgencio Batista erwies sich den Geschäften förderlicher. In den 50er Jahren war in Havanna alles käuflich: Alkohol, Sex und Menschenleben. Ungeniert betrieb die Mafia ihre Spielbankgeschäfte, doch die Unzufriedenheit im Volk wurde immer größer.

Am 26. Juli begann mit dem Angriff auf die Montcada-Kaserne in Santiago de Cuba die Revolution Fidel Castros. Zwar scheiterte die Attacke, doch gewann Castro mit seiner Verteidigungsrede in der darauffolgenden Gerichtsverhandlung viele Sympathien in der Bevölkerung. Diktator Batista unterschätzte den bärtigen Revolutionär und amnestierte ihn schon zwei Jahre später. Ein Jahr darauf landeten Castro, Che Guevara und weitere Anhänger der Bewegung des 26. Juli (M-26) mit der Yacht Granma im Osten Kubas und begannen in der Sierra Maestra einen Guerillakrieg, der am 1. Januar 1959 mit der Flucht Batistas und dem Triumph der Revolution endete.

Mit Enteignungen, Alphabetisierungskampagnen und der Abschaffung der Rassendiskriminierung gingen die bärtigen Revolutionäre daran, ein neues Kuba zu errichten. Viele wohlhabende Insulaner zogen es vor, in Miami ein Little Havanna zu schaffen, und bereiteten den Sturz Castros vor. Doch die von den USA unterstützte Invasion in der Schweinebucht brach zusammen und trieb Castro in die Arme der Sowjetunion. Die ohnehin vergifteten Beziehungen mit den USA erreichten im Oktober 1962 in der kubanischen Raketenkrise einen Tiefpunkt. Präsident Kennedy gewann zwar das Pokerspiel mit Nikita Chruschtschow, doch erst heute wird deutlich, wie nahe die Welt in diesen Tagen am Rande eines Atomkriegs stand. Im gleichen Jahr verhängte Kennedy ein totales Wirtschaftsembargo über die Castro-Insel, das noch heute besteht. Nach gescheiterten Industrialisierungsversuchen machte sich Kuba ganz von der Zuckerproduktion abhängig, was so lange einigermaßen gutging, wie der große Bruder in Moskau seine schützende Hand über Havanna hielt. Castro konnte sogar Truppen zur Unterstützung der kommunistischen Befreiungsbewegung nach Angola schicken. Innenpolitisch wurde das Klima nach den ersten Jahren des intellektuellen Enthusiasmus immer repressiver. Die Komitees zur Verteidigung der Revolution (CDR) überzogen das Land mit einem blockwartartigen System; Dissidenten zwang man ins Asyl oder warf sie ins Gefängnis. Unbestritten sind aber auch die Leistungen der Revolutionäre im Bereich der Volksbildung und des Gesundheitswesens. Unzufriedenheit über die wirtschaftlichen und politischen Verhältnisse führten 1980 zu Massenprotesten. 125 000 Kubaner durften daraufhin über den Hafen Mariel das Land verlassen.

In den späten achtziger Jahren verschärfte sich die wirtschaftliche Situation. Seit dem Zusammenbruch der Sowjetunion muß Kuba nun auf eigenen Beinen stehen. Socialismo o Muerte! lautet nunmehr die Devise. Mit der Förderung des Massentourismus sucht man letzteres zu verhindern. Die seit einigen Jahren geltende »Spezielle Periode« macht das Leben für den Durchschnittskubaner immer deprimierender. Wegen Benzinmangels fahren kaum noch Autos oder Busse, und die Läden, vor denen sich lange Schlangen bilden, sind fast immer gähnend leer. Ganze Familien müssen sich Einzimmerwohnungen von 20 Quadratmetern teilen, und immer weniger funktioniert noch einigermaßen. Mit gelegentlichen Zugeständnissen versucht die Regierung, ihre Bürger bei der Stange zu halten. Die Erlaubnis, US Dollar zu besitzen, führt jedoch zu einem immer krasseren Zweiklassensystem: In den *dolartiendas* ist gegen Devisen alles zu haben, wofür der Durchschnittskubaner fast immer vergeblich ansteht. Außerdem blüht der Schwarzmarkt. Der Tourismus ist mittlerweile die wichtigste Devisenquelle, hat aber auch dazu geführt, daß Ärzte und Lehrer lieber als Kellner arbeiten, da ihr tägliches Dollartrinkgeld den Gegenwert eines Monatseinkommens übersteigt. Auch die Prostitution, die man auf Kuba ausgerottet glaubte, ist längst wieder zurückgekehrt – als Devisenbringerin nur allzu deutlich vom Staat geduldet, wenn nicht gefördert. Im Sommer 1994 führten die prekären Lebensumstände der Bevölkerung zu einer explosiven Situation. Tausende von Menschen wagten sich auf zusammengezimmerten Booten und Flößen aufs Meer hinaus, um das 120 km im Norden gelegene Florida zu erreichen. Die USA änderten daraufhin ihre Politik, verweigerten den kubanischen Bootsflüchtlingen das bisher automatisch gewährte politische Asyl und internierten die auf offener See aufgegriffenen *balseros* auf ihrer Marinebasis Guantánamo in Ostkuba. Erst nach Verhandlungen mit den USA zeigte sich Castro bereit, den Exodus zu stoppen. Mit der Zulassung freier Märkte und selbständiger Tätigkeiten versucht die Regierung, die wirtschaftlichen Probleme in den Griff zu bekommen. Die politische Zukunft des Landes vermag im Augenblick jedoch niemand vorauszusehen. »Wenn ein Kubaner an einen Mast gelehnt steht, dann ist er entweder gerade dabei, den Mast vor dem Umkippen zu bewahren, oder aber ihn umzustürzen« heißt es auf Kuba ...

## Baracoa

Einw.: 60 000

Das an der Nordostküste gelegene Baracoa (in der Taino-Sprache »hohes Land«) ist nicht nur die älteste Stadt Kubas, hier betrat Kolumbus, von der Insel Guanahaní (vermutlich San Salvador oder Grand Turk) kommend, am 28. Oktober 1492 erstmals die Insel. »Der Admiral stieg ins Boot und fuhr an Land, er entdeckte zwei Häuser, und er vermutete, daß sie Fischern gehörten, die Angst bekommen und die Flucht ergriffen hatten ... Er versichert, jene Insel sei die schönste, die Menschenaugen jemals erblickt hätten, voller ausgezeichneter Häfen und tiefer Flüsse, und das Meer schien sich hier niemals im Zorn zu erheben, denn das Ufergras reichte fast bis ans Wasser ...« (Schiffstagebuch). Die Schiffe des Großen Khan, die er aus den Berichten der Einheimischen heraushören wollte, fand er jedoch nicht. 1512 gründete Diego de Velázquez die Stadt unter dem Namen Puerto Santo. Bald verließ er jedoch den Ort wieder und machte Santiago an der Südküste zur neuen Hauptstadt. In der Folgezeit richteten sich in Baracoa vor allem Piraten und Schmuggler ein. Gegen Piratenangriffe von der Insel Tortuga errichtete man drei Forts. Die späteren Pflanzer wurden mit Kaffee, Kakao und Bananen nicht gerade reich. Baracoa war zu abgelegen und das Terrain zu gebirgig. In den Unabhängigkeitskriegen fanden hier heftige Kämpfe statt, und im Jahre 1905 landeten hier US-Marines, um einen Aufstand der Liberalen Partei niederzuschlagen. Nach der Revolution wurde Baracoa mit der Straßenverbindung nach Guantánamo (Viaducto de La Farola) aus seiner Isolation befreit, ist aber immer noch eine verschlafene, von Touristen wenig besuchte Stadt. Abends flaniert man auf dem Malecón oder sieht auf der Plaza Martí gemeinsam fern.

**Iglesia Nuestra Señora de la Asunción:** Die 1805 errichtete Kirche bewahrt das legendäre Kreuz des Weinstocks *Cruz de la Parra*, das Kolumbus aus Spanien mitgebracht und in die Erde Baracoas gepflanzt haben soll. Ein Radiokarbontest datiert das Kreuz tatsächlich auf die Ankunftszeit von Kolumbus.

**Fortaleza Matachín:** Die guterhaltene Festung wurde 1803 zum besseren Schutz des Hafens angelegt. Ein *Museum* informiert heute über Taino-Indianer und Piraten.

### Umgebung

**Guantánamo** (120 km sw): Obwohl die Stadt, genauer gesagt die nahe gelegene amerikanische Marinebasis, immer wieder

Schlagzeilen macht, gibt es in der Heimatstadt des berühmten Liedes *Guantanamera* außer monotonen Mietskasernen nichts zu sehen. Einen Blick auf die Gringo-Soldaten bietet die Aussichtsplattform des Hotels Caimanera in der gleichnamigen, 23 km südlich gelegenen Ortschaft. Kuba mußte den USA 1901 diese 116 $km^2$ große Enklave verpachten, die seit 1959 hermetisch abgeriegelt ist. Castro fordert das Terrain seit Jahrzehnten zurück, doch kann der Pachtvertrag nur in gegenseitigem Einvernehmen gekündigt werden. Im Augenblick sind die Soldaten dort weniger mit dem Kalten Krieg als mit den hier untergebrachten Flüchtlingen beschäftigt. Während es zur Zeit immer wieder Bemühungen gibt, die Haitianer in ihre Heimat abzuschieben, ist das Problem der kubanischen Bootsflüchtlinge (*balseros*), die man auf offener See aufgegriffen und in die Lager eingewiesen hat, nicht so einfach zu lösen. Die *balseros* hoffen immer noch darauf, irgendwann doch zu ihren Verwandten in Miami gelassen zu werden.

## Bayamo

Einw.: 128 000

Die landeinwärts (und daher vor Piratenangriffen sicher) am Río Bayamo gelegene Stadt wurde am 5. November 1513 von Diego Velázquez gegründet und erlebte 1533 den ersten Sklavenaufstand. Am 10. Oktober setzte Bayamo, dessen Einwohner hauptsächlich vom Schmuggel lebten, seine rebellische Tradition fort. Damals befreite der Bayamese Carlos Manuel de Céspedes seine Sklaven und läutete mit der großen Glocke seiner Zuckerrohrplantage La Demajagua den Unabhängigkeitskampf ein. Bayamo wurde zehn Tage darauf als erste Stadt von den *independentistas* befreit, die es zur Hauptstadt der Republik in Waffen ausriefen. Vor der Kirche der Stadt stimmte Pedro Figueredo, ein Patriot aus Bayamo, zum ersten Mal die spätere kubanische Nationalhymne an: »Al combate corred, Bayameses, que la patría os contempla orgullosa …« (»Zu den Waffen, Bayameser, das Vaterland sieht stolz auf euch ...«). Als im Januar 1869 spanische Truppen vor der Eroberung Bayamos standen, brannten die Einwohner ihre Stadt selbst nieder und flüchteten aufs Land. An der Südwestspitze der Halbinsel, an der Playa de los Colorados, landeten am 2. Dezember Fidel Castro, Che Guevara und weitere Revolutionäre mit der Yacht Granma, um von hier aus ihren Guerillakampf in der Siera Maestra zu beginnen. Bayamo ist nicht nur für die Schönheit seiner Frauen, sondern auch wegen seiner zahlreichen Kutschen berühmt, die als Taxis noch immer durch die Stadt fahren.

**Iglesia Parroquial Mayor de San Salvador:** Die 1613 erbaute und nach einem Brand 1740 wiedererrichtete Kirche besitzt einen schönen geschnitzten Holzaltar der Virgen de las Dolores mit Barockstatuen, den die Bayamos mitnahmen, als sie ihre Stadt anzündeten.

**Plaza de la Revolución:** Dem ersten Revolutionsplatz auf Kuba gab schon Céspedes seinen Namen. In die Apotheke am Platz warfen die unbeugsamen Einwohner Bayamos 1869 die erste Fackel, als sie ihre Stadt ansteckten. Im *Rathaus* unterschrieb Céspedes als erster Präsident der Republik in Waffen das Dekret zur Abschaffung der Sklaverei in allen befreiten Gebieten. Im spanischen Kuba ließ man die Sklaven erst 1888 frei. In der *Casa Natal de Carlos Manuel de Céspedes*, die der große Stadtbrand verschonte, wurde 1819 der Held der Unabhängigkeit geboren. Später diente sie als Postamt. Heute ist hier ein *Museum* untergebracht, das sich mit dem Werdegang des Helden beschäftigt.

## Camagüey

Einw.: 286 000

Die drittgrößte Stadt Kubas war eine der sieben ursprünglichen *villas*. Gouverneur Diego Velázquez gründete sie am 2. Februar 1515 unter dem Namen Villa de Santa María del Puerto Príncipe an der Stelle des heutigen Nuevitas an der Nordküste, wo 1492 schon Kolumbus an Land gegangen war. Bald verlegte man die Siedlung auf besseren Boden, doch rächten sich die Indianer,

*Kuba, Cienfuegos, Palais*

deren an dieser Stelle gelegenes Dorf Panfilo de Narvaez man einige Jahre zuvor niedergebrannt hatte, und zerstörten diese Siedlung, die anschließend am heutigen Standort am Zusammenfluß der Flüsse Tinina und Jatibonico neu entstand. Ein Grund, die Küste zu verlassen, waren die Angriffe von Piraten gewesen, doch der berüchtigte Henry Morgan ließ sich davon nicht abhalten, 1668 die Stadt zu erobern und ihre Einwohner zu foltern, bis sie ihre versteckten Schätze preisgaben. Vor ihrem Abzug machten die Piraten die Stadt dem Erdboden gleich. Das Gassengewirr des wiederaufgebauten Camagüey war dazu gedacht, künftige Angreifer in Hinterhalte zu locken. Camagüey gilt als die eleganteste der ländlichen Provinzhauptstädte Zentralkubas und besitzt noch viele Häuser mit Holzbalkonen, gedrechselten Fenstergittern und barocken Portalen. Stolz ist man hier auf Ignacio Agramonte (1841–73), der als General der Rebellentruppen von Camagüey im ersten Unabhängigkeitskrieg fiel. Ein Grund, warum die kreolischen Grundbesitzer die Unabhängigkeit so vehement unterstützten, war allerdings die Tatsache gewesen, daß sie die Abschaffung der Sklaverei durch die Spanier fürchteten. Dann allerdings beseitigte die »Republik in Waffen« die Sklaverei fast zwei Jahrzehnte früher als die spanische Krone. Ana Betancourt, die von den Delegierten der ersten verfassunggebenden Versammlung in Guaímaro als erste nach der Befreiung der Sklaven auch die Gleichberechtigung der Frauen einforderte (damals noch vergeblich), stammt ebenso aus Camagüey wie der berühmte afrokubanische Dichter Nicolás Guillén. Bekannt ist die früher an Wasserknappheit leidende Stadt für ihre großen bauchigen Wasserkrüge aus Ton, die *tinajones*. Die schönsten kolonialen Häuserensembles findet man an der *Plaza San Juan de Dios*.

**Catedral** (Parque de Agramonte): Die mehrfach umgebaute Kathedrale mit ihrem von der maurischen Kunst inspirierten Dach stammt in ihrem heutigen Erscheinungsbild aus dem 18. Jahrhundert.

*Kuba, Cienfuegos, Palais*

**Iglesia Nuestra Señora de la Soledad:** Die 1758–76 errichtete und zum Nationalmonument erklärte schöne Barockkirche ist vollständig mit Fresken ausgemalt. Außerdem besitzt sie schöne mudéjare Holzdecken.

**Iglesia del Carmen:** Die etwas außerhalb der Altstadt liegende ehemalige Jesuitenkirche mit doppeltürmiger Westfront wurde 1825 vollendet.

**Iglesia Nuestra Señora de la Merced:** Die schräg gegenüber vom Geburtshaus Agromontes gelegene dreischiffige Kirche wurde um 1756 vollendet, später jedoch umgebaut.

**Casa de la Trova** (Parque de Agramonte): In einem schönen kolonialspanischen Gebäude aus dem 19. Jahrhundert mit großem Innenhof finden erstklassige einheimische Folkloredarbietungen statt.

**Casa Natal de Ignacio Agramonte**: In diesem schönen kolonialen Herrenhaus aus dem 18. Jahrhundert wurde der berühmte Freiheitskämpfer der Stadt geboren, der in fünfundvierzig Schlachten kämpfte, bis er am 11. April 1873 fiel. Nach seinem Tod machten die spanischen Behörden eine Schenke daraus (La Estrella), in der sich königstreue Gäste trafen. Während der Diktatur Batistas war das Haus ein Treffpunkt junger Revolutionäre. Heute dient es als *Museum,* das Dokumente aus der Zeit der Unabhängigkeitskriege präsentiert.

**Museo Historico Ignacio Agramonte**: Das in einer ehemaligen spanischen Kaserne untergebrachte Museum zeichnet nicht nur die Stadtgeschichte nach, sondern präsentiert auch eine gute Auswahl an kubanischer Malerei.

**Teatro Principal** (Plaza de los Trabajadores)**:** Das restaurierte Theater aus dem 19. Jahrhundert besitzt schöne schmiedeeiserne Gitter, Buntglasfenster, prunkvolle Kristallüster und eine monumentale Marmortreppe. Hier finden Vorstellungen des örtlichen Symphonieorchesters und des talentierten Ballets de Camagüey statt (wenn es nicht gerade auf einer seiner häufigen Tourneen ist).

## Cienfuegos

Einw.: 120 000

Die Industriezone des drittgrößten kubanischen Hafens ist nach Havanna die größte des Landes. Kolumbus segelte auf seiner zweiten Fahrt hier vorbei. Breite Boulevards und europäische Architektur prägen den Ort, der erst am 22. April 1819 gegründet wurde, als sich der Franzose Louis de Clovet mit sechsundvierzig aus Louisiana stammenden Kolonisten an der Bucht von Jagua ansiedelte. Fernandina de Jagua, wie der Ort nach dem spanischen König Ferdinand VII. damals hieß, wurde allerdings schon 1825 durch einen Hurrikan zerstört, 1831 wieder aufgebaut und erhielt den Namen des spanischen Generals und Gouverneurs José Cienfuegos, der die Zustimmung für das Projekt de Clovets gegeben hatte, da er mit den französischen Familien das hier wegen der um-

*Kuba, Cienfuegos, Palais*

*Kuba, Cienfuegos, Palais*

liegenden Zuckerrohrplantagen herrschende Übergewicht der schwarzen Bevölkerung ausgleichen wollte. In wirtschaftlicher Hinsicht überflügelte der Ort bald das alte Trinidad. Rebellische Gesinnung hat in Cienfuegos Tradition. 1869 revoltierten kubanische Nationalisten unter Juan Díaz de Villegas gegen die spanische Kolonialherrschaft, und 1895 kämpfte die Cienfuegos-Brigade unter Generalmajor José M. Rodríguez heroisch in der Schlacht von Mal Tiempo. Im Hotel Suiza wurden 1905 ein Abgeordneter und ein Polizeichef erschossen, was zum Aufstand der Liberalen Partei und anschließenden Intervention von US-amerikanischen Marinesoldaten führte. Der erste Präsident der Republik, Estrada Palma, mußte daraufhin zurücktreten. Am 5. September 1957 rebellierten achtundzwanzig castrofreundliche junge Offiziere gegen Batista und nahmen die Marinebasis im Handstreich, doch die schlecht organisierte Revolte brach rasch zusammen. In der Sierra Escambray mußten die Castro-Truppen später gegen gegnerische *bandidos* kämpfen. Fidel Castro machte aus der Region ein großes Zentrum der Zuckerindustrie mit einem modernen Ausfuhrhafen, in dessen Nähe sich auch Zementfabriken, Öltraffinerien und Werften ansiedelten. Das erste und einzige Atomkraftwerk Kubas wurde allerdings nach dem Ausbleiben der sowjetischen Hilfe nicht mehr fertiggestellt.

**Catedral:** Die 1819–67 erbaute Kirche wurde 1904 zur Kathedrale erhoben. Ihre zwölf schönen Buntglasfenster zeigen die Apostel.

**Castillo de Nuestra Señora de los Angeles de Jagua**: Die 1745 errichtete spanische Festung sicherte die Bucht vor Pirateneinfällen und hielt den lebhaften Schmuggel der Region unter Kontrolle. Man erreicht sie mit einer fünfminütigen Bootsfahrt vom Hotel Pasacaballos.

**Cementerio Tomás Acea:** Die Fassade des Friedhofs ist eine Nachbildung des Parthenons auf der Akropolis in Athen.

*Kuba, Cienfuegos, Parque Martí*

**Club Jesús Menendez:** Da sin einem eklektizistischen Stil errichtete ehemalige *Liceo* ist heute ein Freizeitheim.

**Colegio San Lorenzo:** Das neoklassizistische Gebäude, das 1957 eine Studentenrevolte gegen Batista sah, wurde 1927 eingeweiht.

**Museo Provincial**: Das Provinzmuseum zeigt Waffen und persönliche Gegenstände aus dem Besitz der verschiedenen Patrioten der Stadt.

**Palacio Ferrer:** In diesem schönen Jugendstilpalais, das zu Beginn dieses Jahrhunderts errichtet wurde, ist heute die *Casa de la Cultura* untergebracht.

**Palacio del Valle:** Das Herrenhaus am Ende des Prado ließ 1890 der steinreiche Aciclio Valle errichten: eine Mischung aus maurischem, gotischem und venezianischem Stil. Ein Bruder des Diktators Batista erwarb kurz vor der Revolution das Gebäude und wandelte es in ein Spielkasino um. Heute dient es als teueres Restaurant des gegenüberliegenden Hotels Jagua.

*Kuba, Cienfuegos, Palacio del Valle*

**Parque Martí:** Die meisten historischen Gebäude der Stadt säumen diesen riesigen Platz mit dem für Kuba obligatorischen Standbild des Freiheitshelden sowie einem 1902 errichteten Triumphbogen, der an die Errichtung der kubanischen Republik erinnert.

**Paseo del Prado**: Der nach Madrider Vorbild angelegte Boulevard, auf dem allabendlich die Einheimischen flanieren, ist der längste Kubas, allerdings schmäler als sein Pendant in Havanna. Bis zur Revolution benutzten die Weißen der Stadt die eine, die Schwarzen die andere Seite des durch ein Seil geteilten Boulevards.

**Teatro Tomás Terry**: Das prunkvolle Theater, das ein reicher Venezolaner finanzierte,

*Kuba, Cienfuegos, Teatro Tomás Terry*

*Kuba, Havanna, Altstadthaus*

wurde 1890 fertiggestellt und bietet Platz für 950 Zuschauer. Einst sollen hier die berühmte französische Schauspielerin Sarah Bernhardt und der nicht minder berühmte italienische Sänger Enrico Caruso aufgetreten sein, heute sind es nationale Tanz- und Folkloreensembles.

## Umgebung

**Playa Girón** (80 km w): Der Strand dieses kleinen Dorfes war am 17. April 1961 der Schauplatz für die gescheiterte Invasion in der Schweinebucht, mit der von US-Präsident John F. Kennedy unterstützte Exilkubaner die Regierung Castro stürzen wollten. Das *Museo de Girón* erinnert mit Fotos, Dokumenten, Waffen und allerlei rührseligen Andenken an die »erste Niederlage der Imperialisten in Lateinamerika«. – Weitere 45 km westlich hat man an der Laguna de Tesoro ein Taino-Dorf namens *Guamá* nachgebaut.

## Havanna (La Habana)

Einw.: 2 Mio.

Mehr als jede andere Stadt in der Karibik ist Havanna ein lebender Mythos. Berühmte Schriftsteller wie Ernest Hemingway, Graham Greene, Alejo Carpentier, Federico García Lorca und José Lezama Lima sind ihrem Zauber erlegen, vor kurzer Zeit lief ein Hollywoodfilm mit dem Namen der Stadt in den Kinos, und 1994 kam sogar das Herrenparfüm Havanna auf den Markt. Havanna ist vieles: ein lebendiges Museum kolonialzeitlicher Größe, dessen prachtvolle, von allzu vielen Familien bewohnte Paläste und denkmalgeschützten Häuser immer schneller zu traurigen Ruinen verfallen, aber auch einer der letzten Orte auf der Welt, in denen es noch ein Lenindenkmal gibt. In den hauptsächlich von Radfahrern benutzten

*Kuba, Havanna, Jugendstildecke* ▷

*Kuba, Havanna, Fliesenschmuck in der Altstadt (l); Maurische Details (r)*

Straßen parken museale Oldtimer aus der Glanzzeit Detroits, während auf den Gehsteigen die freundliche Gelassenheit gegenüber Touristen immer mehr von verzweifelten – und nur zu verständlichen – Versuchen vieler *habaneros* überlagert wird, mit Zigarren, Rum oder *chicas* dem Ausländer ein paar kostbare Dollars zu entlocken. Doch ebensohäufig ist die spontane Einladung ohne irgendwelche Hintergedanken: Kubanische Gastfreundschaft ist zu Recht legendär. Doch wie lange die Menschen angesichts der immer katastrophaleren wirtschaftlichen Not ihre Würde werden bewahren können, erscheint immer ungewisser. Einige Exzesse des einstigen Sündenbabels, die die puritanischen Revolutionäre in den 60er Jahren mit Stumpf und Stil ausrotteten, schleichen sich jedenfalls in der »Speziellen Periode« klammheimlich wieder ein. Doch wer das schäbige, von Informanten, Prostituierten, Geschäftsleuten und Touristen bevölkerte Foyer des Hotel Habana Libre überwunden hat, mit den unglaublich langsamen Fahrstühlen, deren Führerinnen noch Musterbeispiele des real existierenden sozialistischen Kontrollsystems sind, nach oben gefahren ist und auf die Dachterrasse tritt, dem liegt bei Sonnenuntergang eine orangeglühende Stadt zu Füßen, wie sie kein Reiseführer beschreiben kann.

## GESCHICHTE

Sebastián de Ocampo war der erste, der 1509 in der Bucht von Havanna vor Anker ging. 1514 wurde die Stadt an der Südküste (beim heutigen Batabanó) gegründet, doch in den folgenden Jahren mehrfach verlegt. Am 25. Juli 1519 erfolgte ihre definitive Gründung an der heutigen Stelle. Unter einem mächtigen Ceiba-Baum las man die erste Messe. Ihren Namen soll die Stadt einem Kaziken der Taino-Indianer namens Habaguanex verdanken. Am 20. Dezember 1592 erhob König Philipp II. das längst florierende Havanna offiziell zur Stadt. Da in Havanna die Gold- und Silberschiffe der Spanier ankerten, war die Stadt ein bevorzugtes Angriffsziel für Korsaren und Pira-

*Kuba, Havanna, Catedral*

ten. Mit ausgeklügelten Festungen versuchte man sich dagegen zu schützen. Francis Drake scheiterte an Havanna, Henry Morgan versuchte es gar nicht erst. Doch 1762 nutzte die riesige englische Streitmacht eine Schwachstelle im Verteidigungssystem und nahm die heroischen Widerstand leistende Stadt nach zwei Monaten ein. Nur im Austausch gegen Florida wurden die Spanier ein Jahr später die ungebetenen Gäste wieder los. Im Jahre 1863 riß man die Stadtmauern ab. Erst jetzt begann sich Havanna auszubreiten.
Die Explosion des amerikanischen Kriegsschiffes Maine am 15. Februar 1898 diente den USA als Vorwand zum Krieg gegen die Spanier, die drei Monate später kapitulierten. Der amerikanische Einfluß sorgte für den wirtschaftlichen Boom der 30er Jahre. Korrupte Regierungen und amerikanische Mafiabosse machten Havanna zum Sündenbabel amerikanischer Touristen, die hier von der Prohibition und Sittenstrenge der USA Urlaub machten. Mit dem Einzug der Revolutionäre Fidel Castros Anfang 1959 war es damit vorbei. Das sozialistische Kuba richtete sein Augenmerk auf die Entwicklung der rückständigen Provinz und ließ das »bourgeoise« Havanna lange bewußt verfallen. Die UNESCO erklärte 1982 die Altstadt Havannas zum Kulturerbe der Menschheit. Einige Bauten sind zwischenzeitlich restauriert worden, auch mit finanzieller Unterstützung aus dem Ausland, doch der Rest bröckelt immer noch vor sich hin.

## SAKRALBAUTEN

**Catedral de la Habana** (Plaza de la Catedral): Nachdem die Explosion des Admiralsschiffes Invencible im Hafen von Havanna die erste Gemeindekirche schwer beschädigt hatte, errichteten die Jesuiten auf der heutigen Plaza de la Catedral die Capilla de San Ignacio. Dieses Heiligtum nahm die Kirchenschätze des vom Einsturz bedrohten Vorgängerbaus auf. Ab 1748 begannen die Bauarbeiten an einem neuen Gotteshaus, die unterbrochen wurden, als man die Jesuiten 1767 aus Kuba auswies. 1777 wurde der Bau

*Kuba, Havanna, Iglesia Santo Angel Custodio*

endlich fertig. 1788 erhob man die Parroquial Mayor zur Kathedrale des neugegründeten Bischofssitzes Havanna. Im 19. Jh. führte Mgr. Juan José Díaz de Espada Verschönerungs- und Erweiterungsarbeiten durch.

Die breite Korallenkalkfassade im toskanischen Stil mit vorgesetzten Säulengruppen wird von zwei ungleichen Türmen flankiert. Der westliche ist nur halb so breit wie der östliche. Im Vergleich zu dem in dieser Zeit in Spanien herrschenden überladenen Churriguerismus fällt sie recht schlicht aus. Die Baumeister orientierten sich vermutlich an der Kirche Santa Inés in Rom, die der italienische Barockarchitekt Francesco Borromini (1599–1667) geschaffen hatte. Das annähernd quadratische Innere (34 x 35 m) besitzt drei gewölbte Schiffe; große Säulen trennen das überhöhte, in einen geraden Chorabschluß auslaufende Mittelschiff von den Seitenschiffen mit je vier Kapellen. Die Vierung überspannt eine Kuppel. Die barocke Ausstattung mußte einer neoklassizistischen Renovierung weichen. Der Hochaltar zeigt Gold-, Silber und Onyxeinlagen; die figürlichen Darstellungen sind das Werk des Italieners Bianchini* und des Spaniers Sola*, während die Gemälde von Jean-Baptiste Vermay* stammen sollen. Sehenswert ist auch das Marmortabernakel. Die großräumigen Fresken hinter dem Altar schuf der Italiener Giuseppe Perovani*. Im Mittelschiff stand einst die Grabstätte von Kolumbus, an die eine Gedenktafel erinnert. Als die Dominikanische Republik 1844 von Spanien unabhängig wurde, hatte man in aller Hast die mutmaßlichen Gebeine des »Entdeckers« von Amerika in die Kathedrale von Havanna überführt. 1898 nahmen die abziehenden Spanier die Urne mit und setzten sie in der Kathedrale von Sevilla unter einem prächtigen Grabmal bei. Mittlerweile gilt es jedoch als sicher, daß die Spanier die falsche Urne erwischten und die echten sterblichen Überreste des großen Admirals noch heute in der Kathedrale von Santo Domingo ruhen. In der Kirche wird sonntags eine Messe gefeiert, die Glocken läuten jedoch im sozialistischen Kuba nicht mehr.

**Convento de Santa Clara** (Calle Cuba): Das ab 1638 errichtete ehemalige Klarissinnenkloster mit einschiffiger Kirche war einst ein exklusiver Club unverheirateter adeliger Damen, denen es hier an nichts fehlte, nicht einmal an Bädern mit fließendem Wasser. Sehr schön sind die Mudéjar-Holzdecken. Heute ist hier das Centro Nacional de Conservación, Restauración et Museología (CENCREM) untergebracht.

**Iglesia Parroquial del Espíritu Santo** (Calle Cuba): Die um 1640 im frühen Barockstil errichtete Kirche ist die älteste noch bestehende Havannas. Der dreigliedrige Turm mit Pyramidenaufsatz wurde im frühen 18. Jh. angefügt. Fassade und Zedernholzdecke sind von mudéjaren Vorbildern geprägt. In den zwei Katakomben der Kirche setzte man bis zum Bau des Cementerio Colón die Einwohner Havannas bei, streng nach Rang und Hautfarbe getrennt.

**Iglesia Nuestra Señora de la Merced** (Calle Cuba): Die Klosterkirche, von der erstmals 1638 die Rede war, wurde ab 1755 errichtet, jedoch erst 1862 vollendet. Die 1963 restaurierten Fresken des dreischiffigen, überkuppelten Inneren schufen Ende des 19. Jh. die Künstler Meloro*, Herrera* und Chartraud*. Einen Besuch lohnt der schattige Kreuzgang, in dessen Patio üppige tropische Vegetation wuchert.

**Iglesia San Francisco de Paula** (Calle Paula): Die einschiffige überkuppelte Kirche war einst das Gotteshaus eines nicht mehr vorhandenen Krankenhauses. Erstmals errichtet wurde sie 1667. Im Jahre 1730 zerstörte jedoch ein Hurrikan das Gotteshaus, das bis 1745 im spätbarocken Stil wiederaufgebaut wurde. Die Fassade ist der Kathedrale von Valladolid nachempfunden. Heute dient die Kirche am Spätnachmittag jungen Sängerinnen und Sängern als Bühne.

**Iglesia del Santo Cristo del Buen Viaje** (Calle Villegas): Die zweitürmige Kirche mit Ziegeldach liegt an der kleinen Plaza de Cristo, die lange Zeit der Zentralmarkt Havannas war. Sie wurde an der Stelle einer kleinen Wallfahrtskirche errichtet, in der vor allem Seeleute den himmlischen Schutz für ihre gefahrvolle Reise erflehten. Ihre erste Erwähnung fällt in das Jahr 1640, im Jahre

*Kuba, Havanna, Iglesia Santo Angel Custodio, Treppe*

1693 wurde sie vollendet, jedoch später klassizistisch umgebaut. Sehenswert ist ihre schöne mudéjare Holzdecke, die alle Umbauten heil überstand.

**Iglesia Santo Angel Custodio:** Unweit des ehemaligen Präsidentenpalastes (heute Revolutionsmuseum) liegt auf dem Hügel Santo Angel die nach dem Erzbischof benannte Kirche, der sie 1689 errichten ließ. Stets wurde sie von der Aristokratie bevorzugt. Nach einem Wirbelsturm erneuerte man sie 1868 im neogotischen Stil. Auf dem Platz vor dem Hauptportal steht eine Büste des Romanschriftstellers und glühenden Patrioten Cirilio Villaverde. Er schrieb den berühmten Sittenroman *Cecilia Valdés*, eine Liebesgeschichte zwischen der Mulattin Cecilia Valdés und dem reichen Sohn eines Sklavenhändlers vor dem Hintergrund einer oppressiven Kolonialgesellschaft. Hier auf den Kirchenstufen ließ Villaverde im Roman einen liebestollen Mischling den reichen Geliebten der Mulattin erstechen.

*Kuba, Havanna, Bodeguita del Medio*

Keine Fiktion ist, daß zwei berühmte Söhne Kubas in der Kirche getauft wurden: Felix Varela, Professor der Befreiungsphilosophie, im Jahre 1788 und 65 Jahre später José Martí, der die Theorien Varelas in die Praxis umsetzte. Die Glasfenster des Eingangs in der Calle Monserrate wurden 1923 aus Barcelona und München importiert. Die Kirche wurde zuletzt 1986 renoviert.

**Iglesia y Convento de San Francisco de Asis** (Calle Oficios): Im Jahre 1701 erhielt der Architekt Pedro Hernández de Santiago* den Auftrag, das alte, von einem Wirbelsturm zerstörte Franziskanerkloster neu zu errichten. Erst 1731 wurden die Bauarbeiten aufgenommen und bis 1739 vollendet. Die Chorpartie des ursprünglich über einem lateinischen Kreuz mit Vierungskuppel und Seitenschiffen errichteten Bauwerks rissen 1844 die Flutwellen eines Hurrikans fort. Sie wurde durch eine schlichte Wand mit Dreiecksgiebel ersetzt. Die Turmfront aus schlecht formbarem Korallenkalkstein ist in einem schlichten Barockstil gehalten, zeigt jedoch einige churriguereske Stilformen. Vom Turm hielt man nach heimkehrenden Reisenden und Piratenschiffen Ausschau. Das überhöhte Mittelschiff besitzt sechs Rundgiebel. Während der englischen Besatzung (1762) wurde das Kloster als Zolllagerhaus zweckentfremdet, und nach seiner Schließung im Jahre 1841 diente es als Hospital und Telegraphenamt. Bis 1991 war hier die staatliche Kantine untergebracht, die sämtliche Schulen, Fabriken, Büros und Hotels mit Essen versorgte. Seitdem wird das Gebäude restauriert. Das Kloster besitzt zwei Kreuzgänge. Die Krypten des Klosters waren den illustren Familien der Stadt vorbehalten. U. a. hier begraben sind der heroische Verteidiger des Castillo del Morro, der 1762 im Kampf gegen die Engländer fiel, und eine Vizekönigin aus Peru, die während ihres Zwischenaufenthaltes in Havanna verstarb.

**Seminario Conciliar y San Ambrosio** (Plaza de la Catedral): Nachdem die Jesuiten Kuba verlassen hatten, errichtete man 1768 ein kirchliches Seminar, dessen schöne Portalfront unverändert erhalten blieb. Wie in Spanien wurden die Fenster- und Türgitter kunstvoll gedrechselt. Einen Besuch lohnt auch der von doppelten Arkadengängen gesäumte, weinlaubumrankte Innenhof. Die *Casa del Árabe* präsentiert Teppiche, Möbel mit Perlmuttintarsien und arabische Kleidung: Zeugnisse der arabischen Bevölkerung Kubas.

## PROFANBAUTEN

**Bodeguita del Medio** (Calle Empedrado): »A great place to get drunk«, schrieb der Hollywooddarsteller Errol Flynn, dessen Piratenrollen berühmt waren, an die Wände dieser traditionellsten Bar in Havanna, die aber durch einen noch berühmteren Zeitgenossen bekannt wurde: Ernest Hemingway. *My mojito en La Bodeguita, my daiquirí in El Floridita* soll die Devise des Literaturnobelpreisträgers gewesen sein, und so steht es auch auf einem Schild über der Bar geschrieben. Hemingway trank die hier noch heute servierten legendären *mojitos* (ein Cocktail aus Rum, Eis, Limonensaft und Zucker mit einem frischen Minzezweig)

*Kuba, Havanna, Capitolio Nacional* ▷

CAPITOLIO

*Kuba, Havanna, Casa del Marqués de Arcos*

gleich literweise. Die 1942 als Lebensmittelladen eröffnete Kneipe wurde bald das Zentrum der Bohème von Havanna. Auch die berühmten kubanischen Schriftsteller Alejo Carpentier und Nicolás Guillén nahmen hier regelmäßig ihre Drinks ein. Zwar hat sich die Bodeguita (im Gegensatz zum → Floridita) seit dieser Zeit recht wenig verändert, doch für Kubaner ist diese Institution des gesellschaftlichen Lebens in Havanna wegen der hier verlangten Dollarpreise nahezu tabu, sieht man einmal von den oft minderjährigen Begleiterinnen männlicher Touristen im mittleren Alter ab. Wer will, kann sich noch heute auf den fast schwarzgekritzelten Wänden der Bodeguita verewigen, so er denn noch Platz findet.

**Capitolio Nacional** (Paseo Martí): Die 1929 eingeweihte kleinere Ausgabe des Washingtoner Kapitols war bis zur Revolution Sitz von Senat und Abgeordnetenhaus. Eine Freitreppe aus Vermontmarmor, deren oberes Ende die zwei sieben Meter hohen Statuen der Arbeit und der Gerechtigkeit flankieren, führt zum Eingangstor. Dieses ziert eine Reliefdarstellung der kubanischen Geschichte. Die Gesichter von Machado und Konsorten wurden jedoch unkenntlich gemacht. Über einer Rotunde mit der größten überdachten Statue der Welt (11,5 m) – sie symbolisiert die Revolution – spannt sich die 94 m hohe Kuppel. Das Innere ist mit Marmor ausgekleidet und mit Kupferlampen dekoriert. Im Zentrum der Rotunde wurde ein 24karätiger Diamant in den Fußboden eingelassen. Er markiert den Nullkilometer Havannas, von dem aus alle Entfernungen gemessen werden. Ein kleiner Eingang zur Linken der Freitreppe führt in das naturgeschichtliche *Museo Nacional de Historia Natural Felipe Poey*, in dem u. a. die Nachbildung einer Indianerhöhle von der Isla de la Juventud mit Felszeichnungen zu sehen ist.

**Casa Arostegui** (Plaza San Francisco): In diesem im 16. Jh. im Mudéjarstil errichteten zweitältesten Bau Havannas residierten 1763 bis 1794 die Generalkapitäne. Damals war

*Kuba, Havanna, Casa del Conde Lombillo*

der Platz das kommerzielle Zentrum der Stadt. Den *Löwenbrunnen* auf der Plaza schuf 1838 der Italiener Gaggini*.

**Casa del Marqués de Arcos** (Plaza de la Catedral): Der Palast wurde 1741 mit Barockarkaden, reichdekorierten Balkonen und Buntglasfenstern errichtet. Ursprünglich residierte hier der königliche Schatzmeister Diego Peñalver Angulo. Sein Sohn wurde nach seinem verdienstvollen Einsatz im Kampf gegen die Engländer zum Marqués de Arcos erhoben. Heute ist im Erdgeschoß eine Werkstatt für Druckgraphik untergebracht.

**Casa del Marqués de Aguas Claras** (Plaza de la Catedral): 1720 ließ der gleichnamige Marqués diesen Palast errichten, dessen Fassade schöne *mediopuntos* und eine vorgesetzte Arkadenfront aufweist. Zu sehen sind Glasfenster, Kassettendecken aus Edelhölzern und ein idyllischer Patio mit Brunnen. Anfang des Jh. war hier das Restaurant de Paris, dann der Banco industrial untergebracht. 1963 wurde das Gebäude restauriert: ein erstaunliches Datum, wenn man bedenkt, daß die Revolutionäre Castros ihr Augenmerk auf die Entwicklung der Provinz richteten und die als bourgeois angesehene Stadt ungerührt verfallen ließen. Vielleicht der beste Blick auf die Kathedrale bietet sich vom Balkon des heute hier untergebrachten Bar-Restaurants El Patio.

**Casa del Conde Lombillo** (Plaza de la Catedral). Der um 1735 an der Ecke zur Calle Empedrado errichtete Palast war die Residenz der Familie Pedroso. Eine ihrer Nachfahren vermählte sich mit dem Conde de Lombillo. Hier richtete man das erste Postamt auf Kuba ein. In den Mundschlitz des ältesten Briefkastens der Insel, der wie eine griechische Tragödienmaske aussieht, kann man heute noch Briefe (mit Sonderstempel) einwerfen. Ein zweiter Briefkasten dieser Art steht in der Calle Obispo zwischen Mercaderes und Oficios. Im Palast ist heute das *Museo de Alfabetización* untergebracht. Es zeichnet die Alphabetisierungskampagne Ku-

*Kuba, Havanna, Castillo de la Real Fuerza*

bas nach, an der Anfang der 60er Jahre auch viele Freiwillige aus dem Ausland teilnahmen. In den Geschichtsbüchern wird sie vielleicht einmal als die größte Errungenschaft der kubanischen Revolution stehen.

**Casa de los Condes de Jaruco** (Plaza Vieja): Der prächtige Palast, dessen Fassade die Südseite der Plaza Vieja einnimmt, wurde im 17. Jh. von Pedro Beltrán de Santa Cruz y Beitia errichtet. Sein 1768 in den Grafenstand erhobener Enkel, Don Gabriel Beltrán de Santa Cruz y Aranda, ließ den Palast umbauen und vergrößern. Ein schmaler durchgehender Balkon mit Eisengitter trennt die Säulenarkade des Erdgeschosses mit fünf hohen Portalen von der oberen Galerie, die fünf mit den Arkaden des Erdgeschosses korrespondierende Rundbogenfenster zeigt. Die mittleren drei erhielten im 19. Jh. ihre herrliche bunte Verglasung (*vitrales*). Der Renaissancestil des Eingangsportals weist auf einen Vorgängerbau hin. Wie die meisten herrschaftlichen Kolonialbauten Havannas besitzt auch dieser Palast einen schönen Innenhof mit Arkaden, Galerien und üppigem Pflanzenschmuck. Den Salon im ersten Stock ziert, wie auch die Kabinettzimmer zu beiden Seiten, eine mudéjare Holzdecke. In diesem Palast residierte einst Maria de las Mercedes Santa Cruz y Montalvo, die einen adeligen Franzosen heiratete und als Comtesse de Merlin in den Pariser Salons nicht nur ihrer blendenden Schönheit, sondern auch ihres künstlerischen und literarischen Talents wegen gerühmt wurde. Sie setzte sich entschieden für die Abschaffung der Sklaverei ein. Heute ist im Palast der *Fondo de Bienes Culturales* untergebracht. Er präsentiert eine ständige Sammlung sowie ein ständig wechselnde Galerie käuflich zu erwerbender Arbeiten.

**Casa de la Obra Pía** (Calle Obrapía 158): Das im 17. Jh. errichtete Haus mit schöner Barockfassade des 18. Jh. sorgte für die Aussteuer einiger armer adeliger Mädchen.

**Casa del Obispo** (Calle Oficios 8): Das Haus wurde 1648 errichtet, besitzt jedoch noch architektonische Elemente des 16. Jh. Seine Mudéjar-Holzdecke ist eine der ältesten des Landes.

**Castillo de San Salvador de la Punta** (Prado y Avda. del Puerto): Die Festung, die in ihrer Anlage dem Castillo de la Real Fuerza gleicht, wurde 1565 erbaut. Ihre Kanonen konnten nun gemeinsam mit dem gegenüberliegenden Castillo del Morro die Piratenschiffe ins Kreuzfeuer nehmen. Mit einer Eisenkette sperrte man die nur 200 m breite Hafeneinfahrt ab. Auf der gegenüberliegenden Straßenseite steht das Denkmal der 1871 hingerichteten Medizinstudenten.

**Castillo de la Real Fuerza** (Plaza de Armas): Zur Rechten des Palacio de la Intendencia erhebt sich das zweitälteste Festungswerk Amerikas und älteste Gebäude in Havanna. Nachdem 1555 der französische Korsar Jacques Sores (mit dessen Namen die Mütter von Havanna noch heute ihre Kinder erschrecken) die noch ältere Fuerza Vieja in Schutt und Asche gelegt hatte, gab Hernando de Soto in absentiam 1558 den Auftrag zum Bau dieser Festung, die 1577 unter der Leitung von Francisco Calona vollendet

*Kuba, Havanna, Ältester Briefkasten* ▷

CORRESPONDENCIA
INTERIOR

*Kuba, Havanna, Castillo de los Tres Reyes del Morro*

wurde. Hier wurden zunächst die Gold- und Silberladungen aus Mexiko und Peru zwischengelagert, ehe sie auf die gefahrvolle Reise nach Spanien gingen. Später diente das Bauwerk zwei Jahrhunderte lang als Sitz der Generalkapitäne. Das Fort wurde restauriert und 1994 wieder der Öffentlichkeit zugänglich gemacht.

Das von einem tiefen Wassergraben umgebene zentrale Festungsgebäude mit Innenhof besitzt vier mächtige Bastionen und einen kleinen Wachturm. Die sich auf seiner Spitze unermüdlich im Wind drehende Wetterfahne La Giraldilla, eine Bronzefigur, an der die *habaneros* sehr hängen, soll Doña Isabel de Bobadilla sein, die Gemahlin von Hernando de Soto. Dieser machte sich 1539 von Kuba aus auf die Suche nach dem Jungbrunnen in Florida. Jeden Tag soll Doña Inés stundenlang aufs Meer hinausgestarrt haben, in der Hoffnung, das Schiff ihres heimkehrenden Gemahls zu erspähen. Doch de Soto starb am Mississippi, und Doña Inés wurde seine Nachfolgerin: die erste und einzige Gouverneurin Kubas. Das Wahrzeichen Havannas, das auch das Flaschenetikett der Rummarke Havana Club ziert, goß 1631 Jeronimo Martín Pinzón*. In ihrer Hand hält sie das Kreuz des Militärordens von Calatrava. Heute dreht sich nur noch eine Kopie auf dem Turm; das Original wurde ins *Museo de la Ciudad* (→ Palacio de los Capitanes Reales) verbracht. In der Festung ist das *Museo de Armas de Cuba* untergebracht. Gleich nach dem Eingang stößt man auf mehrere großartige Kanonen, die in Sevilla gegossen wurden. Ganz ähnliche besitzt auch das Castillo del Morro in Santiago de Cuba.

**Castillo de los Tres Reyes del Morro:** Nachdem der englische Korsar Francis Drake vergeblich versucht hatte, Havanna einzunehmen, wurde der Italiener Juan Bautista Antonelli* 1589 damit betraut, eine mächtige Festung (der volle Name ist Castillo de los Tres Santos Reyes Magos del Morro, d. h. Dreikönigsburg) zu errichten. Das Bau-

*Kuba, Havanna, Cementerio Colón, Grab des Schachspielers Capablanca* ▷

JOSE RAUL CAPABLANCA
CAPABLANCA

werk aus Korallenkalkstein gilt als Replik eines Forts in Lissabon. 1630 wurde es vollendet, der charakteristische Leuchtturm, dessen Licht viele Kilometer weit draußen auf dem Meer zu sehen ist, kam jedoch erst 1845 hinzu. Zusammen mit dem gegenüberliegenden San Salvador de la Punta bewachte es den Hafeneingang, den man im Bedarfsfall unter Kreuzfeuer nehmen und mit einer Kette oder Baumstämmen absperren konnte. Die Engländer entdeckten 1762 jedoch die strategische Achillesferse des Forts, eroberten die umliegenden Hügel vom Land her und nahmen nach 44 Tagen das Fort ein. Eine der 12 Kanonen (Batterie der 12 Apostel) auf der unteren Plattform kündigte in Kolonialzeiten um acht Uhr abends die Schließung der Stadttore an; heute inszenieren Wachsoldaten in Kolonialuniform das Spektakel um 21 Uhr, doch Tore schließt man in Havanna schon lange keine mehr. Ein 20 m breiter Graben umgibt die meterdicken Mauern des Castillo, das auch eine sehr düstere Seite hat. Schon in der Kolonialzeit sperrte man hier Menschen ein, darunter den berühmten mexikanischen Pater Fray Servando Teresa de Mier, der für die Unabhängigkeit seines Landes eintrat und eine Odyssee durch die Gefängnisse der Alten und Neuen Welt durchmachte. Der kubanische Schriftsteller und Dissident Reinaldo Arenas, der in seinem Roman *El mundo alucinante* (Wahnwitzige Welt) die Irrfahrten des Fray Servando beschrieben hatte, landete als Konterrevolutionär im gleichen Gefängnis; über die dort herrschenden Zustände berichtet er in seiner erschütternden, 1992 erschienenen Autobiographie *Antes que anochezca* (Vor Anbruch der Nacht). – Östlich des Castillo kommt der Straßentunnel wieder ans Tageslicht, der von der Altstadt aus die Hafeneinfahrt unterquert.

**Cementerio Cristóbal Colón** (Calle Zapata y Calle 12, Vedado): Der ab 1868 angelegte Friedhof zählt zu den größten und schönsten Nekropolen der Welt. Nachdem die Katakomben von Havanna die Verstorbenen nicht mehr fassen konnten, entwarf der junge Spanier Calixto de Loura y Cardosa* diese der intellektuellen, politischen und wirtschaftlichen Elite des Landes vorbehaltene letzte Ruhestätte. Unter dem von Villalta de Saavedra geschaffenen Marmorbogen des Haupteingangs von 1870 mit den Allegorien der drei christlichen Tugenden – Glaube, Liebe, Hoffnung – erläuterte Castro den »sozialistischen Charakter der kubanischen Revolution«.

Ein Plan der vielen prachtvollen Mausoleen und Grabmäler – ein Stilsammelsurium mit

*Kuba, Havanna, Edificio Bacardi*

Säulen, Tempeln, Engeln und allegorischen Figuren – ist am Eingang erhältlich. Mitglieder der vornehmsten Familien Havannas liegen hier begraben, darunter der Marqués de Bellavista, die Condes de Penalver, die mit der spanischen Krone verwandte Familia de Falla-Bonnet, die Condes de Jarusco, de Rivero, O'Reilly, de la Camara, Santa Cruz Montalvo. Auch große Schriftsteller des Landes wie Alejo Carpentier, Cirilio Villaverde sind hier beigesetzt, außerdem der berühmte Schachspieler José Raul Capablanca. Kurios ist ein Grabstein in Form eines Dominosteins mit doppelter Drei. Darunter liegt eine Spielerin, die bei ihrem vergeblichen Versuch, diesen Stein beim Spiel zu ergattern, in die ewigen Dominogründe einging. Besonders prunkvoll ist das Monument der acht 1871 ohne Schuldbeweis hingerichteten patriotischen Medizinstudenten.

**Cine Fausto** (Calle Colón y Paseo del Prado): Für das mit bemerkenswerter Fassade (Modernismus bis spätes Art déco) errichtete Kino erhielt der Architekt Paturnino Parajón* die Goldmedaille des Colegio Nacional de Arquitectos.

**Edificio Bacardi** (Avenida de Belgica): Der gleichnamige Rumfabrikant ließ dieses großartige Art-déco-Gebäude errichten, das im Dezember 1929 vollendet war. Das Korallenkalksteingebäude ist mit schwedischem Granit verkleidet, die obere Kuppel mit Ziegeln aus den USA gedeckt. Der schönste Blick bietet sich von der Dachterrasse des Hotel Plaza.

**El Floridita** (Avenida de Bélgica 353): Das Floridita war neben der → Bodeguita del Medio Hemingways zweites Lieblingslokal, in dem der Schriftsteller seine eigene Daiquirimischung zu sich nahm und gelegentlich Gäste verprügelte. Heute ist die einst zwanglose Bar ein kühles, vornehmes Restaurant. An Hemingway erinnern nur noch eine Büste an der original erhaltenen Holztheke und der nach wie vor beste Daiquiri der Welt (das Geheimnis muß mit der Eismaschine zu tun haben).

**Templete** (Plaza de Armas): An der Nordostecke der Plaza erhebt sich die Nachbildung eines kleinen dorischen Tempels. Dabei handelt es sich um die erste Manifestation des Neoklassizismus in Havanna. Die Mittelsäule symbolisiert die alte territoriale Aufteilung der Insel in Occidente, Centro und Oriente. Im Inneren schildern drei Gemälde des französischen Künstlers Vermay*, der ein Schüler Davids war, daran, daß hier (ein Obelisk vor dem Tempel mar-

*Kuba, Havanna, El Floridita*

kiert die Stelle) 1509 unter einem heiligen Ceiba-Baum der erste Gottesdienst in Havanna gefeiert und zehn Jahre später Havanna gegründet wurde. Vermay* ruht im Tempel, neben seiner Gattin. Der Baum ist zwar nicht mehr das Original von damals, doch wer auf ihn am 16. November eine Münze wirft, wie dies viele *habaneros* tun, dem soll das Geld im nächsten Jahr nicht ausgehen. »Harte« US-Cents oder Quarters, die ausländische Touristen hier zurücklassen, bleiben allerdings nicht lange liegen; dazu sind Devisen auf Kuba denn doch zu schade...

**Fábrica de Tabacos Partagas** (Calle Industria 520): Die Zigarrenfabrik, eine der ältesten und größten Kubas, kann nach Voranmeldung besichtigt werden. Auch eingefleischte Nichtraucher werden sich der Faszination der Zigarrenherstellung nicht entziehen können. Auch wenn Fidel Castro seit Jahren der Zigarre abgeschworen hat (wofür er von der Weltgesundheitsorganisation sogar einen Orden erhielt), ist die Zigarre nach wie vor das begehrteste Exportprodukt Kubas, auch wenn Tabakpäpste wie Davidoff mittlerweile in die Dominikanische Republik abgewandert sind. Alles wird noch in aufwendiger Handarbeit erledigt. An den langen Bänken der großen Halle, den *galeras*, schneiden die Zigarrendreher (*torcedores)* die Blätter zu und rollen sie auf. Entscheidend ist die ausgeklügelte Mischung der *gavillas*, *manojos, matules* und *tercios* genannten Tabakblätter. Zum Schluß befestigt man das große, mit einem Rundmesser zurechtgeschnittene Deckblatt, die *copa*, mit Maniokkleber. Ein Profi schafft das alles in etwa zwei Minuten. Vormittags und nachmittags besteigt ein Vorleser ein Podest und lockert die monotone Tätigkeit der Beschäftigten auf. Die Männer schätzen Sportberichte besonders, die Frauen begeistern sich für schmalztriefende Kitschromane, bei denen Hedwig Courths-Mahler vor Neid erblassen würde. Doch auf Kuba wird natürlich auch der politischen Information breiter Raum eingeräumt. Das war schon vor Castro so. Nationalistische Vorträge in Zigarrenfabriken trugen Ende des 19. Jh. dazu bei, die Arbeiter für die Unabhängigkeit Kubas von Spanien zu begeistern. In der Fabrik wird jedoch nicht nur das Drehen und Verpacken der Zigarren, sondern auch die heikle Zubereitung der empfindlichen Blätter dem Besucher vorgestellt, die meist Frauen erledigen. Bei der *despala* wird der verbliebene Stengel vom Blatt entfernt, beim *deshile* die Fäden und Blattrippen. Von entscheidender Bedeutung für die Qualität ist die Sortierung. Dafür ist die *rezagadora* zuständig, die Einlageblätter von Deckblättern trennt. Während der Arbeiten dürfen die Beschäftigten übrigens umsonst rauchen, soviel sie wollen. Der früher vornehmlich in älteren Herrenzirkeln gepflegte Mythos, daß die kubanische Zigarre ihr unvergleichliches Aroma den feurigen Mulattinnen verdanke, die Zigarren auf ihren Schenkeln gerollt hätten, ist allerdings technisch unsinnig, auch wenn in den Fabriken seit jeher viele Frauen gearbeitet haben. Das US-Importverbot für Kuba-Zigarren (sie heißen vor Ort nicht Havannas oder *cigaros*, sonder *tabacos*) dürfte für die Amerikaner wohl die schmerzlichste Folge des verschärften Handelsembargos sein, das Präsident Kennedy nach der Raketenkrise 1963 über die Castro-Insel verhängte. Der passionierte Zigarrenraucher Kennedy ließ sich vorher noch tausend Stück einfliegen und in seinen *humedores* (Aufbewahrungskästchen, die für konstante Feuchtigkeit sorgen) einlagern. Rauchen konnte er sie allerdings nicht mehr...

**Fortaleza de San Carlo de la Cabana:** Nachdem es 1762 den Engländern gelungen war, die Festung El Morro von der ungeschützten Landseite her zu umgehen und die Stadt einzunehmen, beauftragte König Carlos III., der Havanna gegen die Preisgabe Floridas zurückerlangt hatte, den Architekten Silvestre Abarca* mit dem Bau dieser Festungsanlage, die zu den mächtigsten Lateinamerikas gehört. 1774 war sie fertiggestellt. Als man dem König berichtete, was seine Festung dem Staatssäckel gekostet habe, soll er auf den Balkon seines königlichen Palastes getreten sein und ein Fernglas verlangt haben, denn »wenn sie so teuer gewesen ist, müßte sie von Madrid aus zu sehen sein«. In dieser Festung ist viel Blut geflossen. Während der Unabhängigkeitskriege und der Revolution diente sie als Hinrichtungsstätte, bis 1959 Che Guevara das Fort erstürmte. Eine Zugbrücke führt über den zwölf Meter tiefer Graben, doch

*Kuba, Havanna, Gran Teatro García Lorca* ▷

die Architektur war angesichts moderner Kriegstechniken schon bald überholt. Legendär sind die von hier aus zu betrachtenden Sonnenuntergänge, die Havanna in ein magisches Licht tauchen, bevor es – wegen der Stromknappheit – in tiefem Dunkel versinkt.

**Gran Teatro García Lorca** (Paseo del Prado): Das einem Hochzeitskuchen mit vier von Engeln gekrönten Türmen gleichende Theater neben dem Hotel Inglaterra wurde 1837 unter dem Namen Gran Teatro de Tacón (zu Ehren des spanischen Gouverneurs, der es erbauen ließ) eröffnet. Caruso hat hier gesungen, Sarah Bernhardt Ovationen erhalten. Heute probt hier das Nationalballett von Alicia Alonso, das allerdings oft auf Auslandstournee ist. Heute ist das Theater nach dem berühmten spanischen Dichter Federico García Lorca benannt, der 1930 drei Monate in Kuba verbrachte und von der Insel als Paradies schwärmte. Auf Kuba schrieb er das avantgardistische Stück El público (*Das Publikum).*

**Hotel Ambos Mundos** (Calle Obispo 153): Im fünften Stock dieses mit einem herrlichen Blick über die Stadt gesegneten Hotels stieg Ernest Heminway ab 1939 wiederholt als Dauergast ab, bevor er seine Finca außerhalb Havannas kaufte. Das Zimmer, in dem er sein Epos des Spanischen Bürgerkrieges *Wem die Stunde schlägt* schrieb, ist zu besichtigen. Die echte Schreibmaschine befindet sich allerdings in der zum Hemingway-Museum umgewandelten Finca.

**Hotel Inglaterra** (Paseo del Prado 416): Das älteste Hotel Havannas errichtete Anfang des 19. Jh. der spanische Architekt Don Francisco Villamil* im Stil des Neoklassizismus. Das einstige Café Louvre im Erdgeschoß war einst Treffpunkt der independentistas. Hier hielt Martí eine berühmte Rede für die Unabhängigkeit, und hier rührten die Journalisten der US-Verleger Hearst und Pulitzer ihre Stories über geschändete Jungfrauen und aufgespießte Babys zusammen, um die Menschen in den USA auf die Intervention einzustimmen. Im Februar 1890 sondierte hier der Unabhängigkeitskämpfer Antonio Maceo während eines Waffenstillstandes, auf welcher Seite die *habaneros* standen.

**Hotel Plaza** (Calle Zulueta 267): Der 1992 renoviert wiedereröffnete Konkurrent des Hotel Inglaterra auf der anderen Seite des Parque Central war einst das alte Palais der Familie Pedroso, das der Marqués de Pinar del Río 1909 in ein Hotel umwandeln ließ. Hier stiegen Berühmtheiten wie Caruso, Anna Pavlova und Isadora Duncan ab. Viele Touristen statten dem Hotel einen Besuch ab, da sich von seiner Terrasse im fünften Stock ein hervorragender Blick auf die Dächer der Altstadt und das Edificio Bacardi bietet.

**Hotel Sevilla** (Calle Trocadero 55). Das unlängst renovierte großartige Foyer des Hotels war Schauplatz in Graham Greenes Roman *Unser Mann in Havanna.*

**Palacio Aldama** (Calle Reina 1): Der prächtige Palast wurde 1840–44 im Stil des Neoklassizismus errichtet. Sein Schöpfer war der aus der Dominikanischen Republik stammende Architekt Manuel José Carrera*. Hier residierte der Patriot Miguel Aldama, bis spanische Freiwillige 1868 zu Beginn des Unabhängigkeitskrieges seinen Palast verwüsteten und Aldama ins Exil gehen mußte. Der spanische Gouverneur konfiszierte den Besitz und richtete darin das städtische Gericht ein. Heute befindet sich hier die Zentrale des *Instituto de Historia del Movimiento Comunista y de la Revolución Socialista de Cuba.*

**Palacio del Segundo Cabo** (Plaza de Armas): 1772–91 wurde unter Trevejos ein Palast an der Nordseite der Plaza errichtet, in dem die höchsten Verwaltungsoffiziere der spanischen Krone residierten. Unter der Republik war er Sitz des Senats, bis dieser ins neuerbaute Capitolio umzog, danach tagte hier das oberste Volksgericht. Der Palast zeigt eine Kolonnadenfassade. Er ist ohne weiteres zugänglich, da hier Einrichtungen des Kulturministeriums untergebracht sind. Hier findet die kubanische Buchmesse (Feria Cubana del Libro) statt.

**Palacio de los Capitanes Generales** (Plaza de Armas): Nach einem Erdbeben mußte man die bereits im 16. Jh. durch die Explosion der Invencible beschädigte Pfarrkirche endgültig abreißen. Auf Initiative des Gouverneurs, Marqués de la Torre, errichteten

*Kuba, Havanna, Hotel Plaza*

ab 1776 die besten Architekten der Stadt, Oberst Antonio de Trevejos y Zalvidar* und Pedro Medina*, dieses aufgrund seiner Ausgewogenheit und sparsamer Schmuckornamente schönste Barockgebäude Havannas. 1792 endete ein erster Bauabschnitt; erst 1835 war das Bauwerk fertig. Hier residierten bis zur Unabhängigkeit Kubas die spanischen Generalkapitäne (militärische Verwalter der Insel), dann quartierten sich während der amerikanischen Besatzungszeit die US-Militärgouverneure ein. 1902 rief man hier die Republik aus. Nach dem Abzug der Amerikaner zogen die kubanischen Präsidenten hier ein, bis 1920 ihr Präsidentenpalais fertiggestellt war. Zuletzt war das Gebäude Amtssitz des Bürgermeisters, bevor es in das *Museo de la Ciudad* umgewandelt wurde.

Besonders bemerkenswert ist die Fassade zur Plaza de Armas, deren hier erstmals verwendeten Stilelemente Furore machten und eine Reihe weiterer barocker Kolonialgebäude in Havanna beeinflußte: unten die Vorhalle mit neun Arkaden, die sich auf zehn Säulen mit angebrachtem spanischen Wappen stützen. Darüber die Beletage mit den Balkonen und Fenstern der Repräsentationsräume. Kapriziös mutet der Holzbelag zwischen Plaza de Armas und Palacio an. Einem der Gouverneure soll das Rattern der Wagenräder auf dem Kopfsteinpflaster so auf die Nerven gegangen sein, daß er das Steinpflaster unterhalb des Schlafzimmerfensters durch Holzbohlen ersetzen ließ.

Einige der Glocken am Eingang zum Palast riefen einst auf großen Zuckerrohrplantagen die Sklaven zur Arbeit. Im arkadenumsäumten Innenhof steht ein von Königspalmen bewachtes Kolumbusstandbild, das 1862 der Italiener Cucchiari* schuf. Mit der Kanone zu seinen Füßen, El Fuerte, feuerte man einst den Signalschuß zum Öffnen und Schließen der Stadttore ab. Ebenfalls im Innenhof zu sehen ist der wohl älteste Grabstein aus dem Jahre 1557. Die Palastgemächer im ersten Stock geben heute einen prächtigen Rahmen für die umfangreichste kolonialgeschichtliche Sammlung Kubas ab: Kutschen, Möbel, Gemälde, Statuen, Uniformen, Fahnen (darunter die erste Nationalfahne) und Waffen (darunter die Macheten von General Antonio Maceo und Máximo Gómez), Gegenstände aus dem Besitz von Manuel de Céspedes, José Martí und Ignacio Agramonte. Das Porträt des Marqués de la Torre schuf Vicente Escobar*, während Jean-Baptiste Vermay* Cienfuegos, Cagical und Apocada in Öl bannte. Berühmtestes Stück ist das Original der Giraldilla, deren Kopie sich noch heute auf dem Wachturm des Castillo de la Real Fuerza dreht. Für den Fall, daß jemals ein spanischer Monarch geruhen würde, seiner treuen Kolonie einen Besuch abzustatten (keiner kam auf die Idee), hatte man extra einen Königssaal eingerichtet. Heute lassen sich oft festlich gewandete junge Mädchen anläßlich ihres 15. Geburtstages (der in Lateinamerika ein großes Ereignis ist), in Bonbonrosa und Himmelblau vor dem Hintergrund der kostbaren Säle für das Familienalbum ablichten.

**Palacio de los Condes de Casa-Bayona** (Plaza de la Catedral): Der eindrucksvolle Palast gegenüber der Kathedrale wurde 1720 als frühestes Residenzgebäude am Platz aus massivem Korallenkalkstein errichtet. Besonders schön ist der Patio mit Säulenumgang im Obergeschoß. Einst war der Palast die Residenz von Don Luis Chacón, einem der Generalkapitäne Kubas, dessen Tochter Don José Bayona heiratete. Im 19. Jh. war im Palast das Colegio de la Literatura untergebracht, später arbeiteten hier die Journalisten einer Zeitung, und sogar Rum brannte man hier. Im stilvollen Ambiente der Säle mit ihren schönen mudéjaren Holzdecken (*alfarjes*) zeigt heute das *Museo de Arte colonial* Möbel, Lampen, Porzellan, schmiedeeiserne Gitter, Kutschen sowie eine einzigartige Sammlung von *mediopuntos* und *mamparas*, wie man die bunten halbmondförmigen Glasfenster Kubas nennt.

**Palacio del Conde de Santovenia** (Calle Baratillo): Neben dem Templete erhebt sich an der Ostseite der Plaza de Armas ein vermutlich 1784 errichteter Palast. Graf Santovenia feierte hier 1833 ein rauschendes Fest, als dessen Höhepunkt sich ein blumen- und girlandengeschmückter Fesselballon in die Lüfte erhob. Nach dem Tod des Grafen im Jahre 1865 kaufte ein Oberst aus New Orleans das Palais.

**Quinta de Los Molinos del Rey** (Avenida Allende): Die einstige Finca der Generalkapitäne wurde zwischen 1835 und 1837 errichtet. Hier befanden sich die königlichen Tabakmühlen. 1898 zog Máximo Gómez mit dem Oberkommando der Befreiungsarmee in dem Gebäude ein, das 1981 zum Nationalmonument erklärt wurde. Dem aus der Dominikanischen Republik stammenden Generalísimo ist heute ein Museum gewidmet.

**Tropicana** (Calle 72, Nr.4504, zwischen Avenida 43 und Linea T im Viertel Marianao): »Showtime! Señoras y señores. Ladies and gentlemen. Muy buenas noches, damas y caballeros, tengan todos ustedes. Good-evening, ladies and gentlemen. Tropicana, el cabaret MAS fabuloso del mundo ...Tropicana, the most fabulous night-club in the WORLD ... presenta ... presents ... su nuevo espectáculo ...« So beginnt Guillermo Cabrera Infantes berühmter Roman *Tres tristes tigres* (Drei traurige Tiger) über die turbulenten 50er Jahre auf Kuba. Hier traf sich »tout« Havanna, und spendierfreudige Gringos zogen die ohnehin schon spärlich bekleideten *mulatas* mit den Augen aus. Die Großen der Musik sind alle hier aufgetreten: der Mambokönig Pérez Prado, der unvergessene Sänger Beny More, Nat King Cole, Carmen Miranda und Rita Montaner. Nach der Revolution war das 1931 eröffnete Cabaret lange das einzige Relikt ungehemmter kubanischer Sinnenfreuden in Havanna. Man verdiente einfach zu viele Devisen damit. Das gilt heute noch mehr. Für Spitzenplätze werden über 50 Dollar Eintritt verlangt. Doch auch die Kubaner feiern hier noch heute gerne den 15. Geburtstag ihrer Sprößlinge. Wer das trotz der Stromknappheit in Havanna wie ein Christbaum beleuchtete Tropicana heute besucht (bei Regen fällt die unter freiem Himmel stattfindende Show aus), macht einen Zeitsprung in die 50er Jahre. Langbeinige Mulattinnen mit Glitzerbikinis und Federhüten tänzeln über die Bühne, während die Profitänzerinnen kompliziertere Schritte vollführen. Pro Nacht gibt es zwei Vorstellungen: Die erste ist sehr spektakulär, die zweite ruhiger, doch spielen die besseren Orchester. Der nachts in Schein-

*Kuba, Havanna, Palacio de los Capitanes Generales* ▷

*Kuba, Havanna, Malecón*

werferlicht getauchte Brunnen mit zwölf nackten Tänzerinnen erhielt übrigens einen Architekturpreis!

**Universidad de La Habana** (Calle L zwischen Calle 29 und Ronda): Die Universität von Havanna wurde 1728 als Universidad Real y Pontífica de La Habana gegründet. Zutritt hatten nur Studenten mit »reinem« Blut. Demonstrationen für die Unabhängigkeit und später gegen die Diktatoren Machado und Batista konnte man allerdings damit nicht verhindern. Ein Denkmal zeigt Julio Antonio Mella, den 1929 ermordeten Gründer der Studentenvereinigung und der KP 1925, 1929. Das *Museo Montane de Antropología* widmet sich der indianischen Urbevölkerung Kubas.

## STRASSEN UND PLÄTZE

**Alameda de Paula:** Die älteste Promenade der Stadt wurde im 18. Jh. für die feine Gesellschaft Havannas angelegt. Diese verzog sich jedoch naserümpfend, als sich hier das Hafenviertel mit seinen Spelunken und Bordellen breitmachte. Reste der Stadtmauer sind noch zu sehen.

**Calle Luz:** Die zwischen Cubas und Damas gelegene Straße bietet ein einzigartiges Ensemble von Häusern verschiedener Stilrichtungen: Barock, Jugendstil und sogar ein postmodernes Haus mit viel Glas, das sich der Arzt des Viertels errichtete.

**Calle Obispo:** In dieser berühmten Altstadtstraße, deren einst berühmte, heute zumeist verrammelte Geschäfte von besseren Zeiten träumen, steht das älteste Haus Havannas (Nr. 117–19), das bereits auf dem ältesten Stadtplan von 1570 erscheint. In den 30er Jahren spazierte Hemingway täglich auf seinem Weg vom Hotel Ambos Mundos in die Bar La Floridita durch die Straße, von allen Passanten freundlich begrüßt. Einen Zeitsprung von über 50 Jahren erlebt man in der *Drogería Johnson* (Ecke Aguiar) mit Ladentheke aus poliertem Mahagoni, Porzellankrügen und Glasregalen.

**Malecón:** Vom *Castillo de la Punta* zur Festung *La Chorrera* führt die berühmteste Straße der Stadt. Wenn im Winter die Nortes (Nordwinde) blasen, schwappt das Meerwasser über die Kais bis an die Fassaden der Häuser, doch an anderen Tagen flanieren hier Familien, Verliebte; Straßenhändler und *jineteras* (»Reiterinnen«) verfolgen jeden dollarschweren Touristen mit ihrem »sssst«. Mit riesigen Lkw-Reifen paddeln verwegene Burschen aufs haiverseuchte Meer zum Angeln hinaus (einige sollen damit bis Miami gekommen sein). Im August 1994 ließen hier einige besonders abgebrühte *balseros* (Bootsflüchtlinge) unter den Augen der Polizei ihre abenteuerlichen Flöße zu Wasser. Besonders bei Sonnenuntergang erstrahlen die verwaschenen pastellfarbenen Fassaden der neokolonialen Villen in magischem Licht. Die sechsspurige Schnellstraße der Promenade, die in den Stadtteil Vedado führt, gehört heute den Radfahrern fast allein. Auf ihrer gesamten Länge wurden Denkmäler aufgestellt.

**Parque Central:** Im Zentrum dieses vom Hotel Inglaterra und dem Teatro Lorca beherrschten Parks, der ein beliebter Treffpunkt der *habaneros* ist und in dem sich nachmittags die Kinder im Nationalsport *pelota* (Baseball) üben, steht die älteste Statue José Martís. Geschaffen hat sie der Kubaner Juan Villalta de Saavedra*. Am 24. Februar 1905, dem zehnten Jahrestag des Beginns des von Martí angeführten Unabhängigkeitskrieges, wurde sie aufgestellt.

**Parque de la Fraternidad:** Das Zentrum des Platzes liegt im Schatten eines großen Ceiba-Baums, der anläßlich der 6. Panamerikanischen Konferenz im Jahre 1928 eingepflanzt wurde, wobei alle amerikanischen Länder ein Stück Erde beitrugen. Die 1837 skulptierte Frauenstatue »La Noble Habana« zeigt die Indianerin, die als erste die Spanier willkommen hieß. Andere Büsten ehren berühmte Amerikaner wie Simón Bolívar, José de San Martín, José Gervasio Artigas, Francisco Morazán, Alejandro Petion und Abraham Lincoln.

**Parque Lenin:** Der riesige, an der zum Flughafen führenden Avenida Independencia (offiziell Rancho Boyeros) liegende Park besitzt ein Amphitheater, ein Freilichtkino, Galerien, Reitplätze, ein Aquarium und viele andere Vergnügungseinrichtungen (viele sind im Augenblick geschlossen). Er ist eines der letzten Refugien des russischen Revolutionsführers Lenin, dessen riesiger Kopf noch immer auf die hohen Bäume des Parks schaut, auf denen sich der kubanische Dissident und Schriftsteller Reinaldo Arenas auf der Flucht vor der Sicherheitspolizei Castros tagelang versteckte. Ganz den kapitalistischen Genüssen zugewandt ist das auf den Ruinen einer Zuckerplantage errichtete Restaurant Las Ruinas, das teuerste Kubas und daher mit dem richtigen Namen bedacht. Seine Einrichtung mit Glasfenstern von Rene Portocarrero*, Tiffanylampen und Marmortreppe ist jedoch einen Besuch wert. Unweit des Parks liegen der *Jardin Botánico* und die Pavillons der sich anschließenden *Expo Cuba*.

*Kuba, Havanna, Palast am Parque Central*

**Pequeño Wall Street:** Der Name dieses von Calle Aguiar im Westen, Calle Cuba im Osten, Calle Amargura im Süden und Calle O'Reilly im Norden begrenzten Bankenvier-

*Kuba, Havanna, Lonja*

tels in der Altstadt läßt keine Mißverständnisse zu. Hier herrschte einst das Kapital, wie noch heute die prunkvollen Bankpaläste demonstrieren. Sie stammen aus der Zeit des Ersten Weltkrieges, als den Europäern der Rübenzucker ausging und deshalb auf der ganzen Welt die Zuckerpreise in die Höhe schossen. Die Amerikaner investierten zu dieser Zeit riesige Summen auf Kuba. Heute wartet die geschlossene *Bolsa de Habana*, (Lonja de Comercio) und wartet, wartet, wartet...

**Paseo de Martí (El Prado):** Der lange, vom Parque Central zum Malecón führende Boulevard wurde ab 1771 angelegt. Mit seiner von riesigen Lorbeerbäumen gesäumten zentralen Promenade ist das Vorbild des Madrider Prado und der Ramblas von Barcelona unverkennbar. Einst fuhren hier die Kutschen der feinen Gesellschaft und die Festwägen des Karnevals (der wegen der »Besonderen Periode« auf unbestimmte Zeit untersagt wurde). Brunnen und Statuen begleiten den Flaneur. Die verschwenderischen Rokokofassaden sind traurig verfallen, doch einige wurden auch restauriert. An der Ecke zur Calle Colón, etwa auf der Höhe des Hotel Caribbean, kann man die sehr kubanischen Transaktionen der *Bolsa de las permutas* verfolgen. Hier treffen sich nämlich alle, die eine andere Wohnung suchen. Da das kubanische Gesetz nur Wohnungstausch zuläßt, ist dies der einzige Weg, eine größere, kleinere, besser ausgestattete oder günstiger gelegene Behausung zu finden. Der bekannte kubanische Film *La Permuta* behandelt dieses Thema. Ab fünf Uhr nachmittags sollte man zum *Palacio de Matrimonios* (Heiratspalast) schlendern, wo sich frisch vermählte Ehepaare ablichten und von einer vom Staat spendierten Limousine (bis vor kurzem jedenfalls) in ein ebenfalls kostenloses Hotel chauffieren lassen, um dort ihre Flittertage zu verbringen. Es gibt nicht wenige Kubaner, die sich nur wegen der Regierungsgeschenke (darunter ein Hochzeitskuchen) verheiraten, um sich nach zwei Wochen problemlos wieder scheiden zu lassen.

*Kuba, Havanna, Am Paseo de Martí*

*Kuba, Havanna, Am Paseo de Martí*

**Plaza de Armas:** Der älteste Platz von Havanna wurde bereits im 16. Jh. angelegt. Hier erhob sich die erste Kolonialkirche. Als ein Blitzschlag das Munitionsdepot der Invencible, Admiralsschiff der spanischen Armada, in die Luft jagte, erlitt die Kirche Schäden, die nicht mehr zu beheben waren. Nach dem großen Hurrikan von 1768 wurde die ohnehin schon beschädigte Pfarrkirche abgerissen. Der Architekt Fernández Trevejos* wandelte das Truppenexerziergelände in einen repräsentativen Platz um. Nur das Castillo de la Real Fuerza ließ er unberührt. Von seinem Balkon aus verfolgte der Generalkapitän die Feste und Veranstaltungen auf dem Platz. Das im Schatten mächtiger Ceibas und Königspalmen liegende Denkmal in der Platzmitte zeigt den kubanischen Freiheitshelden Carlos Manuel de Céspedes (1819–74). Es ersetzte in den 30er Jahren eine Statue des spanischen Restaurationskönigs Ferdinand VII. Seit einiger Zeit gibt es auf der Plaza sogar einige Straßencafés – im sozialistischen Havanna lange eine als bourgeois verschriene Einrichtung. An der Plaza liegen die gesondert beschriebenen Gebäude Casa del Conde de Santovenía, Palacio de los Capitanes Generales und der Palacio del Segundo Cabo.

**Plaza de la Catedral:** Der Platz gilt aufgrund seiner harmonischen Proportionen, Kolonnaden und Balkone als eine der schönsten kolonialen Anlagen Lateinamerikas. Hier wird deutlich, was der berühmte kubanische Schriftsteller Alejo Carpentier meinte, als er schrieb: »Die unglaubliche Fülle von Säulen in einer Stadt, die ein wahrer Säulenstapelplatz, ein Säulenurwald, eine endlose Kolonnade geworden ist, die letzte Stadt, die Säulen in einer solchen Überfülle besitzt; Säulen noch dazu, die nach dem Auszug aus ihrem ursprünglichen Standort, dem Innenhof, eine Geschichte des Verfalls der Säule quer durch die Zeiten darstellen...« Ausgehend von der Kathedrale folgen im Uhrzeigersinn Palacio José Lombillo y Re de Arellano, Palacio Ignacio Peñalver y Cardenas, Palacio de los Condes de Casa Bayona, Palacio S. Peñalver y Angulo und

Palacio del Marqués de Aguas Claras. Am Samstag findet hier der sehenswerteste Kunstmarkt Kubas statt, auf dem auch viele regimekritische Maler ihre Werke ausstellen.

**Plaza de la Revolución:** Die riesige Platz mit seinen gesichtslosen Betonbauten scheint der Inbegriff osteuropäischer Architektur zur Zeit des real existierenden Sozialismus zu sein. Doch begonnen wurde die Anlage bereits im Jahre 1953, unter der Diktatur Batistas. Dabei holte man 1926 entworfene Pläne des französischen Städteplaners Jean Claude Forestier* aus der Schublade. Die Revolutionäre Castros beendeten nach 1959 lediglich das Werk. Auf dem 4,5 ha großen Platz, der über eine Million Menschen faßt, standen sich die Kubaner bei den berüchtigten Sechs- bis Achtstundenreden Fidel Castros (sie fallen heute wesentlich kürzer aus) die Beine in den Bauch, bejubelten Militärparaden, die den *yanquís* Paroli boten, feierten den erfolgreichen Abschluß der Alphabetisierungskampagne, beweinten 1968 die Ermordung Che Guevaras in Bolivien und protestierten (viele durchaus freiwillig) gegen die Ausreisewilligen, die 1980 die peruanische Botschaft besetzten (was zum Exodus im Hafen von Mariel führte). Auch heute noch vermag Castro Hunderttausende

*Kuba, Havanna, Am Paseo de Martí*

Menschen zu versammeln, zuletzt im Sommer 1994, zu Protestkundgebungen gegen die bei einer Schiffskaperung durch rabiate Ausreisewillige im Hafen von Havanna ums Leben gekommenen Marinesoldaten. Was die Menschen allerdings 1995 oder 1996 hier feiern oder betrauern werden, weiß niemand so genau.

Den Platz säumen mehrere Regierungsgebäude, das *Ministerio del Interior* (Innenministerium) mit monumentalem Porträt von Che Guevara (es darf als einziges Regierungsgebäude fotografiert werden), das 1958 vollendete ehemalige Justizministerium Batistas, heute *Zentralkomitee der Kommunistischen Partei*, in dem auch Castro arbeitet, außerdem das *Teatro Nacional*, die *Biblioteca Nacional* und das *Minsterio de Comunicaciones*, in dessen Erdgeschoß das *José Luis Guerra Aguiar Museo Postal* untergebracht ist, das Briefe aus der Kolonialzeit, Briefmarken aus aller Welt (darunter eine von 1855) und eine experimentelle Postrakete zeigt. Philatelisten können hier Briefmarken kaufen. In der Mitte des Platzes erhebt sich der 18 m hohe weiße sternförmige Obelisk des *Monumento José Martí*, dessen Aussichtsplattform jedoch nur handverlesene Gäste des kubanischen Staates betreten dürfen.

**Plaza Vieja:** Während die Plaza de Armas militärischen Zwecken diente, kamen auf dem danach angelegten, 1684 erstmals erwähnten Platz, der zunächst Plaza Nueva hieß, die Bürger zu ihrem Recht. Wer immer es in Kuba zu Geld gebracht hatte, konnte sich direkt an der Plaza (was in Spanien, nicht aber in den Kolonien, strengstens verboten war) seinen Palast errichten. Die herrlichen, leider verfallenen Fassaden der zweistöckigen Häuser mit ihren großen Bogengängen (*portales*), Torbauten (*zaguanes*), Holzbalkonen (*balcones colgadizos*) und halbmondförmigen Buntglasfenstern (*mediopuntos*) zeigen alle großen Stilrichtungen Havannas: Barock, Neoklassizismus und Jugendstil. Die Bewohner hatten hier einen Logenplatz, wenn auf der Plaza Stierkämpfe und Fiestas stattfanden. Das prächtigste Bauwerk auf der Plaza ist die → Casa del Conde de Jaruco. Ebenfalls bemerkenswert der Palacio del Conde de Jibacao, eine Mischung aus Barock und Neoklassizismus mit schönem Säulenportal.

## MUSEEN

**Casa de África** (Calle Lamparilla): Im Forschungszentrum für das afrokubanische Erbe sind auch Stücke zu sehen, die Fidel Castro auf seinen Afrikareisen als Staatsgeschenke überreicht wurden.

**Centro Alejo Carpentier** (Calle Empedrado 215): Gleich neben der Bodeguita del Medio zeigt dieses in der kolonialen *Casa del Conde de la Reunión* untergebrachte Museum Manuskripte und Gegenstände aus dem persönlichen Besitz des berühmten kubanischen Schriftstellers, der mit seinen Romanen *El reino de este mundo* (Das Reich von dieser Welt) und *Concierto barocco* (Barockkonzert) zu den Schöpfern des »real maravilloso« in der lateinamerikanischen Literatur zählt und die Schönheit der »Stadt der Säulen« so beredt zu rühmen wußte.

**Museo Casa Natal de José Martí** (Calle Leonor Perez 314): Hier kam der Held der kubanischen Unabhängigkeit am 28. Januar 1853 zur Welt. Seine Familie wohnte in bescheidenen zwei Zimmern des ersten Stocks, dort verbrachte er die ersten vier Jahre seines Lebens. Das Museum zeigt Andenken, Fotos und das einzige Ölporträt Martís, das ein schwedischer Künstler anfertigte.

**Museo de Arte Colonial** → Casa de los Condes de Casa Bayona.

**Museo de Artes Decorativas** (Calle 17, Nr. 502, Ecke Calle E, Vedado): 1961 konfiszierte die Revolutionsregierung das hochherrschaftliche Gebäude der Condesa Revilla de Camargo und richtete dort ein Museum ein, das schöne Möbel des 18. Jahrhunderts von Boudin, Chevalier, Simoneau, Riesener und Chippendale, Porzellan aus Meißen, Sèvres, Faenza und Wedgwood und venezianisches Kristall zeigt. Das mit rosa Marmor ausgekleidete Badezimmer ist schönstes Art déco. Herrlich sind die Gärten mit ihren flammenden Bougainvilleas, Weinlaubranken und den Statuen der vier Jahrezeiten. Bei der Bevölkerung ist die Gräfin nicht vergessen. Einmal ließ sie ihr Schwimmbad im März, wo normalerweise Temperaturen von mindestens 26 Grad herrschen, vereisen, damit eine Tänzerin aus Boston während einer der berühmten Soiréen der Gräfin die Gäste mit ihren Schlittschuhkünsten zerstreuen konnte.

**Museo de la Ciudad de La Habana** → Palacio de los Capitanes Generales.

**Museo de la Educación** → Palacio del Conde Lombillo.

*Kuba, Havanna, Am Paseo de Martí*

**Museo de la Revolución** (Calle Refugio 1): Der Kubaner Maruri* und der Belgier Belau* errichteten diesen Palast im Zuckerbäckerstil, in dem von 1922 bis 1959 die kubanischen Präsidenten residierten. Am 13. März 1957 entging der Diktatur Fulgencio Batista nur knapp einem Attentat revolutionärer Studenten, weil er sich in einem Aufzug versteckte. Heute ist hier das Revolutionsmuseum untergebracht. Es zeichnet die revolutionäre Geschichte Kubas von den ersten Sklavenaufständen bis zur Castro-Revolution nach, deren Reliquien und Fotografien mit quasi religiöser Hingabe ausgebreitet werden. Auch die blutgetränkten Uniformen vom gescheiterten Angriff auf die Moncada-Kaserne fehlen nicht. Der *Rincón de los Cretinos* zeigt lebensgroße Karikaturen des ehemaligen US-Präsidenten Ronald Reagan und des außer Landes geflohenen Diktators Batista. – Im angrenzenden Park schützt ein Glaspavillon die berühmte Yacht Granma, mit der Fidel Castro, Che Guevara und 80 weitere Guerilleros 1956 an der Südküste Kubas landeten. Umgeben ist er von Panzern und Flugzeugen (darunter ein Trümmerstück des amerikanischen Spionageflugzeugs U2).

**Museo del Automóvil** (Calle Oficio): Wer sich auf den Straßen von Havanna noch nicht an den alten Ami-Schlitten der 40er und 50er Jahre satt gesehen hat, die hier mangels Benzin vor sich hinrosten, kann sich in diesem Museum einige auf Hochglanz polierte Exemplare aus Detroit ansehen, die zu einer Zeit gebaut wurden, in der von Benzinpreisen noch nicht die Rede war.

**Museo Nacional de Bellas Artes** (Calle Trocadero): Das Museum besitzt eine der umfangreichsten Sammlungen ägyptischer, griechischer und römischer Kunst, europäische Meister wie Degas, Gaisborough, Tintoretto, Van Dyck und Velázquez sowie Säle mit kubanischer Keramik und Malerei, darunter Werke von Rodríguez de la Cruz*, Wifredo Lam*, Amelia Peláez*, Rene Portocarrerro*, Mariano Rodríguez* u. a.

**Museo Nacional de Historia Natural** → Capitolio Nacional.

**Museo Nacional de la Música** (Carcel 1): Am Nordende der Avenida de las Misiones zeichnet das in einem schönen Barockgebäude gegenüber des Castillo del Morro untergebrachte Museum mit einer ausgezeichneten Sammlung kubanischer Musikinstrumente die Geschichte der kubanischen Musik nach.

**Museo Napoleónico** (Calle San Miguel 1159): Der Patriarch der durch Zucker reich gewordenen Familie lebte hier seinen Napoleon-Spleen aus. Das Museum zeigt Gegenstände aus dem Besitz des Kaisers. Besonders Franzosen sind hier regelmäßig beeindruckt.

**Museo Numismático** (Calle Oficios 8): Das Münzenmuseum ist im ehemaligen *Monte de Piedad* untergebracht, dem ersten Leihhaus der Stadt. Es zeigt Münzen vom 16. Jh. bis heute, aber auch Pesoscheine mit der Unterschrift Che Guevaras. Es sind übrigens die gleichen, die man u. U. vor dem Hotel Habana Libre von Schwarzhändlern beim Dollartausch untergejubelt bekommt: Sie sind nicht mehr gültig, was aber angesichts der Tatsache, daß man als Ausländer in Kuba ohnehin so gut wie nichts in Pesos bezahlen kann, keine große Rolle spielt.

## STADTVIERTEL

**Miramar:** »Nehmt euch die Häuser, sie gehören euch«, forderte Fidel Castro nach seinem Einzug in Havanna die Bürger auf. Viele folgten ihm und zogen in die leerstehenden Residenzen der geflohenen reichen *habaneros*. Heute lebt man dort in qualvoller Enge und hat oft Zwischendecken (*barbacoas*) eingezogen, was den Häusern nicht gut bekommen ist. In vielen schönen Villen Miramars residieren ausländische Botschaften und Diplomaten.

**Vedado:** Der Name (»verboten«) rührt von einem Dekret des spanischen Generalkapitäns her, der nach der englischen Besetzung von 1762 die Bebauung des einstigen Sumpflandes am Meer untersagte, um künftigen Angreifern keinen Brückenkopf zu bieten. Anfang des Jahrhunderts errichteten wohlhabende *habaneros* hier ein Mini-Miami mit Art-déco-Bauten und numerierten Straßen. In Vedado sind die meisten Dollarhotels untergebracht. Die allermeisten wurden noch vor Castro errichtet. Das prächtigste ist das unlängst renovierte *Hotel Nacional* mit seinen charakteristischen Zwillingstürmen; das häßliche *Habana Libre* war vor der Revolution das Hilton und diente Fidel in den ersten Monaten nach der Machtübernahme als Hauptquartier. Hier stiegen im sozialistischen Kuba die wichtigsten Gäste ab, und manche Zimmerwand soll heute noch von Wanzen durchlöchert sein. Das Publikum des Foyers würde noch heute manchem Spionageroman zur Ehre gereichen: Spitzel, *jineteras*, zwielichtige Geschäftsleute und arglose Touristen, die lediglich den großartigen Blick von der Bar im 25. Stock über die Stadt genießen wollen. Geschichte gemacht hat auch das *Hotel Riviera*, von dessen Suite im 20. Stock der Mafiaboß Meyer Lansky die Spielbankgeschäfte führte. 1959 aber rollte seine Kugel auf Zero. Eine Institution ist das *Coppelia*, ein sternförmiger Eispalast aus Beton, wo sich Einheimische und Touristen gleichermaßen versammeln. Für einen mit Pesos zahlenden *habanero* kann es allerdings eine gute Stunde dauern, bis er sein Eis bekommt. Ein billiges Vergnügen bietet das *Cine Yara*. Wenn es hier zu voll wird, verfolgen die *habaneros* ihre Filme unter freiem Himmel, wobei eine Mauer des Habana Libre zur Leinwand umfunktioniert wird.

*Kuba, Havanna, Das beste Automobilmuseum ist die Straße*

## Umgebung

**Cojímar** (16 km ö): In diesem kleinen Fischerdorf lag Hemingways Yacht, die Pilar, mit der er zum Marlinfischen hinausfuhr. Das Dorf war Schauplatz seines Romans *Der alte Mann und das Meer*. Aus Schiffsschrauben, welche die örtlichen Fischer spendeten, goß man die Büste des auf Kuba verehrten Papa Ernesto. In Hemingways Lieblingslokal *La Terraza*, das im *Alten Mann und das Meer* erwähnt wird, ist noch heute jeden Mittag Gregorio Fuentes anzutreffen (Hemingways »alter Mann«). Er ist mittlerweile Mitte 90, erzählt aber nach wie vor gern von seiner Zeit mit Papa.

**Guanabacoa** (5 km ö): An der kolonialen Plaza des Ortes, ein Zentrum afrokubanischer Religionen, stehen die schon 1632 gegründete *Iglesia del Potosí* und das *Museo de Historia*, das über den Santería-Kult informiert.

**Regla** (3 km ö): Mit der Fähre erreicht man vom Hafen Havannas (Muelle Luz) das auf der anderen Seite der Bucht gelegene Viertel Regla. Es wurde vor 300 Jahren gegründet und ist stark von Afrokubanern geprägt. Die *Iglesia de la Santíssima Virgen de Regla* ist eine der Hauptstätten des synkretistischen Kults, der eine schwarze Madonna mit blauem Mantel verehrt. Die Virgen de Regla ist nicht nur Stadtpatronin Havannas, sondern gleichzeitig die Meeresgöttin Yemaya des Santería-Kults. Ihr Namenstag wird am 8. September gefeiert. Das *Museo de Regla* informiert über afrokubanische Religionen.

**San Francisco de Paula** (17 km sö): 1940 kaufte Hemingway, dessen dritte Frau Martha Gellhorn das Hotelleben im Abos Mundos leid war, in diesem Vorort Havannas die Finca La Vigía, die einen herrlichen Blick über Havanna bietet. Auch nach seiner Scheidung blieb er hier wohnen, lief mit seiner Luxusyacht Pilar zum Marlinfischen aus und empfing Hollywoodstars wie Gary Cooper und Ava Gardner sowie berühmte Schrift-

steller wie Graham Greene. Nachdem er von der Unheilbarkeit seiner Krankheit erfahren hatte, schoß er sich 1961 in Idaho eine Kugel durch den Kopf.
Da frühere Besucher in der Finca einiges mitgehen ließen, darf man heute nur noch durch die Fenster einen Blick auf die umfangreiche Bibliothek, die originale Royal-Schreibmaschine sowie die afrikanischen Jagdtrophäen an den Wänden werfen. Im obersten Stock des mit dem Haupthaus verbundenen Turms soll Hemingway geschrieben haben (einige bestreiten dies). In Kuba spielen u. a. seine Romane *Der alte Mann und das Meer* und *Inseln im Strom*. Castro hat Hemingway, der sich vorsichtig positiv über die Revolution äußerte, nur einmal getroffen, als Fidel einen Preis beim Marlinfischen gewann und Papa Ernesto ihn überreichte. Doch warf Hemingway, im Gegensatz zu vielen anderen Kubabegeisterten der Zeit, auch kritische Blicke auf sein Gastland: »Das war jetzt das Stück der Straße, das er nicht mochte, wenn er in die Stadt fuhr, und dieses Stücks wegen nahm er sich immer den Drink mit. Er trank ihn gegen die Armut, gegen den Schmutz, gegen den Staub von vierhundert Jahren und die Rotznasen der Kinder, gegen das Elend der Syphilis, die nicht behandelt wurde, gegen den Unrat in allen Flußbetten und die Hühner,

*Kuba, Havanna, Verwaltung des Mangels*

die so verlaust waren, daß sie keine Federn an den Hälsen hatten, gegen die Krätze im Genick der alten Männer und den Altweibergeruch und die brüllenden Radios« *(Inseln im Strom)*.

**Santa María del Rosario** (16 km sö): Die *Iglesia Parroquial* (So nach der Messe um 14.30 zu besichtigen) dieser hübschen Kolonialstadt nannte der Bischof von Havanna ihrer Schönheit wegen *Catedral de los Campos de Cuba*. Sie wurde 1760–66 von José Perera* errichtet und besitzt eine schöne Barockfassade, mudéjare Kassettendecken, wertvolle Barockaltäre aus Edelhölzern und Gemälde von Nicolás de la Escalera*, der erstmals Schwarze in der kubanischen Malerei darstellte.

## Holguín

Einw.: 233 000

Die gleichnamige Provinzhauptstadt wird von europäischen Chartergesellschaften angeflogen, um Urlauber in die Strandhotels von Guardalavaca zu bringen. Holguín wurde zwar bereits 1525 von Kapitän García Holguín gegründet, besitzt aber keine herausragenden Attraktionen. Größter Sohn der Stadt ist der Patriot Calixto García, der Generalmajor der Befreiungsarmee war.

**Parque Calixto García:** Der Platz bildet das koloniale Zentrum der Stadt. In seiner Mitte steht ein Standbild von Calixto García, dessen Geburtshaus in der Nähe in ein Museum umgewandelt wurde.

**La Periquera:** Das »Papageienkäfig« getaufte Haus erinnert an die spanischen Soldaten in bunten Uniformen, die sich während eines Angriffs von Mambís (schwarze Freiheitskämpfer) hinter den vergitterten Fenstern des Hauses verschanzten. Heute präsentiert hier das *Museo Municipal de Historia* indianische Artefakte, darunter die steinerne Figur eines überlangen Mannes (Axt von Holguín).

**Museo de Historia Natural Carlos de la Torre:** Das in einem neoklassizistischen Palais untergebrachte Naturkundemuseum besitzt u. a. eine bemerkenswerte Sammlung bunter Schneckengehäuse (*polymitas pictas*).

**Loma de la Cruz:** Auf dem drei Kilometer außerhalb der Stadt gelegenen Hügel errichtete Fray Antonio Alegria im Mai 1790 ein Kreuz, zu dem noch immer Menschen pilgern. Der Blick über die Stadt ist traumhaft.

### Umgebung

**Gibara** (32 km n): Die alte Fischerstadt macht Baracoa den Ruf als erste Landestelle von Kolumbus streitig. Jedenfalls untermauert man seine Ansprüche mit der Kolumbusstatue an der Playa Bariay. Mit seinen krummen Gassen, seinen weißen Häusern mit roten Ziegeldächern, schmiedeeisernen Gittern und bunten Glasfenstern und den Fischerbooten im Hafen ist Gibara ein reizvoller Anblick. Die Iglesia de San Fulgencio wurde 1854, das restaurierte *Teatro Colonial* 1889 errichtet. In einem Herrenhaus mit bunten Halbmondfenstern zeigt das *Museo de Arte Colonial* seine Schätze.
**Banes** (48 km nö): Das interessante *Museo de la Civilización Indígena* ist eines der wichtigsten Museen für präkolumbische Kulturen. Besonders bemerkenswert sind die kleinen Frauenfigürchen, die schon Kolumbus erwähnte. Die goldene Figur einer nackten Frau mit Kopfschmuck gibt jedoch Rätsel auf: Kündet sie von Kontakten mit mittelamerikanischen Zivilisationen, oder wurde sie aus dem Wrack einer spanischen Galeone geborgen?

## Nueva Gerona

Einw.: 42 000

Das mit der Fähre von Batabanó an der Südküste Kubas zu erreichende Nueva Gerona ist der Hauptort der *Isla de la Juventud*, mit ihren 3020 km² die größte Insel vor der Küste Kubas. Die spektakulären Korallenriffe ziehen v. a. Taucher an. Kolumbus, der die einst von den Ciboney besiedelte Insel auf seiner zweiten Reise 1494 betrat, nannte sie La Evangelista. Die angeblich hier vergrabenen Piratenschätze sollen Robert Louis Stevensons zu seiner Abenteuererzählung *Treasure Island (Die Schatzinsel)* inspiriert haben. Besiedelt wurde sie erst 1762. Anfang des Jahrhunderts kamen viele amerikanische Siedler auf die Insel, da sie an deren Anschluß an die USA glaubten. In den 30er Jahren ließ Diktator Machado auf der Insel ein »Mustergefängnis« (Presidio Modelo) errichten, in dem 1953 auch Fidel Castro und einige seiner Gefährten einige Zeit verbrachten. 1978 wurde die Insel zu Ehren der jungen Pioniere, welche die heute 90 000 Einwohner zählende Insel in die moderne Zivilisation holten, Isla de la Juventud genannt.
Das Zentrum der Hauptstadt besitzt noch viele Holzhäuschen im amerikanischen Provinzstil, und v. a. die älteren Leute sprechen noch Englisch.

### Umgebung

**Punta del Este:** An der Südküste der Insel liegen eine Reihe von Höhlen, deren Wände mit 3000 Jahre alten Petroglyphen der Ciboney-Indianer bedeckt sind. In der Haupthöhle ist unter anderem ein rot-schwarzer Mondkalender mit achtundzwanzig konzentrischen Kreisen, Menschen- und Tierfiguren zu sehen.

## Pinar del Río

Einw.: 120 000

Die Hauptstadt der gleichnamigen Provinz mit ihren berühmten Tabakfeldern und den bizarr geformten, *mogotes* genannten Kalksteinkegeln rund um Viñales wurde erst 1774 gegründet und weist eine verwirrende Straßenanlage auf. An der Hauptstraße, der Calle José Martí, stehen noch viele Kolonialbauten, die jedoch, wie so oft auf Kuba, wesentlich bessere Zeiten gesehen haben. Die Stadt ist für ihren nur hier hergestellten Guavenlikör und natürlich für ihre Zigarren bekannt.

**Fábrica de Tabacos Francisco Donatien:** Ebenso wie in der ausführlich beschriebenen Partagas-Fabrik in Havanna (siehe dort) widmet man sich auch hier der Kunst der Zigarrenherstellung.

**Museo Provincial:** In einem kolonialen Herrenhaus breitet das Museum die Geschichte der Provinz aus.

**Palacio Guasch:** Dieses 1909 erbaute Palais, eine neomaurische Caprice, deren Fassade mit Hieroglyphen, griechischen Säulen und gotischen Wasserspeiern dekoriert ist, dient heute als Heimstatt des *Museo de Historia Natural.*

**Teatro Milanés**: Das Theater wurde 1883 aus Holz und Ziegeln errichtet und hat illustre Interpreten gesehen.

### Umgebung

**Viñales** (27 km n): Die in der Sierra de los Organos mit ihren malerischen kegelförmigen Bergen (*mogotes*) gelegene Stadt besitzt sorgsam restaurierte Kolonialbauten. Ein Schüler des mexikanischen Muralisten Diego Rivera*, Leovigildo González*, überwachte die Arbeiten zum evolutionsgeschichtlichen *Mural de la Prehistoria* an einer Felswand des Mogote Dos Hermanas.

## Remedios

Einw.: 45 000

Die hübsche Kolonialstadt wurde 1514 von Vasco Porcallo de Figueroa gegründet, jedoch in Folge mehrfach von Piraten zerstört. Dennoch wollten die Bürger das fruchtbare Land nicht verlassen. Daraufhin griff der Pfarrer 1689 zu einer List und erklärte, daß der Ort von sage und schreibe 80000 Teufeln besessen sei. Doch den meisten Leuten von Remedios waren die »teuflischen Legionen der Dämonen« lieber als das nutzlose Land bei Santa Clara (das sich der Pfarrer rechtzeitig gesichert hatte), und sie bauten ihre Stadt unerschütterlich wieder auf, nachdem Soldaten aus Santa Clara sie in Brand gesteckt hatten. Bis zum Beginn des »Periodo Especial« war Remedios für seine karnevalsartigen Umzüge berühmt: die Parrandas. Ihre Tradition beginnt mit dem Heiligen Abend des Jahres 1822, als einige Bewohner der Stadt mit einem lärmenden Trommelspektakel ihre Nachbarn aufweckten, um sie an die Christmette zu erinnern. Die zahlten im nächsten Jahr mit gleicher Münze zurück. Bis vor kurzen wetteiferten zwei Clans, El Carmen und San Salvador, darum, wer im kommenden Jahr des größte Fest veranstalten würde: mit Kostümparaden, Festwagen, Laternen, Feuerwerk und großer Prasserei. Seit einigen Jahren finden die Parrandas nicht mehr statt. Die wichtigsten Bauten der Stadt säumen die nach einem Großbrand neu angelegte *Plaza Martí.*

**Iglesia de San Juan Bautista:** Die Kirche an der Ostseite der Plaza Martí wurde erstmals im Jahr 1570 erbaut und 1692 neu errichtet. Bei einem Erdbeben erlitt sie 1939 schwere Schäden; sie wurde jedoch mit dem Geld der reichen Familie Faya-Bonet restauriert. Wertvolle Ausstattungsstücke sind der mit vierundzwanzigkarätigen Goldinkrustationen verzierte Zedernholzaltar von Rogelio Atá und die kunstvoll gearbeitete mudéjare Kassettendecke mit Blumenmustern aus Mahagoni.

**Hotel Mascotte:** An der Südseite der Plaza Martí wurde ein schönes Kolonialhaus restauriert und in ein Hotel umgewandelt. Hier handelte 1899 General Máximo Gómez mit dem Abgesandten des amerikanischen Präsidenten McKinley die Demobilisierungsbedingungen für seine Mambi-Armee aus.

**Museo de la Música:** Im einstigen Wohnhaus des Rechtsanwaltes Alexander García Caturla an der Nordseite der Plaza, der gleichzeitig ein gefeierter Musiker war und klassische Musik mit afrokubanischen Rhythmen versah, wurde ein Museum eingerichtet, das Partituren und Musikinstrumente präsentiert.

**Museo Las Parrandas:** Unweit der Plaza informiert dieses besonders sehenswerte Museum über die Parrandas, deren Suspendierung hoffentlich nur vorübergehend sein wird.

## Sancti Spíritus

Einw.: 90 000

Die meist auf dem Weg in das 66 km entfernte Trinidad besuchte Hauptstadt der gleichnamigen Provinz gehört zu den sieben ersten *villas* der Konquistadoren. Gegründet wurde sie 1514 am Río Tuinicú, später zog man wegen der Piraten und fleischfressenden Ameisen landeinwärts ans Ufer des Río Yayabo. Von hier führten die Castro-Truppen nach 1959 den Kampf gegen Widerstandsgruppen in der Sierra de Escambray. Die malerischen *Kolonialhäuser* der Calle El Llano, der 1825 eingeweihte *Puente Yayabo*, einzige erhaltene Bogenbrücke Kubas, sowie die Pfarrkirche wurden zum Nationaldenkmal erklärt.

**Parroquía Mayor del Espíritu Santo:** Die Baugeschichte der im Herzen der Altstadt gelegenen Pfarrkirche reicht bis in das Jahr 1522 zurück. Nachdem Piraten die Kirche wiederholt zerstört hatten, wurde sie 1680 mit den gleichen Steinen neu errichtet. Der Turm kam im 18. Jahrhundert hinzu, die Kuppel im 19. Jahrhundert.

**Museo de Arte Colonial:** Das Museum an der Plaza Central illustriert mit historischen Möbeln die Stadtgeschichte.

## Santa Clara

Einw.: 200 000

Die Provinzhauptstadt wurde 1689 von Bürgern aus Remedios gegründet, die dem dortigen Pfarrer die Geschichte abnahmen, ihr Ort sei von vielen tausend Teufeln besessen. Während des Unabhängigkeitskrieges fiel der Lokalheld Leoncio Vidal beim Angriff auf eine spanische Garnison. Wichtiger noch war die siegreiche Attacke Che Guevaras auf einen Militärzug der Batista-Truppen, bei der den Guerilleros viele Waffen in die Hände fielen. Das Hotel Santa Clara Libre am Parque Vidal, in dem sich die Guerilleros verbarrikadierten, zeigt noch die Einschüsse der Soldaten Batistas. In Santa Clara erfuhr die Revolution eine quasi religiöse Weihe. Während Castro auf dem Marsch nach Havanna in Santa Clara eine Rede hielt, ließ man einen Taubenschwarm steigen. Eine weiße Taube, so heißt es jedenfalls, ließ sich auf der Schulter des *máximo lider* nieder, was viele Menschen als Santería-Zeichen der Auserwähltheit deuteten. Die wichtigsten Gebäude von Santa Clara aus dem späten 19. und frühen 20. Jh., darunter die *Casa de la Trova* und das *Museo de Artes Decorativas*, gruppieren sich um den schattigen Hauptplatz *Parque Vidal*, an dem bis ins späte 19. Jh. strikte Rassentrennung herrschte. In der Mitte steht ein graziler Musikpavillon.

**Iglesia del Buen Viaje:** Die schönste Kirche der Stadt besitzt eine sehenswerte Holzdecke.

**Iglesia del Carmen:** Die Kirche am Parque Tuduruy wurde Mitte des 18. Jahrhunderts errichtet.

**Teatro Caridad:** Das Theater am Parque Vidal wurde 1885 mit den Geldmitteln der aus steinreicher Familie stammenden, sozial engagierten Marta Abreu de Estevez errichtet, die 1887 auch die erste öffentliche Schule (heute das *Restaurante 1878*) und das erste Krankenhaus bauen ließ, das arme Patienten kostenlos behandelte. Das Theater ist mit Fresken des Spaniers Camilo Zelaya* ausgemalt.

**Tren Blindado:** Vier Waggons des im Dezember 1958 von Che Guevara überfallenen gepanzerten Militärzugs wurden in ein Museum umgewandelt. An ihm kommt kein Tourist vorbei, der an einer organisierten Rundreise teilnimmt.

**Plaza de la Revolución:** Auf dem etwas außerhalb des Stadtzentrums gelegenen weitläufigen Platz steht eine Bronzestatue Che Guevaras mit Kampfuniform und Gewehr. Zur Gänze abgedruckt ist der bewegende Abschiedsbrief, den Che vor seinem Aufbruch nach Bolivien an Fidel schrieb und den Castro während einer Rede auf der Plaza de la Revolución in Havanna den Massen vorlas. Über Ches Aktivitäten informiert das *Museo de la Revolución*.

## Santiago de Cuba

Einw.: 380 000

In der zweitgrößten Stadt Kubas ist die Karibik näher als Spanien, die Menschen sind dunkler, sinnlicher, herzlicher als im hektischen Havanna. Auch wenn hier seit einigen Jahren der Karneval nicht mehr tobt, scheinen die Menschen in diesem ethnischen Schmelztiegel, zu dem die Franzosen einiges beigesteuert haben, gelassener auf die wirtschaftlichen Nöte des Landes zu reagieren. Wer durch die steilen, engen Gassen schlendert und sich zu lange vor einem der schönen Kolonialhäuser mit ihren überhängenden Balkonen und schmiedeeisernen Gitterfenstern (*rejas*) aufhält, muß damit rechnen, daß ein freundliches Gesicht am Fenster erscheint und den Besucher spontan hereinbittet. Schon mancher Tourist hat anschließend die übrigen Sehenswürdigkeiten rumbeschwingt absolviert.

Diego Velázquez gründete die Stadt im Jahre 1514 und gab ihr den Namen des spanischen Nationalheiligen. Aufgrund seiner strategischen Lage war Santiago bis 1592 die Hauptstadt Kubas. 1527 wurde die Stadt zum Bischofssitz erklärt. Der tiefe Naturhafen prädestinierte Santiago zu einem Zentrum des Sklavenhandels. Viele Afrikaner behielt man selbst, um sie in den nahe gelegenen Kupferbergwerken schuften zu lassen. Immer wieder warfen Piraten ihre begehrlichen Augen auf die Schätze der Stadt. Im Jahre 1662 nahmen englische Korsaren aus Jamaica die Stadt ein. Was sie nicht zerstörten, ruinierten mehrere Erdbeben. Als auf Haiti ab 1791 die Sklaven revoltierten und viele weiße Plantagenbesitzer massakrierten, flohen zahlreiche Franzosen auf die Nachbarinsel. Sie brachten nicht nur ihre Kenntnisse im Anbau von Zucker und Kaffee mit, die der Stadt zum wirtschaftlichen Aufschwung verhalfen, sondern auch ihre musikalischen Traditionen. Der hier entstandene *danzón* ist eine kubanische Weiterentwicklung der französischen *contredanse*.

In Santiago unterzeichneten die Spanier am 16. Juli 1898 unter einem großen Ceiba-Baum auf dem Gelände des heutigen Hotels Leningrado ihre Kapitulation gegenüber den USA. Ein halbes Jahrhundert später wurde die Stadt zur »Wiege der Revolution«, als Fidel Castro und seine Rebellen am 26. Juli 1953 die Montcada-Kaserne angriffen. »Die Geschichte wird mich freisprechen«, beendete er seine mehrstündige Verteidigungsrede während der Gerichtsverhandlung in Santiago. Am 1. Januar 1959 konnte er den Sieg der Revolution verkünden.

Viele Sehenswürdigkeiten Santiagos gruppieren sich um den *Parque Céspedes*, eine schattige Plaza, auf der man tief eintaucht in das Leben der *santiagueros*. Besonders romantisch sind die *Calle San Basilio* mit ihren alten Gaslaternen und die über Stufen einen Hügel erklimmende *Calle Padre Pico*.

*Kuba, Santiago de Cuba, Catedral*

**Catedral** (Parque Céspedes)**:** Die moderne Kathedrale, Sitz des Erzbischofs von Santiago de Cuba, war eine der ersten Kirchen der Neuen Welt. Sie wurde bereits ab 1523, neun Jahre nach der Gründung Santiagos, das erste Mal vollendet. Sie hat eine wechselvolle Geschichte erlebt. 1678 zerstörte ein Erdbeben die erste Holzkirche, in der Diego Velázquez begraben war. 1762 setzte die Plünderung der Stadt durch die Engländer auch die Kirche in Brand. Ein Schwarzer leitete Anfang des 19. Jh. den Neuaufbau,

*Kuba, Santiago de Cuba, Klassizistisches Gebäude* ▷

PALACIO PROVINCIAL

# arta a Fidel

"Habana
"Año de la Agricultura.

idel:

"Me recuerdo en esta hora de muchas cosas. cuando te conocí en casa de María Antonia. cuando me propusiste venir. de toda la tensión los preparativos.

"Un día pasaron preguntando a quién se de- avisar en caso de muerte y la posibilidad real hecho nos golpeó a todos. Después supimos e era cierta. que en una revolución se triunfa e muere (si es verdadera). Muchos compañeros edaron a lo largo del camino hacia la victoria.

"Hoy todo tiene un tono menos dramático. rque somos más maduros. pero el hecho se re- te. Siento que he cumplido la parte de mi deber e me ataba a la Revolución Cubana en su terri- rio y me despido de tí. de los compañeros. de tu eblo. que es ya mío.

"Hago formal renuncia de mis cargos en la irección del Partido. de mi puesto de Ministro. mi grado de Comandante. de mi condición de ubano. Nada legal me ata a Cuba. sólo lazos de ra clase que no se pueden romper como los nom- ramientos.

"Haciendo un recuento de mi vida pasada reo haber trabajado con suficiente honradez y edicación para consolidar el triunfo revolucio- nario. Mi única falta de alguna gravedad es no aber confiado más en tí desde los primeros mo- mentos de la Sierra Maestra y no haber compren- dido con suficiente celeridad tus cualidades de conductor y de revolucionario. He vivido días magníficos y sentí a tu lado el orgullo de perte- necer a nuestro pueblo en los días luminosos y tristes de la Crisis del Caribe. Pocas veces brilló más alto un estadista que en esos días. me enorgu- llezco también de haberte seguido sin vacilacio- nes. identificado con tu manera de pensar y de ver y apreciar los peligros y los principios.

"Otras tierras del mundo reclaman so de mis modestos esfuerzos. Yo pue que te está negado por tu responsabilid te de Cuba y llegó la hora de separarn

"Sépase que lo hago con una mez gría y dolor; aquí dejo lo más puro d ranzas de constructor y lo más querid seres queridos... y dejo un pueblo que como un hijo; eso lacera una parte de tu. En los nuevos campos de batalla l que me inculcaste. el espíritu revolu mi pueblo. la sensación de cumplir co grado de los deberes: luchar contra lismo donde quiera que esté: esto reco ra con creces cualquier desgarradura

"Digo una vez más que libero a C quier responsabilidad. salvo la que e ejemplo. Que si me llega la hora def otros cielos. mi último pensamiento s te pueblo y especialmente para tí. Qu gracias por tus enseñanzas y tu eje trataré de ser fiel hasta las últimas c de mis actos. Que he estado identific con la política exterior de nuestra R lo sigo estando. Que en dondequiera sentiré la responsabilidad de ser re cubano. y como tal actuaré. Que no d jos y mi mujer nada material y no m alegra que así sea. pues el Estado le dará lo suficiente educarse.

"Tendría muchas cosas que de nuestro pueblo. pero siento que son las palabras no pueden expresar lo q ra. y no vale la pena emborronar cu

"Hasta la victoria siempre. ¡Pat

"Te abraza con todo fervor rev

*Kuba, Santiago de Cuba, Moncada-Kaserne*

von dem das Chorgestühl erhalten blieb. Neuerliche Erdbeben sorgten dafür, daß man Türme und Fassade der Kathedrale 1932 zum (vorläufig?) letzten Mal wiedererrichtete. Heute ist sie Heimstatt eines *kirchengeschichtlichen Museums.*

**Antiguo Cuartel Moncada:** Die berühmte Armeekaserne, die den Namen eines Generals der Befreiungskriege des 19. Jh. trägt, war einst die zweitgrößte Kubas. Sie ist obligatorischer Halt auf allen Besichtigungstouren. Die Einschußlöcher an den Ziegelwänden der Kaserne stammen allerdings nicht von dem Angriff der Castro-Rebellen. Diese hatten am 26. Juli 1953, während in der Stadt der Karneval tobte, das verhaßte Symbol der Diktatur Batistas angegriffen (einige Revolutionäre fuhren im Taxi vor!), doch endete die Attacke in einem katastrophalen Fehlschlag. Castro überlebte den Angriff, wurde jedoch einige Tage später, zusammen mit seinem Bruder Raul, festgenommen, vor Gericht gestellt und in das »Mustergefängnis« der Isla de la Juventud geschickt. Der Angriff gilt dennoch als Beginn der kubanischen Revolution: Am 1. Januar 1959 triumphierten die Revolutionäre der nach dem Datum der Attacke benannten Bewegung M-26-7. Da man noch in der Batista-Zeit die Kaserne renovierte, mußten die Revolutionäre, die das Gebäude in ein Museum umwandelten, die Wände künstlich mit Schüssen durchsieben. Zu sehen sind mit geradezu religiöser Verehrung präsentierte Devotionalien der Revolution. Die Armeebaracken sind heute eine Schule.

◁ *Kuba, Santiago de Cuba, Moncada-Kaserne, Abschiedsbrief Che Guevaras an Fidel Castro*

**Ayuntamiento:** Das Rathaus, in dem heute der Poder Pupular (Volksmacht) untergebracht ist, besitzt eine schöne Fassade im neoklassizistischen Stil. Hier verkündete Fidel Castro am 1. Januar 1959 die Revolution und verlieh 30 Jahre später der Stadt Santiago den Ehrentitel »Wiege der Revolution«.

*Kuba, Santiago de Cuba, Moncada-Kaserne, »Das Versprechen der Moncada ist eingelöst«*

**Casa de Diego de Velázquez** (Parque Céspedes): Das Haus des ersten Gouverneurs von Kuba wurde ab 1516 von Hernán Cortés errichtet und bis 1530 fertiggestellt. Es gilt als das älteste Haus der Insel. Die holzvergitterten Balkone (*miradores*), die sich auf Holzpfeiler stützen, sind im andalusischen Mudéjar-Stil gehalten; die Steinfassade zeigt sparsames Dekor im plateresken Stil. Im Innenhof ist noch ein Ofen (*horno*) zu sehen, in dem Gouverneur Velázquez das von den Indianern in Zwangsarbeit zusammengetragene Gold in Barren schmelzen ließ. Velázquez selbst wohnte im ersten Stock. Seit 1971 ist in diesem Haus das *Museo de Arte Colonial* untergebracht, das wertvolles altes Mobiliar aus Edelhölzern, Kristallgeschirr, Trachten, Wandteppiche, Gemälde und Keramik präsentiert.

**Casa de la Trova** (Calle Heredia 208): In diesem Gebäude aus dem 18. Jh. treffen sich die Bohemiens und Musiker Santiagos. Die authentische Atmosphäre droht allerdings durch den immer stärkeren Touristenstrom verlorenzugehen.

**Casa Natal de José María Heredia** (Calle Heredia): In diesem Haus wurde 1803 José María Heredia y Heredia geboren, dessen Dichtung *El Niágara* (1825), eine bereits romantische Ode in klassizistischem Gewand über die amerikanischen Wasserfälle, berühmt wurde. Heredia mußte 1823 aus Kuba fliehen, nachdem er an Aktionen gegen die spanische Kolonialregierung teilgenommen hatte, und verbrachte den Rest seines kurzen Lebens in den USA und in Mexiko. Franzosen verwechseln Heredia oft mit dem gleichnamigen, ebenfalls auf Kuba geborenen Dichter José-María de Hérédia, der in Frankreich als Dichter der Parnassiens berühmt wurde.

**Casa Natal del General A. Maceo** (Calle Los Maceos): Das schlichte Geburtshaus des schwarzen Generals der kubanischen Befreiungsarmee, der in vielen Schlachten kämpfte, wurde zu einem Museum umgestaltet.

**Cementerio de Santa Ifigenia** (Avenida de las Américas): Wie der Cementerio Colón in Havanna besitzt auch dieser Friedhof prächtige Grabdenkmäler und Mausoleen. Berühmte Söhne Kubas liegen hier begraben: der Freiheitskämpfer und erste Präsident der »Republik in Waffen« Carlos Manuel Céspedes und der vielverehrte Patriot und Schriftsteller José Martí. Sein weißes Marmorgrabmal wurde so positioniert, daß es stets von der Sonne beschienen wird. Die Statuen an der Außenseite symbolisieren die einzelnen Provinzen Kubas.

**Hotel Casa Grande** (Parque Céspedes): Dieses Hotel neben der Kathedrale war einst Treffpunkt der Hautevolee von Santiago. In den 50er Jahren gaben sich Spione und Rebellen hier ein Stelldichein. Kein Wunder, daß Graham Greene das Hotel zu einem Schauplatz in seinem Roman *Unser Mann in Havanna* machte. Die Dachterrasse lohnt noch immer einen Besuch, auch wenn sich abends hier allerlei obskure Gestalten einfinden.

**Museo de Clandestinidad** (Calle Padre Pico und Santa Rita): Das »Museum des

*Kuba, Santiago de Cuba, Ayuntamiento*

Untergrundkampfes« wurde in einem Kolonialhaus untergebracht, das am 30. November 1956 von einer von Frank País befehligten Guerillagruppe mit Molotowcocktails angegriffen wurde, und informiert über die revolutionären Aktivitäten in der Zeit der Diktatur Batistas.

**Museo Bacardí** (Calle Pía Rosado): Das älteste Museum Kubas gründete 1899 Emilio Bacardi Moreau, der zu dieser Zeit nicht nur Schriftsteller und Bürgermeister von Santiago war, sondern auch Gründer der Rumfabrik Santiago Caney, die nach ihrer Verlegung nach Puerto Rico in Destilería Bacardi umbenannt wurde. Die Ausstellungsräume zeichnen die Geschichte des kubanischen Oriente nach. Indianische Artefakte sind ebenso zu sehen wie Dokumente, Flaggen, Karten und Waffen aus den Unabhängigkeitskriegen, ägyptische und peruanische Mumien sowie Bilder kubanischer und europäischer Maler aus dem Besitz Bacardis. Nicht verhindern konnte die enteignete Familie Bacardi, daß die Castro-Regierung nach 1959 auch revolutionäre Devotionalien in dem Museum unterbrachte. Das Museum ist angeblich wegen Renovierung geschlossen.

**Museo de Carnaval:** Da auch in Santiago de Cuba der »Periodo Especial« die einst so berühmten Karnevalsumzüge auf unbestimmte Zeit gestoppt hat, muß man sich in diesem Museum informieren, wie es aussah, als jeden Juli noch farbenfrohe Festwagen durch die Straßen fuhren und Menschen zum elektrisierenden Rhythmus der Maracas- und Congatrommeln tanzten. Die wirtschaftliche Not bedroht eine Tradition, die bis ins 18. Jh. zurückreicht. Wie in Rio de Janeiro gibt es verschiedene »Karnevalsschulen«, die *carabalis*. Manche sind eher europäisch, andere afrokubanisch geprägt. Ihre Proben und regelmäßigen Aufführungen kann man gottlob noch sehen. Die Gruppe *Carabali Izuama*, die von zwei Brüdern ins Leben gerufen wurde, die in der Befreiungsarmee als Majore dienten, probt in der Calle Pío Rosado (zwischen Los Maceos und San Antonio),

*Kuba, Santiago de Cuba, Casa de Velázquez* (Bild l u. r)

Carabali Olugo, eine Abspaltung der Izuama in der Calle Trocha 496 und die von Franzosen aus Haiti gegründete *La Tumba Francesa* in der Calle Los Maceos 501.

**Restaurante 1900** (Calle San Basilio): Das zu den besten der Stadt zählende Restaurant wurde im ehemaligen Bacardi-Palais eingerichtet. Besonders bemerkenswert sind die schönen Möbel des Fin de siècle, die Kristallüster und die einzigartigen blau-weißen Glasfenster.

## Umgebung

**Castillo El Morro:** Die im Süden der Stadt oberhalb der Bahía de Santiago gelegene Festung, die mit vollem Namen Castillo de San Pedro de la Roca heißt, entstand nach den Plänen des italienischen Baumeisters Juan Bautista Antonelli*, der auch für das gleichnamige Fort in Havanna verantwortlich zeichnete. Bis 1710 wurde die Festung ausgebaut. Einige Räume dieser 1978 restaurierten labyrinthischen Anlage wurden in ein *Museum* umgestaltet, das von den Piraten berichtet, die Santiago im Laufe der Zeit häufig heimgesucht haben. Im sozialistischen Kuba zählt man zu ihnen nicht nur Francis Drake oder Henry Morgan, sondern auch die imperialistischen *yanquís* und die abschätzig *gusanos* (Würmer) genannten Mitglieder der Exilgemeinde in Miami.

**El Cobre** (20 km nw): Der einzige kubanische Wallfahrtsort liegt an der ersten Kupfermine Amerikas. Hier wird eine mestizische Virgen de la Caridad verehrt. 1916 erklärte sie der Papst zur Nationalheiligen Kubas. Die auf einem Hügel oberhalb der Stadt gelegene Basilika wurde 1927 eingeweiht. Auch im sozialistischen Kuba pilgern am Namenstag der Heiligen, dem 8. September, noch immer Wallfahrer nach El Cobre. Im Santería-Kult wird die Madonna als sinnliche Göttin Ochún verehrt.

*Kuba, Santiago de Cuba, Cementerio de Santa Ifigenia, Grab von Emilio Bacardi* ▷

EMILIO BACARDI Y MORE
1844 –
CAPE DE BA

*Kuba, Santiago de Cuba, Castillo El Morro*

**Granjita Siboney** (10 km ö): Das Bauernhaus, in dem Castro und seine Gefährten 1953 den Angriff auf die Montcada-Kaserne planten, ist heute ein Museum, das auf organisierten Ausflügen gerne angefahren wird.

## Trinidad

Einw.: 50 000

Die drittälteste Siedlung auf Kuba gehört zu den schönsten Kolonialstädten Lateinamerikas. 1988 hat die UNESCO ihr historisches Zentrum und das »Tal der Zuckermühlen« (Valle de los Ingenios) zum Kulturerbe der Menschheit erklärt. Die Straßen mit Kopfsteinpflaster (dessen Steine als Schiffsballast aus Europa kamen), die ockerfarbenen Häuser mit roten Ziegeldächern, hohen Fenstern mit kunstvoll gedrechselten oder schmiedeeisernen Gittern sowie umlaufenden Balkonen machen die Stadt zu einem Juwel, das kaum ein Tourist ausläßt, wo immer er auch auf Kuba Urlaub macht.

Diego Velázquez gründete die Stadt im Jahre 1514 als La Villa de la Santissima Trinidad (Stadt der Heiligen Dreifaltigkeit). Doch in den Wasserläufen war wenig Gold zu finden. Von Trinidad brach Hernán Cortés 1519 auf, um das Aztekenreich zu erobern. Auf der Suche nach den reichen Schätzen Südamerikas zogen die meisten Bewohner Trinidads bald auf das südamerikanische Festland weiter. Die Zurückgebliebenen lebten in der isolierten Stadt hinter der Sierra de Escambray vor allem vom Sklavenhandel und Schmuggel mit den Engländern in Jamaica. Die Korsaren, die im 17. Jh. das nahe gelegene Sancti Spíritus verwüsteten, verschonten Trinidad. Im 18. Jh. stiegen Trinidad und sein Tal der Zuckermühlen zum größten Zuckerlieferanten der Welt auf. Anfang des 19. Jh. produzierten die 43 Mühlen des Tals über 80 000 Tonnen Zucker. Aus dieser Zeit stammen die prächtigen Herrenhäuser der Stadt. Der deutsche Naturforscher Alexander von Humboldt stat-

*Kuba, Santiago de Cuba, Vornehme Villa*

*Kuba, Trinidad*

tete im 14. März 1801 der Stadt einen dreitägigen Besuch ab. Das Aufblühen des Hafens Cienfuegos, die Abolitionsbewegung und die Befreiungskriege läuteten den wirtschaftlichen Niedergang ein. Den neuerlichen Zuckerboom Anfang des 20. Jh. machte das isolierte Trinidad nicht mehr mit.
Zentrum der Stadt ist die besonders schöne *Plaza Mayor*, die sich in den letzten zwei Jahrhunderten so gut wie nicht verändert hat. Um sie herum gruppieren sich großartige Paläste und Häuser. Ein architektonischer Genuß ist auch die Calle Bolívar. Von der außerhalb des Stadtzentrums auf einem Hügel gelegenen Ermita de la Popa aus dem 17. Jahrhundert bietet sich ein herrlicher Blick auf die Stadt.

**Convento de San Francisco de Asís:** Das 1731 errichtete ehemalige Kloster wurde 1809 erweitert, 1892 aufgelöst und in eine spanische Armeekaserne umgewandelt. Heute ist hier das *Museo de la Lucha Contra Bandidos* (Museum des Kampfes gegen Konterrevolutionäre) untergebracht, von denen es in der Sierra de Escambray einige gab. Vom Glockenturm bietet sich ein großartiger Blick über die Dächer Trinidads.

**Iglesia Parroquial Mayor** (Plaza Mayor): Sie wurde 1868 begonnen und ist die einzige fünfschiffige Kirche Kubas. Ihr neogotischer Altar für die Virgen de la Misericordia mit seinen leeren Nischen wartet noch immer auf die Statuen aus Italien, die niemals eintrafen. Dafür kam die Kirche in den Besitz eines eigentlich für Mexiko bestimmten Kruzifixes, das wegen eines Wirbelsturms hier an Land gebracht wurde und dort blieb.

**Museo de Arquitectura Colonial**: (Plaza Mayor): Das Museum informiert über die Bauweise der alten Häuser Trinidads und stellt einige schöne Gitter aus.

**Museo de Arquelogía** (Plaza Mayor): In den Räumen des früheren Palastes der Familie Ortíz mit umlaufendem Balkon sind heute indianische Funde und koloniale Exponate zu besichtigen.

*Kuba, Trinidad*

*Kuba, Trinidad*

**Museo de Alejandro de Humboldt:** Das ehemalige Haus der Familie Padrón ist um einiges sehenswerter als das naturkundliche Museum selbst, das nach dem deutschen Naturforscher benannt wurde.

**Museo Romántico** (Plaza Mayor): Das im 1740 errichteten prächtigen Herrenhaus der spanischen Zuckerfamilie Brunet untergebrachte Museum zeigt vor allem kostbares Mobiliar der damaligen Zeit, allerdings nicht aus dem Besitz der Familie, die Ende des 19. Jh. nach Europa zurückging. Porzellan, Gläser und Gemälde vervollständigen die Sammlung. Darunter befinden sich beispielsweise ein wertvoller österreichischer Sekretär aus dem 18. Jh. mit mythologischen Szenen aus Email, eine Marmorbadewanne sowie ein hölzerner »Thron« aus dem Jahre 1808, den man als Toilette benutzte. In der Küche sind ein Wasserfilter aus Kalkstein sowie schöne Teller und Schalen aus Porzellan von 1823 zu sehen.

◁ *Kuba, Trinidad, Iglesia Parroquila Mayor*

## Umgebung

**Torre de Iznaga:** Der 50 m hohe, 1820 errichtete Turm diente zur Überwachung der riesigen Zuckerrohrplantage Manacas, da man ständig Aufstände wie in Haiti fürchtete. Die einst hier hängenden Glocken riefen die Sklaven zur Arbeit.

## Varadero

Einw.: 10 000

Während der Rest Kubas immer tiefer in der harten Zeit des »Periodo Especial« versinkt, ist Varadero eine glitzernde Oase inmitten einer von Mangel bestimmten Welt. Was Castro einst den Einheimischen ermöglichte – den ihnen bis 1959 untersagten Zugang

*Kuba, Trinidad*

zum herrlichen palmengesäumten Strand mit seinem puderzuckerfeinen weißen Sand können sich die meisten Kubaner nicht mehr leisten, ein Cocktail kostet hier fünf Dollar; umgerechnet entspräche das dem Monatsgehalt eines Lehrers. Wer hier arbeiten darf, gehört zu den Privilegierten Kubas.

Die Amerikaner haben es bis heute nicht verwunden, daß ihnen Castro ihre liebste Spielwiese in der Karibik nahm. Dabei hatte der Chemiemagnat Irénée Du Pont de Nemours den richtigen Riecher gehabt, als er 1926 zu Spottpreisen Land aufkaufte, um sich seine *Luxusvilla Xanadu* zu errichten, die sich, jedenfalls nach dem nicaraguanischen Schriftsteller Ernesto Cardenal, »bei näherem Hinsehen als luxuriöse Scheußlichkeit entpuppt«. Dennoch lohnt ihre kostbare Einrichtung aus Mahagoni und Marmor einen Besuch, nicht jedoch das in ihr untergebrachte sündteure Restaurant. Von der schönen Terrasse bietet sich ein herrlicher Blick auf den Strand von Varadero, der langsam mit neuen Hotelbauten für ein verwöhntes Publikum zugepflastert wird. In einigen Jahren wird es hier wohl aussehen wie am Condado Beach auf Puerto Rico, mit dem sich die Amerikaner über den Verlust Varaderos hinwegtrösteten. – An der Autopista Sur liegt die 1961 entdeckte *Cueva de Ambrosio* mit prähistorische Petroglyphen.

## Umgebung

**Cárdenas** (18 km sö): Im Mai 1850 schlugen die Bürger von Cárdenas gemeinsam mit der spanischen Armee eine Invasion des venezolanischen Generals Narciso López zurück, der mit 600 Soldaten in der Hoffnung gelandet war, die kubanischen Pflanzer, denen vor der Abschaffung der Sklaverei graute, zum Anschluß Kubas an die Südstaaten der USA zu bewegen. Bei dieser Gelegenheit soll in Cárdenas zum ersten Mal die kubanische Nationalflagge gehißt worden sein. Einen Besuch in der fast autofreien Stadt, durch deren Straßen fast ausschließlich Pferdekarren rollen, lohnt das naturgeschichtliche *Museo de Oscar María de Rojas*. Außerdem besitzt Cárdenas, das 75 000 Einwohner zählt, noch alte Kolonialhäuser.

**Matanzas** (34 km w): Die heutige Industriestadt wurde am 1. Oktober 1691 unter dem Namen San Carlos y San Severino gegründet und von kanarischen Kolonisten besiedelt. In der ersten Hälfte des 19. Jh. avancierte die durch Zuckerrohr zu Wohlstand gekommene Provinzhauptstadt zum »kubanischen Athen«, in dem Poesie und Musik gepflegt und der afrokubanische *danzón* erfunden wurden. Aus dieser Zeit stammen die luxuriösen Gebäude mit ihren dorischen Säulen. In den 20er Jahren war der Goldrausch des zweiten Zuckerbooms vorbei, und Matanzas sank zu einer *ciudad dormida* (schlafenden Stadt) herab. Sehenswert sind besonders das 1863 von dem Architekten Dallaglio* im Stil des Neoklassizismus errichtete *Teatro Sauto* und das in einer Apotheke des 19. Jh. untergebrachte Pharmaziemuseum *Museo Botica Francesca Dr. E. Triolet* am schattigen, von Kolonialbauten gesäumten *Parque La Libertad*. Von der auf einem Hügel gelegenen *Ermita de Monserrate* bietet sich ein großartiger Blick auf die Hafenstadt. – 5 km vom Stadtzentrum entfernt liegt die 1861 entdeckte *Cueva de Bellamar*.

*Kuba, Trinidad, Plaza Mayor*

*Kuba, Trinidad, Convento de San Francisco de Asís*

## SANTERÍA

Was Voodoo auf Haiti, das ist die Santería auf Kuba. Vieles, was über den Ahnen- und Geisterkult des Voodoo gesagt wurde, gilt auch hier, doch präsentiert sich der Santería-Kult auf Kuba wesentlich freundlicher als der düstere, oft schreckeneinflößende haitianische Voodoo. Über drei Viertel aller Kubaner, ob weiß oder schwarz, stehen dem Santería-Kult nahe, der wie die beiden anderen afrokubanischen Kulte *palo monte* und *abakuá* im sozialistischen Kuba frei ausgeübt werden darf. In den meisten Wohnungen findet man eine Ecke mit einer Heiligenstatue, einigen Plastikblumen und Kerzen, und wenn man sich heute das selten gewordene Vergnügen leistet, eine Flasche Rum zu öffnen, dann bekommt der Santo (Heilige) die ersten Tropfen. Die mit Wasser gefüllten Gläser dienen dazu, die ständig präsenten Geister der Ahnen zu besänftigen.

Die Santería, auch als Regla de Ochoa bekannt, hat ihren Ursprung bei den Yoruba in Nigeria. Ihre Priester, welche die Vermittlung zwischen Menschen und Göttern übernehmen, heißen *babalawos*, die den Willen der Götter u.a. erfahren, indem sie Gegenstände auf ein kreisrundes Brett, den *tablero*, werfen oder an Ketten hängen. Es gibt mehrere hundert Götter und Göttinnen, genannt *orishas*, die stets mit katholischen Heiligen korrespondieren und zwei Namen haben, einen christlichen und einen afrikanischen. Diese Praxis stammt aus der Zeit, als die Schwarzen ihren Kult nur unter dem Deckmantel des Christentums pflegen konnten, was zu einem für die Santería charakteristischen Synkretismus führte.

Den Heiligen sind bestimmte Farben zugewiesen. Santeros oder Santeras tragen kleine Perlen am Arm oder um den Hals, deren Farbe verrät, zu welchem orisha sich die jeweilige Person zugehörig fühlt. Die Charaktereigenschaften der *orishas* stehen oft in krassem Gegensatz zur keuschen Lebensweise der katholischen Heiligen, denen sie entsprechen. So entspricht die Virgen de la Caridad del Cobre, die kubanische Nationalheilige, der Liebesgöttin Ochún, der die Farbe Gelb zugeordnet ist. Diese sinnliche Mulattin liebt den Tanz, und ihr sexueller Appetit ist geradezu unersättlich. Nicht einmal Changó, der rotgewandete Gott der Männlichkeit, des Blitzes und der Macht (dem verblüffenderweise die heilige Barbara entspricht), vermag sie auf Dauer zu befriedigen. Vielverehrt wird auch Yemaya, die schwarze Göttin des Meeres mit blauem Mantel, die gleichzeitig Havannas Stadtheilige ist, die Virgen de la Regla. Einflußreichster *orisha* ist Orula, der dem heiligen Franz von Assisi entspricht. Er sagt die Zukunft voraus und ihn konsultiert man, wenn man eine Reise antritt. Ein Stein hinter der Haustür kündet davon, das Orula über das Haus wacht.

Oft sieht man abends ganz in weiß gekleidete Frauen durch die Straßen gehen: Das sind Santeras, die soeben ihre Initiation erlebt haben, die als großes Fest mit rituellen Gesängen, Trommelwirbel, Tieropfer, Trancezuständen und einem Festschmaus begangen wird. Das um Dollars ständig verlegene Kuba hat mittlerweile die Faszination der Touristen für exotische Kulte erkannt und inszeniert dementsprechende Spektakel, die mit den religiösen Zeremonien der Santería jedoch nur entfernt zu tun haben. Auf der Insel Cayo Largo, einem reinen Touristengetto, bietet ein Laden Santería-Mitbringsel wie Kerzen, Statuen und Masken feil. Wer gute kubanische Freunde hat, darf unter Umständen dagegen einer echten Zeremonie beiwohnen: eine Chance, die man sich keinesfalls entgehen lassen sollte.

Außer der Santería gibt es auf Kuba noch zwei weitere Kulte. Näher mit dem haitianischen Voodoo verwandt ist *palo monte*, oft kurz *palo* oder auch Regla Conga genannt: ein stark von Schwarzer Magie geprägter Geheimkult, der von Bantu-Sklaven aus dem Kongo eingeführt wurde. Der dritte Kult heißt *abakuá* und kommt einer Geheimsekte näher als einer Religion. Die *karabalí* Mitglieder sind fast ausschließlich weiße Kubaner. Dieser Blutbund stammt aus Nigeria und Benin. Die *abakuá* ist eine fast mafiaähnliche Organisation, die in Westkuba großen Respekt einflößt. Nicht ohne Grund: Noch Anfang des 20. Jh. mußten neue Mitglieder als Zeichen ihrer Ergebenheit den ersten Menschen töten, dem sie auf der Straße begegneten! Kleine bunte Puppen, die einem rund um Havanna, Matanzas und Cárdenas begegnen, erinnern an diesen Kult.

# Martinique

»Eine Liebesgeschichte zwischen Himmel und Meer«, haben sich die Touristiker als attraktiven Werbeslogan einfallen lassen. »France tropicale« wäre auch nicht falsch gewesen, denn nirgendwo in der fernen Welt ist man der Grande Nation näher als hier. Hier steht mittags die Flasche Rotwein ebenso getreulich auf dem Tisch wie in Toulouse oder Dijon, in den Supermärkten kann man unter 30 Käsesorten auswählen, und auf den Ausfallstraßen der Hauptstadt herrscht zur Rush Hour das gleiche Chaos wie auf dem Boulevard périphérique in Paris (dessen Staus das französische Radio auch auf die Antillen weitermeldet). Doch die karibische Seite von Martinique zeigt sich nicht nur darin, daß die 370000 Einheimischen etwas dunkler getönt sind als in Frankreich. Wie auf Guadeloupe feiert man einen entfesselten Karneval, wie dort regiert auf der Straße, in den Geschäften, Diskotheken und Sammeltaxis der elektrisierende Rhythmus der Zouk-Musik, in den *pitts* verfolgt ein leidenschaftliches Publikum erbitterte Hahnenkämpfe, der *ti-punch* (Rum mit Zuckersirup und Limonenscheibe) wird zu allen Tageszeiten serviert, und überall hört man *créole*, die einschmeichelnde Sprache der Antillen. Ausländern, die sich freundlicherweise in dieser Sprache versuchen, hält man jedoch nicht selten ein beleidigtes »Glauben Sie, wir können hier kein richtiges Französisch?« entgegen. Vermutlich wird Martinique einmal die letzte Bastion Europas in der Karibik sein: Zwar fürchten viele, daß die kreolische Kultur von der französischen Metropole an den Rand gedrängt wird, doch den von Frankreich garantierten hohen Lebensstandard will niemand ernsthaft in Frage stellen. Warum dieser allerdings mit totaler wirtschaftlicher Abhängigkeit vom Mutterland bezahlt werden muß, sehen immer weniger *martiniquais* ein. Selbst das verpackte Stück Würfelzucker, das mit dem kleinen Kaffee serviert wird, kommt aus Frankreich ...

## GESCHICHTE

Es heißt, Kolumbus hätte sich auf seiner zweiten Reise im November 1493 nicht an Land getraut, weil er die Insel von kriegerischen Amazonen bewohnt glaubte. Auf seiner vierten Reise soll er jedoch am 15. Juni 1502 am Strand von Le Carbet das Eiland in Besitz genommen haben. Verwirrung herrscht auch über den Namen. Angeblich sollen die Kariben, die den Platz der Arawak eingenommen, deren Frauen aber behalten hatten, Martinique »Madinina« (Insel der Blumen) genannt haben; mittlerweile glaubt man eher an »Juacacaéra« (Insel der Leguane). Die Spanier hielten sich jedenfalls hier nicht lange auf und überließen für die nächsten Jahrhunderte die Insel den Kariben. 1635 gründete der Bretone Pierre Belain d'Esnambuc mit hundert Kolonisten aus St. Kitts bei Le Carbet die erste Siedlung. Ein Freundschaftsabkommen bewahrte die Kariben nicht vor der baldigen Ausrottung. Der Neffe von d'Esnambuc, Jacques Du Parquet, wurde erster Gouverneur der Insel, die er 1650 der Compagnie des Iles abkaufte. Holländische Juden aus Brasilien sorgten für einen Aufschwung des Zuckerrohranbaus, der den in der Karibik üblichen Sklavenimport mit sich brachte. In der Folgezeit wurde Martinique immens reich. Die kreolische Oberschicht führt ein so elegantes Leben, daß man in Paris von den »Messieurs

*Martinique, Fort-de-France, Alte Häuser*

de la Martinique« sprach. Im Siebenjährigen Krieg eroberten die Briten 1762 die Insel, doch erlangte Frankreich im gleichen Jahr gegen die Abtretung von Kanada sein Juwel zurück. Vor der Guillotine der Französischen Revolution, die auf Guadeloupe viele Todesopfer forderte, retteten sich die *békés* genannten weißen Grundbesitzer mit einer List: Sie übergaben die Insel 1794 den Engländern, die 1802 wieder abzogen, nachdem Napoleon die Ordnung wiederhergestellt und die Sklaverei wiedereingeführt hatte. 1809 waren sie wieder da: Im zweiten Vertrag von Paris konnte Frankreich Martinique und Guadeloupe zurückgewinnen, mußte jedoch Tobago und St. Lucia abtreten. 1848 setzte Victor Schoelcher die Abschaffung der Sklaverei durch. Die Pflanzer ersetzten die Sklaven durch Kontraktarbeiter aus Indien, die abschätzig *coolies* genannt wurden. Eine Katastrophe läutete das 20. Jh. ein: Am 8. Mai 1902 vernichtete der Ausbruch des Mont Pelée die blühende Stadt Saint-Pierre und tötete 30000 Menschen. Im Zweiten Weltkrieg wurde Martinique zunächst von Vichy kontrolliert, doch schloß man sich im Juni 1943 dem Comité français de la libération nationale an. Wie Guadeloupe wurde Martinique am 19. März 1946 zum Département d'Outre Mer (D.O.M.) erklärt und damit unmittelbar in den französischen Staatsverband eingegliedert. Beide Inseln sind daher vollberechtigte EU-Mitglieder.

## Fort-de-France

Einw.: 120000

Das an der gleichnamigen Bucht gelegene Fort-de-France wurde zwar bereits 1638 gegründet, aber erst 1902 zur Hauptstadt von Martinique ernannt, nachdem Saint-Pierre im Norden beim Ausbruch des Mont Pelée zerstört worden war. Hier legen die Kreuzfahrtschiffe an, deren Passagiere, gemeinsam mit den französischen Touristen, die Modegeschäfte der Stadt durchkämmen.

**Cathédrale St-Louis** (Rue Victor Schoelcher): Nicht weniger als sechs Bauten gingen der heutigen Kathedrale voraus. Die erste, aus Schilf erbaute Pfarrkirche zündeten die Soldaten des niederländischen Admirals Ruyter an, später zerstörten Erdbeben, Brände und Wirbelstürme die Nachfolgebauten. Die heutige erdbebensichere, von Henri Picq* entworfene Kathedrale im romanisch-byzantinischen Stil wurde 1895 eingeweiht, ihr 60 m hoher Turm jedoch 1978 aus Stahlbeton mit Aluminiumplatten neu aufgeführt. Die Buntglasfenster berichten von der Geschichte des Gotteshauses und der Hauptstadt, die fünf Apsisfenster handeln von der Vita des Stadtpatrons Saint-Louis.

**Fort Saint-Louis:** Das älteste Bauwerk, das Fort-de-France seinen Namen gegeben hat, kann man leider nur von außen besichtigen, da sich hier die französische Armee einquartiert hat. Auf der Halbinsel zwischen der Baie des Flamands und der Baie du Carénage wurde schon in den ersten Jahren der Kolonisation ein bescheidenes Fort errichtet. Am 19. Juli trotzte es erfolgreich dem Angriff von 40 holländischen Schiffen unter dem Kommando von Admiral Ruyter. Ab 1680 baute man auf Befehl des Grafen de Blénac die Anlage zu einer großen Festung aus. Als die Engländer im Siebenjährigen Krieg die umliegenden Hügel besetzten und von dort aus das Fort beschossen, stellte sich heraus, daß die Militärstrategen ihre Bemühungen in den Sand gesetzt hatten: Das Fort mußte kapitulieren.

**Hôtel de Ville** (Rue de la République): Das alte Rathaus wurde 1884–1901 errichtet und wird heute für Ausstellungen genutzt. Die Fassade schmückt das Stadtwappen mit der wohl prophetischen Devise *Semper Francia*. 1912 fügte man dem Rathaus das *Théâtre municipal* hinzu.

**Librairie Schoelcher** (Rue de la Liberté): Das architektonische Wahrzeichen von Fort-de-France steht an der Nordwestecke von La Savane. Henri Picq* schuf im Jahre 1887 die Eisenkonstruktion im romanisch-byzantinischen Stil, die für kurze Zeit im Jardin des Tuileries aufgestellt war (und nicht auf der Pariser Weltausstellung von 1889, wie oft behauptet wird). Anschließend transportierte

*Martinique, Fort-de-France, Cathédrale St-Louis*

man das Gebäude in Einzelteilen nach Martinique und stellte es im Juli 1892 an der Stelle auf, an der einst das »Hôtel du Petit Gouvernement« stand, in dem von 1788 bis 1790 Kaiserin Joséphine, damals Vicomtesse de Beauharnais, residiert hatte. Der eklektizistische Bau im Eiffel-Stil, der 1973 zum Monument National erklärt wurde, nahm die nach einem Brand verbliebenen Reste der umfangreichen Bibliothek auf, die der verehrte Sklavenbefreier Victor Schoelcher 1883 der Insel vermacht hatte, um die Bildung der schwarzen Bevölkerung zu fördern. Heute kann man hier 130000 Bücher konsultieren.

**Marché couvert:** Frühmorgens ist hier noch etwas vom traditionellen Leben auf den Antillen zu spüren: Neben Blumen, tropischem Obst, Gemüse und Gewürzen bieten die schmeichelnden Marktfrauen allerlei geheimnisvolle bis suspekte Essenzen an, die mit magischen Praktiken namens *quimbois* in Beziehung stehen. Fläschchen mit »Eau

BIBLIOTHEQUE SCHOELCHER

*Martinique, Fort-de-France, Musée Départemental, bemalte Keramik*

de desenvoûtment« oder »Brise tout« lösen böse Zauber und paradiesische Liebesfreuden verheißen »Irresistible« und »Homme fort«. Prosaischer geht es allerdings bei den Preisen zu: Einigermaßen verwundert wird der Besucher aus Deutschland feststellen, daß selbst die auf Martinique so üppig gedeihenden Bananen teuerer sind als im heimischen Supermarkt.

**Musée départemental** (Rue de la Liberté): Das in einem restaurierten Kolonialhaus an der Westseite von La Savane untergebrachte archäologische Museum gilt als das beste der Kleinen Antillen. Es widmet sich den Kulturen der Indianer, die vor Ankunft der Franzosen auf der Insel siedelten. Aus der präkeramischen Zeit (ab etwa 3000 v. Chr.) sind zahlreiche Steinwerkzeuge zu sehen. Höhepunkte der umfangreichen Sammlungen sind jedoch die hochwertigen, gravierten und bemalten Keramikstücke der Arawak (ab 300 n. Chr.), die kulturell am höchsten entwickelt waren. Dazu zählen die traditionellen *ouicou*-Gefäße und *adornos* (kleine ornamentierte Figurinen, die bauchigen Gefäßen aufgesetzt wurden). Schlichter und rein zweckbestimmt, aber kraftvoll nimmt sich dagegen die Keramik der um 700–740 n. Chr. auf Martinique vorgedrungenen Kariben aus.

◁ *Martinique, Fort-de-France, Librairie Schoelcher*

**Palais de Justice** (Rue de la République): Der Justizpalast (mit Fassade zur Rue Schoelcher) wurde 1906/07 errichtet. Davor steht das weiße *Marmordenkmal für Victor Schoelcher*, das 1904 der Bildhauer Marquet de Vasselot* schuf.

**Place de la Savane:** Der große Park im Herzen der Stadt mit seinen Königspalmen und Flamboyant-Bäumen ist der soziale Mittelpunkt von Fort-de-France, besonders abends, wenn die Sonne am Horizont der Bucht verschwindet. Zahlreiche Straßencafés laden zum Sehen und Gesehenwerden ein. Leider tragen die hocherhobenen Hauptes vorüber-

GIFT
SHOP
IRT CARAIBE

*Martinique, Fort-de-France, Palais de Justice und Victor-Schoelcher-Denkmal*

flanierenden Schönheiten, für die Martinique berühmt ist, den Madras nicht mehr. An den Knoten dieses buntkarierten Kopftuches konnte man früher die Kontaktbereitschaft der Dame ablesen. Ein Knoten hieß: Mein Herz ist frei; zwei Knoten: Bin in festen Händen, drei Knoten: Versuch's trotzdem! Eine der schönsten Frauen Martiniques verlor 1992 gar ihren Kopf. Die nach dem letzten Stand der Dinge immer noch enthauptete Statue der Kaiserin Joséphine, berühmteste Tochter der Blumeninsel, in der Nordwestecke des Parks, schuf 1859 Vital Dubray* aus weißem Carrara-Marmor. Auf dem Sockel ist der Bericht von ihrer Krönung in Notre-Dame eingemeißelt. Eine weitere Statue, diesmal aus Bronze, ehrt Belain d'Esnambuc, der am 15. September 1635 bei Le Carbet auf Martinique landete. Später am Abend ist der Park wegen der dann auftauchenden Drogenhändler leider kein empfehlenswerter Aufenthaltsort mehr.

◁ *Martinique, Fort-de-France, Wandfresko an einem Haus*

## Umgebung

**Balata:** Die *Église de Balata*, eine rosa Miniaturausgabe der Pariser Sacré-Cœur, die 1928 der Architekt Wulfleff* errichtete, mag etwas verkitscht wirken, gibt in der üppigen tropischen Landschaft aber doch ein reizvolles Fotomotiv ab. – In jedem Fall sehenswert ist der einige Kilometer von hier rund um ein schönes kreolisches Pflanzerhaus angelegte *Jardin de Balata*, ein tropischer botanischer Garten, den 1986 Jean-Philippe Thoze Besuchern zugänglich machte. Viele nutzen die Gelegenheit, tropische Blumen zu bestellen, die am Abflugtag pünktlich zum Flughafen geliefert werden.

**Basse Pointe:** In diesem Ort an der Nordspitze Martiniques wurde 1913 der Schriftsteller und Politiker Aimé Césaire geboren, der zusammen mit dem senegalesischen Präsidenten Léopold Sédar Senghor die Dichtung der Négritude begründete. Sein

*Martinique, Le Diamant, Kirche*

berühmtestes Werk ist der 1947 erschienene Gedichtband *Cahiers d'un retour au pays natal* (Zurück ins Land der Geburt), der eine neue, auf harmonischem Einklang mit den natürlichen Kräften beruhende Zukunftsvision der schwarzen Rasse entwirft. In seiner Studie *Discours sur le colonialisme* (1950) rechnet Césaire, langjähriger Bürgermeister von Fort-de-France, in brillanter Rhetorik mit dem weißen Kolonialismus ab. – Einige Kilometer südlich liegt die *Plantation Leyritz*, eine um 1700 von Michel de Leyritz aus Bordeaux angelegte Plantage, auf der man Gewürze, Tabak, Zuckerrohr und Bananen anbaute. Das Herrenhaus wurde in ein Luxushotel umgewandelt, in dessen Pool 1976 Giscard d'Estaing und Gerald Ford planschten. Das 1974 eröffnete *Musée de Poupées végétales* stellt Puppen des einheimischen Künstlers Will Fenton* aus, deren historische Kostüme aus getrockneten Blättern und Naturfasern einheimischer Pflanzen hergestellt wurden.

**Case-Pilote:** Die Ortschaft zählt zu den ältesten Siedlungen auf Martinique. Benannt ist sie nach einem Karibenhäuptling, der die Franzosen sehr freundschaftlich empfing und die Missionierung der Jesuiten unterstützte. Der Ort besitzt eine der reizvollsten und ältesten Kirchen auf Martinique. Sie wurde im 18. Jh. im Barockstil anstelle eines Vorgängerbaus von 1640 errichtet. Beachtenswert ist besonders die Holzdecke in der Form eines umgestülpten Bootes.

**Fond-Saint-Jacques:** Das heute in Ruinen liegende Dominikanerkloster wurde 1658 gegründet. Die Mönche pflanzten Zuckerrohr an und errichteten 1664 eine Zuckermühle. 1694 besuchte der berühmte Père Labat (1663–1738) die heruntergekommene Plantage und führte moderne Produktionsmethoden ein. Labat besuchte in Folge viele Antilleninseln und verließ Martinique im Jahre 1705. Seine 1722 veröffentlichte historische Chronik *Voyages aux Iles d'Amérique* präsentiert ein äußerst reizvolles Porträt des kreolischen Insellebens. Gut erhalten blieb die 40 m lange *Purgerie du père Labat*, in der man den Zucker von der überschüssigen Melasse trennte.

**La Trinité:** Der hübsche Ort besitzt eine reizvolle Meerespromenade, die Häuser des 19. Jh. säumen. Von hier aus führt ein Ausflug auf die dramatische, von den Wellen des Atlantiks gepeitschte Halbinsel La Caravelle. In der Baie du Trésor liegen die Ruinen des einst imposanten *Château Dubuc*, des um 1740 errichteten Herrenhauses einer Zuckerrohrplantage. Die Familie Dubuc de Rivery wurde nicht nur durch Zuckerrohr reich, sondern trieb mit den englischen Inseln einen schwungvollen Schmuggelhandel mit Sklaven und Waren. Böse Zungen behaupten sogar, daß die Dubucs am Kap der Halbinsel Fackeln befestigt hätten, um die dadurch auf Grund gelaufenen Schiffe auszuplündern. Heute warnt dort der 1861 errichtete Leuchtturm *Phare de la Caravelle* die Schiffe. Wie ein Roman nimmt sich die Geschichte der schönen, 1776 auf Martinique geborenen Aimée Dubuc de Rivery aus, die auf hoher See gefangengenommen und an den Sultan von Konstantinopel, Abdül-Hamid, verkauft worden sein soll. Sie wurde dessen Favoritin und gebar ihm den Sohn Mahmud II. Eine historische Bestätigung hat die Legende allerdings nicht.

**Le Carbet:** Kolumbus soll auf seiner vierten Reise an hiesigen Strand vor Anker gegangen sein. Hier errichtete 1636 der Neffe von

*Martinique, Le Diamant*

d'Esnambuc, Leutnant Du Parquet, das erste Steinhaus der Insel. Die 1640 gegründete und 1776 neu errichtete *Église du Carbet* zählt zu den ältesten Kirchen der Insel: Sowohl die Fassade als auch das dreischiffige Innere sind noch barock. In einem kleinen Häuschen an der Anse Turin mietete sich von Juni bis November 1887 Paul Gauguin*, von Panama kommend, zusammen mit seinem Freund Charles Laval ein und schwärmte von der Atmosphäre in dieser Bucht. Für Gauguin bedeuteten die Monate auf Martinique einen Wendepunkt in seinem Malerleben. Er, der bisher die düstere, graue Landschaft der Bretagne gemalt hatte, entdeckte hier die exotische Farbenpracht der Tropen, die ihn anschließend nach Tahiti führte. An Ort und Stelle widmet sich seit 1979 das Musée *Paul-Gauguin* dem Schaffen des Malers. Leider muß man sich mit Reproduktionen begnügen, denn die Werke aus seiner Zeit auf Martinique sind in Privatsammlungen über alle Welt verstreut. Das Museum präsentiert weiterhin Werke von Künstlern aus Martinique sowie traditionelle Trachten. Außerdem finden hier Wechselausstellungen statt.

**Le Diamant:** Der große Felsen, der vor der Küste zwischen Les Anses-d'Arlets und Le Diamant so malerisch aus dem Meer ragt, ist nicht irgendein Steinbrocken, sondern ein offizielles Kriegsschiff. Dazu erklärte ihn 1804 die britische Marine, als sie während des Kriegs gegen Napoleon auf dem Felsen landete und ihn zu einer kanonenbestückten Festung mit 200 Marinesoldaten ausbaute. Von hier aus beschoß die Kriegskorvette HMS Diamond Rock 17 Monate lang alles, was in ihre Nähe kam, und ließ sich auch durch die ständigen Einschläge der französischen Artillerie nicht mürbe machen. Schließlich verfielen die Franzosen auf eine List und ließen »rein zufällig« ein Boot mit Rumfässern stranden. Am 2. Juni 1805 konnte die britische Garnison mühelos überwältigt werden. Obwohl auf dem Felsen schon lange kein Union Jack mehr flattert, erweisen alle hier vorbeikommenden britischen Schiffe ihm ihren Salut. – Das friedliche Dorf selbst besitzt einen 4 km langen, hell und dunkel gemusterten Sandstrand. – Einige Kilometer östlich liegt die Plantage O'Mullane, deren verfallenes Herrenhaus als *Maison du Gaoulé* bekannt ist. Der Name weist auf eine Episode hin, die sich 1717 zutrug und über die der amüsierte Saint-Simon in seinen *Mémoires* berichtet. Während eines Banketts sperrten rebellische Pflanzer Gouverneur De la Varenne ein, den der französische Regent nach Martinique geschickt hatte, um den Zuckerhandel zu reglementieren. Unter strengster Bewachung geleitete man den verblüfften hohen Herrn unverzüglich nach Saint-Pierre und verfrachtete ihn auf ein abfahrtbereites Schiff, das ihn geradewegs nach Frankreich zurückbrachte.

**Les Trois-Ilets**: Unweit dieses idyllischen Dorfes mit einer kleinen Kirche des 18. Jh. kam die spätere Kaiserin Joséphine (1763 bis 1807) auf dem Anwesen *Domaine de la Pagerie* zur Welt. Das im Küchengebäude eingerichtete Museum zeichnet das bewegte Leben dieser Frau nach. Man sieht Joséphines Kinderbett, Kopien ihrer Heiratsurkunden, einen Liebesbrief Napoleons, Strümpfe und Spitzentaschentücher. Als Kind wurde Marie-Josèphe Rose Tascher de La Pagerie von einer schwarzen Zauberin geweissagt, sie würde einst »mehr als eine Königin« sein. 1779 verließ sie Martinique, um Alexandre de Beauharnais, den Sohn des Generalgouverneurs, zu heiraten, der allerdings 1790 die Guillotine besteigen mußte. 1796 heiratete die vor den Sklavenaufständen nach Paris geflüchtete lebenslustige Kreolin, deren Liebhaber Legion gewesen sein sollen, den jungen General Napoleon Bonaparte, der sie 1804 in Notre-Dame zur Kaiserin krönte. Sie soll Napoleon maßgeblich beeinflußt haben, die Sklaverei wieder einzuführen. Trotzdem wird sie auf Martinique verehrt. Fünf Jahre später ließ sich der Kaiser von ihr scheiden, da sie ihm keinen Erben schenken konnte. Joséphine zog sich nach Château Malmaison bei Paris zurück. Das Herrenhaus der Domaine wurde schon 1766 durch einen Wirbelsturm zerstört; von der *Sucrerie*, wo die Familie danach wohnte, blieben einige Mauerreste und der Kamin erhalten. Sie wird augenblicklich restauriert.

**Rivière-Pilote:** Die wichtigste Gemeinde des Südens der Insel war schon immer ein rebellischer Ort. Heute ist sie die Hochburg der *indépendantistes*, die hier den Bürgermeister stellen. Hartnäckig weigert dieser sich, auf der Mairie die französische Trikolore zu hissen. Im Ort betreiben die Anhänger der Unabhängigkeit Martiniques einen Radiosender (Radio Lèvè Dubout), der ausschließlich auf *créole* sendet. So verständlich die Thesen der kulturellen Entfremdung sind, so illusorisch erscheinen die wirt-

*Martinique, Le Diamant, Maison du Bagnat*

schaftlichen Vorstellungen der *indépendantistes*, die auf Martinique wesentlich weniger Rückhalt haben als auf Guadeloupe. Ihre dennoch beachtlichen Stimmergebnisse sind wohl eher als Denkzettel für Paris gedacht, das anschließend um so mehr Geld fließen läßt. – Drei Kilometer außerhalb finden im *Pitt Cléry* die berühmtesten Hahnenkämpfe der Insel statt. Als Intermezzo läßt man hier auch Schlangen gegen Mangusten antreten: den ungleichen Kampf gewinnt die Schleichkatze fast immer. In der Nähe liegt die *Rumdestillerie Le Mauny*, die einen erstklassigen Rhum agricole herstellt.

**Sainte-Anne:** Das Dorf besitzt mit der *Grande Anse des Salines* einen langen, von Kokospalmen gesäumten weißen Bilderbuchstrand, an dem sich folgerichtig auch der Club Méditerranée niedergelassen hat. Unweit des Ortes liegt ein versteinerter Wald: *La Savane des Pétrifications*.

**Sainte-Marie:** Die viertgrößte Gemeinde von Martinique besitzt eine große weiße Kirche, die 1891 im Jesuitenstil errichtet wurde. Das *Musée du Père-Labat* zeichnet das Leben des berühmten Dominikaners nach. Am interessantesten ist jedoch das *Musée du Rhum*, das 1981 in der Rumbrennerei Saint-James, in einem bezaubernden kreolischen Haus, eröffnet wurde.

**Saint-Pierre:** »Kleines Paris« oder »Königin der Antillen« nannte man Saint-Pierre einst. Auf seinen Boulevards flanierten stolze Kreolinnen, die in 13 Mode- und fünf Hutgeschäften ihre Kleidung auf den neuesten Pariser Stand bringen konnten. Man amüsierte sich in den Cafés, unterhielt sich im Theater und feierte einen ausgelassenen Karneval. Der Zucker hatte die alte Hauptstadt Martiniques so reich gemacht. Im Hafen ankerten unzählige Schiffe, um die süße Fracht nach Europa zu bringen; mit Pariser Kostbarkeiten kehrten sie zurück. Begonnen hatte das alles im Jahre 1635, als d'Esnambuc in Saint-Pierre ein Fort und anschließend die ersten beiden Steinhäuser errichtete, eines für den Gouverneur, das andere für die Jesuiten. Fort Royal im Süden mochte die bessere strategische Lage haben, doch bei den Kaufleuten machte Saint-Pierre, seines gesünderen Klimas wegen, das Rennen: 1660 zählte die damals größte Stadt Martiniques bereits über 5000 Einwohner. 1701 hob ein Zeitgenosse die Kultiviertheit der Menschen hervor. Während der englischen Besetzungen (1762, 1794 und 1809) diente Saint-Pierre als Residenz der britischen Gouverneure; 1853 ließ sich auch der Bischof hier nieder. Seine rauschende Zeit erlebte Saint-Pierre im 19. Jh. »Sodom und Gomorrha« schimpften die Einwohner von Fort-de-France. Bis es tatsächlich Feuer und Schwefel regnete.

Die Nachbarschaft des Vulkans La Pelée hatte die Pierrotins lange nicht beunruhigt, obwohl er sich in der 2. Hälfte des 19. Jh. mit gelegentlichem Aschenregen in Erinnerung brachte. Anfang 1902 begann sich das Unheil jedoch anzukündigen. Immer penetranter stank es nach Schwefel, der alte Kratersee trocknete urplötzlich aus, und die Aschenwolken über dem Berg wurden immer dichter. Am 2. Mai fiel erstmals Asche auf Saint-Pierre, am 5. Mai forderte ein Ausbruch mehrere Todesopfer, während gleichzeitig eine Flutwelle die Bucht überspülte. Man hat dem damaligen Gouverneur zum Vorwurf gemacht, daß er aufgrund der bevorstehenden Wahlen am 11. Mai die Stadt nicht evakuieren ließ. Doch zu dieser Zeit konnte man das Unheil nicht ermessen, das über die Stadt hereinbrechen sollte, rechnete mit Lavaströmen, vor denen man im gegebenen Fall die Einwohner rechtzeitig hätte in Sicherheit bringen können. Das Inferno, das

*Martinique, Rivière-Pilote, Rumdestillerie Le Mauny*

### Zouk la sé sel medikaman ...

Auf Puerto Rico mag die Salsa, in der Dominikanischen Republik Merengue, auf Jamaica Reggae und auf Trinidad Soca herrschen, aber die französischen Antillen sind die Domäne des Zouk. Zum Rhythmus dieser jung und alt begeisternden Musikrichtung, die aus jedem Sammeltaxi schallt, wippen sogar ehrwürdige Großmütter.

In seiner heutigen Form ist Zouk ein Kind der 80er Jahre. Doch die Wurzeln gehen weiter zurück, auf afrikanische Rhythmen, die mit Handtrommeln geschlagen wurden (*gwo ka* auf Guadeloupe, *tambour* auf Martinique). Dazu kamen kreolisierte Formen europäischer Tänze wie Mazurka, Walzer, Quadrille und Bolero, die in den 40er und 50er Jahren auf den Antillen als mestizierte *biguine* Erfolge feierten. Entscheidenden Einfluß übte auch die schnellrhythmische *cadence*- und *compas*-Musik aus Haiti aus. Wer Zouk in seiner heutigen Form »erfunden« hat, darüber streiten sich Guadeloupe und Martinique. Doch auch Dominica fordert seinen Anteil ein. In Gordon Hendersons Gruppe Exile One fügten Mitte der 70er Jahre Blasmusiker aus Antigua und Trinidad der *cadence* Elemente des Calypso hinzu, was Furore machen sollte. Als Schöpfer des neuen Sounds gilt die Gruppe Kassav', die der aus Guadeloupe stammende Pierre-Éduard Decimus in den späten 70er Jahren gründete. Zusammen mit seinem Bruder Georges und dem ebenfalls aus Guadeloupe stammenden Jacob Desvarieux nutzte er die technischen Möglichkeiten der Pariser Aufnahmestudios. Da die Musik von Kassav' bald auf jeder *zouk* genannten Party der *antillais* zu hören war, hatte sie bald ihren neuen Namen weg. Mit *Zouk la sé sel medikaman nou ni* (Zouk ist das einzige Medikament, das wir haben) trat der Zouk 1986 seinen internationalen Siegeszug an: jedenfalls in den frankophonen Ländern, wo er in Zaire und im Kongo den *soukouss* und in Kamerun den *makassi* beeinflußte. In den Musikläden von Paris, Fort-de-France und Pointe-à-Pitre füllt die Zouk-Musik mittlerweile viele Regale. Der große Mentor auf den Antillen ist Henri Debs, der viele Zoukeurs »entdeckte« und bekannt machte. Erfolgreiche Interpreten der letzten Jahre sind u. a. Francky Vincent, der mit seinen frech-erotischen Texten einige Aufregung hervorrief, das auch in Deutschland bekannte Frauentrio Zouk Machine und natürlich die Mitglieder der nach wie vor existierenden Gruppe Kassav' wie Patrick Saint-Éloi, Jocelyne Béroard oder Marie-Josée Gibon, die fast alle gleichzeitig auch Solokarrieren verfolgen. Zwar beklagen nicht wenige die immer stärker werdende elektronische Monotonisierung des Zouk, doch hat sich diese Musikform andererseits als ausgesprochen »kontaktfreudig« erwiesen, und dies nicht nur auf der Tanzfläche. So mischt Tanya St-Val Zouk-Rhythmen erfolgreich mit Soul-Elementen, Mario Canonge und die Gruppe Malavoi mit jazzigen Einlagen, und die Gruppe Krokodil schwört auf Samba. Auf Martinique ist angeblich eine gewisse Vorliebe für die romantischeren Lieder einer Edith Lefel oder Klod Fostin zu spüren, die man *zouk love* nennt, während auf Guadeloupe die härtere Gangart des *zouk béton* Erfolge feiert. Doch zumeist sind gute Gruppen auf beiden Inseln erfolgreich, und in Paris mischt man sich ohnehin. Gemeinsam ist allen Zouk-Liedern, daß sie nach wie vor (fast) ausschließlich auf *créole* gesungen werden, was dem Erfolg in Frankreich offensichtlich nicht abträglich war. Wohin die musikalische Reise in den späten 90er Jahren gehen wird, bleibt abzuwarten. Zur Festigung der antillanischen Identität hat Zouk jedenfalls schon heute einen maßgeblichen Beitrag geleistet. Da die deutsche Musikszene noch immer hauptsächlich nach London und New York schielt, wartet der Zouk allerdings hierzulande, im Gegensatz zu Reggae oder Salsa, noch immer auf seinen Durchbruch.

*Plakat der Zouk-Gruppe Kassav'* ▷

KASSAV
Tékit izi

am 8. Mai (bezeichnenderweise der Himmelfahrtstag) um acht Uhr morgens über die Stadt hereinbrach, war jedoch ein anderes. Da ein Lavapfropfen den Krater verstopfte, explodierte der Vulkan an seiner schwächsten, der Stadt zugewandten Stelle. Eine 2000 °C heiße Wolke aus giftigen Schwefelgasen, feurigen Bimssteinen und Asche schoß auf Saint-Pierre zu und hüllte die Stadt und die zwölf in der Bucht ankernden Schiffe binnen Minuten in ein glühendes Leichentuch. Nur die weiter draußen liegende britische »Roddam« konnte sich retten. Wer nicht sofort erstickte, verbrannte zu Asche. Es waren 30000 Menschen (15 Prozent der Inselbevölkerung, 30 Prozent der weißen kreolischen Schicht). Nur ein Mensch überlebte die Apokalypse: der Trunkenbold Cyparis, den man am Vortag in eine unterirdische, von meterdicken Mauern geschützte Zelle gesteckt hatte. Als man drei Tage später die Stadt betreten konnte, wurde er befreit und anschließend begnadigt. Er reiste später in der Welt herum, um als Zirkusattraktion aus seinen Narben und Verbrennungen Kapital zu schlagen. Nur langsam entstand auf den Ruinen der Stadt eine neue bescheidene Ortschaft. Am 23. Februar erhielt Saint-Pierre den offiziellen Titel »Ville d'Art et d'Histoire«. Umfangreiche Ausgrabungen sollen die Stadt für Touristen noch interessanter machen.
Bevor man die Ruinen von Saint-Pierre durchstreift, empfiehlt sich der Besuch des *Musée vulcanique*, das die Katastrophe von 1902 mit alten Ansichten von Saint-Pierre und kurz nach der Katastrophe aufgenommenen Fotos dokumentiert. Geschmolzene Gläser, zusammengepappte Schlüssel, Scheren und Bügeleisen, verkohlte Nahrung und Uhren, die in der Minute der Eruption stehenblieben, sind beredte Zeugnisse. Anschließend kann man mit einer Bimmelbahn, dem Cyparis Express, eine kommentierte Tour durch die historische Stadt unternehmen. Man besucht das alte *Théâtre* aus dem Fin du siècle, eine kleinere Ausgabe des Theaters von Bordeaux, in dem 800 Zuschauer Platz fanden. Der monumentale Treppenaufgang und der von Säulen umgebene Innenhof blieben erhalten. Gleich rechts vom Theater ist die *Zelle (Cachot) des Cyparis* zu besichtigen. Am bewegendsten sind die Ruinen der 1640 als erste Kirche von Martinique errichteten und 1680 durch eine Jesuitenkirche ersetzten *Église du Fort.*

◁ *Martinique, Saint-Pierre, Ruinen*

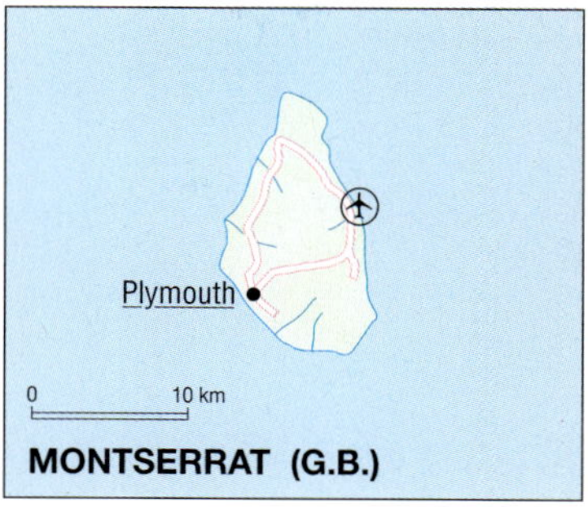


## Montserrat

Nicht nur die grünen vulkanischen Hänge, auch das noch heute sichtbare irische Erbe haben Montserrat zur »Smaragdinsel« der Karibik gemacht. Schwarze Lavastrände, dramatische Klippen, üppiger Regenwald, tosende Wasserfälle und freundliche Einwohner machen den Charme dieser Vulkaninsel aus, die trotz ihrer Nähe zu Antigua nach wie vor abseits der großen Touristenströme liegt.
Die Kariben nannten die Insel Alliouagana (vermutlich »Land des Feigenkaktus«), doch Kolumbus, der auf seiner zweiten Reise hier vorbeikam, taufte sie Santa María de Montserrate, nach dem berühmten Kloster bei Barcelona. Die Kariben hielten die Spanier von einer Besiedelung ab. 1632 wurde Montserrat als separate Kolonie der katholischen Einwohner des protestantisch geprägten St. Kitts gegründet. Cromwell schickte 1649 viele irische Kriegsgefangene auf die Insel; viele Iren folgten ihnen als freie Menschen, nachdem sie ihre Arbeitsverträge auf anderen Inseln erfüllt hatten. Im 18. Jh. florierte der Zuckerrohranbau, nach der Sklavenbefreiung exportierte man Limonen und Baumwolle. Viele arme Montserratians ver-

*Montserrat, Altes Holzhaus*

ließen jedoch im 20. Jh. das Land, um auf den Zuckerrohrfeldern der Dominikanischen Republik oder in der Ölraffinerie von Aruba zu arbeiten. Heute leben wieder etwa 12000 Einwohner auf der Insel. Nicht wenige von ihnen sind Amerikaner, die sich auf Montserrat zur Ruhe gesetzt haben. Den Frieden auf der Insel störte Hurrikan Hugo nachhaltig, der 1989 fast alle Häuser hinwegfegte und schlimme Flurschäden anrichtete. Montserrat, das nicht auf Anschluß an Antigua oder St. Kitts erpicht war, ist nach wie vor englische Kronkolonie mit innerer Selbstverwaltung und politisch sehr stabil.

**Plymouth:** Die alten georgianischen Häuser mit ihren schattigen Balkonen und rostigen Wellblechdächern verleihen der verschlafen wirkenden Inselhauptstadt (3500 Einw.) ein typisch westindisches Flair, besonders am Samstagmorgen, wenn auf dem *Public Market* die Händler tropisches Obst und Gemüse ausbreiten. Die anglikanische Kirche der englischen Siedler, *St. Anthony's Church,* wurde ebenso wie das Gotteshaus der Iren, *St. Patricks Roman Catholic Church*, nach Plünderungen und Wirbelstürmen Mitte des 19. Jh. wiederaufgebaut. Noch aus dem 18. Jh. stammt das *Court House* (Gericht). Auf einer Anhöhe steht das im 19. Jh. als Amtssitz des Gouverneurs inmitten schöner Gartenanlagen errichtete viktorianische *Government House*. Auf einem Giebel erkennt man das irische Kleeblatt. Im Haus sind Möbel und Gemälde der Erbauungszeit zu sehen. Einen schönen Blick auf die Stadt bietet das um 1780 auf einem Hügel errichtete und heute überwucherte *Fort St. George*. – In einer ehemaligen Zuckermühle (Richmond Hill) nordöstlich von Plymouth wurde das inselgeschichtliche *Montserrat-Museum* untergebracht. – Fünf Kilometer südlich sind die Ruinen der Zuckerrohrplantage *Galway's Estate* zu besichtigen, die um 1660 entstand. Unter den um 1750 errichteten Gebäude (heute Ruinen) erkennt man das Herrenhaus im georgianischen Stil, ein Siedehaus, eine Windmühle, eine Viehmühle, eine Rumbrennerei sowie das Sklavendorf.

# Puerto Rico

Als die zwölf heimwehkranken Taino-Indianerinnen, die von den Kariben nach Guadeloupe verschleppt und von Kolumbus als Lotsinnen mitgenommen worden waren, die Küste ihres Heimatlandes erblickten, sprangen sie ergriffen über Bord und schwammen an die Küste der Insel. Eine schönere Hommage an die Reize der kleinsten Insel der Großen Antillen kann es wohl kaum geben. Mit landschaftlicher Schönheit ist Puerto Rico überreich gesegnet. Viele Bilderbuchstrände wie die Playa Boquerón oder die Playa Luquillo sowie Koralleninselchen mit kristallklarem Wasser säumen die Küste, im Westen leuchtet smaragdgrün der Regenwald El Yunque, und auf der Carretera Panoramica geht es viele Kilometer lang durch dramatische, einsame Berglandschaft. Auch in architektonischer Hinsicht hat Puerto Rico viel zu bieten: Das alte San Juan ist die besterhaltene Festungsstadt der karibischen Inselwelt, die Kolonialstadt Ponce die »Perle des Südens«. Doch bei vielen Besuchern weckt Puerto Rico zunächst zwiespältige Gefühle: Allzusehr hat sich der American Way of Life auf der Insel breitgemacht, wenn er auch die lateinamerikanische Mentalität nie besiegen konnte. Salsa und Hamburger: so könnte man die kulturelle Hybridität Puerto Ricos auf den Punkt bringen. Schon die Hauptstadt San Juan ist ein Wechselbad der Gefühle: Nur wenige Kilometer von der bezaubernden Altstadt mit ihren pastellfarbenen Kolonialhäusern, aus deren unzähligen kleinen Kneipen die neuesten *éxitos* der Salsamusik schallen, erhebt sich am Strand von Condado eine keimfreie Fun-City mit glitzernden Hotelpalästen, Spielbanken und Nachtclubs, in denen Spanisch als Fremdsprache gehandelt wird. »Como estás, Puerto Rico, /tú te socio asociado en sociedad?« (»Wie geht es dir, Puerto Rico / als Mitglied angegliedert der Gesellschaft«), höhnte 1959 der schwarze kubanische Dichter Nicolás Guillén. Der politische Status der Insel wird auf Puerto Rico nach wie vor heiß diskutiert, doch immer wenn es ernst wurde (sprich zur Volksabstimmung kam), votierten die *puertoriqueños* für die Beibehaltung ihres Status. So schlecht fahren die 3,6 Millionen Insulaner damit nicht: Puerto Rico besitzt mit den höchsten Lebensstandard der Karibik, und wer damit nicht zufrieden ist, kann immer noch in New York dem American Dream nachjagen. Auch wenn dieser bisweilen in einem Crack-House oder im Kugelhagel rivalisierender Straßengangs endet.

## GESCHICHTE

Die Insel Puerto Rico wurde vermutlich um die Zeitenwende besiedelt, wovon beispielsweise die Höhlenmalereien der Cueva del Indio (bei Arecibo) zeugen. Die höchste Kulturstufe erreichten um 1000 n. Chr. die

Taino, ein aus dem Norden Südamerikas eingewanderter Arawak-Stamm, die mit großen Einbaumkanus die Karibische See befuhren, in Hüttendörfern (*bohíos*) wohnten und u. a. Erdnüsse, Pfeffer und Baumwolle anbauten. Am 19. November 1493 sichtete Christoph Kolumbus auf seiner zweiten Fahrt die Antilleninsel. Unsinnigerweise (möglicherweise ein Schreibfehler) bezeichnet er die einheimischen Taino als Menschenfresser, gleichzeitig als Gegner der »Kannibalen« (Kariben), die auf den Nachbarinseln lebten. Bei den Taino hieß die Insel, die der Admiral ansonsten sehr lobend hervorhebt, Borinquén (Land des Großen Herrn), da man glaubte, daß der Wettergott Juracán (das Wort Hurrikan ist von seinem Namen abgeleitet) auf dem höchsten Gipfel der Insel lebte. Kolumbus taufte die Insel nach dem Sohn der spanischen Katholischen Könige San Juan Bautista. Später erhielt die Hauptstadt der in Puerto Rico (reicher Hafen) umbenannten Insel diesen Namen. Kolumbus nahm jedoch lediglich die Insel im Namen der Krone Spaniens in Besitz und segelte drei Tage später nach Hispaniola weiter, wo er auf seiner ersten Reise einige Gefährten zurückgelassen hatte. 1504 landete der Konquistador Vicente Yáñez Pinzón auf Puerto Rico, segelte jedoch bald weiter nach Brasilien. So blieb dem Andalusier Juan Ponce de León, der Kolumbus begleitet hatte, die Kolonisation Puerto Ricos vorbehalten. Am 12. August 1508 landete er, aus Hispaniola kommend, mit 50 Gefährten und schloß nach freundlicher Aufnahme mit dem Taino-Kaziken Agueybana ein Freundschaftsabkommen. 1509 gründete er mit Caparra in der Nähe der Bucht von San Juan die erste Ansiedlung. Am 2. März 1510 ernannte ein königliches Dekret Ponce zum ersten Gouverneur der Insel.

Die 30000 Indianer hatten bald Grund, ihre Gastfreundschaft zu bedauern, denn die Spanier zwangen sie umgehend zu harter Fron in den Goldminen und auf den Plantagen. Daß die Spanier keine Götter waren, wurde den Taino erst klar, nachdem sie einen der Menschenschinder ersäuft hatten und dessen Leichnam den Weg allen Fleisches ging. Doch bei den darauffolgenden Aufständen hatten Pfeile und Steinäxte gegen Musketen und Säbel keine Chance. Die unmenschlichen Arbeitsbedingungen und aus Europa eingeschleppte Krankheiten dezimierten die einheimische Bevölkerung bald derartig, daß die Spanier ab 1521 widerstandsfähigere afrikanische Sklaven einführten. Im gleichen Jahr verlegten die Spanier, nachdem sich Ponce de León während einer Expedition in Florida einen Indianerpfeil eingefangen und in Havanna dahingesiecht war, die auf ungesundem Gelände gelegene Hauptstadt Caparra an ihren heutigen Platz und tauften sie auf den ursprünglichen Inselnamen San Juan Bautista. Die ungleich reicheren Gold- und Silberschätze der eroberten Azteken- und Inkareiche waren der Entwicklung Puerto Ricos zunächst nicht eben förderlich. Außerdem machten Überfälle der Kariben und später der Piraten San Juan das Leben schwer. Das änderte sich, als die spanische Krone ihre karibischen Besitzungen mit einem Festungssystem überzog, um die reich beladenen Flotten sicher nach Spanien zu geleiten. San Juan spielte dabei einer Schlüsselrolle. Der ersten Festungsanlage La Fortaleza folgte bald das Castillo El Morro, dessen riesige Anlage nur noch im kolumbianischen Cartagena Vergleichbares findet. Seine Feuertaufe erlebte El Morro bereits am 22. November 1595, als der englische Korsar Francis Drake mit 23 Schiffen Puerto Rico angriff. Die vorher gewarnte Besatzung konnte den Angriff Drakes zurückschlagen, der einige Jahre zuvor in Santo Domingo so reiche Beute gemacht hatte. Drei Jahre später gelang dem britischen Earl von Cumberland mit 18 Schiffen dagegen die Eroberung eines Großteils von San Juan, da die Verteidiger unter einer Ruhrepidemie litten. Diese griff jedoch auch auf die Engländer über, so daß Cumberland nach sieben Monaten den Rückzug antreten mußte. Seine schlimmste Heimsuchung erlebte San Juan im Jahre 1625, als eine holländische Flotte mit 17 Schiffen und über 2500 Soldaten Puerto Rico angriff. General Baldwin Hendricks kontrollierte zwar bald die Stadt San Juan, die Festung El Morro, in die sich die spanischen Verteidiger zurückgezogen hatten, vermochte er jedoch weder einzunehmen noch auszuhungern, obwohl er schließlich die gesamte Stadt niederbrennen ließ. Nachdem Hendricks im Kampf gefallen war, machten sich die Holländer ohne die Schätze Puerto Ricos aus dem Staube. 1634 vervollständigten die Spanier mit der Errichtung des Castillo San Cristóbal ihr ge-

*Puerto Rico, San Juan, Altstadthaus*

*Puerto Rico, San Juan, Altstadthaus*

niales Verteidigungssystem. Ab 1645 diente San Juan daher als Hafen, in dem die spanischen Schatzschiffe die Hurrikansaison abwarteten.

Auf Puerto Rico waren dagegen keine großen Schätze zu finden. Die Goldminen waren bald erschöpft, und so ließ man die Sklaven Zucker, Kaffee und Tabak ernten, während die *jíbaros* genannten Bauern ihre kleinen Felder selbst bestellten. Um die restriktiven Handelsgesetze kümmerte man sich immer weniger (theoretisch mußte jeglicher Handel der Puertoricaner über Spanien laufen, dessen Schiffe sich aber bisweilen jahrelang nicht sehen ließen. Sogar die Rumproduktion verboten die auf Export ihres Weinbrandes bedachten Spanier für einige Zeit. 1765 änderte man schließlich die Politik, und Puerto Rico trieb bald einen schwungvollen Handel mit den unabhängig gewordenen Vereinigten Staaten. Als sich 1797 Spanien im Krieg mit England befand, landete am 18. April eine englische Flotte mit 60 Schiffen und 14000 Mann Besatzung unter dem Kommando von Sir Ralph Abercromby am Strand von Cangrejos. Doch auch ihnen gelang es nicht, den Festungsgürtel von San Juan, dessen Hafen sie blockierten, zu überwinden. Am 2. Mai traten sie den Rückzug an, angeblich, weil sie den Fackelschein einer nächtlichen Bittprozession für Anzeichen eines heranmarschierenden spanischen Entsatzheeres hielten.

Nach einer Zeit des Liberalismus Anfang des 19. Jh. schickte Spanien immer despotischere Gouverneure und schürte damit revolutionäre Gefühle. Nachdem die Dominikanische Republik 1843 definitiv ihre Unabhängigkeit erlangt hatte, flackerte bei den unter spanischer Ausbeutung leidenden Puertoricanern ebenfalls der Separatismusgedanke auf. Am 23. September 1868 löste der *Grito de Lares*, in dem die Republik Puerto Rico ausgerufen wurde, einen ersten Aufstand aus, den die Spanier jedoch niederschlagen konnten. Luis Muñoz Rivera, der Führer der Unabhängigkeitskämpfer, rang den Spaniern in der Folgezeit jedoch weitgehende Zugeständnisse ab und wurde 1897 erster Gouverneur eines teilautonomen

*Puerto Rico, San Juan, Altstadthaus*

Inselstaates. 1898 mußten die Spanier nach dem verlorenen Krieg gegen die USA ihre letzten Besitztümer in der Karibik räumen. Im Gegensatz zu Kuba, das seine Eigenständigkeit zurückerlangte, blieb Puerto Rico unter der Kontrolle der Vereinigten Staaten. 1917 verlieh der Jones-Act den Puertoricanern die US-Staatsbürgerschaft sowie einen teilautonomen Status. Der Wunsch nach Unabhängigkeit flackerte jedoch immer wieder auf. Am 21. März 1937 schoß in Ponce die Polizei auf demonstrierende unbewaffnete Anhänger der Nationalen Partei Puerto Ricos: 21 Menschen kamen dabei ums Leben. 1948 gewann der Partido Popular Democrático mit seinem Gründer Luis Muñoz Marín die ersten freien Wahlen auf Puerto Rico. 1952 ratifizierten die Insulaner die 1947 von Präsident Truman unterzeichnete Commonwealth-Verfassung, die Puerto Rico zu einem mit den USA assoziierten Staat machte. Diesen Status bekräftigte die Insel in mehreren Volksabstimmungen. Zwar favorisiert die seit 1992 regierende New Progressive Party (NPP) unter Gouverneur Pedro Rosselló den Anschluß Puerto Ricos als 51. Bundesstaat der USA, doch sprach sich in der Volksabstimmung vom November 1993 eine knappe Mehrheit der Bevölkerung mit 48,4% für die Beibehaltung des von der Popular Demo-cratic Party (PDP) favorisierten Commonwealth-Status aus, während 46,2% die vollständige Eingliederung wünschten. Nur 4,4% stimmten für eine Unabhängigkeit der Insel. Offensichtlich stellen die Puertoricaner wirtschaftliche Vorteile (man zahlt keine Bundessteuern an Washington, wird aber stark gefördert) über die politische Gleichberechtigung (kein US-Wahlrecht; kein Stimmrecht im US-Kongreß). Die wirtschaftliche Verflechtung mit den USA ist offensichtlich längst viel zu groß, als daß die von der Puerto Rican Independence Party (PIP) geforderte Unabhängigkeit für die nähere Zukunft ernsthafte Chancen hätte. Auch deutsche Unternehmen (darunter die Brillenfirma Rodenstock) haben sich auf Puerto Rico niedergelassen und nutzen damit den steuerbegünstigten Status der Insel bei gleichzeitiger Zugehörigkeit zum US-Markt.

## Arecibo

Einw.: 80 000

Die Industriestadt am Atlantik wurde 1556 gegründet und besitzt noch viele pastellfarbene Häuser aus der Kolonialzeit. Benannt ist sie nach einem Taino-Kaziken. Arecibo feiert einen bekannten dreitägigen *Karneval.*

### Umgebung

**Cueva del Indio** (6 km ö): Die Höhle war in prähispanischer Zeit ein zeremonieller Versammlungsort der Taino. An den Wänden blieben Malereien und Petroglyphen erhalten.

**Lares** (18 km w): In der Stadt Lares riefen aufständische Freiheitskämpfer 1868 mit dem *Grito de Lares* eine Republik Puerto Rico aus. Spanische Truppen erstickten jedoch die Rebellion im Keime. Auf der Plaza erinnert ein Obelisk an diese erste Manife-

*Puerto Rico, San Juan, Altstadthaus*

station des puertoricanischen Freiheitswillens. Jedes Jahr am 24. September treffen sich hier die *independentistas* der Insel.

**Observatorio de Arecibo** (ca. 12 km s): In einer tiefen Karstsenke steht das größte Radioteleskop der Welt. Die Parabolantenne besitzt einen Durchmesser von über 400 m und nimmt eine Fläche von etwa 8 ha ein.

**Utuado** (16 km s): Im 12 km w gelegenen *Caguana Indian Ceremonial Park* blieben Reste eines um 1100 n. Chr. angelegten Kultzentrums der Taino mit den steinernen Umfassungen von zehn Ballspielplätzen erhalten, die Archäologen nach Kaziken der Insel benannt haben. Wie bei den Azteken und Maya des zentralamerikanischen Festlandes hatte das Ballspiel bei den Taino kultische Bedeutung. Der kleine Kautschukball durfte weder mit der Hand noch mit dem Fuß geschlagen werden und mußte ständig in der Luft gehalten werden. Der längste Platz (Guarionex) mißt 85 x 60 m, der größte (Agueybana), an dessen monolithischen Umgrenzungssteinen teilweise Petroglyphen zu erkennen sind, 65 x 20 m.

## Mayagüez

Einw.: 100 000

Die drittgrößte Stadt Puerto Ricos wurde 1918 durch ein Erdbeben zerstört, doch wurden einige der älteren Bauten wie die 1789 vollendete *Alcaldía* (Rathaus), die *Hauptpost* und das *Teatro Yagüez* restauriert. Auf der Plaza Colón stehen ein Kolumbusdenkmal sowie 16 aus Barcelona eingeführte Bronzedamen, die Fackeln halten. Geschaffen hat sie 1895 der spanische Künstler Antonio Coll*.

### Umgebung

**Aguadilla** (19 km n): Der 1590 gegründete Ort liegt an einer gleichnamigen Hafenbucht, wo Kolumbus 1493 zum ersten Mal Puerto Rico betreten haben soll (Historiker

*Puerto Rico, San Juan, Altstadthaus*

tippen eher auf Aguada). Weithin bekannt sind die handgefertigten Klöppelspitzen (*mundillo*) des Ortes, die holländische, belgische und spanische Einwanderer hier einführten.

**Cabo Rojo** (8 km s): Das Städtchen wurde 1771 gegründet und war einst Schlupfwinkel des berüchtigten Piraten Roberto Cofresi. Die *Iglesia San Miguel Arcangel* an der Plaza wurde 1783 vollendet, außerdem blieben im Ort noch schöne alte Häuser erhalten. – Der Leuchtturm des etwa 18 km s gelegenen »Roten Kaps« datiert von 1882.

## Ponce

Einw.: 200 000

Die zweitgrößte Stadt Puerto Ricos liegt an der Südküste und ist durch die Kordillere gut vor den täglich vom Atlantik ins Land ziehenden Regenschauern abgeschirmt. Benannt wurde sie nicht nach dem Konquistador Ponce de León selbst, sondern nach dessen Enkel Juan Ponce de León y Loíza. Im Zuge der 300-Jahr-Feier der Stadt wurden viele der kreolischen Häuser mit ihren klassizistischen und Art-déco-Fassaden restauriert. Keinesfalls versäumen sollte man die Patronatsfest im Februar, wenn die Ponceños mit Horrormasken aus Kokosnußschalen durch die Stadt ziehen.

**Catedral Nuestra Señora de Guadalupe** (Plaza de las Delicias): Die klassizistische Kirchenfassade wird von zwei Türmen mit silbernen Helmaufsätzen flankiert. Die heutige Kirche wurde 1931 vollendet.

**Alcaldía:** Das Rathaus wurde 1840–46 erbaut und diente bis 1905 als Gefängnis. Die Uhr wurde 1877 in London bestellt.

**Casa Armstrong Poventud** (Plaza de las Delicias): Das 1901 von Manuel v. Domenech* errichtete neoklassizistische Haus wird wegen seines von Karyatiden flankierten Portals auch *Casa de las Cariatides* genannt. Hier sind die Touristeninformation und das Instituto de Cultura Puertoriqueña (Región Sur) untergebracht.

**Parque de Bombas** (Plaza de las Delicias): Das ehemalige Feuerwehrhaus mit Türmen und halbrunden Fensterchen ist aufgrund seiner leuchtenden rotschwarzen Bemalung wohl das beliebteste Fotomotiv auf Puerto Rico. Es wurde 1882 vom damaligen Bürgermeister als hölzerner Ausstellungspavillon entworfen und anschließend der Feuerwehr übereignet.

**Teatro La Perla** (ö der Plaza de las Delicias): Das im 19. Jh. errichtete Theater erstrahlt seit seiner Restaurierung von 1990 wieder in den Farben Weiß und Gold.

**Museo de Arte** (Avenida Americas): Das Museum mit der besten Kunstsammlung der Karibik ist eine Stiftung des Großindustriellen und Gouverneurs Luis A. Ferré, der auch Kunsthistoriker war. Mit gezacktem Dach, sechseckigen Räumen und muschelförmiger Holztreppe konzipiert hat es der

*Puerto Rico, San Juan, Verfallenes Haus mit Slogans der Unabhängigkeitsbewegung* ▷

FOR SALE
721-1040
MUSEO
SIN
TECHO
A SOL
Y
AGUA

Architekt Edward Durell Stone*, der auch das New Yorker Museum of Modern Art (MOMA) entwarf. Zu sehen sind europäische und amerikanische Kunst vom 3. Jh. v. Chr. bis heute, erlesene Barockgemälde weltberühmter Maler wie Van Dyck, Rubens, Murillo, Velázquez, Reynolds und Gainsborough, gute Beispiele von Werken der Präraffaeliten, außerdem vorzügliche Arbeiten einheimischer Künstler, darunter José Campeche* (1751–1809) und Francisco Oller* (1833–1917).

**Museo de la Música Puertorriqueña** (Calle Cristina): Das seit kurzem in der *Casa Cristina* untergebrachte Museum zeigt nicht nur Musikinstrumente der Tainos, sondern informiert auch über die musikalische Tradition des 19. und 20. Jh.

**El Vigia:** In dem auf einem von einem großen kreuzförmigen Aussichtsturm gekrönten Hügel (»Ausguck«) gelegenen Villenviertel am nördlichen Stadtrand ließ sich eine durch Zuckerrohr- und Rumproduktion (Don Q) reich gewordene Familie in den 30er Jahren das *Castillo Serallés* (heute Museum) im spanisch-maurischen Stil mit Innenhof und Hügelgarten errichten.

## Umgebung

**Barranquitas** (37 km nö): In diesem malerisch in den Bergen gelegenen, aber etwas düster wirkenden Ort wurde der Staatsmann und Dichter Luis Múñoz Rivera geboren (und begraben), dessen hölzernes Geburtshaus in ein Museum mit Bibliothek umgewandelt wurde.
**Coamo** (21 km nö): In der im 17. Jh. errichteten Kirche der 1579 gegründeten und damit drittältesten Stadt Puerto Ricos sind Gemälde der beiden großen puertoricanischen Maler, José Campeche* und Francisco Oller*, zu sehen. Besonders bekannt ist die Fegefeuerdarstellung *Cuadro de las Animas*, in der Oller angeblich seine eigene blonde Freundin sadistisch leiden läßt.
**Guayama** (59 km ö): Im Zentrum des Ortes, der einst vom Schmuggel lebte, befindet sich eine kolonialspanische Plaza.
**Hacienda Buena Vista** (15 km n): Sie wurde 1833 von Salvador de Vives gegründet und 1845 in eine Kaffeeplantage und Maismühle umgewandelt (der restaurierte wassergetriebene Maschinenpark ist voll funktionstüchtig). Zu sehen sind auch die ehemaligen Sklavenunterkünfte.
**Tibes Indian Ceremonial Center** (3 km n): Der seit 1975 freigelegte älteste Friedhof der Antillen reicht ins 3. Jh. zurück. Aus dieser Zeit stammen die 187 Skelette der Igneri-Kultur, deren Angehörige auf Puerto Rico als Fischer, Jäger und Sammler lebten. Die sieben nach der Sonne ausgerichteten Ballspielplätze (*bateyes*) und zwei Tanzplätze für Zeremonien legte eine Vorläuferkultur der Taino im 7. Jh. an. Unter dem *Batey Zemi*, mit 100 x 20 m der größte Ballspielplatz der Karibik, wurden Indizien für Menschenopfer entdeckt. Unter der großen Plaza (55 x 50 m) fand man die In Tonkrügen begrabene Skelette von Kindern. Man kann ein rekonstruiertes Taino-Dorf mit strohgedeckten *bohíos* sowie ein Museum besichtigen.
**Yáuco** (19 km w): Vor 100 Jahren war Yáuco die Kaffeehauptstadt Puerto Ricos. Der gleichnamige Kaffee galt als der beste, den man in den europäischen Kaffeehäusern bestellen konnte. Zu sehen sind noch einige Villen der Kaffeebarone sowie alte Holzhäuser mit schattiger Veranda.

## San Germán

Einw.: 30 000

Die »schönste Kleinstadt Puerto Ricos« wurde schon 1510 an der Küste gegründet, jedoch mehrfach (1528 und 1538) durch französische Korsaren niedergebrannt und daher 1570 weiter landeinwärts an den Río Guanajibo verlegt. Bis zum Ende des 17. Jh. war San Germán, das nach der zweiten Frau König Ferdinands von Spanien, Germaine de Foix, benannt ist, neben San Juan der einzige größere Ort auf Puerto Rico. Alte spanische Häuser und prachtvolle Haciendas der Kaffee- und Zuckerbarone aus dem späten 19. Jh. blieben erhalten. Heute studieren in San Germán fast 10 000 Studenten an der privaten Inter-American-University.

**Iglesia Porta Coeli:** Das 1606 von Dominikanermönchen im spätgotischen Stil er-

*Puerto Rico, San Juan, Armenviertel »La Perla«*

richtete Gotteshaus ist außerhalb San Juans das älteste kirchliche Bauwerk der Insel. Man erreicht die »Himmelspforte« über eine Ziegeltreppe. Die riesigen Türflügel aus hartem *ausubo*-Holz und das aus dem gleichen Holz geschnitzte Gitter des Oberlichts stammen noch aus der Erbauungszeit. Im Inneren sehenswert ist das Altarbild, das im späten 18. Jahrhundert José Campeche* schuf. 1976 wurde die Kirche restauriert und in ein Museum umgewandelt, das sakrale Kunstwerke aus der spanischen Kolonialzeit präsentiert, darunter schwarze Madonnenstatuen.

**Iglesia San Germán de Auxerre:** Die nach dem Schutzpatron der Stadt benannte weiße Kirche wurde als Gotteshaus für das benachbarte, heute längst verschwundene Dominikanerkloster errichtet.

**Alcaldía:** Das kleine Rathaus wurde 1842 an der von spanischen Bürgerhäusern des 16. und 17. Jahrhunderts gesäumten Plaza Mario Quiñones errichtet.

## San Juan

Einw.: ca. 1 Mio.

San Juan mag zwar die Hauptstadt Puerto Ricos sein, doch der Titel der größten puertoricanischen Stadt gebührt eigentlich New York, denn dort leben doppelt so viele Puertoricaner wie hier. San Juan hat viele Gesichter: Das schmucke Alt-San Juan mit seinen schon fast überrestauriert wirkenden spanischen Kolonialhäusern, seinem wehrhaften Festungsgürtel, seinen schmalen Gäßchen mit alten Gaslaternen und seinen kopfsteingepflasterten Plazas – leider immer häufiger mit Supermärkten und Fast-food-Läden verschandelt –, ist das Entzücken aller Kreuzfahrtpassagiere und Pauschaltouristen der Luxushotels in Condado. An jede beliebige Stadt des amerikanischen Mittelwestens erinnern dagegen die gesichtslosen Hochhäuser des Banken- und Geschäftsviertels, durch die auf vielspurigen Freeways der

Verkehr tost, und die endlosen Vorstädte mit ihren Barackenhäuschen, Fabriken und Gebrauchtwagenhändlern. Und das von weitem so pittoresk anmutende Viertel La Perla mit seinen verschachtelten bunten Häusern mit Teerpappedächern drunten am Atlantik mag der Schriftsteller Oskar Lewis in seiner berühmten Studie *La Vida* »den schönsten Slum der Welt« genannt haben, doch wer sich hier hineinwagt, ist schneller wieder draußen, als ihm lieb ist.

## SAKRALBAUTEN

**Catedral de San Juan Bautista** (Calle Cristo): Gegründet wurde das Gotteshaus bereits 1521. Die damals unter Bischof Alonso Manso errichtete Holzkirche fegte jedoch schon fünf Jahre später der Gott der Taino namens Juracán hinweg. Ab 1540 errichtete man im spätgotischen Stil eine Bischofskirche, die zunächst beim Angriff des Herzogs von Cumberland und dann 1615 durch einen weiteren Wirbelsturm stark in Mitleidenschaft gezogen wurde. Aus dieser Zeit stammen noch die Sakristeiräume, einige Seitenkapellen mit spätgotischen Kreuzgewölben und der Turm auf der Südostseite. Das übrige neobarocke Bauwerk stammt größtenteils aus der Zeit zwischen 1809 und 1859.
Das Innere des beigeweißen Gotteshauses mit seinen fotogenen drei rotweißen Kuppeln wirkt erstaunlich wenig überladen. Schwarzer Parkettboden, Stuckwerk und neobarocke Deckenmalereien bestimmen das Bild. In einem Glaskasten hinter dem Altar befinden sich die 1862 gestifteten Reliquien des heiligen Pius. 1908 erhielt der Märtyrer Gesellschaft von Juan Ponce de León. Dessen aus der Kirche San José hierher überführten Gebeine ruhen in einem Marmorsarkophag, den die blaue Statue der Virgen de Providencia bewacht. Sie ist die Schutzheilige von Puerto Rico.

*Puerto Rico, San Juan, Catedral*

**Capilla del Santo Cristo** (Calle Cristo): Warum man hier an einem Steilhang diese zierliche Barockkapelle mit Silberaltar und kleinem aufgesetzten Glockenturm errichtete, erzählt eine schöne Geschichte. Wie jedes Jahr veranstaltete man zu Ehren des Schutzpatrons der Stadt am Johannistag des Jahres 1753 ein traditionsreiches Pferderennen. Am Ende der Calle Cristo mußten die Reiter nach links in die Calle Tetuán einbiegen, um nicht über den Steilhang zu stürzen. Einer der Teilnehmer, ein gewisser Baltasar Montañez, kriegte wortwörtlich die Kurve nicht und segelte über die Klippe. Ab dieser Stelle gehen – wie bei jeder richtigen Legende – die Versionen auseinander. Die einen sagen, Baltasar habe wie durch ein Wunder überlebt, da ein Soutanenträger während seines Sturzfluges für ihn gebetet habe. Die Realisten setzen dagegen, daß der Reitersmann natürlich zu Tode gekommen sei und man die Kapelle errichtet habe, um die Absturzstelle abzusperren. – Etwa 20 Meter von der Kapelle entfernt steht in der Calle Tetuán (neben Haus Nr. 103) das laut Guinness-Buch der Rekorde *schmalste Haus der Welt.* Bei seiner Breite von lediglich 1,50 Metern konnte man darin sein Bett wohl nur in einer Richtung aufstellen.

**Convento de las Carmelitas** (Caleta las Monjas): 1651 durften die Karmeliterinnen ihr Kloster, ein dreistöckiges Gebäude mit arkadengesäumtem Patio und einer seitlich angefügten Kapelle, beziehen. Anfang des 20. Jh. löste man die Klostergemeinschaft auf und übersiedelte die neun verbliebenen

*Puerto Rico, San Juan, Catedral, Glasfenster* ▷

*Puerto Rico, San Juan, Catedral, Innenraum*

*Puerto Rico, San Juan, El Convento*

Nonnen nach Santurce. In den folgenden Jahrzehnten nutzten etwa hundert Familien das immer weiter verfallende Gebäude als Notquartier. 1957 hätte man es beinahe abgebrochen, doch dann entschoß man sich zu einer sorgfältigen Restaurierung, die Vorbild für die Sanierung der gesamten Altstadt werden sollte. Heute ist hier das *Gran Hotel El Convento* untergebracht, dessen Übernachtungspreise allerdings weniger der Service, als die unvergleichliche Lage rechtfertigen.

**Convento de Santo Domingo** (Plaza San José): Schon 1523, also zwei Jahre nach der Stadtgründung, führte man dieses Kloster auf, in dem bis 1838 der Dominikanerorden residierte. Von 1898 bis 1916 nutzte es die US-Armee als Hauptquartier auf den Antillen. Seit seiner Restaurierung ist neben einem Museum für klerikale Kunst hier das *Instituto de Cultura Puertoriqueña* untergebracht, das die Restaurierung der Altstadt leitet und im Innenhof kulturelle Veranstaltungen organisiert. Man betritt die weitläufige Klosteranlage, ein großes weißes Gebäude mit eleganter Kuppel, durch einen Torbogen und gelangt in einen arkadengesäumten Innenhof. Die unteren Arkaden dienen als Bildergalerie lokaler Künstler.

**Iglesia San José** (Plaza San José): Die äußerlich recht schlicht wirkende Kirche wurde ab 1523 (vielleicht auch erst 1532) als Kirche des angrenzenden Dominikanerklosters errichtet. Trifft ihr frühes Erbauungsdatum zu, wäre sie die zweitälteste Kirche der westlichen Hemisphäre. Älter ist nur die Kathedrale von Santo Domingo (Dominikanische Republik). Vermutlich hat der gleiche anonyme Architekt auch die nur ein Jahr später ebenfalls im Stil der isabellinischen Spätgotik begonnene Dominikanerkirche in Santo Domingo errichtet. Darauf deuten jedenfalls der alte Grundriß und die Anordnung der fast identischen Rosenkranzkapellen an den südlichen Seitenschiffen hin. Die Klosterkirche trug ursprünglich den Namen von Thomas von Aquin.
Man betritt das Gotteshaus durch ein in der zweiten Hälfte des 19. Jh. umgestaltetes Portal. Da die wertvolle Innenausstattung fast

*Puerto Rico, San Juan, Iglesia San José, Altar* ▷

*Puerto Rico, San Juan, Cementario*

vollständig verlorenging, tritt die architektonische Gliederung des Bauwerks um so klarer zutage. Die dreischiffige Kirche mit geradem Chorabschluß besitzt ein 1773 renoviertes Langhaus mit barockem Tonnengewölbe, während Teile der sehr schmalen Seitenschiffe mit später angefügten Kapellen noch Kreuzgewölbe zeigen. Chor und Vierung besitzen ein spätgotisches Sterngewölbe. Sehr sehenswert sind ein für die Neue Welt einzigartiges, aus Cádiz stammendes *Altargemälde* im Stil der flämischen Schule des ausgehenden 15. Jh. (in der Bethlehemkapelle), der Hochaltar und eine von Ponce de León gestiftete *Kreuzigungsgruppe* aus dem 16. Jh. Von 1559 bis 1908 waren die aus Havanna überführten Gebeine von Ponce de León hier bestattet. Man erkennt das Wappenschild seiner Familie an der linken Wand des Chors. Der große puertoricanische Maler José Campeche* liegt ebenfalls hier begraben

**Cementerio de San Juan:** In der Mitte des 1865 zwischen den Festungsmauern und der Atlantikküste angelegten Friedhofs, auf dem viele berühmte Puertoricaner ihre letzte Ruhestätte gefunden haben, steht eine runde überkuppelte *Kapelle* mit umlaufendem Arkadengang, die der Santa María de la Magdalena de Pazzis geweiht ist.

## PROFANBAUTEN

**Alcaldía** (Plaza de Armas): Im Jahre 1602 erteilte der damalige Gouverneur Ochoa de Castro den Auftrag zum Bau des alten Rathauses (Town Hall) von San Juan. Die prekären städtischen Finanzen verzögerten jedoch die Fertigstellung. 1799 und 1841 wurde es im Stil des Madrider Rathauses umgebaut und zeigt heute dessen Vorderfront mit doppelter Arkade und flankierenden Türmen. Werktags außer Montag kann man um 10.45, 12 und 14 Uhr dabei zusehen, wie die Kolonialgarde in Uniformen des 16. Jh. zu klingendem Spiel von der Plaza de Armas durch die Straßen San Francis-

*Puerto Rico, San Juan, Alcaldía* ▷

*Puerto Rico, San Juan, Casino*

cos und Fortaleza zur Plaza de Colón und zurück marschiert.

**Banco Popular de Puerto Rico:** Das zehnstöckige Bankgebäude wurde im Art-déco-Stil der 30er Jahre errichtet.

**Casa Blanca** (Calle San Sebastián): In dem an dieser Stelle 1521 erbauten Herrenhaus wollte Ponce de León residieren, doch machte ihm ein Indianerpfeil in Florida einen Strich durch die Rechnung. Das Haus war kaum fertig, da wurde es durch einen Wirbelsturm zerstört. Das heutige, in späterer Zeit des öfteren umgebaute Gebäude ließ sich 1523 Ponces Schwiegersohn und Nachfolger García Troche errichten. Hierher flüchtete man sich vor Karibenangriffen, bis La Fortaleza fertiggestellt war. Bis 1773 wohnten die Nachkommen Ponces in diesem Haus. Danach diente es als Sitz der Militärkommandantur. Heute sind hier Büros des *Puerto Rico Institute for Advanced Studies* untergebracht. Hurrikan Hugo zog 1989 das Gebäude in Mitleidenschaft.

**Casa de España** (Avenida Muñoz Rivera): Das bei den Einheimischen äußerst populäre, ein wenig verkitscht wirkende Haus aus den 40er Jahren mit blauen und weißen Dachziegeln und blaugekacheltem Interieur erinnert ein wenig an Gebäude in Granada. Es wurde ausschließlich mit Spenden der spanischen Gemeinde von San Juan finanziert, die hier ihre kulturellen Veranstaltungen abhält.

**Casa de los Contrafuertes** (Plaza de San José): Wann dieses älteste noch erhaltene Privathaus von San Juan mit seinen schweren stützenden Strebepfeilern (*contrafuertes*) errichtet wurde, ist nicht genau bekannt, doch deutet der Stil auf den Anfang des 17. Jh. hin. Heute sind hier zwei Museen untergebracht: im Erdgeschoß eine nachgebaute *Apotheke* und im ersten Stock das Graphikmuseum *Museo del Grabado Latinoamericano.*

**Casa del Callejón** (Calle Fortaleza): Die schönen hölzernen Fenstergitter (rejas) deuten darauf hin, daß man dieses Wohnhaus wohl Anfang des 18. Jh. errichtete. Im Erdgeschoß präsentiert das *Museo de la Arquitectura Colonial* maßstabsgetreue Modelle der Festungen von San Juan sowie Baupläne, Karten und Fotografien von San Juan, während im ersten Stock das *Museo de la Familia Puertoriqueña* das Interieur eines Hauses aus dem 19. Jh. nachstellt.

**Casino** (Plaza Colón): Das opulente Kasino an der Ostseite der Plaza wurde 1913 im Louis-quatorze-Stil errichtet und diente der Hautevolée der Stadt als feiner Club. Heute richtet das Manuel Pavia Fernández Government Reception Center hier Regierungsempfänge aus.

**Castillo de San Felipe del Morro**: Die mächtige Festung mit ihren sechs übereinanderliegenden Wehranlagen am steilen, 43 m tief zum Atlantik abfallenden Felsvorsprung der westlichen Altstadt wurde von der UNESCO zum Welt-Kulturdenkmal erklärt. Die Anlage löste ab 1591 ein kleines Holzkastell ab, das hier 1539 errichtet worden war. Juan Bautista Antonelli* leitete ein Team spanischer Ingenieure, die ein uner-

*Puerto Rico, San Juan, Castillo del Morro* ▷

hörtes Bollwerk um die Halbinsel herum errichteten. Zwar war die Festung erst 1650 vollendet, doch bestand sie schon 1595 ihre Feuertaufe, als ihre Kanonen erfolgreich den Angriff der Schiffe von Francis Drake abwehrten. 1598 eroberte der Earl von Cumberland das Fort über die noch ungedeckte Landseite und konnte es drei Monate halten, bis ihn die von den Spaniern übergesprungene Ruhrepidemie, bei der er die Hälfte seiner Männer verlor, zum Rückzug zwang. Die holländische Streitmacht konnte 1625 nichts mehr ausrichten, die 1626 durch einen Blitzschlag ausgelöste Explosion im Pulvermagazin richtete jedoch größere Schäden an. Das amerikanische Artilleriefeuer überstand nur der höchste Punkt der bis 1787 noch einmal verstärkten Festung 1898 nicht unbeschadet.

Durch einen weitläufigen Park, auf dem früher die Soldaten exerzierten und heute die Kinder ihre Drachen steigen lassen, geht es zu einer über den tiefen Wallgraben führenden Brücke. Durch das Haupttor betritt man den zentralen Innenhof des Forts mit seinen gelben Mauern und weißen Arkadengängen. Ein Tunnellabyrinth von Treppen und Rampen führt zu den Verteidigungsplattformen, wo noch alte Kanonen und aufgeschichtete Kanonenkugeln zu sehen sind.

*Puerto Rico, San Juan, Castillo del Morro, Eingang*

Im Innenhof erläutert ein kleines Museum die Geschichte von El Morro. – Die von dieser Festung ausgehende, bis zu 15 m hohe Stadtmauer von Alt-San Juan wurde ab 1630 aufgeführt.

**Castillo de San Cristóbal** (Plaza Colón): Nachdem es dem Earl von Cumberland 1598 gelungen war, San Juan von der (östlichen) Landseite her einzunehmen, sicherten die Spanier 1634 diese Achillesferse durch eine nach modernsten Gesichtspunkten errichtete Festungsanlage mit vorgeschobenen Hornwerken, Bastionen, Wällen und Gräben. Die fünf kleinen Einheiten verband ein labyrinthisches Tunnelsystem miteinander, durch das man nicht nur Artillerie transportieren, sondern auch Eindringlinge aus dem Hinterhalt anfallen konnte. 1766–83 verstärkten zwei in der spanischen Armee dienende irische Festungsbaumeister, Alejandro O'Reilly* und Tomas O'Daly* die heute 11 ha große Anlage noch erheblich. Es sollte sich lohnen. 1797 biß sich der mit einer überlegenen Streitmacht angreifende englische Flottenführer Sir Abercromby hier die Zähne aus.

**Cuartel de Ballajas** (Plaza del Quinto Centenario): Die 1864 errichtete ehemalige Kaserne der spanischen Armee wurde 1992 restauriert. Im zweiten Stock ist das neue *Museo de las Américas* untergebracht, das die kulturelle Entwicklung der Neuen Welt nachzeichnet.

**El Capitolio** (Avenida Muñoz Rivera): Nachdem die Puertoricaner 1917 US-Bürger geworden waren, mußte auch ein entsprechendes Parlament her. 1925 errichtete der puertoricanische Architekt Rafael Carmoega* im Stadtteil Puerta de Tierra eine kleinere Ausgabe des Washingtoner Kapitols, in dem Regierung und Parlament tagen. Die große Kuppel ist reich mit Ornamenten und Wappen verziert. Im Gebäude ist eine Urne mit einer Kopie der 1952 ratifizierten Verfassung von Puerto Rico zu sehen.

**Fortín San Gerónimo**: Das kleine Fort deckte die Ostspitze der Insel, auf der Alt-San Juan liegt. 1797 fügten ihm die britischen Invasoren erhebliche Schäden zu, die bis 1799 jedoch wieder repariert wurden. Heute zeigt hier ein *Militärmuseum* historische Waffen,

Uniformen, Schiffsmodelle, Sextanten, Seekarten und andere Dokumente.

**La Aduana**: Das Zollhaus am Hafen wurde in einem farbenfrohen tropischen Jugendstil errichtet, das benachbarte *Arsenal* entstand um 1800. Es war das letzte Gebäude, das die Spanier bei ihrem Abzug 1898 verließen.

**La Fortaleza** (Calle Fortaleza): In seiner Frühzeit wurde San Juan immer wieder von Kariben überfallen, die mit ihren wendigen Kanus blitzartig vor der Stadt auftauchten (1525 mit 5000 Mann). Zwischen 1532 und 1540 errichtete man daher eine Festung. Diese wurde allerdings durch den Bau von El Morro bald überflüssig. Ab 1539 residierte hier der Gouverneur von Puerto Rico, und das tut er heute noch. Das weiße Gebäude mit seinen zwei aus dem 16. Jh. stammenden Türmen hat über 170 Gouverneure gesehen und ist damit der älteste durchgehend bewohnte Regierungssitz der Neuen Welt. Auch die fremden Herren der Stadt quartierten sich hier ein: 1598 der Earl of Cumberland und 1625 der niederländische General Hendricks, der von hier aus sehnsuchtsvoll auf die Festung El Morro blickte, deren Erstürmung ihm versagt blieb. 1846 baute man anläßlich des Besuches der damaligen spanischen Königin Isabella II. die Residenz zu einem palastartigen Gebäude um, das mit einem prächtigen Treppenaufgang, Marmorfußböden und prunkvollen Empfangssälen reich ausgestattet ist.

**Palacio Episcopal** (Ecke Calle Cristo/Calle San Sebastián): Als die niederländischen Besatzer 1625 entmutigt die Stadt räumten, legten sie auch den Bischofspalast in Schutt und Asche. Erst 1733 wurde er wiederaufgebaut.

**Puerta de San Juan** (Caleta San Juan): Sechs Stadttore umfaßte einst der Mauerring von Alt-San Juan; dieses wurde 1639 errichtet und blieb als einziges erhalten. Hier legten im 17. Jh. die Schiffe an, und bevor sich die aus Spanien Angekommenen weltlicheren Freuden zuwendeten, schritten sie durch das Tor und zogen auf direktem Weg zur Kathedrale, um Gott für die sichere Überfahrt zu danken.

**Real Intendencia** (Plaza de Armas): Das 1851 errichtete neoklassizistische Gebäude war bis 1898 königliches spanisches Schatzamt. Heute arbeiten hier die Beamten des Departamento de Estado (Auswärtiges Amt)

**Teatro Tapia** (Plaza Colón): Das 1976 restaurierte ockerfarbene klassizistische Thea-

*Puerto Rico, San Juan, Castillo del Morro, Innenhof*

ter wurde schon 1826–32 errichtet und zählt damit zu den ältesten Theaterbauten der Neuen Welt. 1937 erhielt es den Namen des gefeierten einheimischen Schauspielers Alejandro Tapia y Rivera (1826–82). Heute bringt das Theater Stücke lateinamerikanischer Autoren auf die Bühne.

**University of Puerto Rico**: Die Universität wurde 1903 gegründet. Sehenswert auf dem weitläufigen Campus ist das Bibliotheksgebäude, dessen große Eingangshalle das riesige Gemälde »Prometheus« des renommierten mexikanischen Malers Rufino Tamayo* (1899–1991) schmückt. Zur Universität gehören Museen für Archäologie, Geschichte, Kunst sowie ein Universitätstheater, das Schauplatz der jährlichen Casals-Festspiele ist. Im Süden grenzt die *Estación Experimental Agricola* mit einem Botanischen Garten an.

## PLÄTZE

**Plaza de Armas**: Auf dem im 16. Jh. angelegten Platz rief man einst bei Angriffen die Bürger der Stadt zu den Waffen. Die vier Marmorstatuen an den Platzecken symbolisieren die Jahreszeiten.

**Plaza Colón**: In der Mitte des ursprünglich Plaza de Santiago genannten schattigen Platzes errichtete man 1893 anläßlich des 400. Jahrestages der Entdeckung Puerto Ricos ein Kolumbusdenkmal. Auf einer hohen Säule blickt der große Admiral in die Ferne, während gußeiserne Relieftafeln auf dem Sockel nicht alles erzählen, was er in der Neuen Welt anrichtete.

**Plaza de San José**: Das Standbild von Ponce de León wurde 1797 aus den Kanonenkugeln gegossen, die der englische Admiral reichlich hinterlassen hatte. Ursprünglich stand es auf der Plaza Colón. Als man dort das neue Kolumbusdenkmal aufstellte, mußte der Weggefährte Ponce umziehen. Bis spät in die Nacht trifft sich auf der Plaza mit ihren vielen netten Kneipen ein jugendliches Publikum. Die glatten bläulich-grauen Pflastersteine der umliegenden Gassen sollte man sich genauer ansehen. Sie sind einmalig auf der Welt. Diese *adoquines* wurden Ende des 19. Jh. in den Eisenhütten Spaniens aus den dort anfallenden Schlacken gegossen und überquerten als Schiffballast den Atlantik.

**Plazuela de la Rogativa**: Das 1971 enthüllte Denkmal auf der kleinen Plaza erinnert an eine legendäre Begebenheit von 1797, als britische Invasoren unter Admiral Abercromby die Lichter einer nächtlichen Bittprozession für die Fackeln eines von der Landseite her kommenden spanischen Entsatzheeres hielten und fluchtartig das Feld räumten. Von der fast 30 m hohen Brüstung über dem Meer schweift der Blick über die Altstadt.

## MUSEEN

**Casa del Libro** (Calle Cristo/Calle Tetuán): Das »Haus des Buches« besitzt eine Bibliothek und präsentiert alte Handschriften, Grafiken und Postkarten. Auch ein Schreiben der Katholischen Könige ist darunter.

**Museo de Arte Puertoriqueña** (Calle Cristo): In einem kolonialspanischen Palais aus dem 18. Jh. zeigt das Museum im Erdgeschoß puertoricanische Kunst aus den letzten drei Jahrhunderten, im Obergeschoß eine hervorragende Sammlung europäischer Maler, die allerdings fast nie zugänglich zu sein scheint.

**Museo de Arte y Historia de San Juan** (Calle Norzagay/Calle Mac Arthur): Das Museum präsentiert Wechselausstellungen sowie Audio-Video-Shows zur puertoricanischen Geschichte, war jedoch 1994 geschlossen.

**Museo de la Fundación Arqueológica** (Calle Commercio): Das in einer ehemaligen städtischen Badeanstalt untergebrachte Museum präsentiert präkolumbische Artefakte sowie Wechselausstellungen.

**Museo del Indio** (Ecke Calle Luna/Calle San José): Das Museum zeichnet mit Arbeiten aus Knochen, Muscheln, Holz, Stein und Keramik die Kulturgeschichte der Ureinwohner Puerto Ricos nach.

**Museo del Mar** (Pier One): Das Schiffsmuseum präsentiert alte nautische Instrumente, Schiffsmodelle, Seekarten, Gedenktafeln und Fotos aus der Kolonialzeit.

**Museo de Pablo Casals** (Calle San Sebastián): In einem 200jährigen Gebäude präsentiert das Museum Manuskripte, Fotografien, Musikinstrumente, persönliche Gegenstände und Musikaufnahmen des weltberühmten katalanischen Cellisten Pau (Pablo) Casals (1876–1973), der von 1956 bis zu seinem Tod in San Juan lebte.

## Umgebung

**Bayamón** (12 km sw) Die um 1750 gegründete Stadt hat sich ganz der Moderne verschrieben. Eine hochmoderne Stahlstrebenkonstruktion ist die 1978 fertiggestellte achtstöckige *Alcaldía* (Rathaus), in der sich auch das *Teatro Braulio Castillo* befindet. Das im alten neoklassizistischen Rathaus untergebrachte sehenswerte *Museo Francisco Oller* (Calle Degentau) zeigt eine gute Auswahl der Werke des vielleicht größten Malers (1883–1917) von Puerto Rico sowie einige Figurinen der Taino. Bayamón ist die Hochburg einer puertoricanischen Spezialität: *chicharrones*. Diese gerollten knusprigen Schweineschwarten werden überall in der Stadt verkauft. – Kurz vor Bayamón liegen die *Ruinen von Caparra*, der ersten, 1509 auf Puerto Rico von Ponce de León errichteten Siedlung. Zu besichtigen ist ein *Museo de la Conquista y Colonización de Puerto Rico*.

**Cataño:** Von *Pier Two* setzt eine Fähre in kurzen Abständen nach Cataño über, wo man die hochmoderne *Destilería Ron Bacardi* besichtigt, die bekannteste Rumfabrik der Welt.

**Fajardo** (54 km ö): Im 17. und 18. Jh. lebten die Einwohner dieser ältesten Siedlung an der Ostküste hauptsächlich vom Schmuggel mit den englischen und französischen Karibikinseln. Die spanische Krone untersagte nämlich jeglichen Handel mit anderen Nationen, kümmerte sich aber in dieser Zeit selbst kaum um Puerto Rico. Heute setzen von Fajardo aus die Fähren zu den Nachbarinseln Vieques und Culebra über. Der sechseckige, weißschwarze Leuchtturm von Cabo San Juan datiert von 1882. Von hier schweift der Blick im Osten über die azurblaue Karibik bis zu den Virgin Island, und im Westen über den Regenwald El Yunque.

**Loiza Aldea** (27 km ö): Das Dorf war die

*Puerto Rico, San Juan, Museo de Pablo Casals*

zweite Niederlassung (nach Caparra), die die Spanier auf Puerto Rico gründeten. Zunächst mußten die Taino-Indianer in Zwangsarbeit Gold aus dem Río Grande de Loiza waschen, später afrikanische Sklaven, die nach Erschöpfung der Goldvorkommen auf den Zuckerrohrfeldern arbeiteten. Die 1645 errichtete *Iglesia San Patricio* ist die älteste noch genutzte Kirche der Insel. Ein Erlebnis ist die stark afrikanisch geprägte *Fiesta de Santiago Apóstol* in der letzten Juniwoche. Hier legen die Einheimischen – leider immer weniger – ihre traditionellen, der Kleidung der westafrikanischen Yoruba sehr ähnlichen Gewänder an und setzen Phantasiemasken auf, die Geister und alte Männer darstellen. Am buntesten gekleidet sind die *veigantes*, die in schreiend bunten Kostümen und furchterregenden Masken aus Kokosnußschalen durch die Straßen paradieren, um die verlorenen Schäfchen Christi einzufangen. In letzter Zeit macht sich leider der nordamerikanische Einfluß (sprich Hollywood) bei den Masken immer stärker bemerkbar.

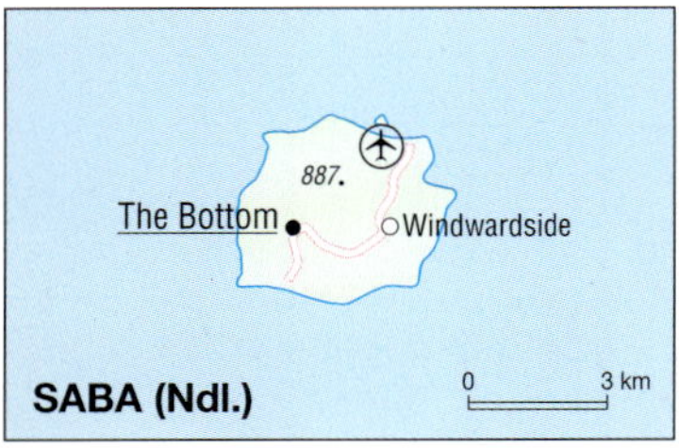


# Saba

Saba ist zweifellos die seltsamste Insel der Karibik: ein steil aufsteigender Vulkan, an dessen Küsten sich auch nicht der kleinste Fetzen Strand finden läßt. Der wohl einzige flache Streifen Land ist die 500 Meter lange Piste des Flughafens. Schon mancher Passagier war hier nach der Landung dem Herzinfarkt nahe. Ansonsten ist Saba mit seinen 1100 Einwohnern aber eine der friedvollsten und freundlichsten Inseln der Karibik. Ihre weißen Häuser mit roten Dächern und grünen oder roten Fensterläden brauchen die Sabans nicht abzusperren. Hier kennt jeder jeden. Verfahren kann man sich auch nicht: Die quer über die Insel führende Straße, eine 16 Kilometer lange Serpentinenstrecke, führt vom Flughafen über *Windwardside* nach *The Bottom*. Um sich einen Überblick zu verschaffen, kann man auch die tausend Stufen von Windwardside zum *Mount Scenery* (887 m) hinaufsteigen.

Kolumbus sichtete die Insel auf seiner zweiten Reise (1493), doch weder er noch Sir Francis Drake (1595) oder der Holländer Piet Heyn (1626) landeten hier. 1640 siedelten sich die Niederländer auf der Insel an. In Folge wechselte sie zwölfmal den Besitzer, bis sie 1816 endgültig holländisch wurde. Zusammen mit Sint Eustatius und Sint Maarten gehört Saba zu den Bovenwindse Eilanden der Niederländischen Antillen und entsendet einen gewählten Senator ins Parlament von Curaçao. 1993 verlor die Insel eine munter sprudelnde Geldquelle: Bis dahin wurden Führerscheinprüfungen, die man auf Saba (bei quasi inexistentem Straßenverkehr) ablegte, in den Niederlanden anerkannt.

**The Bottom:** Die »Hauptstadt« mit etwa 300 Einwohnern liegt auf einem Plateau, das man seinerzeit für einen Vulkankrater hielt. Über 800 Stufen führen vom Hafen an der Ladder Bay ins Dorf hinauf.

*Puerto Rico, San Juan, Armenviertel »La Perla«*

**Windwardside:** Im zweitgrößten Ort der Insel ist das in einem alten kleinen Kapitänshaus untergebrachte **Saba Museum** sehenswert, das alte Möbel und Familienandenken zeigt.

## Saint Barthélemy

Saint Barthelémy, kurz St. Barts genannt, ist schick, unendlich schick. Hier tummelt sich im Winter der französische Jet-set, und es kommen alle, denen die Côte d'Azur zu billig ist. Doch an den blendendweißen Sandstränden herrscht nicht das lärmende, grelle Ambiente eines karibischen Saint-Tropez; das betuchte Publikum liebt Diskretion, speist in sündteuren Restaurants und besorgt sich in den Niederlassungen von Yves Saint-Laurent und Gucci zollfrei die neueste Designermode und bei Cartier die nötigen Accessoires dazu, die man hier gottlob gefahrlos tragen kann. Der einzige wirkliche Nervenkitzel der Insel ist der Flughafen, für den Piloten eine Spezialausbildung benötigen.

Die Kariben nannten die Insel Ouanaloo, doch Kolumbus machte im November 1496 seinem Bruder eine Freude und taufte die Insel auf dessen Namen um. Französische Siedler aus dem normannischen Dieppe waren die ersten, die es wagten, sich auf Saint-Barthélemy niederzulassen. 1672 fiel der Besitz der französischen Compagnie des Iles an die Krone. 1784 tauschte Frankreich die Insel mit Schweden gegen ein Warenhaus im Hafen von Göteborg und Handelsrechte in der Ostsee, ohne die Insulaner deswegen groß nach ihrer Meinung zu fragen. Diese fuhren allerdings nicht schlecht dabei. Die Schweden machten nämlich den Hauptort der Insel zum Freihafen und nannten ihn nach ihrem damaligen König Gustavia. Erst 1878 fiel die Insel nach einer Volksabstimmung an Frankreich zurück. St. Barts gehört heute zum Département Guadeloupe und wird vom Unterpräfekten in Saint-Martin verwaltet.

**Gustavia:** Ein Hurrikan und ein Großbrand zerstörten 1850 fast die gesamte Stadt: Bauten aus schwedischer Zeit blieben daher nur wenige erhalten. Zu ihnen gehört *Fort Oscar* an der Spitze der Halbinsel, in dem die französische Armee sitzt. *Fort Gustave* ist dagegen zu besichtigen, und es bietet einen großartigen Ausblick auf die Stadt, deren weiße Häuser mit roten Walmdächern in der Sonne leuchten, und den Hafen mit seinen unzählige Yachten. Ebenfalls schwedisch ist das *Rathaus* sowie der dreieckige *Glockenturm* hoch über der Stadt. In einem Hurrikan kam ihm die dazugehörige Kirche abhanden. Mit Stichen, Fotos und Kunsthandwerk illustriert das kleine *Musée Municipal* seit 1989 das frühe Leben auf der Insel.

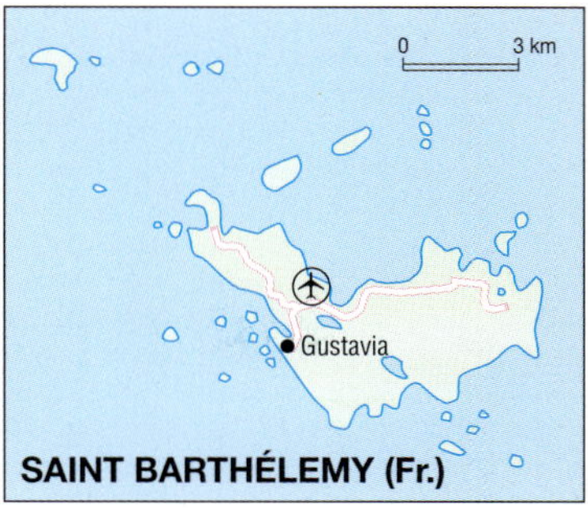


*St. Lucia, Anse La Raye*

**Corossol:** In diesem Fischerdorf glaubt man sich in die Normandie des 17. Jh. zurückversetzt. Manche Frauen schützen ihre zarte weiße Haut noch mit den gestärkten schulterlangen Hauben (*calèches*) ihrer Heimat, die man hier *quichenottes* nennt: angeblich eine französische Verballhornung des englischen »kiss me not«. Ebensowenig wie die Küsse Fremder schätzen Mesdames, deren Männer meist auf hoher See sind, Schnappschüsse von Touristen, lassen sich jedoch gnädig die schönen Körbe und Hüte abkaufen, die sie vor ihren Häusern flechten. Einen Besuch lohnt das *Musée International du Coquillage*, ein außergewöhnliches Muschelmuseum.

# St. Lucia

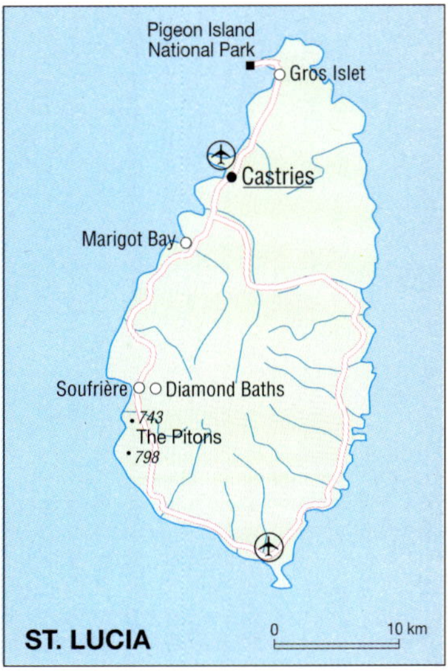


Für viele verkörpert St. Lucia den karibischen Traum schlechthin. Das Markenzeichen der Insel, die beiden Zwillingsvulkane *Deux Pitons*, prangen auf unzähligen Postkarten, Reiseführern, Touristenplakaten und natürlich auch auf der Caribbean Phonecard. Dazu kommen heiße Quellen, traumhafte Strände und ein Vulkan, in den man (halbwegs) mit dem Auto hineinfahren kann. Besonders malerische Fischerorte sind *Anse la Raye* und *Canaries* an der Westküste sowie *Laborie* und *Choiseul* (mit indianischen Petroglyphen am Ortseingang) an der Südküste. St. Lucia (sprich Luhscha) ist eine Hochburg des All-inclusive-Tourismus: Abgeschirmt in zumeist luxuriösen Hotelanlagen blüht der Flitterwochen-, Schönheits- und Sporttourismus. Sogar Premierminister John Compton stellt immer undiplomatischer fest, daß die 150 000 Einwohner der Insel (zu 96 Prozent Schwarze und Mulatten) selbst vom Touristensegen immer weniger profitieren. Wer braucht schon einheimische Restaurants, wenn er alle Mahlzeiten bereits zu Hause bezahlt hat, wer die Taxis, wenn das Hotel die Ausflüge selbst organisiert? Einheimische bekommen die meisten Touristen nur noch als Kellner und Zimmermädchen zu Gesicht. Die daher manchmal reservierte Haltung der St. Lucians gegenüber dem endlosen Strom wohlhabender Touristen nimmt daher nicht wunder. Spätestens beim freitäglichen Jump-up in *Gros Ilet* oder in einer der kleinen Kneipen von Castries lernt man die Einheimischen aber schnell von einer wesentlich herzlicheren und gastfreundlichen Seite kennen. Auch wenn man kein Wort des *patois*, ein abenteuerliches Gemisch aus Englisch und Französisch, versteht. Größtes Fest auf der Insel ist der vor Beginn der Fastenzeit gefeierte *Karneval.*

## GESCHICHTE

Welcher Europäer St. Lucia erstmals erblickte, ist ungeklärt. Auf einer Karte erscheint die Insel erstmals 1511. Die Kariben nannten sie Hewanorra, die Spanier nach der hl. Lucia. Im 16. Jh. war die Insel ein berüchtigtes Piratennest. Besonders der Franzose François de Clerc, auch Jambe de Bois (Holzbein) genannt, machte den Spaniern schwer zu schaffen. Die ersten 67 englischen Siedler, Passagiere der Olive Blossom, wurden 1605 von den Kariben zunächst freundlich empfangen, doch nach einem guten Monat verließen die 19 überlebenden Engländer fluchtartig die Insel. Ein erneuter eng-

*St. Lucia, Soufrière, Fischerhafen* ▷

lischer Siedlungsversuch von 1639 endete anderthalb Jahre später in einem Massaker. 1642 versuchten die Franzosen ihr Glück. Überlegene europäische Waffentechnik dezimierte die Kariben bis auf einige wenige Überlebende, die sich mit den schwarzen Sklaven vermischten (sog. »Black Caribs«). Erbittert stritten Engländer und Franzosen um die Insel, die in der Folgezeit insgesamt vierzehnmal die Nationalität wechselte. Der Anbau von Zuckerrohr sorgte auch hier für Wohlstand. 1793 erreichte die Französische Revolution an die Gestade St. Lucias, und in Castries wurde sogar eine Guillotine aufgestellt. 1796 bauten sie britische Truppen wieder ab, doch die Franzosen führten noch ein Jahr lang einen erbitterten Guerillakrieg gegen die Engländer. 1814 fiel die Insel endgültig an Großbritannien. Die Sklaven wurden 1834 befreit. Heute exportiert man hauptsächlich Bananen und Kakao. 1967 erlangte die Insel innere Autonomie und am 22. Februar 1979 die Unabhängigkeit, verblieb aber im britischen Commonwealth. Berühmtester Sohn der Insel ist der seit 1981 in Boston lebende Schriftsteller Derek Walcott (*1930), der 1992 den Nobelpreis für Literatur erhielt. Sein lyrisches und dramatisches Werk setzt sich mit der historischen und kulturellen Identitätsfindung der Karibik auseinander.

## Castries

Einw.: 60 000

Die über Jahrhunderte heißumkämpfte Inselhauptstadt liegt an einer tief eingeschnittenen Naturbucht. Ihren heutigen Namen verdankt die ursprünglich Le Carénage genannte Stadt dem französischen Kolonialminister Maréchal de Castries, der 1784 Gouverneur der Insel war. Vier verheerende Stadtbrände (der letzte 1948) ließen nur vereinzelt alte kreolische Häuser mit überhängenden Balkonen und Gingerbread-Verzierungen zurück; die Stadt ist größtenteils eine Ansammlung funktionaler Betonbauten.

**Cathedral of the Immaculate Conception:** Die 1897 an der Ostseite des zentralen schattigen Columbus Square (seit 1993 Derek Walcott Square) errichtete, äußerlich schlichte Kathedrale besitzt in ihrem in gelbes Licht getauchten Inneren wunderschöne Wandmalereien, die Dunstan St. Omer* schuf. Vor den Augen des Besuchers rollt die Heilsgeschichte in afrikanischen Bildern ab.

**Central Market** (Jeremie Street): In und vor der hellroten, 1894 errichteten Markt-

*St. Lucia, Castries, Cathedral, Interieur*

halle, die gar nicht alle Händler fassen kann, geht es samstags besonders lebhaft zu. Die vielen Passagiere der vor dem Duty-Free-Komplex Pointe Séraphine ankernden Kreuzfahrtschiffe, die tagtäglich für einige Stunden in Castries einfallen, haben allerdings ihre Spuren hinterlassen.

**Fort Charlotte:** Das Fort auf dem Hügel *Morne Fortune* wurde 1764 von den Franzosen begonnen und einige Jahrzehnte später von den Briten vollendet. Der Blick reicht hier an klaren Tagen bis Martinique im Norden und zu den Pitons im Süden.

**Government House:** Die am Hang der Morne Fortune gelegene, im viktorianischen Kolonialstil errichtete Residenz des Generalgouverneurs steht auf einem Gelände, das mehrmals zwischen Briten und Franzosen heiß umkämpft war. Ein Mahnmal erinnert an die verlustreiche Eroberung des Hügels durch die Briten am 24. Mai 1796. Von hier bietet sich ein unvergleichlicher Panoramablick auf Castries und seinen Hafen.

## Umgebung

**Gros Islet:** Das unweit der Nordspitze von St. Lucia gelegene Fischerdorf feiert jeden Freitag die wohl fröhlichste Party der kleinen Antillen. Unbeschwert tanzen Einheimische ab etwa 21 Uhr die ganze Nacht zu zündenden Soca-, Zouk- und Reggae-Rhythmen, die aus überdimensionalen Lautsprechern dröhnen, und viele Touristen aus den umliegenden Hotels oder Ausflügler von der Nachbarinsel Martinique gesellen sich dazu. Improvisierte Garküchen locken mit preiswerten einheimischen Spezialitäten.

**Marigot Bay:** Der idyllische Naturhafen, in dem zahlreiche Yachten liegen, kam als Schauplatz des Hollywoodfilms *Dr. Dolittle* zu Berühmtheit.

**Pigeon Island National Park:** Auf der heute durch einen Damm mit dem Festland verbundenen Insel an der Nordspitze St. Lucias verschanzten sich einst die Kariben, und Korsaren lauerten auf Beute. 1778 errichteten die Briten das heute verfallene *Fort Rodney*. Von hier aus entdeckte Admiral Rodney, daß die französische Flotte Martinique in Richtung Jamaica verließ, verfolgte Admiral de Grasse und schlug ihn 1782 in der Battle of the Saints vernichtend.

**The Pitons:** Die Zwillingsgipfel von *Petit Piton* (743 m) und *Gros Piton* (798 m) im Südwesten der Insel sind das Wahrzeichen von St. Lucia. Zu ihren Füßen breitet sich der Fischerhafen *Soufrière* aus. Der älteste

*St. Lucia, Castries, Blick von der Morne Fortune*

Ort der Insel besitzt noch schöne Häuser im französischen Kolonialstil. – Südöstlich von Soufrière liegt der große Krater des sog. *Drive-in-Volcano*, ein wahrhaft höllischer Ort mit brodelnden, stinkenden Schwefeltümpeln (*Sulphur Springs*). Die Arawak opferten hier ihrer Göttin Yokahu, die Kariben nannten den Ort sehr zutreffend Qualibou (Ort des Todes). Wer sich ohne Führer auf das schlammige Terrain wagt, riskiert gefährlichste Verbrennungen. In den nahe gelegenen restaurierten Badeanlagen von *Diamond Baths* (mit Botanischem Garten) kurierten ab 1785 die Soldaten Ludwigs XVI. ihr Rheuma.

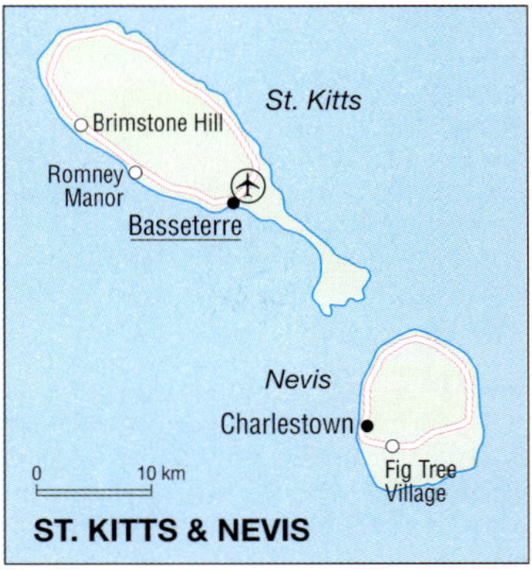


## St. Kitts & Nevis

Die Föderation zweier recht unterschiedlicher Inseln zählt zu den kleinsten Ländern der Welt. Damit nicht genug, liebäugelten die Bewohner von Nevis bisweilen mit der eigenen Unabhängigkeit. Heute ist man realistischer. Vom Zuckerrohr, das noch immer weite Landstriche von St. Kitts bedeckt, kann heute niemand mehr leben. Die einzige Perspektive ist der Tourismus – und die finanzielle Unterstützung aus Großbritannien. Wie die anderen Inseln, die Christoph Kolumbus auf seiner zweiten Reise 1494 sichtete, taufte Kolumbus auch das karibische Liamuiga (»fruchtbares Land«) erst einmal um und gab ihm gleich seinen eigenen Namen. Ebensowenig wie der alte Name hat die indianische Bevölkerung – Kariben, die zuvor die Arawak verdrängt hatten – den Auftritt der Europäer überlebt. Die Briten gründeten hier 1623 unter dem Iren Thomas Warner ihre erste Siedlung in der Karibik überhaupt, pflanzten Tabak an und verballhornten den hl. Christophorus, den Schutzheiligen der Reisenden, zu St. Kitts. Heute darf die Insel diese Kurzform ganz offiziell führen, auch wenn St. Christopher ebenso zulässig (aber kaum gebräuchlich) ist. Schon 1626 mußten sich die Engländer, die 1628 auch eine Niederlassung auf Nevis gründeten, die Insel mit französischen Kolonisten teilen. Ihr Führer Belain d'Esnambuc gründete Basseterre, die heutige Hauptstadt. Im Kampf gegen die Kariben waren sich Briten und Franzosen durchaus einig. Am Bloody Point verübten französische und englische Truppen gemeinsam ein Massaker an 2000 Indianern. Ansonsten bekriegte man sich aber auch untereinander. Die Briten schützten sich ab 1690 durch den Bau von Fort Brimstone, einer mächtigen Festung. Nach langem Hin und Her zwischen Briten und Franzosen gingen St. Kitts und Nevis 1783 im Frieden von Versailles endgültig an Großbritannien. Von 1816 bis 1871 verwalteten die Briten die beiden Inseln gemeinsam mit Anguilla und den britischen Virgin Islands. St. Kitts & Nevis wurden 1967, gemeinsam mit Anguilla, Mitglied der Westindischen Assoziierten Staaten, doch schüttelten die Anguillaner die von den Engländern aufoktroyierte Verwaltung durch St. Kitts ab. Im September 1983 erhielt die Föderation St. Kitts & Nevis die Unabhängigkeit. Nevis, das der größeren Schwesterinsel nicht allzu grün ist, besitzt theoretisch eine Option auf eigene Souveränität, die es in absehbarer Zeit allerdings wohl kaum in Anspruch nehmen wird.

◁ *St. Lucia, The Pitons*

### ST. KITTS

Noch immer prägen weite Zuckerrohrfelder die größere der Schwesterinseln.

**Basseterre**: Die von den Franzosen gegründete Hauptstadt besitzt noch schöne Häuser im Gingerbread-Stil, besonders rund um den Independence Square, aber keine herausragenden Sehenswürdigkeiten. Drehscheibe der Stadt ist der Circus, auf dem ein rostroter Uhrturm steht, das *Berkeley Memorial*. Es wurde zu Ehren des früheren Präsidenten errichtet, der die Inseln zu einem Staat zusammenschloß.

**Brimstone Hill:** »Gibraltar of the West Indies« hat man diese zu den mächtigsten Wehranlagen der Karibik zählende Festung auf dem 250 m hohen Brimstone Hill genannt, welche die Briten ab 1690 errichteten: eine Zitadelle mit kilometerlangen Wällen, Bastionen, Soldatenquartieren, Munitionsdepots und einer Zisterne. 1782 legten die Franzosen ihren Mythos der Uneinnehmbarkeit in Trümmer. Nicht mit Kanonen, sondern mit einem Vertrag (Versailles, 1783) holten sich die Franzosen Brimstone Hill und mit ihm die gesamte Insel zurück. Der Ausblick auf die Nachbarinseln ist grandios.

**Romney Manor:** Das unweit von Road Town gelegene Herrenhaus, in dem heute eine Batikfabrik untergebracht ist, stammt aus dem 17. Jh. und liegt in einer herrlichen tropischen Gartenanlage.

## NEVIS

Sollte sich Nevis wirklich einmal selbständig machen, würde es mit seinen 9000 Einwohnern den Zwergstaaten San Marino oder Vatikanstadt Konkurrenz machen. Der Name der Insel, die mit herrlichen Palmenstränden wie *Pinney's Beach* gesegnet ist, beruht auf einem Irrtum. Kolumbus hatte geglaubt, der 900 m hohe wolkenverhangene Vulkankegel sei mit Schnee bedeckt, und ihm den Namen Nuestra Señora de las Nieves gegeben. Wie auf St. Kitts florierte hier zunächst der Tabak- und später der Zuckeranbau. Die Pflanzer von Nevis wurden so reich und vornehm, daß man Nevis die *Queen of the Caribbees* nannte. Davon profitierte der spätere Admiral Nelson, als er 1787 die reiche Pflanzerswitwe Fanny Nesbit heiratete.

**Charlestown:** Die Inselmetropole ist ein verschlafenes Städtchen mit hübschen alten Häuschen, die Balkone und Gingerbreaddekor zieren. Es erwacht immer dann, wenn ein Boot in den Hafen einläuft.
An der Main Street und rund um Walwyn Plaza sind noch schöne Kolonialhäuser zu sehen. Einen Besuch lohnt das *Alexander Hamilton House Museum* (Low Street). Neben Ansichten vom alten Nevis illustriert es das Leben des amerikanischen Patrioten Alexander Hamilton (1755–1804), der die föderalistische Staatsform der USA entwarf. Das 1992 eingeweihte *Horatio Nelson Museum* erinnert an den späteren Helden von Trafalgar, der eine Nevisianerin heiratete. Illustre Kurgäste aus aller Welt, die in den heißen Schwefelquellen badeten, hat das 1778 errichtete, heute verfallene *Bath Hotel* gesehen.

**Fig Tree Village**: Die 1680 errichtete Dorfkirche *St. John's Anglican Church* bewahrt das Register, in dem 1787 die Heirat zwischen Nelson und Fanny Nisbet eingetragen wurde.

# St. Vincent & Grenadines

Der Inselstaat gehört fast noch zu den Geheimtips der Karibik. Zwar ist die Inselkette der Grenadinen bei Seglern bestens bekannt, die Hauptinsel St. Vincent mit ihren Vulkangipfeln und unendlich fruchtbaren grünen Tälern wird dagegen oft nur in Tagesausflügen besucht. Über 90 Prozent der 108 000 Einwohner leben auf St. Vincent, davon sind 75 Prozent Schwarze.
Die Insel Hairoun der Kariben (heute trägt eine Biermarke diesen Namen) galt stets als die wildeste der sog. *Cannibal Isles*. Vermutlich erblickte sie Kolumbus 1498 auf seiner dritten Reise, doch machten die Europäer lange einen großen Bogen um das Eiland, auf dem zunächst die Ciboney, dann die Arawak lebten, bis sie von den kriegerischen Kariben verdrängt wurden. Bis etwa 1750 war St. Vincent nicht nur ein Refugium der Kariben. 1675 strandete vor Bequia ein holländisches Sklavenschiff. Die überleben-

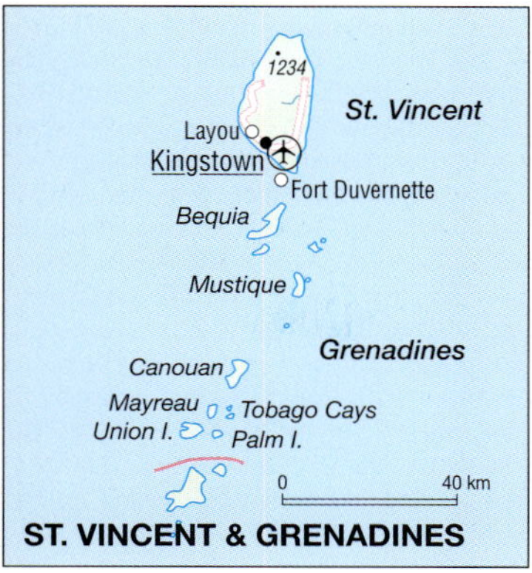


den Afrikaner vermischten sich dort mit der indianischen Bevölkerung. Ihre Nachkommen, die kämpferischen Black Caribs, hatten doppelten Grund, den europäischen Kolonisatoren zu widerstehen. In bürgerkriegsähnlichen Auseinandersetzungen unterdrückten sie aber auch die »reinrassigen« Yellow Caribs, die 1719 französische Siedler zu Hilfe riefen. Diese brachten schwarze Sklaven mit, die auf den Plantagen arbeiteten, während die ihre Versklavung fürchtenden Black Caribs im unwegsamen Norden der Insel die Siedler auf Abstand hielten. Noch im Vertrag von Aachen (1748) wußten die europäischen Mächte mit St. Vincent nichts Rechtes anzufangen und ließen die Frage, wem die Insel gehören sollte, salomonisch offen. 1763 waren die Briten Herren von St. Vincent. Um sich das Land der Black Caribs anzueignen, führten die neuen Pflanzer den 1. Karibischen Krieg. Doch 1779 übernahmen die Franzosen fast kampflos die Insel, weil der Gouverneur seine Soldaten auf den Plantagen im Norden arbeiten ließ und dann auch noch jemand den Schlüssel für die Kanonen verlegte... Schon 1783 waren wieder die Briten am Ruder, gegen die sich Anfang der neunziger Jahre die Black Caribs, von französischen Revolutionären angestachelt, erneut erhoben. In zwei Armeen rückten sie auf Kingstown vor und vereinten sich auf dem Dorsetshire Hill; doch dann fiel ihr oberster Führer Chatoyer angeblich im Schwertkampf gegen den britischen Kommandanten Alexander Leith. 1797 endete der 2. Karibische Krieg mit der Kapitulation der Black Caribs. 5000 von ihnen deportierten die Briten auf die Insel Roatán in der Bucht von Honduras, wo ihre Nachfahren noch heute leben. Die an den Aufständen nicht beteiligten Yellow Caribs siedelte man im unwegsamen Norden von St. Vincent an. »Reinrassige« Kariben gibt es auf der Insel

*St. Vincent, Alte französische Kirche*

allerdings keine mehr, dafür noch einige tausend Black Caribs, deren Vorfahren den Deportierungen der Engländer entgingen. Anfang des 19. Jh. konnten die Briten schließlich ungestört Zuckerrohr, Baumwolle und Arrowroot (Pfeilwurz) anbauen. 1812 zerstörte allerdings ein Ausbruch des Soufrière die meisten Kaffee- und Kakaoplantagen des Nordens. 1834 wurde, wie auf allen britischen Inseln, die Sklaverei abgeschafft. Auf St. Vincent ersetzte man die Sklaven durch Kontraktarbeiter aus Madeira, später aus Indien. 1898 versetzten ein Hurrikan und 1902 ein erneuter Ausbruch des Soufrière der Plantagenwirtschaft der Insel einen vernichtenden Schlag, 1969 wurde die Kolonie der Windward Islands ein mit Großbritannien assoziierter Staat und am 27. Oktober 1979 als St. Vincent and the Grenadines in die Unabhängigkeit entlassen.

## ST. VINCENT

Naturschönheiten sind die Hauptattraktionen der Insel. Im unwegsamen Norden bringt sich der noch sehr aktive Vulkan *Soufrière* (1234 m) mit Ausbrüchen immer wieder in Erinnerung. 1902 forderte er 2000 Menschenleben, und am 13. April 1979 mußte man vorübergehend 20000 Menschen vor einer riesigen Gas- und Ascheexplosion in Sicherheit bringen. An seiner Nordwestflanke stürzen tosend die *Wasserfälle von Baleine* zu Tale. Im Süden der Insel hat der Lavaboden St. Vincent mit dem *Mesopotamia Valley* das wohl fruchtbarste Tal der Kleinen Antillen geschenkt. Hier gedeihen Bananen, Brot- und Zitrusfrüchte, Kakao, Maniok, Ananas, Kokospalmen und vieles mehr. Zumeist menschenleer sind die schwarzsandigen Strände der Insel.

### Kingstown

Einw.: 30000

Die Hauptstadt von St. Vincent mag nicht umbedingt die attraktivste Stadt der Karibik sein, ihre Lage an der Kingston Bay ist jedoch berückend. Auf dem kleinen, technisch dürftig ausgerüsteten Flughafen der Stadt landen nur kleine Propellermaschinen. Daher ist hier noch viel von der entspannten Atmosphäre der Antillen zu spüren, wie sie vor dem großen Touristenboom herrschte. Hier gibt es noch Kolonialhotels mit knarzenden Holzdielen und holzvergitterten Galerien, wo man in der Abendkühle seinen Rumpunsch zu sich nimmt. Doch die Idylle trügt ein wenig: Die Arbeitslosigkeit ist hoch, und einige Rastafarians versuchen den wenigen Touristen nicht nur geflochtene Sandalen, sondern auch *ganja* (Marihuana) zu verkaufen. Wenn aber am Mittwoch die Bananenfrachter beladen werden, füllen sich die trägen Hafenpiers, und die frühmorgens über die Hafenstraße donnernden Lkws reißen ahnungslose Touristen aus dem Schlaf. Außer Bananen werden im einzigen Exporthafen von St. Vincent (inklusive der Grenadinen) Sea-Island Baumwolle (eine der besten der Welt), Kakao, Süßkartoffeln und Gewürze umgeschlagen. Außerdem ist St. Vincent der weltweit führende Produzent des seltsamen *arrowroot*. Mit dieser einheimischen Pflanze heilten die Kariben einst Wunden, die durch Giftpfeile hervorgerufen wurden, später diente der Pfeilwurz als Lebensmittelstärke, und heute wird er zur Beschichtung von Computerpapier verwendet. Am besten läßt man sich die Stadt von Phyllis zeigen, der einzigen Taxisfahrerin von St. Vincent, auf die auch der Rolling Stone Mick Jagger schwört.

**St. George's Anglican Cathedral:** Die anglikanische Hauptkirche der Diözese Windward Islands wurde 1820 im georgianischen Stil vollendet und ist damit die älteste Kirche St. Vincents. Sehenswert sind die Buntglasfenster an der Ost- und Südseite sowie die alten Gedenksteine. Einer erinnert an den britischen Kommandanten Alexander Leith, der den Karibenhäuptling Chatoyer im Schwertkampf tötete, kurze Zeit nach der Schlacht jedoch selbst starb.

**St. Mary's Roman Catholic Church**: Das Gotteshaus wurde ursprünglich 1823 errichtet, doch verpaßte ihm der belgische Benediktinerpriester Dom Charles Verbeke, der wohl zu viele europäische Kathedralen gesehen hatte, in den 30er Jahren ein etwas seltsames, maurisch ornamentiertes Stilgemisch aus Gotik und Romanik.

*St. V., Kingstown, St. George's Anglican Church (l); St. Mary's Roman Catholic Church (r)*

**Fort Charlotte:** Zwischen 1791 und 1812 errichteten die Briten in beherrschender Lage oberhalb der Stadt das nach der Frau König Georgs III. benannte Fort, das einen spektakulären Ausblick bietet. Französische Angriffe vom Meer her fürchtete man hier ebensosehr wie Überfälle der Black Caribs von der Landseite, daher weisen die Kanonen in beide Richtungen. Von hier bietet sich ein spektakulärer Ausblick auf den Hafen von Kingstown und die Grenadinen im Süden. Darauf würden die wenigen Insassinnen des in einem nicht zugänglichen Teil des Forts untergebrachten Frauengefängnisses wohl gerne verzichten. Ungern erwähnen die Fremdenführer auch die Tatsache, daß sich hier auch ein Galgen befindet, denn auf St. Vincent ist die Todesstrafe noch nicht abgeschafft worden. Besichtigen kann man jedoch ein kleines *Museum*, das die Geschichte der zwei Karibischen Kriege erzählt.

**Botanic Gardens:** Die größte Sehenswürdigkeit von Kingstown ist der acht Hektar große Botanische Garten, der älteste Amerikas. Bereits ab 1763 legte ihn General Melville, der damalige Gouverneur von St. Vincent, auf eigene Kosten an, um eine in Großbritannien dafür ausgeschriebene Belohnung zu kassieren (die dann allerdings 1774 der erste Direktor des Gartens, Dr. George Young, erhielt). Auch die französischen Besatzer trugen 1779–83 mit aus Asien importierten Gewürznelken und Zimt ihr Scherflein bei. Die britischen und französischen Botaniker ließen sich auch während späterer kriegerischer Auseinandersetzungen ihrer Nationen nicht davon abhalten, einen freundschaftlichen Austausch zu pflegen. So ist denn auch der als Nationalbaum verehrte Soufrière-Tree eigentlich ein Import aus Guayana. An Blütenpracht findet man in diesem Garten alle Kostbarkeiten der Tropen: Ylang-Ylang, Frangipani, Bougainvilleas, Jacarandas, Oleander und Hibiskus säumen einen Wasserlilienteich, über den sich ein Pavillon im Stil eines dorischen Tempels erhebt. Kolibris naschen von ihren Blüten, während im Teich braune und grüne Reiher waten und in den Zweigen der Bäume Bananaquits und Piripiris zwitschern. Es lohnt sich, hier einen Führer zu nehmen, der nicht nur die einzelnen Pflanzen erklärt, sondern auch weiß, welche Düfte den in der Hand zerriebenen Blättern entströmen. Den riesigen Affenbrotbaum (Baobab) erkennt man sicher von allein, doch verraten die Führer auch den Standort der grünen Screw Pine, aus deren Blätter die Einheimischen Hüte, Matten und Körbe flechten, die man überall auf der Insel erstehen kann. Kein Führer wird es versäumen, auf den Brotfruchtbaum (unweit des Nordtors) hinzuweisen. Er wuchs aus einem Setzling empor, den der berüchtigte Captain Bligh mitbrachte. Die britische Admiralität hatte Bligh damit beauftragt, in Tahiti Brotfruchtsetzlinge aufzunehmen und nach Westindien zu bringen. Mit der stärkereichen Brotfrucht gedachten die Briten ihre auf den Plantagen arbeitenden Sklaven billigst zu ernähren. Wie man weiß, vereitelten die Meuterer der Bounty den ersten Versuch, doch Bligh erhielt nach seiner Rückkehr nach England den Auftrag erneut. Diesmal war er erfolgreich und ging am 23. Januar 1793 mit der Providence in Kingstown vor Anker. Die Sklaven sollen übrigens die ihnen angebotene Brotfrucht nicht sonderlich geschätzt haben, doch danach fragte damals niemand. – An der Westseite des Gartens steht das ehemalige *Chief Agricultural Officers House*, in dem heute ein (oft verschlossenes) *Museum* indianische Artefakte aus Stein, Keramik und Muscheln aus der Zeit von 500 v. Chr–1500 zeigt. Ausgestellt ist auch eines der Kanus, mit denen Wissenschaftler die indianischen Routen vom Orinoco bis zu den Bahamas nachfuhren. In der Volière des *Nicholls Wildlife Complex* kreischen 20 der seltenen, vom Austerben bedrohten St.-Vincent-Papageien. – Am Nordende des Gartens steht das alte, 1835 errichtete *Government House.*

*St. Vincent, Kingstown, Government House*

## Umgebung

**Fort Duvernette:** Südlich der St. Vincent vorgelagerten privaten Hotelinsel Young Island erhebt sich auf einem Felsen eine Ende des 18. Jh. von den Briten angelegte Festung, von deren Kanonenstellungen sich ein großartiger Blick auf die Grenadinen bietet.
**Layou:** Nordwestlich von Kingstown sind die schönsten Felszeichnungen (Petroglyphen) der Kariben zu sehen: Auf dem »Karibenstein« erscheint ein menschliches, von einem Dreieck eingerahmtes Gesicht. Nicht weit von hier zeigt der Karibenstein von Barrouallie ein menschliches Gesicht mit Strahlenkranz, vermutlich das Abbild des Sonnengottes.

## GRENADINES

Einer grün-weißen Perlenkette gleich reihen sich die in der türkisfarbenen See liegenden 32 Inseln und Inselchen der Grenadinen aneinander. Kaum eine gleicht der anderen völlig. Ein schöneres Segelrevier ließe sich wohl kaum finden, und so geben die Yachties hier auch den Ton an. Kein Wunder: Viele der traumhaften Postkartenstrände und verschwiegenen Buchten erreicht man am besten mit dem Boot. Acht der Eilande sind bewohnt. Exklusive Urlaubsoasen sind die privaten Hotelinseln **Palm Island** und **Petit St. Vincent**, etwas preiswertere Ferienfreuden versprechen die Traumstrände und Korallenriffe der bei Seglern beliebten Buschinsel **Canouan** (40 km s) und das dra-

*Grenadines, Bequia, Industry Bay* ▷

*Grenadines, Bequia, Port Elizabeth*

*Grenadines, Bequia, Koloniales Anwesen*

matisch zerklüftete **Union Island** (64 km s) mit dem 305 Meter hohen Mount Tabor. Weder Straßen noch Autos und nur ein einziges Hotel besitzt **Mayreau** (54 km s), und die unbewohnten **Tobago Cays** sind das Paradies der Sonnenanbeter und Schnorchler.

**Bequia:** Die Kariben nannte die größte der Grenadinen (18 qkm) »Inseln der Wolken«. Im Yachthafen von Port Elizabeth kann man in der Sonne sitzend zusehen, wie sich diese Wolken im 14 Kilometer nördlich gelegenen St. Vincent abregnen. Bequia war einst eine wichtige Insel der Walfänger und Bootsbauer, doch davon gibt es nur noch wenige. Ein florierendes Geschäft ist allerdings der Bau von Miniaturbooten, die bis zu 2500 Dollar kosten können. Nicht wenige Yachtbesitzer lassen sich in den Werkstätten von Port Elizabeth ein maßstabsgetreues Modell ihres Schiffes anfertigen. Heute gilt das mit schönen Stränden und einer sehr liebenswerten Bevölkerung gesegnete Bequia als »Geheimtip«, da man an den schönen Stränden wie Prince Margaret Beach und Friendship Bay einen – jedenfalls im Vergleich zu den übrigen Grenadinen – relativ preiswerten, aber deswegen mit Sicherheit nicht schlechteren Urlaub genießen kann. Kein Wunder, daß beispielsweise die wenigen Gäste in der völlig abgeschiedenen Industry Bay das Auftauchen von Reisejournalisten gar nicht gerne sehen...

**Mustique:** Wer schon immer einmal Prinzessin Margaret, Raquel Welch, David Bowie oder Mick Jagger im Urlaub treffen wollte, der liegt hier richtig. Das 29 Kilometer von St. Vincent entfernte Mustique ist immer noch ein Biotop der Reichen und Schönen dieser Welt, auch wenn die nicht allzu gerne gesehenen Tagesausflügler und »Billigheimer« des Gästehauses Firefly das Millionärsidyll ein wenig stören. Kein Wunder, daß der Inselpolizist das mitgebrachte Teleobjektiv umgehend für die Dauer des Aufenthaltes sicherstellt. Normalerweise sind die Luxusvillen der selten anwesenden Stars das Sehenswerteste, was der Normaltourist zu Gesicht bekommt. Wer nicht gerade Weihnachten kommen will, kann sogar in der Villa von Mick Jagger übernachten. Wenn sich zehn Freunde das Vergnügen teilen, ist der Spaß noch nicht einmal teurer als jedes x-beliebige Touristenhotel der Karibik.

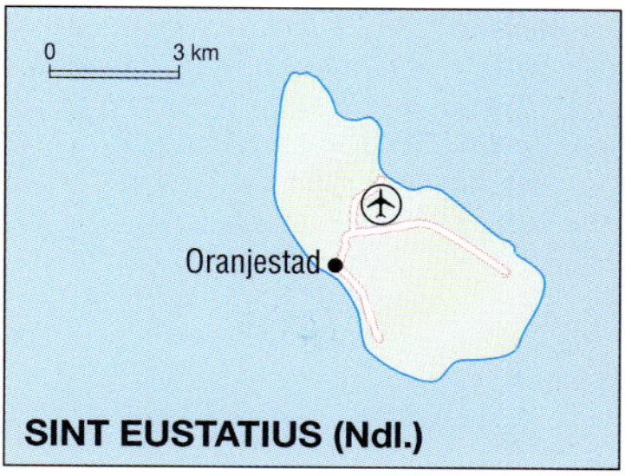


## Sint Eustatius

»Goldener Felsen« nannte man einst dieses kleine, kurz Statia genannte Eiland, auf dem sich 1636 die holländische Westindische Compagnie niederließ. 22mal wechselte die Insel in der Folgezeit die Flagge, bis sie 1816 schließlich definitiv holländisch wurde. Das erste große Geschäft waren Sklaven, die in der Karibik und in Nordamerika in immer höherer »Stückzahl« geordert wurden. Bald stapelten sich in den Warenhäusern von Oranjestad auch Zucker, Baumwolle, Tabak und Waffen: das meiste Schmuggelware, da sich die Holländer nicht um die Handels- und Zollvorschriften anderer Länder scherten. Statia wurde einer der florierendsten Häfen in der Karibik. Die Politik wurde Statia schließlich zum Verhängnis. Als erste ausländische Macht erkannte Sint Eustatius die Souveränität der Vereinigten Staaten von Amerika an, als Gouverneur de Graaff am 16. November 1776 den Salut des eingelaufenen amerikanischen Schiffes Andrea Doria erwiderte. Über Sint-Eustatius versorgten sich die Truppen George Washingtons mit Waffen und Vorräten. Der britische Admiral Rodney zahlte de Graaffs Unverfrorenheit 1781 mit einem Angriff auf den Hafen von Oranjestad heim und plünderte die Insel monatelang. Erst die Franzosen konnten ihn vertreiben. Von diesem Schlag erholte sich Statia nie mehr. Heute leben noch 1800 Menschen auf der Insel, auf der man Englisch ebenso gut spricht wie Holländisch.

**Oranjestad:** Ein 35 m hoher Felsen trennt die beiden Stadtteile Lower Town und Upper Town voneinander. Während die Unterstadt mit ihren Lagerhäusern stark verfallen ist, schmücken die Oberstadt, in der fast alle Statians leben, neue Häuser im Gingerbread-Stil. *Fort Oranje* wurde 1636 errichtet, griff aber selten ein, wenn die Insel attackiert wurde. Nach einem Brand im Jahre 1990 wird es derzeit restauriert. Sehenswert ist das inselgeschichtliche *Sint Eustatius Museum* (Van Tonningenweg). Es ist im Doncker/De Graaff House untergebracht, das Admiral Rodney während seines Aufenthalts zu seinem Hauptquartier gemacht hatte. Von der einst blühenden jüdischen Gemeinde zeugen die Reste der 1738 erbauten *Honen Dalim Synagoge*. Das Dach der 1775 errichteten *Holländischen Reformierten Kirche* stürzte schon 1792 ein. Im Friedhof sind viele alte Gräber zu sehen. Ebenfalls aus dem 18. Jh. stammt das 1992 renovierte *Government Guesthouse*.

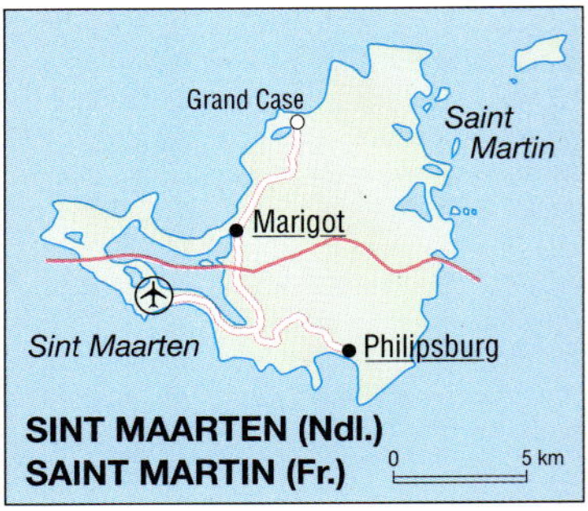


## Sint Maarten/Saint Martin

Trivial-Pursuit-Preisfrage: Haben Holland und Frankreich eine gemeinsame Landesgrenze? Antwort: Ja, in der Karibik! Hier übten sich bereits vor über 300 Jahren zwei europäische Nationen in friedlicher Koexistenz (nicht übermäßig erfolgreich übrigens). Die Grenze mag heute so gut wie unsichtbar sein, und doch haben Frankreich und die Niederlande ihre jeweiligen Inselhälften auf ihre Weise geprägt. Während das holländische Sint Maarten ein lauter, turbulenter Urlaubsort mit unzähligen zollfreien Geschäften, Spielbanken und Entertainment ist, lockt die Grande Nation mit vorzüglichen Restaurants, erlesenen Boutiquen und stillen Stränden.

Ob die Insel, die Kolumbus am St.-Martins-Tag (11. November) des Jahres 1493 erblickte, das heutige Sint Maarten oder die Insel Nevis war, ist umstritten. Die Spanier ließen jedenfalls die auf der Insel lebenden Kariben und Arawak in Ruhe, die ihre Heimat Sualouiga (vermutlich Land des Salzes) nannten. Für diese Salzpfannen interessierten sich die ersten französischen Siedler, die sich 1629 auf der Insel niederließen. 1631 bekamen sie Konkurrenz von der Niederländischen Westindischen Compagnie. Die Spanier konnten da nicht tatenlos zusehen und vertrieben die Siedler beider Nationen mit einer Flotte von 50 Schiffen. Bei der heutigen Great Bay errichteten sie eine Garnison, deren Soldaten ein lausiges Leben geführt haben müssen. Wahrscheinlich waren sie deshalb froh, daß sie 1648 die Insel räumen durften. Anstatt sich um die Beute zu streiten, kamen Holländer und Franzosen überein, die Insel einvernehmlich aufzuteilen. Angeblich schickten beide Nationen je einen Landsmann in entgegengesetzter Richtung los, um die Insel zu umrunden. Am Treffpunkt der beiden wollte man die Grenze ziehen. Warum der Holländer bei diesem Lauf so schlecht abschnitt (wodurch Frankreich fast zwei Drittel der Insel erhielt), darüber kursieren die unterschiedlichsten Versionen. Einmal soll eine Flasche Gin dafür verantwortlich gewesen sein, ein anderes Mal ein französisches Mädchen, das den Holländer vom Weg abbrachte. Die Koexistenz verlief denn auch weit weniger harmonisch, als der Vertrag vorsah, der unzählige Male gebrochen wurde. Immer wieder wechselte die Insel ihre Herren; zweimal (1784 und 1810) zogen sogar die Engländer für mehrere Jahre den Union Jack auf. Als die Franzosen 1848 die Sklaverei abschafften, flüchteten viele Sklaven auf die französische Seite, bis 1863 auch die Holländer die Abolition verkündeten. In der Folgezeit verarmte die Insel, die 1950 auf holländischer Seite nur noch 1500 Einwohner zählte. Der Tourismus bescherte besonders Sint Maarten einen

*Sint-Maarten/Saint-Martin, Gingerbread-Haus in Marigot*

stürmischen Aufschwung. Das holländische Sint Maarten ist Teil der Niederländischen Antillen, während das französische Saint Martin zum Département Guadeloupe gehört und damit vollwertiger Teil der EU ist.

## SINT MAARTEN

**Philipsburg:** Die 13 500 Einwohner zählende Hauptstadt des holländischen Inselteils verwaltet die drei Bovenwindse Eilanden – Sint Maarten, Saba und Sint Eustatius –, die wiederum zusammen mit Bonaire und Curaçao die Niederländischen Antillen bilden. Der Freihafen wurde 1733 gegründet, und die *Front Street* ist heute ein einziges riesiges zollfreies Einkaufszentrum. Was zwischen all den Geschäften an historischen Gebäuden erhalten blieb, wurde liebevoll herausgeputzt, so auf dem Marktplatz das alte *Courthouse* (Gericht) von 1793 sowie in der Front Street die alte Gouverneursresidenz (heute *West Indian Tavern*) aus dem späten 18. Jh. und die anderthalb Jahrhunderte alte *Methodist Church*. Einen Besuch lohnt das inselgeschichtliche *Simartin Museum* (Front Street), das in einem Haus aus dem 19. Jh. untergebracht ist. Oberhalb der Little Bay bewachen die Ruinen des 1631 gegründeten *Fort Amsterdam* den Freihafen. Es war die erste holländische Festung in der Karibik, wurde aber schon zwei Jahre später von den Spaniern eingenommen. Nach einem Angriff des späteren Gouverneurs von New York, Peter Stuyvesant, sprengten die Spanier das Fort, bevor sie abzogen.

## SAINT MARTIN

**Marigot:** Die wesentlich stillere Hauptstadt des französischen Inselteils besitzt noch viele Häuser im Gingerbread-Stil, in denen nicht selten Boutiquen der führenden Pariser Modeschöpfer, erstklassige Restaurants oder Straßencafés untergebracht sind. Über die Zeit der Arawak informiert das kleine *Musée*

*Archéologique*. – In den schönen kreolischen Häusern der einige Kilometer nördlich gelegenen ehemaligen Pflanzersiedlung *Grand Case* locken heute erlesene Gaumenfreuden.

## Trinidad & Tobago

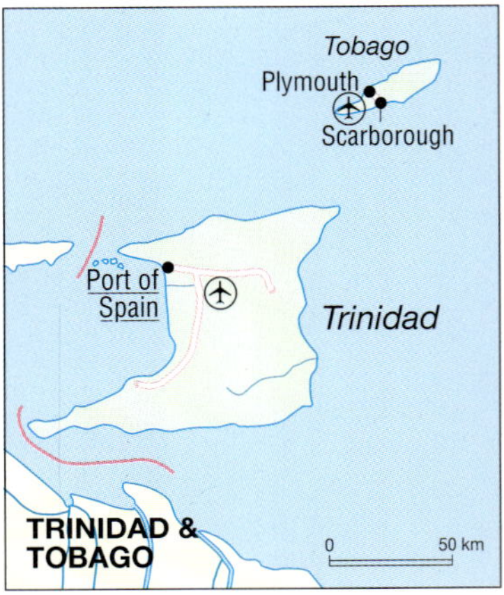


Die in einem Staat vereinten Inseln Trinidad und Tobago sind sehr ungleiche Schwestern. Während die Landschaft des größeren Trinidad im Süden bereits die Weiten Venezuelas ankündigt, erfüllt Tobago alle Ansprüche an einen karibischen Inseltraum. Ethnische Vielfalt, pulsierendes Leben und der größte Karneval der Karibik bestimmen Trinidad, während es auf dem überwiegend von Nachfahren afrikanischer Sklaven bewohnten Tobago um einiges geruhsamer zugeht. Trinis, die den Karneval nicht mögen und es sich leisten können, fliehen in den tollen Tagen an die Strände von Tobago. Lange hatte man es im industrialisierten Trinidad nicht nötig, auf den Tourismus zu setzen, obwohl die Insel im Norden und Westen Traumstrände besitzt, die sich durchaus mit denen ihrer kleinen Nachbarin messen können. Sie sind zumeist Ziel sonnenhungriger Wochenendausflügler aus Port of Spain, doch Hotels sind so gut wie keine zu finden. Heute profitiert Tobago davon, daß man in den Zeiten des wirtschaftlichen Booms fast das ganze für die touristische Entwicklung zur Verfügung stehende Geld auf die Schwesterinsel schickte. Nur in der tollen Karnevalswoche sind auch die Hotels von Port of Spain voll,

*Sint-Maarten/Saint-Martin, Hotelanlage bei Grand Case*

und die Übernachtungspreise verdoppeln sich. Doch auch andere Feste lohnen den Besuch Trinidads, darunter das moslemische Hosay-Fest, das eigentlich eine Trauerprozession war, das hinduistische Neujahrsfest Phagwa, das mit Freudenfeuern begangen wird, und das ebenfalls hinduistische Lichterfest Divali, bei dem Trinidad in einer Novembernacht im Lichtermeer von Kerzen und Glühbirnen versinkt.

## TRINIDAD

Die Insel Trinidad, auf der über eine Million Menschen leben, liegt nur wenige Kilometer vom venezuelanischen Festland entfernt. Die große Faszination Trinidads ist das bunte Völkergemisch, der ekstatisch gefeierte Karneval, die zündeneden Rhythmen von Calypso und Soca, das Trommeln der Steelbands. Außerdem locken Naturschönheiten wie das *Asa Wright Nature Centre*, ein faszinierendes Naturreservat im Regenwald der Northern Ranges, sowie das *Caroni Bird Sanctuary*, wo jeden Abend scharlachrote Ibisse aus Venezuela zu ihren Schlafstätten einfliegen. Der vielgerühmte Asphaltsee *Pitch Lake*, der auf keinem Touristenausflug fehlen darf, ähnelt zwar eher einem überdimensionalen Parkplatz. Länger stehenbleiben darf man darauf allerdings nicht. Am Wochenende verwandelt sich der Strand der *Maracas Bay* in einen großen Jahrmarkt mit brutzelnden Köstlichkeiten und Calypsomusik. Zwar kommen die wenigsten Touristen wegen architektonischer Sehenswürdigkeiten, doch hat Port of Spain eine Reihe schöner Gingerbread-Häuser und einige extravagante Domizile reicher Kakaopflanzer zu bieten, dazu Moscheen und hinduistische Tempel. Noch französisch geprägt ist *Blanchisseuse* an der Nordküste, während in *St. Joseph* eine Moschee der ältesten Siedlung auf Trinidad einen Hauch von Orient verleiht.

### GESCHICHTE

Trinidad wurde um 4000 v. Chr. besiedelt. Im gebirgigen Norden und auf Tobago lebten vermutlich die Kariben, in den südlichen Ebenen die Arawak. Bis 1889 verläuft die Geschichte der beiden Inseln getrennt voneinander. Kolumbus sichtete Trinidad am 31. Juli 1498, ging an Land, segelte jedoch wegen des unfreundlichen Empfangs bald weiter. Trotzdem rühmte er den Katholischen Königen gegenüber die Insel: »Wir trafen auf Häuser und Menschen und üppiges, fruchtbares Land, Land so schön und

*Trinidad, Port of Spain, Hindutempel*

grün wie die Gärten Valencias im Monat März.« Kolumbus gab der Insel den Namen der Heiligen Dreifaltigkeit. Die Indianer hatten Trinidad nach den hier in großer Zahl vorkommenden winzigen Kolibris »Ieri« genannt. In den nächsten Jahrzehnten suchten hauptsächlich spanische Sklavenjäger Trinidad heim, um die Indianer zur Zwangsarbeit auf Hispaniola zu pressen. Erst 1592 gründete Don Antonio de Berrio y Oruna, ein spanischer Offizier aus Puerto Rico, die erste Siedlung San José (heute St. Joseph, 12 km östlich von Port of Spain). Schon drei Jahre später machte der britische Korsar Sir Walter Raleigh, der auf dem Weg nach Eldorado war, die Siedlung dem Erdboden gleich und massakrierte die Einwohner. Die Holländer ließen später bei einem Plünderungszug den Einwohnern nicht einmal die Kleider. Da auf Trinidad wenig Gold zu holen war, kümmerten sich die Spanier in den folgenden zwei Jahrhunderten wenig um ihre südkaribische Besitzung, auf der man überwiegend Tabak und später Kakao anbaute. 1662 beschwerte sich der spanische Gouverneur bei der Krone darüber, daß auf Trinidad 30 Jahre lang kein spanisches Schiff vor Anker gegangen sei. Der Missionierung der Indianer war wenig Erfolg beschieden; 1699 töteten rebellische Indianer mehrere Missionare und den Gouverneur. 1757 zog der Repräsentant der spanischen Krone von St. Joseph nach Puerto de España um. Da man fürchtete, daß Trinidad in die Hände der Briten oder Franzosen fallen könnte, schickte Spanien einen aufgeklärten Gouverneur, Don José Chacón. Dieser rief Siedler aus spanienfreundlichen, katholischen Ländern. Bald bestimmten französische Pflanzer das Geschehen auf Trinidad. In diese Zeit geht der Ursprung des Karnevals zurück, der damals von Weihnachten bis Aschermittwoch gefeiert wurde. Die Plantagenwirtschaft machte die Einfuhr großer Sklavenkontingente erforderlich. 1797 mußten die von Gelbfieber geschwächten spanischen Soldaten von Admiral Apodaca die Waffen vor dem britischen Expeditionscorps unter Sir Ralph Abercromby strecken. Bevor Abercromby die Insel verließ, setzte er den unfähigen Offizier Thomas Picton als Gouverneur der Insel ein, der in der Folgezeit ein Schreckensregiment errichtete, bis man ihn 1802 absetzte. Im Friedensvertrag von Amiens (1802) gelang es Spanien nicht, Trinidad zurückzuerlangen. Unter dem ersten zivilen Gouverneur Ralph Woodford erlebte Port of Spain einen großen Aufschwung. 1834 wurde die Sklaverei abgeschafft. Die Plantagen holten daher 1845 Kontraktarbeiter aus Indien ins Land, denen nach Erfüllung ihrer harten Arbeitsverträge ein Stück Land zustand. 1871 stellten sie bereits ein Viertel der Inselbevölkerung. 1889 wurde Tobago mit Trinidad vereinigt. 1903 erlebte Port of Spain einen Aufstand wegen der Erhöhung der Wassergebühren, bei dem das Parlament angezündet wurde. Die ab Anfang des 20. Jh. ausgebeuteten reichen Erdölvorkommen bescherten dem industrialisierten Trinidad auch soziale Probleme, Arbeitskämpfe und wirtschaftliche Krisen. Im Zweiten Weltkrieg lieferte Trinidad über 50 Prozent des britischen Treibstoffbedarfs. Der Gouverneur untersagte in dieser Zeit alle gewerkschaftlichen und sozialpolitischen Aktivitäten und verbot sogar den Karneval. In den 50er Jahren wurde der Ruf nach Unabhängigkeit immer lauter. Wortführer war Eric Williams, der auf dem Woodford Square, seiner »Universität«, zündende Vorträge über die Unabhängigkeit hielt. 1956 wurde er Chief Minister im Parlament. Unter seiner Führung wurde am 31. August 1962 der Staat Trinidad und Tobago in die Unabhängigkeit entlassen. Williams wurde erster Premierminister und bis zu seinem Tode im Jahre 1981 sechsmal in sein Amt gewählt. 1976 erklärte sich das Land zur Republik. Die britische Königin ist seither nicht mehr Staatsoberhaupt, doch hat Trinidad seine Bande zum Commonwealth nicht gelöst. Die Ölpreiserhöhungen der OPEC im Jahre 1973 bescherten Trinidad einen wirtschaftlichen Boom, doch mußte der Premierminister 1983 erklären: »The party is over.« Da man zuwenig in die Zukunft investiert hatte, rutschte das Land in eine wirtschaftliche Krise, die es bis heute nicht überwunden hat.

## Port of Spain

Einw.: ca. 30 000 (mit Vororten)

Großstädtische Geschäftigkeit, nicht karibische Lethargie herrscht in dieser größten

Stadt der Kleinen Antillen. Das bunte Publikum in der quirligen Einkaufsstraße *Frederick Street* zeigt, wie sehr Trinidad ein Schmelztiegel der Antillen ist. Spanier, Franzosen, Briten, Portugiesen, Italiener, Westafrikaner, Inder, Chinesen: Sie alle haben auf Trinidad ihre Spuren hinterlassen. In der Einkaufsstraße Frederick Street beißen hellhäutige Geschäftsleute im feinen Zwirn, schwarze Rastas mit verfilzten Dreadlocks, in Saris gehüllte Inderinnen und kaffeebraune, artig mit weißer Bluse und blauem Rock gekleidete Sekretärinnen in friedlicher Eintracht in ihre schmackhaften Rotis (indisches Fladenbrot mit Rindfleisch, Huhn oder Gemüse), während aus den Geschäften die neuesten Soca-Hits schallen. Touristen trifft man hier – außerhalb des Karnevals – recht wenige. Zwar hat das moderne Port of Spain auch einige schöne, manchmal sogar extravagante ältere Bauten aufzuweisen wie die *Magnificent Seven* an der Maraval Road, doch das eigentlich Interessante sind die Menschen. Auf dem *Woodford Square*, ihrem Speaker's Corner, geigen sie ihren Politikern die Meinung, im *Queen's Park Savannah* wird flaniert, geritten, Fußball oder Kricket gespielt. Liebespaare tauschen Küsse aus, während die Kinder bunte Drachen steigen lassen. Mittags aber pflegt man hier im Schatten tropischer Bäume dem auch im hektischen Port of Spain allgemein verbreiteten karibischen Nationalsport: dem süßen, *liming* genannten Herumhängen, bei dem man anderen dabei zusieht, wie diese ebenfalls nichts tun.

**All Saints Anglican Church:** Die anglikanische Kirche wurde 1846 fertiggestellt und ist damit das älteste Bauwerk am Queen's Park Savannah.

**Cathedral Church of the Holy Trinity**: Nachdem die erste Kirche 1808 einem Brand zum Opfer gefallen war, sollte ein Nachfolgerbau mitten auf dem Woodford Square errichtet werden, doch erreichten protestierende Bürger, daß man die Kirche an die Südseite des Platzes verlegte. Sir Ralph Woodward, an den eine Marmorstatue erinnert, war der Auftraggeber für dieses Gotteshaus, das unter der Leitung des englischen Architekten Reginald Power 1816–18 im neogotischen Stil englischer Landkirchen errichtet und 1823 eingeweiht

*Trinidad, Port of Spain, Archbishop's Palace*

wurde. Das Dach mit seinen Mahagonibalken, die in England geschnitzt wurden, erinnert an die Londoner Westminster Hall. Die Kirche besitzt sechs neogotische Bleiglasfenster und Grabdenkmäler britischer Gouverneure.

**Cathedral of the Immaculate Conception** (Independence Square): Auf Initiative von Gouverneur Woodward errichtete der Architekt Philip Reinagle* 1816–32 die katholische Kathedrale über dem Grundriß eines lateinischen Kreuzes. Als Baumaterial verwendete man blaue Kalksteinquader, die aus den nahen Steinbrüchen der Laventille Hills herangeschafft wurden. Unverwechselbar sind die jeweils 40 m hohen, dreistöckigen Zwillingstürme, die das Hauptportal flankieren. Größter Schmuck des ansonsten schlicht gehaltenen Baus sind 16 bemalte Glasfenster aus Irland, ein Werk von Christoph Bartholomeus*. Auf einem ist die Erscheinung der Jungfrau im französischen Lourdes zu sehen, die anderen zeigen Kinder aus Trinidad und Tobago, die verschiedene Bevöl-

*Trinidad, Port of Spain, President's House*

kerungsgruppen repräsentieren. Am 5. Februar 1985 stattete Papst Johannes Paul II. der Kirche einen Besuch ab. Eine Plakette im Chor erinnert an dieses Ereignis.

**Hindu Temple** (Ethel Street): In Port of Spain gibt es mehrere Hindutempel. Dieser blendend weiße, mehrtürmige Bau im Vorort St. James ist wohl der eindrucksvollste.

**Jama Masjid:** Die moderne Hauptmoschee von Trinidad besitzt elegante schmale Minarette mit Zwiebelkuppeln.

**Fort George:** Das 1804 vom britischen Gouverneur Sir Thomas Hislop neu erbaute Fort wurde 1968 restauriert. Von den terrassenartigen Festungsmauern, auf denen noch viele alte Kanonen mit königlichen Monogrammen stehen, reicht der Blick bis zu den Bergen Venezuelas.

**Fort Picton:** Das Fort liegt auf den Hügeln des Stadtteils Laventille, der die Heimat vieler großer Steelbands ist. Picton gehörte zur britischen Expedition von Sir Ralph Abercromby, der Trinidad 1797 den Franzosen entriß. Nachdem Abercromby die Insel verlassen hatte, wurde er britischer Gouverneur von Trinidad. Der mächtige Rundturm täuscht darüber hinweg, daß bautechnische Mängel den strategischen Wert des Forts bald zweifelhaft erscheinen ließen. »Picton's Folly« spotteten deshalb die Trinis. 1990 wurde die Anlage restauriert.

**Fort San Andrés:** Das Fort errichteten schon die Spanier, und zwar im Jahr 1787, um den Hafen zu schützen. 1792 legte hier der spanische Astronom Don Cosma Damián de Churruca den ersten Längenmeridian der Welt fest. Das Fort wurde von den Briten später völlig umgebaut

**Archbishop's Palace:** Im Jahre 1904 ließ sich der römisch-katholische Erzbischof von einem irischen Architekten eine neoromanische Residenz errichten. Den Marmor und roten Granit holte man aus Irland, das Dach wurde mit Kupferblechen und Schieferplat-

*Trinidad, Port of Spain, Queen's Royal College*

ten gedeckt. Nur bei den Vertäfelungen, Böden und Treppen griff man auf einheimische Edelhölzer zurück. Das Gebäude wurde 1968 restauriert. Noch heute residiert hier der Erzbischof von Trinidad

**President's House:** Die Trinis nennen den hellen Bau schlicht und einfach »The House«. Die ehem. Residenz der britischen Gouverneure wurde 1873–76 errichtet. Die italienischen Loggien und vorstehenden Erker erinnern an Renaissancebauten, während bei den verzierten Geländern und den Säulen der viktorianische Einfluß unverkennbar ist. 1938 brannte das Gebäude teilweise ab. Als der letzte britische Gouverneur 1962 die unabhängig gewordene Insel verließ, zog hier zunächst der Repräsentant der englischen Königin ein. 1976 erklärte sich Trinidad zu Republik. Seitdem wohnt hier der Präsident.

**Hayes Court:** Das ehemalige, im Stil eines ländlichen englischen Herrenhauses errichtete Palais des anglikanischen Bischofs wurde 1910 als letztes der »Magnificent Seven« errichtet, doch verfällt es heute leider immer mehr. Bauherr war George Brown, Sohn eines berühmten Gerichtspräsidenten.

**Mille Fleurs:** Mit diesem verspielten Bauwerk erfüllte sich Dr. Henrique Prada, von 1914 bis 1917 Bürgermeister von Port of Spain, eigenen Aussagen zufolge »einen persönlichen Traum in Holz und Stein«. Die kunstvoll mit Laubsägearbeiten verzierte Fassade verleiht dem Haus etwas Schwereloses. Heute ist hier das Büro des Rates für Nationale Sicherheit untergebracht.

**Queen's Royal College:** Der deutsche Architekt Daniel Hahn*, der auch das Rote Haus entwarf, errichtete 1904 im Stil der deutschen Renaissance mit zentralem Turm und zwei Flügeltrakten diese berühmte Knabenschule, in die u. a. V. S. Naipaul, der größte Schriftsteller Trinidads, und Eric Williams, der erste Premierminister und Wegbereiter der Unabhängigkeit seines Landes, gingen. Das Gebäude wurde aus blauen

*Trinidad, Port of Spain, Roomar*

Kalksteinquadern errichtet, die Fassaden mit roter Farbe verziert. Als einziges Gebäude der »Magnificent Seven« ist das College jederzeit zugänglich.

**Red House** (Woodford Square): Ein Vorgängerbau, der 1844–48 errichtet worden war, fiel den Unruhen von 1903 zum Opfer, bei denen Aufständische, die gegen die Erhöhung der Trinkwassergebühren protestierten, das Parlament in Brand setzten. Zwischen 1904 und 1906 wurde es nach Plänen des deutschen Architekten Daniel Hahn* im Stil der Neorenaissance wiedererrichtet. Den charakteristischen roten Anstrich, den das erste Parlament 1897 zu Ehren des diamantenen Kronjubiläums von Königin Victoria erhalten hatte, behielt man bis in die Gegenwart bei. Hier tagt das Parlament von Trinidad, dessen Sitzungen man beiwohnen kann. Außerdem sind hier mehrere Ministerien untergebracht. Aufregende Tage erlebte das Hohe Haus im Sommer 1990, als militante Black Muslims das Parlament stürmten und den Premierminister und viele Abgeordnete fünf Tage lang als Geiseln festhielten, bevor ihr Putsch zusammenbrach. Die 1884 nach einem Brand im gotisierenden Stil neu errichtete Police Headquarters hinter dem Parlament hatten sie vorher in Brand gesteckt. Offensichtlich sollen die rauchgeschwärzten Ruinen als Mahnmal stehenbleiben.

**Roomar:** Der steinreiche Plantagenbesitzer Lucien L. Abelard beauftragte 1904 den renommierten englischen Kolonialarchitekten George Brown* damit, dieses Haus im Stil des französischen Empire mit Schiefertürmchen und kunstvollen schmiedeeisernen Balkonen zu errichten. Geld spielte keine Rolle, und so ließ man sich die Marmorsäulen aus Italien und die Kacheln aus Frankreich kommen. Kunstvolles schmiedeeisernes Geländer, ein prunkvoller Eingang und ein Dach aus Türmen, Fialen, kunstvollen Galerien und einer Kuppel zieren den Bau. 1940 erwarb Timothy Roodal das Haus, das nach ihm auch *Roodals Mansion* genannt wird.

*Trinidad, Port of Spain, Stollmeyer's Castle* ▷

*Trinidad, Port of Spain, White Hall*

**Stollmeyers Castle:** Ein wenig verblüffend mutet es schon an, hier in den karibischen Tropen die scheinbare Replik einer deutschen Rheinburg zu entdecken. Auftraggeber war zwar eine deutschstämmige Familie, doch der schottische Architekt Robert Giles*, der 1904 diese Kuriosität aus Rundtürmen, Zinnen und Schießschartenfenstern auf dem Gelände der einstigen Zuckerrohrplantage St. Clair errichtete, hatte eher Schloß Balmoral vor Augen. 1979 verkaufte die Familie das Haus an die Regierung.

**White Hall:** Im Jahre 1904 ließ der reiche Kakaopflanzer J. L. Agostini diesen venezianischen Palazzo errichten, der einige maurische Stilelemente aufweist und viele Betrachter an eine mehrstöckige Hochzeitstorte erinnert. Als Baumaterial ließ Agostini weiße Korallenkalksteine aus Barbados kommen. 1940–44 quartierten sich US-Streitkräfte hier ein; 1954 erwarb es die Regierung. Der Premierminister, der hier amtierte, ist mittlerweile in ein modernes Hochhaus umgezogen.

**National Museum & Art Gallery:** Die 1872 gegründete Galerie des Royal Victoria Institute brannte 1920 nieder, wurde jedoch drei Jahre später wiederaufgebaut. Sie präsentiert eine umfangreiche Sammlung einheimischer Kunst: prähistorische Funde, indianische Artefakte sowie Dokumentationen über die Zeit der Plantagenwirtschaft und die Entwicklung der Erdölindustrie. Fotos und Zeitungsausschnitte zeichnen den Weg Trinidads in die Unabhängigkeit nach. Zu den Werken einheimischer Künstler zählen auch alte Ansichten von Jean Michel Cazabon*. Außerdem zeigt man hier die schönsten Karnevalskostüme des letzten Jahres.

## TOBAGO

Tobago stand seit seiner Vereinigung mit Trinidad immer ein wenig im Schatten der größeren Nachbarinsel, von der sich manche

*Tobago, Pigeon Point* ▷

*Tobago, Englishman's Bay*

politisch gerne abspalten würden, doch heute ist der Tourismus ein lukrativer Erwerbszweig, während das industrialisierte Trinidad mit hoher Arbeitslosigkeit, sozialen Konflikten, Kriminalität und Drogenproblemen zu kämpfen hat. Tobago bietet in erster Linie Natur. Der Strand von *Pigeon Point* mit seinen schiefen Palmen und dem palmzweiggedeckten Giebeldach der Bootsanlegestelle ist zum Renner der Touristenplakate geworden und geradezu der Inbegriff karibischer Inselträume, doch laden auch weitere Traumstrände wie die meist menschenleere *Englishman Bay*, die Fischerbucht *Castara*, die Regenwälder der *Tobago Forest Reserve*, die Wildnis von *Parnos Vale*, die Kaskaden der *King's Bay Falls*, malerische Fischerdörfer wie *Speyside* und Unterwasserattraktionen wie der *Buccoo Reef National Park* zu Entdekkungstouren auf einer Insel ein, die Daniel Defoe als Schauplatz seines berühmten Romans *Robinson Crusoe* gedient haben soll.

Man nimmt an, daß Kolumbus 1498 auf seiner dritten Reise neben Trinidad auch Tobago gesichtet hat, das heute nach dem Kraut benannt ist, vor dem der Gesundheitsminister warnt. 1608 nahm die britische Krone das für unbewohnt gehaltene Tobago in Besitz, doch klärte sich dieser Irrtum beim ersten gescheiterten Siedlungsversuch im Jahre 1625 unter Nicholas Leverton schnell auf, der unter dem Pfeilhagel der Kariben die Insel fluchtartig wieder verließ. Nachdem der englische König Charles I. die Insel seinem Neffen, dem Herzog der baltischen Kurlande, zum Geschenk gemacht hatte, versuchten kurländische Siedler zwischen 1639 und 1693 ihr Glück, ebenso wie 1642 niederländische Kolonisten. 1662 landeten die Franzosen. Im Vertrag von Paris überließen sie jedoch Tobago den Briten, die in der Folgezeit Zuckerrohr, Baumwolle und Indigo anbauten, natürlich auch hier mit Heerscharen afrikanischer Sklaven. 1781 eroberte Frankreich die Insel und ermunterte französische Siedler aus Trinidad, auf Tobago Fuß zu fassen. 1793 holten sich die Briten Tobago zurück, doch fiel Tobago im Frieden von Amiens 1802 wieder an das inzwischen napoleonische Frankreich zurück. 1803 kehrten die Briten zurück. So erbittert waren die Kämpfe zwischen Briten und Franzosen, daß sich das Wasser einer Meeresbucht im Norden rot vom Blut der Gefallenen färbte. Die Abschaffung der Sklaverei traf 1834 die britischen und französischen Pflanzer besonders hart, da viele Schwarze nach Trinidad abwanderten. 1876 ernannten die Briten Tobago zur Kronkolonie und schlugen es 1889 aus verwaltungstechnischen Gründen ihrer Kolonie Trinidad zu.

**Scarborough:** Noch immer gleicht die verschlafene Hauptstadt Tobagos mehr einem großen Dorf, auch wenn hier die Kreuzfahrtschiffe anlegen und auf dem modernen Flughafen Crown Point im Westen Jumbos landen. Gegründet wurde Scarborough, dessen Häuser einen Hügel hinaufklettern, Mitte des 18. Jh. von schottischen Pflanzern. An historischen Bauten sind das 1925 umgebaute *Tobago House of Assembly* (Piggot Street), die 1819 gebaute, jedoch mehrfach zerstörte *St. Andrew's Church* (Young Street) mit alten Grabsteinen und die *Gun Bridge* zu nennen, deren Geländer mit Gewehrläufen bestückt ist. Oberhalb der der Stadt erhebt sich das guterhaltene *Fort King George*, das die Briten 1777–79 errichteten und nach König Georg II. benannten. 1781 nahmen es die Franzosen ein, 1793 eroberten es die Briten zurück. 1802–03 folgte ein erneutes französisches Intermezzo, ehe das Fort ab 1804 in britischer Hand blieb. Der großartige Blick reicht an klaren Tagen bis nach Trinidad. Das auf dem Gelände des Forts, auf dem noch einige Kanonen herumstehen, untergebrachte *Museum des Tobago National Trust* zeigt indianische Artefakte sowie Militaria. In der alten Offiziersmesse kann man Gemälde einheimischer Künstler erwerben. Die beiden miteinander tanzenden Holzstatuen schuf die Deutsche Louise Kimme*.

**Plymouth:** In der zweitgrößten Inselstadt lohnt das Ende des 18. Jh. von Briten und Franzosen umkämpfte *Fort St. James* einen Besuch. Die Einheimischen führen Touristen gerne zu einer Kuriosität, einer Grabplatte von 1783, unter der eine gewisse Betty Stevens ruht, mit angeblich mysteriöser Inschrift: »Sie war Mutter, ohne es zu wissen, sie war Ehefrau, ohne daß sie es ihren Mann merken ließ, es sei denn, durch ihre Nachsicht ihm gegenüber.«

**Karneval**

Fast überall in der Karibik wird Karneval gefeiert, doch der Karneval auf Trinidad gilt als der lauteste, bunteste und ausgelassenste. Obwohl sich auch Touristen daruntermischen, ist er eine Angelegenheit der Einheimischen geblieben. Schon Monate vor der heißen Zeit werden die Kostüme festgelegt, proben die Calypso-, Soca- und Steelbands. Zwei Wochen vor Aschermittwoch beginnt die heiße Phase des Karnevals. Die Bands treffen sich zu Ausscheidungswettbewerben (*tents*), die fleißig in Rundfunk, Fernsehen und Presse kommentiert werden, und in den *Mas Camps* werden die Kostüme zusammengenäht. Der Samstag vor Aschermittwoch gehört den Kindern, die ihren »Kiddies Carneval« mit bunten Kostümen nicht weniger enthusiastisch feiern als die Erwachsenen. Am Abend tragen die besten Steelbands der Insel das Panorama genannte Finale ihres Wettbewerbs aus. Die Teilnehmer entlocken den speziell präparierten Ölfässern die erstaunlichsten Klänge. Regelmäßig dabei sind erfolgreiche Gruppen wie die Amoco Renegades, Exodus, Vat 19 Fonclaire, Cordettes oder Phase II Pan Grove. Mit Kennerohren kommentieren die Sprecher von TTT (Trinidad & Tobago Television) jede Nuance des Spiels. Am Sonntagabend (Dimanche Gras) finden dann die *Calypso-Finals* statt, auf denen der Calypso-Monarch des Jahres gekrönt wird. Zunehmend verdrängt die im wesentlichen auf Rhythmus abgestimmte Soca-Musik (eine Wortzusammenziehung von Soul und Calypso) die witzigen, satirischen Wechselgesänge der klassischen Calypsonians, doch halten Veteranen wie Lord Kitchener, Mighty Sparrow und Mighty Chalkdust die Tradition aufrecht. Wer hier keinen Erfolg hat, kann immer noch König der Straßenbands, Road March King (oder Queen), werden. Mancher Text erstaunt im fröhlichen Trubel des Karnevals. So wurde 1993 der Calypso-Hit *Nobody love nobody* der Sugar Aloes beklatscht, der von einer Frau berichtet, die wegen Kokain auf die schiefe Bahn gerät. Oft sind die Inhalte voller erotischer Anspielungen. So mußte sich 1993 der Soca-Sänger Crazy gefallen lassen, daß sein *Paul Yuh Mudder Come* wegen obzönen Doppelsinns vom Kiddies Carnival ausgeschlossen wurde. Am besten kommen beim Publikum die Aufforderungen zum »jump up« an, wie man das ausgelassene Rumgehopse nennt, bei dem sich selbst ein Tourist mit Blei in den Hüften kaum blamieren kann. Auf der gleichen Veranstaltung werden auch die kunstvollsten, bis zu 10 m hohen Karnevalskostüme prämiert, die ihre Besitzer oft viele tausend Dollar gekostet haben. Seit 1993 findet dieses Ereignis nicht mehr vor den Rennbahntribünen des traditionellen Queen's Park Savannah statt, sondern in einem Sportstadion, worunter die Atmosphäre etwas gelitten hat, auch wenn der Kommentator beschwörend erklärte, daß ihm nur der Geruch der Pferdeäpfel fehle. Anschließend ist die letzte Gelegenheit gekommen, noch eine Mütze Schlaf zu nehmen, denn um vier Uhr morgens beginnt der anarchistische Teil des Karnevals, genannt *j'ouvert* (gesprochen jouvay, vom frz. jour ouvert). In dieser *Ole Mas* (Old Masquerade) ziehen die Teilnehmer in ihren häßlichsten und anstößigsten Klamotten durch die Straßen und beschmieren sich mit Öl und buntgefärbtem Schlamm. Hellgekleidete Touristen werden dabei besonders gern stürmisch umarmt. Später am Tag probiert man die schönen Kostüme aus, doch klappt die ausgeklügelte Choreographie noch nicht so ganz. In der Nacht vom Montag auf Dienstag finden die heißesten Parties statt, und am Dienstag (*Mardi Gras*) steigt die größte Kostümparade der *Road Marches*. Sie nimmt ihren Ausgang in der Innenstadt und wälzt sich langsam auf Queen's Park Savannah zu. Lastwagen, aus deren überdimensionalen Lautsprechern die beliebtesten, fast das Trommelfell zerfet-zenden Soca-Titel schallen, begleiten die manchmal über tausend Mitglieder zählenden Gruppen, die von Preisrichtern prämiert werden. Zwischen den ausgelassen Tanzenden, deren bunte Kostüme oft tiefere Bedeutungen haben (Peter Mishall ist der bekannteste Karnevalsdesigner, dessen raffinierte Schöpfungen schon viele Preise gewonnen haben), springt der Organisator der Gruppe hin und her und versucht, seine komplizierte Choreographie zu retten. Aber es ist *Bacchanal Time* (ein Soca-Hit von Superblue), und oft endet alles in hemmungslosem Chaos, besonders dann, wenn ein tropischer Regenschauer auf die Feiernden niederprasselt. Die Steelbands sind im Soca-Fieber der letzten Jahre ein wenig in den Hintergrund getreten, doch werden ihre Auftritte nach wie vor stürmisch beklatscht. Den ungestörtesten Blick genießt man von den Tribünen der Rennbahn, doch am besten läßt man Videokamera oder Fotoapparat im Hotel und stürzt sich selbst in das – im Gegensatz zu Rio de Janeiro – nahezu ungefährliche Gewühl. Sehr schnell begreift man dann auch, warum die spärlich bekleideten Frauen fast alle trotz tropischer Hitze Strumpfhosen tragen. Beim *wining*, bei dem sich der Tanzpartner mit weitgespreizten Beinen am Hinterteil der Dame hocharbeitet, kommt man sich körperlich schon gefährlich nahe. Es bleibt aber alles sehr keusch, zumindest vor den Augen der Zuschauer, wenn auch manche Frauen beim Anblick einer Kamera die gewagtesten Verrenkungen vollführen und mit ihren mehr oder weniger umfangreichen Hintern wakkeln. (*Bum-bum big bum-bum small* hieß ein beliebter Soca-Titel der letzten Jahre.) Punkt Mitternacht verstummen die Rhythmen, unter denen Port of Spain tagelang vibrierte. Erschöpft schleichen die Feiernden nach Hause. Wer nicht umbedingt am nächsten Tag arbeiten muß, erholt sich am Aschermittwoch am Strand von Maracas Bay oder auf Tobago. Dabei kann man auch schon den Karneval des nächsten Jahres besprechen, der natürlich noch toller, bunter und lauter zu werden verspricht.

*Trinidad und Tobago, Karneval* ▷

# Virgin Islands
(Jungferninseln)

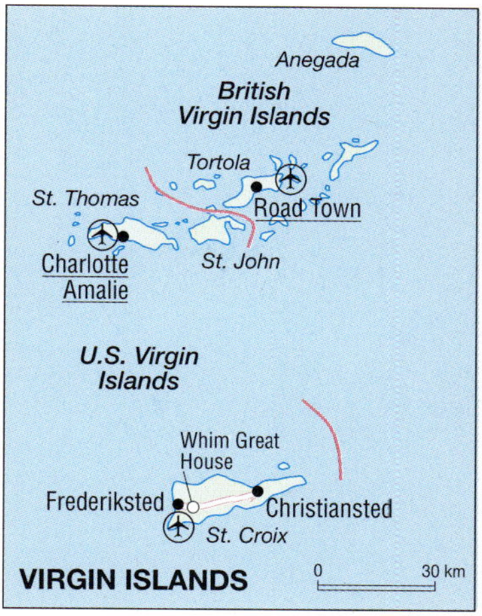


Zwei Staaten teilen sich heute die Jungferninseln, die USA und Großbritannien. Sie sind das Paradies der Kreuzfahrer, der Segler und der Schnäppchenjäger, die in Charlotte Amalie ihre zollfreien Einkäufe tätigen. Kolumbus bekam das von Kariben heimgesuchte Archipel im Osten von Puerto Rico auf seiner zweiten Reise 1493 zu Gesicht, nannte die größte Insel Santa Cruz und die Inselwelt nach den 11 000 Jungfrauen der Heiligen Ursula. Offensichtlich ließ er sich keine Zeit, um nachzuzählen, doch sind es insgesamt über hundert Inseln und Inselchen, die in der Folgezeit ein Paradies für Piraten waren.

## U.S. VIRGIN ISLANDS

Um 1620 siedelten sich Holländer, Engländer und Franzosen auf St. Croix an, während Bukaniere die kleineren Inseln mit Beschlag belegten. 1665 ließen sich dänische Siedler auf St. Thomas nieder, machten es 1724 zum Freihafen und damit zum heute reichsten Hafen der Karibik. 1717 wurde St. John dänisch, 1733 auch St. Croix, das man den Franzosen abkaufte. Die Dänen machten das Beste aus ihrer Neutralität: Im Krieg waren hier die Waren der Gegner sicher, in Friedenszeiten blühte der Sklavenhandel. Von zwei kurzen britischen Intermezzi (1801 und 1807) während der Napoleonischen Kriege abgesehen, konnte man ungestört reich werden. Als erste Nation Europas untersagte Dänemark den Sklavenhandel, die Sklaverei wurde allerdings erst 1848 abgeschafft, und auch das nur, weil Gouverneur Peter von Scholten sich über ein kgl.Edikt hinwegsetzte, das die Abschaffung erst für 1859 vorsah (und zu Sklavenaufständen geführt hatte). Mit dem Niedergang des Zuckerhandels im 19. Jh. erwiesen sich die Inseln als nicht mehr profitabel. Los wurden die Dänen sie jedoch erst, als im Ersten Weltkrieg deutsche Kriegsschiffe in der Karibik die USA auf den Plan riefen, die den Panama-Kanal bedroht sahen. Für 25 Mio. Dollar wechselten St. Thomas, St. John und St. Croix 1917 den Besitzer. Ab 1932 wurden sie zivil verwaltet; die Einwohner erhielten die amerikanische Staatsbürgerschaft. Sie wählen einen Gouverneur und entsenden seit 1972 einen Abgeordneten in das US-Repräsentantenhaus, der dort aber kein Stimmrecht hat.

◁ *Trinidad und Tobago, Karneval*

*Trinidad und Tobago, Karneval*

*Virgin Islands, St. Thomas, Luftbild*

## ST. CROIX

**Christiansted:** Die nach König Christian VI. benannte Inselhauptstadt wurde 1733 von den Dänen angelegt. Ein Denkmalschutzgesetz bewahrt die Kolonialbauten davor, von häßlichen Ladenschildern verunziert zu werden. Das mächtige *Fort Christiansværn* wurde gleich nach Ankunft der Dänen begonnen und 1878 aufgegeben. Aus der Mitte des 18. Jh. stammt das *Old Danish Customs House* mit später hinzugefügter Freitreppe. In der gleichen Zeit errichtete man auch die *lutheranische Kirche* (heute National Park Museum) und das *Old Danish West India and Guinea Company Warehouse* (heute Postamt). Das *Government House* fügte Gouverneur Scholten um 1830 aus zwei getrennten Wohnhäusern zusammen.

**Frederiksted:** Die zweite Stadt der Insel wurde 1751 gegründet, brannte 1887 während eines Aufstandes zum großen Teil nieder, besitzt aber noch einige hübsche Gingerbread-Häuser. Im 1752 errichteten *Fort Frederick* verkündete 1848 Gouverneur Scholten gegen den Befehl seines Königs die Sklavenbefreiung. In der Nähe steht das alte *Customs House*. Seit Hurrikan Hugo den Hafenpier zerstört hat, legen die Kreuzfahrtschiffe hier trotz des besseren Hafens nicht mehr an.

**Whim Great House:** Das alte Herrenhaus einer Zuckerrohrplantage wurde restauriert und in ein Freilichtmuseum umgewandelt.

## ST. JOHN

Zwei Drittel der Insel sind Nationalpark. In architektonischer Hinsicht ist St. John wenig bemerkenswert (von Fort Berg aus dem 18. Jh. abgesehen), doch bietet eine Fahrt immer wieder berückende Ausblicke auf smaragdgrüne Hügel und türkisfarbene, von einsamen schneeweißen Stränden gesäumte

Meeresbuchten. Eine recht gut erhaltene Zuckerrohrplantage ist die *Annaberg Plantation* mit Mühle, Sklavenunterkünften und Melassehaus.

## ST. THOMAS

**Charlotte Amalie:** Die malerische Hauptstadt der U. S. Virgin Islands ertrinkt förmlich in der Flut der Kreuzfahrtpassagiere, die sich täglich auf die zahllosen zollfreien Geschäfte stürzen. Bis zu zehn Schiffe täglich sollen es schon gewesen sein. Doch auch die historischen Gebäude lohnen den Besuch. Das dunkelrote *Fort Christian* wurde 1672 von den Dänen errichtet und war bis vor kurzem Polizeiwache und Gefängnis. Heute ist hier das inselgeschichtliche *Virgin Islands Museum* untergebracht. – Wesentlich jünger ist die 1874 als Kaserne errichtete grüngestrichene *Legislature of the Virgin Islands*, in der heute der Senat der US-Inseln tagt. – Der Gouverneur der Virgins residiert im 1867 fertiggestellten *Government House*. – Aus dem frühen 19. Jh. stammt die neogotische *Frederick Lutheran Church* mit schönen alten Leuchtern. – Zweitälteste Synagoge Amerikas (nach Willemstad, Curaçao) ist die *Synagogue of Brecha v'Shalom v'Gemilath Chasidim* (1833) im spanisch-maurischen Stil. – Über die *99 Steps* geht es hinauf zum Government Hill. Vom *Blackbeard's Tower* (benannt nach dem berüchtigten Piraten) bietet sich ein großartiger Blick auf die Stadt und den Hafen. – Einige Kilometer von Charlotte Amalie entfernt liegt *Magen's Beach*, einer der schönsten Strände der Karibik.

## BRITISH VIRGIN ISLANDS

Die ersten permanenten Siedler auf der Hauptinsel Tortola waren holländische Bukaniere, die 1672 von den Engländern vertrieben wurden. Mit Baumwolle und Zuckerrohr kam man zu bescheidenem Wohlstand. 1838 wurden die Sklaven freigelassen, und die Plantagen brachen zusammen. Fast alle Weißen verließen in der Folgezeit die Insel. Die Britischen Jungferninseln sind immer noch eine Kronkolonie. An einem Anschluß an die benachbarten US-amerikanischen Inseln hat man heute kaum noch Interesse, auch wenn der immer stärker werdende amerikanische Einfluß unübersehbar ist.

## TORTOLA

**Road Town:** In der Hauptstadt der British Virgins lohnen das *The Virgin Islands Folk Museum* mit indianischen Artefakten und Gegenständen aus einem gesunkenen Postdampfer, die *Callwood Rum Distillery* in der Cane Garden Bay, die Rum noch auf traditionelle Weise brennt, sowie die *J. R. O'Neal Botanic Gardens* einen Besuch.

# Die schönsten und bekanntesten Strände der Karibik

**Anguilla:** Über vierzig, leider schattenlose Strände säumen die Insel, die aufgrund ihrer teuren Übernachtungspreise meist als Tagesausflug mit dem Boot von Saint-Martin aus (30 Minuten von Marigot) besucht wird. Aus der Pralinenwerbung bekannt ist der Luxusresort *Cap Juluca*, doch *Shoal Bay* im Nordosten der Insel ist wohl der beste Strand von Anguilla.

**Antigua und Barbuda:** Für jeden Tag des Jahres soll **Antigua** einen Strand besitzen, rühmt die Tourismuswerbung. Populär und erstklassig ist *Dickenson Bay* unweit der Hauptstadt St. John's, malerisch *Halfmoon Bay* im Südosten der Insel, exklusiv Jumby Bay, doch der Autor hält sich am liebsten am weiten Strand von *Darkwood Bay* im Südwesten mit seinem blendendweißen Sand und malerischen Palmen auf, an dem man am Wochenende hauptsächlich Einheimische und unter der Woche fast niemanden trifft. Rosafarbene Traumstrände bietet das exklusive **Barbuda**, dessen wenige Hotels teilweise über 1000 Dollar für eine Übernachtung verlangen.

**Aruba:** Eigentlich ist fast die gesamte Westküste eine Abfolge schöner Strände. Die bekanntesten sind der voll amerikanisierte *Palm Beach* mit himmelstürmenden »high rise« Casino-Hotels sowie *Eagle Beach* mit etwas bescheideneren »low rise« Hotels. Windsurfer sind am *Malmok* und *Arashi Beach* (im Norden von Palm Beach) in ihrem Element.

**Barbados:** Zwar sind die schönsten Strände an der West- und Südwestküste meist Hotelstrände, doch der Zugang ist frei. Einer der besten ist wohl *Crane Beach* im Südosten mit einem Luxushotel, das man nicht dazubuchen muß. Der wildromantische Strand von Batsheba an der Atlantikküste eignet sich weniger zum Baden, als für kilometerlange Strandwanderungen.

**Bonaire:** Die Insel ist in erster Linie ein Taucherparadies, die wenigen Strände sind grobsandig oder steinig. Am akzeptabelsten ist wohl der Hotelstrand *Sorobon*, an dem keine Kleidungsvorschriften gelten.

**Curaçao:** Entgegen mancher Behauptungen besitzt das malerische Curaçao einige recht hübsche Strände. Der schönste (mit Dünenlandschaft) findet sich in der *Knip Bay* nicht weit von der Westspitze.

**Dominica:** Die Vulkaninsel besitzt südlich von Portsmouth recht annehmbare Strände. Einsam und wild sind die schwarzsandigen Strände an der Atlantikküste. Wer unbedingt weißen Sand sucht, den schicken die Dominikaner in die Umgebung von *Calibishie* im Nordosten der Insel. Wer die Kamera richtig positioniert, bekommt hier durchaus die Illusion eines »richtigen« Karibikstrandes hin.

**Dominikanische Republik:** Das Ferienparadies deutscher Urlauber in der Karibik besitzt tatsächlich mit die schönsten Strände der Region. Erstaunlicherweise liegen viele große Urlaubsanlagen an eher bescheidenen Stränden. Die Bucht von *Boca Chica* im Osten von Santo Domingo gleicht eher einer riesigen Badewanne und ist am Wochenende von Händlern und Prostituierten überlaufen, die Strände von *Juan Dolio* sind kaum mittelmäßig zu nennen. Auch das Urlaubsdomizil *Puerto Plata* an der Atlantikküste bietet in punkto Strand nur Durchschnittliches, ebenso der Strand von *Sosúa*, an dem man sich tagsüber der haitianischen Händler und abends der Flut von Prostituierten kaum erwehren kann.*Cabarete* (einige Kilometer östlich von Sosúa) ist hauptsächlich ein Surferdomizil, während die weiter östlich unweit von Río San Juan gelegene *Playa Grande* einem »richtigen« karibischen Traumstrand schon näher kommt, allerdings immer mehr von Tagesausflüglern überlaufen wird. Das Urlaubergetto *Punta Cana* (an der Ostspitze der Insel) erfüllt alle karibischen Klischees von Palmen und azurblauem Meer, liegt allerdings 50 Kilometer von der nächsten großen Ansiedlung entfernt. Für Luxusansprüche konzipiert ist die Ferienanlage *La Romana*, doch bietet das weiter östlich gelegene *Bayahibe* einen malerischeren Strand zu einem Bruchteil der Übernachtungskosten. Der Autor *schwört* nach wie vor auf die Strände der Halbinsel Samaná, besonders auf *Las Terrenas* und *Playa* Galeras, auch wenn diese keine Geheimtips mehr sind. In diese Kategorie fällt jedoch der Strand am Nationalpark *Miches* (nordwestlich von Punta Cana), der bislang nur recht bescheidene Unterkunftsmöglichkeiten besitzt. *Monte Cristi* im äußersten Nordwesten des Landes haben die Touristiker als nächstes Entwicklungsziel auserkoren, und wenn der neue Flughafen von *Barahona* erst einmal eröffnet ist, dürfte auch der bislang vernachlässigte Südwesten einen Aufschwung erleben.

**Grenada:** Als schönster Strand der Insel mit zahlreichen Hotelanlagen gilt der kilometerlange *Grande Anse Beach* mit Blick auf den Hafen von St. George's. Hier landeten 1983 die amerikanischen Marines. Kleiner, aber nicht weniger hübsch sind die Strände von *Lance aux Epines*. Großartige Strände bietet auch die Insel Carriacou im Norden. Ein Tip ist *Anse la Roche* im Nordwesten der Insel, schon des fabelhaften Blicks auf die Grenadinen wegen.

**Guadeloupe:** Der Strand des Tourismuszentrums Gosier auf Grande Terre ist erstaunlich mittelmäßig, umso schöner die *Plage de la Caravelle* im einige Kilometer weiter östlich gelegenen Sainte Anne, die mit gutem Grund dem Club Méd gehört, jedoch für alle zugänglich ist. Kleidung ist hier ebenso freigestellt wie an der *Plage Tarare* an der Ostspitze von Grande Terre. Das touristisch weniger erschlossene Basse-Terre besitzt viele kleine schöne Strände, oft mit vulkanischem Sand. Blendendweiß präsentiert sich jedoch die *Grande Anse* nördlich von Dehaies im Nordwesten von Basse-Terre.

**Kuba:** Das Touristenzentrum *Varadero* mit seinem über zehn Kilometer langen Traumstrand schickt sich an, das Miami Beach Kubas zu werden (vorläufig allerdings noch ohne Amerikaner). Noch ruhiger geht es in *Guardalavaca* im Nordosten zu. Ein beliebter Tagesausflug mit dem Flugzeug oder Ferienaufenthalt ist *Cayo Largo* im Südwesten. Der schneeweiße Strand und das azurblau leuchtende Meer sind ohne Sonnenbrille kaum zu ertragen. Hier ist man weit von den Nöten des kubanischen Festlandes entfernt. Ein Tip des Autors ist *Cayo Coco* an der Nordküste, das wohl das angenehmste Hotel Kubas bietet. Das gesamte Archipel von Koralleninseln wird wohl ein zukünftiger Renner des Karibiktourismus werden. *Playa Ancón* an der Südküste unweit von Trinidad wird dagegen überschätzt. Hübsche Strände finden sich in der Umgebung von *Santiago de Cuba*.

**Jamaika:** Die beliebtesten Touristenstrände von *Montego Bay* und *Ocho Rios* an der Nordküste mit ihren oft seelenlosen Hotelburgen leiden nicht unbeträchtlich unter der ständigen Belästigung von *higglers* und *hustlers*. Der Top-Tip ist nach wie vor *Negril Beach* mit seinen fabelhaften Sonnenuntergängen, allerdings auch mit der höchsten Dichte an sog. »Rent a Dreads«, die Negril zur Hochburg des weiblichen Sextourismus in der Karibik machen. Wer es ruhig und ungestört mag: *Treasure Beach* bei Black River an der ansonsten weniger attraktiven Südküste ist noch immer ein Geheimtip.

**Martinique:** Der Traumstrand von Martinique schlechthin mit blendendweißem Sand und schattigen Palmen ist *Grande Anse des Salines* bei Sainte-Anne im Südwesten der Insel, an dem nicht von ungefähr der Club Méd seine Ferienanlage gebaut hat. Eine Alternative ist die hell-dunkel marmorierte kilometerlange *Plage Le Diamant* (mit Blick auf den gleichnamigen Felsen), die allerdings recht gefährliche Unterströmungen aufweist. Wesentlich einsamer sind die kleinen schwarzsandigen Buchten an der wilden Atlantikküste.

**Montserrat:** Die Vulkaninsel besitzt durchaus schöne und nicht immer pechschwarze, sondern silbergrau und dunkelgrau glänzende Strände. Weißen Korallensand bietet nur *Rendezvous Bay* im Norden der Insel.

**Puerto Rico:** Die meiseten amerikanischen Urlauber kommen über die Strände von *Condado* und *Isla Verde* mit ihrer Hochhauskulisse aus teuren Hotels und Apartmenthäusern nicht hinaus. Schöner ist die *Playa Luquillo* östlich von San Juan, die allerdings am Wochenende sehr überlaufen ist. Kein Geheimtip, aber einer der schönsten Strände Puerto Ricos ist der Strand von *Boquerón* im Südwesten der Insel. Unbestritten die schönsten Strände (über 50!) bietet die der Ostküste Puerto Ricos vorgelagerte Insel **Vieques**. Besonders eindrucksvoll ist *Mosquito Bay*, die in dunklen Nächten das eindrucksvolle Schauspiel von Millionen leuchtender Meereslebewesen bietet und deswegen auch *Phosphorescent Bay* genannt wird. Wie Robinson wird man sich an den Stränden der kleinen Insel **Culebra** fühlen.

**Saba:** Rund um diesen steil aus dem Meer aufragenden Vulkankegel gibt es beim besten Willen keine Sandstrände, es sei denn, man begnügt sich mit dem Kieselabschnitt zwischen Ladder Bay und Torrens Point.

**Saint-Barthélemy:** Die Insel der Schönen und Reichen bietet natürlich dementsprechend geleckte Sandstrände. Den schönsten von ihnen, die *Anse de Colombier*, erreicht man allerdings nur in einer knappen halben Stunde Fußmarsch, es sei denn, man hat sein eigenes Boot dabei.

**St. Lucia:** *Rodney Bay* im Nordwesten, in der die Yachten ankern, und die außerordentlich malerische *Marigot Bay* sind sichere Tips. Der Autor empfiehlt jedoch besonders *Anse Chastanet* nördlich von La Soufrière mit der unbezahlbaren Kulisse der Zwillingsvulkane Deux Pitons.

**St. Kitts & Nevis:** St. Kitts bietet hauptsächlich schöne schwarzsandige, an der südöstlichen Halbinsel auch weiße Strände. Einen der schönsten Strände der Karibik besitzt die Schwesterinsel **Nevis**: den über sechs Kilometer langen, palmengesäumten *Pinney's Beach*.

**St. Vincent & Grenadines:** Die schönen dunklen Strände der karibischen Westküste stehen im Schatten der Robinsonträume, welche die unzähligen blendendweißen Strände der Grenadinen versprechen. Ein absoluter Geheimtip auf der auch für Normaltouristen erschwinglichen Insel **Bequia** ist *Crescent Bay* in der Industry Bay; schön und bei deutschen Urlaubern beliebt ist auch der Strand in der *Friendship Bay*. Wer die fast unmögliche Anfahrt zur *Hope Bay* schafft (oder ein Boot besitzt), wird mit einem *weiteren* Traumstrand belohnt. Auf der Millionärsinsel **Mustique** ist besonders *Macaroni* Bay zu nennen, ebenfalls karibische Strandträume erfüllen die Strände von **Canouan, Plam Island** und die exklusive Ferienanlage von **Petit St. Vincent**.

**Sint Eustatius:** Zwar kommen die meisten *Besucher* nicht zum Baden hierher, doch sind *Oranje Beach* an der Leeseite und *Zeelandia* Beach an der Luvseite (gefährliche Strömungen!) einen Nachmittag wert.

**Sint Maarten/Saint Martin:** Die durchorganisierte Ferieninsel besitzt zahlreiche Strände, meist mit größeren Hotelkomplexen. Am zwanglosesten geht es am *Oriental Beach* im Nordosten zu, nicht nur der fehlenden Kleidervorschriften wegen.

**Trinidad und Tobago:** Zu unrecht sind die Strände der Karnevalsinsel **Trinidad** kaum bekannt: *Maracas Bay* im Norden ist am Wochenende ein beliebtes Ausflugsziel für geplagte Hauptstädter, ruhiger geht es am Strand des weiter östlich gelegenen Blanchisseuse zu. Touiristenfrei liegen die schönsten Sandstrände *Mayaro* und *Manzanilla* an der südwestlichen Atlantikküste da. Die Schwesterinsel **Tobago** bietet mit dem Strand von *Pigeon Point*, dessen schiefe Palmen und palmstrohgedeckte Bootsanlegestelle eines der beliebtesten Fotomotive der Karibik abgeben, nur einen von vielen karibischen Traumstränden. Der Autor hat ein Faible für die überaus malerische *Englishman's Bay* an der Nordwestküste, in die sich höchstens mal eine Yacht oder ein Liebespaar verirren. Der in deutschen Urlaubskatalogen häufig angebotene grobsandige *Turtle Beach* fällt dagegen fast enttäuschend aus.

**Virgin Islands:** Die unzähligen schönen Strände der Jungferninseln kann niemand aufzählen. Top-Tips sind *Magens Bay* auf **St. Thomas**, *Trunk Bay* und *Caneel Bay* auf **St. John**, *Smugglers Cove* und *Apple Bay* auf **Tortola** und natürlich die von Kreuzfahrtpassagieren überlaufenen *The Baths* auf **Virgin Gorda**, deren glattgeschliffene Felsen an die Seychellen erinnern.

# Geschichtlicher Überblick

Die ältesten Siedlungsspuren in der Karibik (in der heutigen Dominikanischen Republik) gehen auf etwa 5000 v. Chr. zurück. Um etwa 2000 v. Chr. sind die ältesten archäologischen Funde der vermutlich aus Venezuela stammenden Ciboney auf Kuba und Hispaniola zu datieren. Um die Zeitenwende treten ebenfalls aus dem Norden Südamerikas stammenden Arawak-Gruppen auf. Die höchste Kulturstufe erreichen die Taino auf Hispaniola, auf die Kolumbus trifft. Sie hinterlassen eine hochentwickelte Keramik sowie Petroglyphen (Felsritzungen). Ab dem 13. Jh. dringen die kriegerischen Kariben von den Küsten Surinams und Guyanas mit ihren Einbäumen zu den Kleinen Antillen vor, die sie beim Eintreffen der Spanier bereits dominierten. Die ihnen allgemein vorgeworfene Menschenfresserei läßt sich – wenn überhaupt – allenfalls im Rahmen ritueller Handlungen halten. Während die Spanier die Taino und Arawak bereits im 16. Jh. vollständig ausgerottet haben, machen die Kariben noch im 17. Jh. den europäischen Kolonisten mit ihren wendigen Booten und Giftpfeilen das Leben schwer. Die letzten weitgehend »reinrassigen« Kariben leben in einem Reservat im Nordosten Dominicas, außerdem sind auf St. Vincent und St. Lucia noch einige »Black Caribs« anzutreffen: Nachfahren von Kariben, die sich im 17. Jh. mit schwarzen Sklaven vermischten.

**1492** Am 12. Oktober betritt Christoph Kolumbus die Insel Guanahani (vermutlich die Bahama-Insel San Salvador oder eine der Turks-Inseln). Am 27. Oktober landet er auf Kuba (vermutlich bei Baracoa), das er für Cathai (China) hält. Am 6. Dezember strandet er mit seinem Flaggschiff Santa Maria an der Nordküste von Hispaniola und gründet dort Weihnachten die erste europäische Siedlung der Neuen Welt, La Navidad. Vor seine Rückreise nach Europa läßt er dort eine Reihe Spanier zurück.

**1493-96** Auf seiner zweiten Reise in die Neue Welt »entdeckt« Kolumbus u.a. Dominica, Guadeloupe, die Virgin Islands, Puerto Rico und Jamaica. Nach seinem Eintreffen in Hispaniola muß er erfahren, daß die Taino-Indianer die Siedlung Navidad zerstört und alle Spanier ihres barbarischen Verhaltens wegen getötet haben. Mit La Isabela (westlich von Puerto Plata, Dominikanische Republik) gründet Kolumbus die erste Steinsiedlung der Neuen Welt. Sein Sohn Diego Colón gründet 1496 (vielleicht auch erst 1498) die Siedlung an der Südküste am Ostufer des Río Ozama neu unter dem Namen La Nueva Isabela. Nach einem Wirbelsturm wird sie an das Westufer des Flusses verlegt und unter dem Namen Santo Domingo neu gegründet (heute Hauptstadt der Dominikanischen Republik).

**1498** Auf seiner dritten Amerikafahrt »entdeckt« Kolumbus die Insel Trinidad und das Mündungsgebiet des Orinoco (Venezuela).

**1502** Seine vierte Reise führt Kolumbus nach Martinique und an die Küste Mittelamerikas.

**1508** Juan Ponce de León, ein Begleiter von Kolumbus, kolonisiert Puerto Rico.

**1514** Der spanische Dominikanermönch Bartolomé de las Casas protestiert gegen die Ausbeutung und Ausrottung der indianischen Bevölkerung. – Auf Kuba gründet der Konquistador und erste Gouverneur Diego Velázquez die sieben ersten *villas* der Insel.

**1519** Auf Hispaniola errichten Siedler von den Kanarischen Inseln die erste Zuckermühle. – Im gleichen Jahr bricht Cortés von Kuba zur Eroberung des Aztekenreichs auf.

**1524** Da die indianische Bevölkerung den Strapazen der Zwangsarbeit nicht gewachsen ist und zugrunde geht, führt Spanien die ersten schwarzen Sklaven aus Westafrika ein.

**1536** Portugiesische Seefahrer unter Pedro a Campo landen auf Barbados.

**ab 1536** Korsaren, Freibeuter und Piraten suchen die karibischen Gewässer heim, um die reich beladenen spanischen Schatzschiffe auf ihrem Weg von Panama nach Spanien zu plündern.

**1586** Der englische Korsar Francis Drake erobert Santo Domingo, verwüstet die Stadt und zieht erst nach Zahlung eines hohen Lösegeldes wieder ab.

**1623** Die Engländer besetzten St. Christopher (St. Kitts) und gründen dort ihre erste Kolonie in der Karibik.

**1625** Die Engländer nehmen Barbados in Besitz und besiedeln es zwei Jahre später. Die Insel bleibt bis zur Unabhängigkeit 1962 ununterbrochen britische Kolonie.

**1628** Piet Heyn, Vizeadmiral der Niederländischen Westindischen Kompagnie, schlägt im Golf von Matanzas die spanische Silberflotte und erbeutet Schätze im Wert von 12 Millionen Gulden.

**1634/35** Unter Peter Stuyvesant nehmen die Niederländer den Spaniern fast kampflos die Inseln Curaçao, Aruba und Bonaire ab.

**1635** Die Franzosen kolonisieren Guadeloupe und Martinique fest.

**1636** Die Engländer erobern Antigua und weitere kleine Inseln der Nordkaribik.

**1655** Die Spanier müssen Jamaika den englischen Invasionstruppen unter Thomas Gage überlassen und treten die Insel im Madrider Friedensvertrag von 1670 formell an Großbritannien ab.

**1648** Der Westfälische Friede spricht den Niederländern die Souveränität über ihre karibischen Besitzungen zu. – Niederländer und Franzosen teilen Sint Maarten/Saint-Martin unter sich auf.

**1659** Die Franzosen besetzen Grenada.

**1665** Französische Freibeuter setzen sich im entvölkerten Westteil von Hispaniola (später Haiti) fest. Im Frieden von Rijswijk (1697) bestätigt Spanien den französischen Besitz.

**1671** Die Dänen erobern die Jungferninsel St. Thomas.

**1674** Der Pirat Henry Morgan, der 1671 Panama geplündert und zerstört hatte, wird Vizegouverneur von Jamaika.

**1692** Ein großes Erdbeben zerstört auf Jamaika mit Port Royal die größte Piratenhauptstadt der Karibik.

**1718** König Georg I. von England erläßt eine Generalamnestie für alle Piraten. Viele von den Freibeutern treten in die britische Flotte ein.

**1719** Die Franzosen erobern die Insel St. Vincent

**1733** Die Dänen kaufen den Franzosen die Jungferninsel St. Croix ab.

**1759** Die Engländer erobern Dominica.

**1763** Die Engländer nehmen St. Vincent den Franzosen ab.

**1782** Nachdem die Franzosen alle britischen Kleinen Antillen außer Antigua und Barbados erobert haben, fügt der englische Admiral Rodney in der Schlacht von Saintes der französischen Flotte unter Admiral Comte de Grasse, die zu Eroberung von Jamaika ausgelaufen war, zwischen Guadeloupe und Dominica eine vernichtende Niederlage zu und festigt im darauffolgenden Vertrag (1783) die britische Seeherrschaft im karibischen Raum.

**1784** Admiral Nelson, der spätere Held von Trafalgar, übernimmt das Kommando über die britische Flottenbasis English Harbour auf Antigua.

**1785** Die Franzosen überlassen den Schweden gegen die Abtretung von Handelsrechten im baltischen Raum die Insel St. Barthélemy. Erst 1877 fällt sie wieder an Frankreich zurück.

**1791-1803** Die schwarzen Sklaven von Haiti erkämpfen in blutigen Auseinandersetzungen mit den weißen Kolonialherren ihre Freiheit. 1801 ruft Toussaint L'Ouverture die Unabhängigkeit des Ostteils von Hispaniola, Saint-Domingue, aus. Napoleonische Truppen vermögen die rebellische Kolonie nicht zurückzuerobern. Unter seinem »Kaiser« Jean-Jacques Dessalines wird Haiti 1804 unabhängig. Von 1806 bis 1818 regiert im Nordteil Haitis der größenwahnsinnige Despot Jean-Christophe.

**1794** Victor Hugues errichtet auf Guadeloupe nach dem Vorbild Robespierres eine revolutionäre Terrorherrschaft, der die meisten weißen Adeligen zum Opfer fallen.

**1795/96** Nach der Niederschlagung des blutigen Aufstands der »Black Caribs« von St. Vincent deportieren die Engländer die meisten von ihnen nach Honduras.

**1797** Die Briten vertreiben die Spanier aus Trinidad.

**1814/15** Der Erste und Zweite Pariser Friede regelt nach den napoleonischen Kriegen die Besitzverhältnisse in der Karibik. Spanien behält Kuba, Puerto Rico sowie den Ostteil Hispaniolas (später Dominikanische Republik), bei Frankreich verbleiben Martinique und Guadeloupe (mit Dépendancen), Curaçao wird endgültig holländisch und die Briten herrschen über Jamaika und die meisten kleinen Antilleninseln.

**1821** Der östliche Teil Hispaniolas erklärt sich für unabhängig von den Spaniern, wird jedoch ein Jahr darauf von Haiti besetzt

**1834-38** Das britische Parlament verbietet im Emancipation Act die Sklaverei. Nach vierjähriger »Lehrzeit« werden die Sklaven endgültig frei.

**1844** Dominikanische Freiheitskämpfer unter Juan Pablo Duarte, Ramón Mella und Francisco del Rosario Sánchez vertreiben die haitianischen Truppen und rufen die Dominikanische Republik aus. Erst 1865 ziehen die letzten spanischen Truppen ab.

**1848** Frankreich und Dänemark schaffen die Sklaverei ab.

**1861** Während des amerikanischen Bürgerkriegs werden zahlreiche Karibikinseln wichtige Lieferanten für Waffen, Munition und Lebensmittel.

**1863** Die Niederlande schaffen die Sklaverei ab.

**1868** Der kubanische Freiheitsheld Carlos Manuel de Céspedes läßt seine Sklaven frei und wird erster Präsident der »Republik in Waffen«.

**1873** Puerto Rico beendet die Sklaverei.

**1880** Als letztes Land der Karibik gewährt Kuba den Sklaven die Freiheit, die Spanien erst 1896 bestätigt.

**1895** Der kubanische Freiheitskämpfer und Nationalheld José Martí fällt im Kampf gegen die spanischen Kolonialtruppen.

**1898** Der spanisch-amerikanische Krieg führt zwar zum Abzug der Spanier, doch stellt das Platt-Amendment 1901 die kubanische Republik unter Kuratel der USA. Puerto Rico wird US-Territorium, die Einwohner erhalten 1917 die amerikanische Staatsbürgerschaft.

**1902** Der Ausbruch des Vulkans Mont Pelée zerstört auf Martinique die Stadt Saint-Pierre und tötet mit einer Ausnahme alle 30000 Einwohner der blühenden Stadt.

**1917** Um den 1914 eröffneten Panamakanal besser zu schützen, kaufen die USA den Dänen die Virgin Islands ab.

**1946** Martinique und Guadeloupe werden als überseeische Départements (Départements d'outre mer) vollständig in den französischen Staatsverband eingegliedert und sind daher vollwertige Mitglieder der EU.

**1953** Der Angriff auf die Moncada-Kaserne in Santiago de Cuba am 26. Juli läutet den Beginn der Kubanischen Revolution unter Fidel Castro ein.

**1957** François Duvalier wird zum Präsidenten von Haiti gewählt und errichtet in der Folgezeit als »Papa Doc« mit Hilfe seiner berüchtigten Geheimpolizei, den »Tontons Macoutes«, die schlimmste Schreckensherrschaft der Karibik, die sein Sohn »Baby Doc« zwischen 1971 und 1986 fortsetzte.

**1959** Am Neujahrstag verkündet Fidel Castro nach der Flucht von Diktator Batista den Triumph der Revolution auf Kuba.

**1961** Die gescheiterte Invasion in der Schweinebucht verschärft die Spannungen zwischen Kuba und den USA.

**1962** Jamaika und Trinidad & Tobago werden souveräne Staaten. – Die Stationierung sowjetischer Atomraketen führt die Welt im Oktober an den Abgrund des Atomkriegs. Präsident Kennedy setzt schließlich bei Nikita Chruschtschow den Abzug der Raketen durch. Kuba wird mit einem verschärften Handelsembargo belegt, das die Zuckerinsel vollends in die Arme des Warschauer Pakts treibt. Fidel Castro steuert in den folgenden Jahrzehnten einen kommunistischen Kurs.

**1965** Militärische Intervention der USA in der Dominikanischen Republik angesichts der durch den Sturz des linksgerichteten Präsidenten Juan Bosch entstandenen chaotischen Situation.

**1966** Barbados wird unabhängig

**1967** Gründung der West Indies Associated States. Sie umfaßt die britischen Besitzungen Antigua, Dominica, St. Lucia, St. Vincent und St. Kitts & Nevis, die eine beschränkte Autonomie erhalten. Anguilla schert 1967 aus dem Zwangsverbund mit St. Kitts & Nevis aus und bleibt britische Kronkolonie.

**1968-73** Gründung der karibischen Wirtschaftsvereinigungen CARIFTA (Caribbean Free Trade Area) und CARICOM (Caribbean Community). Sowohl wirtschaftlich wie politisch werden die am Vorbild der EG orientierten Hoffnungen jedoch enttäuscht.

**1974-83** Unabhängigkeit von Grenada (1974), Dominica (1978), St. Lucia und St. Vincent & Grenadines (1979), Antigua & Barbuda (1981) und St. Kitts & Nevis (1983).

**1980** Massenproteste führen zum Exodus von 125000 Kubanern, die über den Hafen Mariel nach Florida ausreisen dürfen.

**1983** Die Invasion der USA – unterstützt von einigen karibischen Staaten – beendet nach der Ermordung von Maurice Bishop das sozialistische Experiment der New Jewel Party auf Grenada.

**1986** Aruba schert aus dem Verband der Niederländischen Antillen aus und erhält einen »Status aparte«.

**1988/89** Hurrikan »Gilbert« verwüstet u.a. Jamaika, Hurrikan »Hugo« die nördlichen Kleinen Antillen.

**1990** Der Zusammenbruch der Sowjetunion führt auf Kuba zur Ausrufung des bis heute geltenden »Periodo Especial«, der durch extremen wirtschaftlichen Mangel gekennzeichnet ist. Gleichzeitig forciert Kuba den »kapitalistischen« Tourismus, der nach dem Zuckerrohr zum wichtigsten Devisenbeschaffer geworden ist.

**1991** Putschistengeneräle stürzen auf Haiti die erste freigewählte Regierung unter Präsident Aristide. Die UN belegt das Land mit einem Handelsembargo.

**1992** Die Fünfhundertjahresfeier der europäischen »Entdeckung« Amerikas findet auf den karibischen Inseln ein unterschied-liches Echo. Während Präsident Balaguer in der Dominikanischen Republik ein monumentales Kolumbusdenkmal einweiht, das an die 100 Millionen Dollar kostete, protestieren auf Dominica die letzten überlebenden Kariben gegen die Glorifizierung des »Großen Admirals«.

**1994** Im Sommer wagen Tausende von Kubanern angesichts der aussichtslosen politischen und wirtschaftlichen Lage die Flucht nach Florida in zumeist seeuntüchtigen Booten und Flößen. Angesichts der Flüchtlingsflut verweigern die USA den Kubanern das bis dahin automatisch gewährte politische Asyl und internieren die *balseros* auf ihrem Marinestützpunkt Guantánamo auf Kuba. Ende des Jahres läßt Fidel Castro freie Bauernmärkte zu. – Am 15. Oktober kehrt Präsident Aristide nach Haiti zurück, nachdem der amerikanische Ex-Präsident Jimmy Carter die Putschistengeneräle unter Raul Cédras angesichts einer unmittelbar bevorstehenden Invasion der USA zum Rücktritt bewegen konnte. Die US-Marines, die daraufhin ohne Gegenwehr das Land besetzten, sollen durch UN-Truppen ersetzt werden. Auf Puerto Rico endet ein Referendum mit der Bestätigung des Assoziiertenstatus der Insel mit den USA. Die Alternativvorschläge völlige Eingliederung als 51. Bundesstaat bzw. vollständige Unabhängigkeit werden verworfen.

# Register der Fachausdrücke

**Abakus** (griech.-lat. »Tischplatte«): Deckplatte über dem Kapitell einer Säule.

**Achse:** Gedachte Linie, die vertikal oder horizontal (Quer-, Längsachse) ein Gebäude einteilt; z. B. Fensterachse.

**Ädikula:** Wandnische, die zur Aufstellung einer Büste oder Statue dient; meist mit → Giebel, → Pfeilern oder → Säulen verziert.

**Adobe:** Luftgetrockneter Ziegel aus Lehm

**Agnus Dei** (lat. »Lamm Gottes«): Symbol Christi mit der Kreuzesfahne.

**Akanthus:** Schmuckelement, das sich vor allem am → korinthischen → Kapitell findet und aus der stilisierten Darstellung eines scharf gezackten, distelähnlichen Blattes entwickelt wurde.

**Alfiz** (span.-arab.): Maurisches Giebelfeld im Bundesstaat Campeche so bezeichneter Baustil der Endklassik. Charakteristisch sind Eingänge, die als große Schlangenrachen gestaltet sind.

**Altar:** Opfertisch bei Griechen und Römern. Tisch des Herrn im christlichen Glauben. In katholischen Kirchen neben dem Hauptaltar oft mehrere Nebenaltäre für verschiedene Heilige, in protestantischen Kirchen meist nur ein Altar.

**Altaraufsatz:** Schreinartiger Aufbau über dem Altartisch.

**Altarauszug:** Oberer, abgehobener Teil des → Altaraufsatzes.

**Altargerät:** Gefäße und Requisiten für die gottesdienstlichen Handlungen am → Altar.

**Altarretabel:** → Altaraufsatz.

**Altiplano** (span): Mexikanisches Hochland

**Ambo:** Pult an den Chorschranken in altchristlichen und mittelalterlichen Kirchen; Vorläufer der → Kanzel.

**Andachtsbilder:** Kleinere Kunstwerke mit Einzeldarstellungen, die an Nebenaltären gezeigt werden und der religiösen Erbauung dienen.

**Anna selbdritt:** Darstellung von Anna, Maria und dem Jesusknaben.

**Antependium:** Frontverkleidung des Altartisches.

**Apsis:** Abschluß des → Chors, meist halbkreisförmig. In der Regel Standort des → Altars.

**Aquädukt:** Wasserleitung, oft als über eine Bogenbrücke geführter Kanal, bei den Römern häufig zu Monumentalbauten entwickelt.

**Aquamanile:** Gießgefäß oder Schüssel für rituelle Waschungen bei der kath. Liturgie.

**Arabeske:** Ein stilisiertes Blattwerk, das als Schmuckmotiv verwendet wird.

**Architrav:** Steinerner Hauptbalken über den → Säulen.

**Archivolte:** Bogenlauf über romanischen und gotischen Portalen.

**Arkade:** Bogen, der von → Säulen oder → Pfeilern getragen wird. Mehrere Arkaden werden zu Bogengängen zusammengefaßt. Wenn die Arkaden keine Öffnung haben (und nur aus dekorativen Gründen verwendet werden), spricht man auch von Blendarkaden.

**Arkatur:** Von Pfeilern oder auch Säulen getragene Bogenstellung.

**Artesonado** (span.): Kassettierte Holzdecke

**Atlatl** (náhuatl): Speerschleuder

**Atrium:** Bei den Römern ein zentraler Raum mit einer Öffnung im Dach, durch die das Regenwasser einfallen konnte. In der christlichen Architektur ein Vorhof, der meist von → Säulen umgeben ist, auch Paradies genannt.

**Attika:** Eine (meist reich verzierte) Wand, die über das → Gesims einer Säulenreihe gemauert wird und das Dach verdecken soll.

**Aufgehendes Mauerwerk:** Der sichtbare (oberirdische) Teil des Mauerwerks.

**Aula:** Halle, Versammlungssaal.

**Auslucht** (niederdeutsch Utlucht): Gebäudeerker auf massivem Sockel (→ Erker).

**Azulejos** (span.): Farbige glasierte Fliesen

**Backstein:** Ziegel, der im Brand gehärtet worden ist (im Gegensatz zum natürlichen Gestein).

**Backsteingotik:** Bauten aus → Backstein in den Formen der → Gotik. Vorwiegend in Nord-, Ost- und Süddeutschland zu finden.

**Baldachin:** Schutzdach über → Altären, Grabmalen, Statuen und Portalen.

**Balkendecke:** Holzdecke aus unverputzten Balken über einem → Schiff; durch die Balken ist die Decke meist in Dekorationsfelder unterteilt.

**Baluster:** Kleine bauchige oder profilierte Säule.

**Balustrade:** aus → Balustern gebildetes Geländer.

**Bandelwerk:** Ein im späten 17.Jh. in Frankreich entstandenes Ornament aus verschlungenen Bändern.

**Baptisterium:** Taufkirche oder Taufkapelle, in der Regel Zentralbau.

**Barbakane:** Einer mittelalterlichen Stadtbefestigung vorgelagerter Torbau, meist gerundet und mit Schießscharten versehen.

**Barock:** Stilbezeichnung für die Kunst- und Kulturepoche ab etwa 1600 bis etwa 1750. Bestimmend sind kraftvoll bewegte, ineinandergreifende Formen.

**Basilika:** Griechische Königshalle; im Kirchenbau Bezeichnung für eine mehrschiffige Kirche (→ Schiff), deren Satteldach über dem Hauptschiff höher ist als die Pultdächer über den Seitenschiffen. Siehe auch → Säulenbasilika und → Pfeilerbasilika.

**Basis:** Fuß einer → Säule oder eines → Pfeilers, meist breit auslaufend und dekorativ gestaltet.

**Basrelief** (auch: Flachrelief): Aus der Fläche nur wenig vortretende, Rundungen lediglich andeutende Skulptur.

**Bauhütte:** Die Werkstatt der Handwerker, die an einem Kirchenbau beteiligt waren.

**Beinhaus:** Gebäude zur Aufnahme von Gebeinen aus ausgeräumten Gräbern, meist verbunden mit einer Kapelle.

**Bergfried:** Hauptturm einer Burg, letzte Zufluchtsstätte bei Belagerungen.

**Bering:** Mantelmauer einer Burg.

**Beschlagwerk:** Schnitzwerk der → Renaissance, das bandeisernen Zierbeschlägen nachgebildet wurde.

**Bettelordenskirchen:** Die auf das Wesentliche beschränkten, großenteils ohne Querhaus, immer ohne Türme erbauten Kirchen der Dominikaner und Franziskaner (v.a. 13. und 14.Jh.).

**Biedermeier:** Kunst- und Kulturepoche (v.a. im deutschsprachigen Raum) v. ca. 1815 bis ca. 1850.

**Blattkapitell:** Gotisches → Kapitell, bei dem die Grundform von feinen Blattornamenten überzogen ist.

**Blende:** In die Wand eingetieftes Feld oder der Wand vorgelegtes architektonisches Motiv mit der Wirkung einer Scheinarchitektur.

**Blendmaßwerk:** → Maßwerk.

**Blockbau:** Holzbauweise, bei der die tragenden Wände aus waagrecht aufeinandergeschichteten Balken konstruiert sind; auch gewetteter oder gestrickter Bau genannt (Gegenteil: → Ständerbau).

**Bogenformen:** Der Bogen dient zur Überbrükkung größerer Spannweiten im Steinbau.

**Bogenfries:** Ein → Fries in der Form von Rundbogen (häufig bei romanischen Bauwerken).

**Borgo:** Eigenständig befestigte Gebäude (meist Vorstadt) in ital. Städten.

**Boskett, Bosquett:** Besonders in französischen Parks und Gärten angepflanzte Baum- und Sträuchergruppen (»Lustwäldchen«).

**Bossenquader:** Quaderstein, der an der Sichtfläche gerundet vorsteht (→ Quader).

**Brasero** (span. »Kohlebecken«): Steinerne oder tönerne Gefäße unterschiedlicher Größe, die zum zeremoniellen Abbrennen von Kopalharz verwendet wurden.

**Bruchsteinmauerwerk:** Eine aus unbearbeiteten, rohen Steinen unregelmäßig aufgeschichtete Mauer.

**Bündelpfeiler:** In der Gotik beliebte → Pfeilerform. Um Kernpfeiler gruppieren sich kleinere und größere Dreiviertelpfeiler.

**Campanile:** Frei stehender Glockenturm einer Kirche, in Italien stark verbreitet.

**Campo Santo** (ital. »Heiliges Feld«): Ein häufig v. Arkaden umzogener Friedhof.

**Carré Savoyard:** Burganlage über regelmäßigem viereckigem Grundriß, an den Ecken vorspringende Rundtürme, einer davon als Wohnturm ausgebildet.

**Cella:** Hauptraum des antiken Tempels mit dem Götterbild.

**Cenote** (yucatek. Maya *ts'onot*): Dolinen in Nordyucatán, durch Einbruch der Kalksteindecke entstanden. Dadurch wurden die unterirdisch fließenden Ströme zugänglich.

**Chac Mool** (maya: »roter Jaguar«): So bezeichnete Auguste Le Plongeon aus unerfindlichen Gründen 1875 die Skulpturen halb liegender, lebensgroßer toltekischer Krieger; der Begriff hat sich seither für diesen Skulpturtypus eingebürgert.

**Chenes** (yucatekisches Maya *ch'e'en* = Brunnen): Nach dieser Region im Bundesstaat Campeche so bezeichneter Baustil der Endklassik. Charakteristisch sind Eingänge, die als große Schlangenrachen gestaltet sind.

**Chor:** Der meist erhöhte und in der Regel östlich gelegene Abschluß des Kirchenraumes. Der Chor hat meist nicht die gleiche Breite wie das → Schiff. Er dient zur Aufnahme des → Altars. Im Mittelalter war der Chor oft durch Schranken vom übrigen Kirchenraum abgegrenzt.

**Chorgestühl:** Sitzreihen für die Geistlichkeit bzw. in Klosterkirchen für die Mönche und Nonnen, zu beiden Seiten des → Chors aufgestellt.

**Chorgitter:** Etwa seit dem 17.Jh. anstelle des Lettners verwendetes Gitter.

**Chorumgang:** Ein Gang, der durch die Fortführung der Seitenschiffe **Churrigueresk:** Ausufernder spätbarocker Stil, der nach dem span. Architekten José Churriguera (1665–1723) benannt wurde.

**Claustro** (span.) Kreuzgang

**Codex:** Prähispanisches Faltbuch aus Rindenbastpapier. Die Seiten wurden mit einer Gipsschicht grundiert und dann bemalt. Behandelt wurden religiöse, astronomisch-kalendarische, administrative und historische Themen.

**Confessio:** Vorform der ma Krypta. Unter dem Hochaltar angelegtes Märtyrer- oder Kirchenheiligengrab; Verehrungs- und Bekenntnisstätte.

**Cosmatentechnik:** Mosaikarbeiten, meist ornamental aus Marmor angefertigt.

**Crestería** (span.): Dachaufsatz in Form einer

durchbrochenen Mauer auf Tempeln und Palastbauten, besonders der Maya.

**Cuauhxicalli** (náhuatl: »Adlerschale«): Gefäß, das die Herzen und das Blut geopferter Menschen aufnahm.

**Dachformen**: *Pultdach:* eine schräg ansteigende Dachfläche. *Satteldach:* zwei schräge, gegeneinander aufsteigende Dachflächen, an den Enden durch einen Giebel begrenzt. *Tätschdach:* flach geneigtes Satteldach. *Walmdach:* Satteldach, bei dem auch die Giebelseiten mit einer Dachfläche (Walm) versehen sind. *Krüppelwalmdach:* Walmdach, bei dem nur der obere Giebelteil abgewalmt ist. *Zeltdach:* vier steil aufsteigende Dachflächen über viereckigem Grundriß, z.B. als Turmabschluß. Vgl. → Klebdach.

**Dachreiter:** Türmchen über dem Dachstuhl.

**Deesis:** Darstellung des thronenden Christus, flankiert von Maria und Johannes d.Täufer.

**Dienste:** Dünne Säulen oder Rundstäbe, die einer Wand oder einem Pfeiler vorgelagert sind, meist zur Unterstützung des Gewölbes.

**Diptychon:** Zusammenklappbare zweiteilige (Altar-)Tafel.

**Directoire-Stil:** Französischer Kunststil während der Herrschaft des Direktoriums (179599), Anlehnung an die Antike.

**Donjon:** Befestigter Haupt- und Wohnturm mittelalterlicher französischer Burgen.

**Doppelkapelle:** Eine zweigeschossige Kapelle.

**Dorische Säulenordnung:** → Ordnung, bei der die → Säulen ohne → Basis direkt auf den Boden gesetzt sind und flache, wulstförmige → Kapitelle tragen.

**Draperie** (franz. drap »Tuch«): Dekoration mit Stoffen, Behänge aus Stoffen und deren malerische Darstellung.

**Dreipaß:** Einem Kreis eingeschriebenes kleeblattförmiges → Maßwerkmotiv in der Gotik.

**Ecce Homo** (lat. »Seht, welch ein Mensch!«): Darstellung Christi mit der Dornenkrone.

**Echauguette:** Erkerartig vorragendes Wachtürmchen.

**Eckrisalit:** Vorspringende Eckpartie eines Gebäudes.

**Empire-Stil:** Klassizistischer Kunststil in Frankreich zu Beginn des 19.Jh., mit griechisch-römischen und ägytischen Vorbildern.

**Empore:** Zwischengeschoß; in der Kirche meist Galerie für Sänger und Orgel.

**Enclos Paroissial:** Kirchplatz (eingefriedet), in Frankreich oft mit Kalvarienberg.

**Enfilade** (franz. »Aufreihung«): Anordnung v. Räumen, deren Verbindungstüren in einer Achse liegen.

**Englischer Garten:** Im Gegensatz zur (franz.) geometrischen Barockanlage hat der engl. Garten Landschaftscharakter und ist aufgelockert.

**Englischer Gruß:** Verkündigung des Engels an Maria.

**Epiphanie:** Erscheinungsfest eines Gottes bzw. Christi (vgl. Dreikönigsfest am 6.Januar).

**Epitaph:** Gedenktafel oder Gedenkstein an Wand oder Pfeiler, oft über dem Grab des Verstorbenen.

**Eremitage:** Pavillon in Park und Gartenanlagen, einsam gelegenes Schloß.

**Erker:** In sich geschlossener vorspringender Anbau an die Außenwand eines Gebäudes. Oft ein Dekorationselement.

**Eselsrücken:** → Bogenformen.

**Eselstreppe:** Stufenloser Aufgang eines Turms, vermutlich benutzt, um Esel das Baumaterial hinauftragen zu lassen. Daher sog. Eselstürme an mittelalterlichen Domen.

**Estípite** (span.): Sich nach unten verjüngender Pfeiler des Spätbarock.

**Evangelistensymbole:** Erstmals Hieronymus (347–419) deutete die 4 Lebewesen in der Offenbarung des Johannes (Offb. 4,6–8) als Sinnbild der Evangelisten. Der Mensch ist das Symbol für Matthäus, der Löwe für Markus, der Stier für Lukas, der Adler für Johannes.

**Exedra:** Apsis, überwölbt mit einem Kuppelausschnitt.

**Exvoto:** Ein aufgrund eines Gelübdes gestiftetes Bild: Votivbild, -tafel.

**Fachwerk:** Balken, die als tragende Teile benutzt werden, sind mit Lehm oder Ziegeln aufgefüllt.

**Fassade:** Haupt- oder Schauseite eines Bauwerks.

**Fassung:** Bemalung.

**Fayence:** Töpferwaren mit Glasurüberzug, benannt nach der italienischen Stadt Faënza.

**Feiertagschristus:** Darstellung Christi als Schmerzensmann, umgeben von bäuerlichen oder handwerklichen Geräten. Mahnbild mit der Bedeutung, daß Christus durch Sonntags- und Feiertagsarbeit stets neu verwundet werde.

**Fiale:** Ziertürmchen in der → Gotik; oft als Bekrönung eines → Strebepfeilers.

**Figurenkapitell:** Das → Kapitell einer Säule, das zu einer Figur ausgearbeitet worden ist.

**Filialkirche:** Gemeindekirche, deren Pfarreirechte ganz oder teilweise bei einer Mutterkirche liegen.

**Filigranwerk:** Ursprünglich Goldschmiedearbeit, bei der Gold- und Silberdraht ornamentartig auf eine Metallunterlage gelötet werden. Auch auf vielfach durchbrochene Schnitzwerke und Stukkaturen übertragen.

**Fischblase:** Flammenförmige Ornamentform im gotischen → Maßwerk.

**Flamboyant-Stil:** Bezeichnung für die Stilform der englischen und französischen Spätgotik mit flammenden Ornamenten (→ Fischblase) im → Maßwerk.

**Flechtband/Flechtwerk:** Ornament mit dem Motiv ineinander verschlungener Streifen, im Frühmittelalter häufig verwendet.

**Flügelaltar:** Der → Altaraufsatz hat ausklappbare, meist reich geschnitzte oder bemalte Flügel.

**Fresko:** Auf den noch feuchten Kalkputz werden Wasserfarben ohne Bindemittel aufgetragen. Beim Trocknen des Mörtels verbinden sich die Farben besonders haltbar mit dem Putz.

**Fries:** Schmuckstreifen zum Abschluß oder als Untergliederung einer Wand. Der Fries kann flächig oder plastisch sein, er kann aus Figuren oder → Ornamenten bestehen.

**Frontale:** Zusätzliche, vor die Vorderseite des Altars zu setzende Tafel.

**Frontispiz/Fronton:** Giebeldreieck über einer Fassadenfront, einem Portal oder einem Altaraufsatz.

**Füllmauer:** Eine nur außen aufgemauerte, innen mit Mörtel und Steinen aufgefüllte Mauer.

**Gaden:** In der Architektur Bezeichnung für Obergeschoß.

**Galerie:** Ein langgestreckter Raum: oft werden Arkadengänge und Emporen auch Galerie genannt.

**Gaube:** Als Giebelhäuschen ausgebildetes Dachfenster.

**Gebälk:** Balkensystem eines Holzbauwerks. Im Steinbau der → Renaissance und des → Barock werden → Architrav, → Fries und → Gesims zusammen als Gebälk bezeichnet.

**Gebundenes System:** Quadratisches Schema eines Grundrisses (vorwiegend in romanischen Kirchen). Ausgehend von der quadratischen 6-Vierung sind jeweils gleich große Gewölbequadrate in allen Richtungen angefügt. In den Seitenschiffen entsprechen jeweils zwei kleinere Gewölbequadrate den größeren Quadraten des Mittelschiffes.

**Gesims:** Ein vorspringender Wandabschluß.

**Gesprenge:** Abschließende Bekrönung des → Altaraufsatzes.

**Gewölbe:** Bogen- oder haubenförmiger Abschluß eines Raums.

**Gewölbeformen:** *Tonnengewölbe:* Gewölbe mit dem Querschnitt eines Halbkreis-, Segment-, Korb- oder Spitzbogens. *Stichkappengewölbe:* Tonnengewölbe, das durch einen seitlich einschneidenden Kappenkranz, meist mit Fensteröffnungen, begrenzt ist. *Kreuzgewölbe/Kreuzgratgewölbe:* rechtwinklige Durchdringung von zwei gleich hohen Tonnengewölben, die Durchdringungslinien heißen Grate. *Kreuzrippengewölbe:* Kreuzgratgewölbe mit tragenden Rippen entlang der Grate. *Sterngewölbe:* sternartig verzweigtes Rippengewölbe.

**Giebel:** Stirnseite; bei Gebäuden mit Sattel- oder Pultdach dreieckig und meist senkrecht. Auch über Fenstern oder Türen. Staffel-, Treppengiebel.

**giebelständig:** eine Giebelseite zeigt gegen die Straßenseite (Gegenteil: traufständig).

**Glockenjoch:** aufgemauertes Giebelchen mit jochartiger Öffnung, in der eine Glocke aufgehängt ist.

**Glyphe** (auch Hieroglyphe): Prähispanisches Einzelzeichen einer Bilderschrift, den Wortinhalt angebend (ideographisch) oder den Wortlaut schreibend (phonographisch).

**Gobelin:** Bildteppich.

**Gotik:** Epoche der europäischen Kunst und Kultur, die von der Mitte des 12.Jh. bis ins 16.Jh. reicht.

**Graffiti:** Eingekratzte Inschriften oder Zeichnungen, meist an Wänden antiker Gebäude.

**Grisaille:** Malerei in verschiedenen Grauabstimmungen.

**Gurtbogen:** Eine konstruktive und dekorative Unterstützung des Gewölbeabschnitts, die sich rippenartig als Bogen quer zur Längsachse spannt.

**Hacha** (span. »Axt«): Dünne und oft durchbrochen gearbeitete axtförmige Steinklinge, meist mit menschlichen Gesichtern. Nachbildung der hölzernen oder ledernen Ausrüstungsgegenstände der Ballspieler in der Golfregion.

**Hängewerk:** Konstruktion in Holz oder Stahl zur Bewältigung großer Spannweiten, vor allem im Brückenbau angewendet: ein waagrechter Hängebalken wird von einer oder mehreren Hängesäulen gehalten, die mit den Brückenenden verstrebt sind.

**Halbsäulen:** Nur mit ihrem halben Durchmesser, im Querschnitt halbkreisförmig aus der Wand vortretende Säulen.

**Hallenchor:** Ein → Chor, der aus mehreren, jedoch gleich hohen → Schiffen besteht.

**Hallenkirche:** Im Gegensatz zur → Basilika sind Hauptraum und → Seitenschiffe gleich hoch; ohne → Querhaus.

**Halsgraben:** Künstlich geschaffener Graben, der Burgen vom Landrücken trennt. Oft auch Zugang über Zugbrücken.

**Haustein:** Ein an seiner Oberfläche bearbeiteter Naturstein.

**Heidenhäuser:** Mit »Heidenhaus«, »Heidenwölbi«, »Heidenstock« bezeichnet der Volksmund Architekturformen, die wegen ihres Alters ungewöhnlich erscheinen und deshalb mit Abergläubischem verbunden werden.

**Helm:** Der Abschluß eines Turmes.

**Herrerastil:** Von geometrischer Strenge gekennzeichneter span. Renaissancestil, benannt nach Juan de Herrera (um 1530–97).

**Hochaltar:** Zentraler Hauptaltar einer Kirche.

**Hocheingang:** In einem oberen Geschoß gelegener Eingang zu einem Turm oder → Palas.

**Huipil** (maya): Weiße, mit Stickereien verzierte lange Frauenbluse der Maya.

**Ikonostasis:** In der Ostkirche Bilderwand zwischen Allerheiligstem und Gemeinderaum.

**Immaculata:** Die Unbefleckte, Ehrenname Marias.

**INAH:** Instituto Nacional de Antropología e Historia, die mex. Altertumsbehörde.

**Inkarnation:** Fleischwerdung.

**Inkrustation:** Farbige, ornamentale Einlegearbeiten in Stein zur Verzierung v. Wand- u. Fassadenflächen.

**Intarsia:** Einlegearbeit in Holz, Stuck, Stein etc.

**Ionische Säulenordnung:** → Ordnung, bei der die → Säulen auf einer mehrgliedrigen → Basis stehen und das → Kapitell durch zwei Schneckenbögen charakterisiert ist.

**Joch:** Grundeinheit des durch → Pfeiler, → Säulen oder → Gurtbogen gegliederten Raumes.

**Jugendstil:** Nach der Münchner Zeitschrift »Jugend« benannte Stilrichtung, die sich gegen die Übernahme alter Formen wendet und neue, der Natur entnommene Ausdrucksformen schafft. Schwerpunkt von 1895 bis um 1905.

**Kabinettscheibe:** Kleines Glasgemälde als Schmuck von Fensterscheiben.

**Kämpfer:** Steinplatte zwischen → Säule bzw. → Kapitell und Bogen oder Gewölbe.

**Kalotte:** Gewölbte Kuppel in Form eines Kugelabschnitts.

**Kalvarienberg,** *Calvaire:* Plastische Darstellung der **Kartusche:** Zierrahmen, mit dem Wappen, Initiale oder Inschriften eingefaßt sind. Kreuzigungsgruppe und des Kreuzigungsberges, oft Wallfahrtsort.

**Kamee:** Stein oder Edelstein mit erhaben geschnittener Darstellung.

**Kampanile,** *Campanile:* (meist frei stehender) Glockenturm.

**Kannelüren:** Senkrechte Rillen am Schaft von Säulen oder Pfeilern.

**Kanon**: Regelmäßiges, wiederkehrendes Maß.

**Kanzel:** Erhöhter Platz in der Kirche, von dem aus die Predigt gehalten wird. Oft von einem → Baldachin oder einem → Schalldekkel überdeckt.

**Kapelle** (lat. Cappa »Mantel«): Name urspr. abgeleitet v. einem kleinen Raum der Königspfalz v. Paris, wo sich der Mantel des hl. Martin befand. Kleines, gottesdienstliches Gebäude ohne Pfarrecht; selbständiger Teil einer Hauptkirche (Grab-, Taufkapelle); Burg- oder Schloßkapelle.

**Kapellenkranz:** Mehrere um den Chor gezogene Kapellen.

**Kapitell:** Abschließender, kopfartiger Teil einer → Säule. Die Form der Kapitelle ist ausschlaggebend für Stil oder → Ordnung.

**Kapitelsaal:** Versammlungsraum der Klostergemeinde.

**Kappe:** Ausgeschiedenes Teilstück eines Gewölbes (→ Gewölbeformen).

**Karner** (auch: Beinhaus): Kapellenartiges Haus auf Friedhof, in dem die Gebeine aufbewahrt werden, die bei Neubelegung von Gräbern ausgegraben werden; oft zweigeschossig und mit Totenkapelle; vor allem in den Alpenländern.

**Karnies** (griech. koronis »gekrümmt«): Leiste mit leicht S-förmig gekrümmtem Profil.

**Kartause** (ital. Certosa): Kloster der Kartäuser mit einzelnen Wohnzellen und Gärten, Kreuzgang, Kirchen und Kapitelsaal.

**Kartusche:** Zierrahmen, mit dem Wappen, Initiale oder Inschriften eingefaßt sind.

**Karyatide:** → Gebälk tragende Figur.

**Kassettendecke:** Diese in rechteckige Felder unterteilte Decke ist durch → Omamente, Bemalung oder anderen Schmuck ausgeprägt.

**Kassettengewölbe:** Ein von einer rechteckigen Kassette angeschnittenes → Kloster oder Haubengewölbe in regelmäßiger Folge.

**Kastell:** in römischer Zeit befestigter Garnisonsplatz.

**Kathedrale:** Bischofskirche, Dom.

**Kazike:** Indianischer Häuptling oder Dorfoberer.

**Kehrgiebelhaus:** ein Giebelhaus mit → traufständig anschließendem Nebengebäude.

**Kenotaph:** Grabdenkmal, an anderer Stelle errichtet als das tatsächliche Grab.

**Kielbogen:** → Bogenformen.

**Klangarkade** (auch: Schallarkade): Bogenförmige Schallöffnungen im Glockengeschoß eines Kirchturms.

**Klassizismus:** Von klassisch-antiken Vorbildem ausgehende Stilrichtung, die zwischen etwa 1770 und etwa 1830 ihren Höhepunkt erreichte.

**Klebdach:** An der Außenwand über Fenstern und Portalen angefügtes Vordächlein.

**Klostergewölbe** (Haubengewölbe): Ein kuppelähnliches, waagrecht gerade abschließendes Gewölbe aus Tonnenabschnitten.

**Knorpelstil:** Die vorbarocke Form des → Ornaments, aus dem → Beschlagwerk entwikkelt, mit ohrmuschelartigen Formen.

**Knospenkapitell:** Abwandlung des → korinthischen Kapitells in frühgotischer Zeit.

**Konche:** Halbrunder, sich in einen Nebenraum öffnender Raum, besonders Halbkuppel der Apsis.

**Konsole:** Wandvorsprung, Balkenstütze.

**Kopal:** Harz verschiedener tropischer Bäume, das als Weihrauch verbrannt wurde.

**Kopfreliquiar:** → Reliquiar in Kopf- oder Büstenform.

**Korbbogen:** Flachgedrückter Rundbogen.

**Korinthische Säulenordnung:** Reiche Zierformen kennzeichnen bei dieser → Ordnung die → Kapitelle. Die → Basis ähnelt der → ionischen Ordnung.

**Kraggewölbe:** Raumdeckenkonstruktion, bei der 2 parallele Mauern ab einer bestimmten Höhe durch auf beiden Seiten nach innen zunehmend vorkragende Steinlagen einander angenähert werden, bis deren Zwischenraum durch Decksteine überbrückt werden konnte.

**Kragstein:** Aus der Mauer herausragender Stein, der als Stütze, als Auflage oder auch nur als Träger für eine Büste dient.

**Kranzgesims:** Abschlußgesims der Fassade unter dem Dachansatz.

**Kreuz** (lateinisch crux): Zwei sich meist rechtwinklig schneidende Balken als alte Symbolform. Griech. Kreuz mit gleich langen Armen, lat. Kreuz mit verschobenen Querbalken. → Andreaskreuz, Malteserkreuz mit zweispitzigen Armen, Papstkreuz mit 3 Querbalken; außerdem lothringisches Kreuz mit 2 Querbalken, Antonius- und Gabelkreuz.

**Kreuzgang:** Meist gewölbtes, nach innen durch → Arkaden geöffnetes Geviert, das als Umgang im Hof eines Klosters dient und an einer Seite an die Kirche anschließt.

**Kreuzgewölbe:** Ein → Gewölbe, bei dem sich zwei → Tonnengewölbe rechtwinklig kreuzen. Man unterscheidet das einfache Kreuzgratgewölbe von dem Kreuzrippengewölbe, bei welchem die Schnittkanten durch Rippen verstärkt sind.

**Kruzifixus:** Kreuz mit einer Darstellung des Gekreuzigten.

**Krypta:** Unterkirche, Grabraum, meist unter dem → Chor gelegen. Oft sind Kirchen über einer alten Krypta errichtet worden.

**Kuppelformen,** wichtigste: *Pendentif- oder Hängekuppel:* über quadratischem oder vieleckigem Grundriß gewölbte halbrunde Kuppel mit ausgeschiedenen Seitenflächen. Die von der Kuppelwölbung in den Kuppelansatz überleitenden sphärischen Dreiecke heißen *Pendentifs* oder *Hängezwickel. Tambourkuppel:* Pendentifkuppel mit zylindrischem oder polygonalem Zwischenstück *(Tambour, Trommel)*, das zwischen Pendentifs und Halbkugel geschoben ist. Der obere Abschluß einer Kuppel wird meist durch eine → Laterne gebildet.

**Langhaus:** Hauptteil der Kirche, für die Gemeinde bestimmt (ohne → Chor und → Apsis).

**Laterne:** Kleiner Turm zum Abschluß einer Kuppel, meist reich verziert.

**Laterne:** Runder oder polygonaler, mit Fenstern versehener kleiner Aufbau über der Scheitelöffnung einer Kuppel oder als Turmbekrönung.

**Laubengang:** Bogengang, der dem Erdgeschoß eines Baus vorgelagert ist.

**Leibung, Laibung:** Fläche des Mauereinschnitts bei Fenstern und Türen.

**Lettner:** Wand oder Brüstung zwischen → Chor und → Mittelschiff, die den klerikalen Bereich vom Laienraum trennt.

**Leutkirche:** Dem Laiengottesdienst vorbehaltener Raum in Stiftskirchen.

**Lichtgaden:** Fensterzone der Hochwand im Mittelschiff einer → Basilika, auch *Obergaden* genannt.

**Lisene:** Schwach aus der Wand vortretender senkrechter Mauerstreifen ohne Basis und Kapitell.

**Loggia:** Nach außen geöffnete Säulenhalle eines Bauwerks, häufig im Obergeschoß.

**Loretokapelle:** Architektonische Nachahmung des Muttergottes-Hauses, das der Legende nach durch Engel von Nazareth nach Loreto bei Ancona (Mittelitalien) versetzt wurde.

**Louis-Quatorze:** Französischer Kunststil, dem deutschen → Barock vergleichbar; benannt nach Ludwig XIV. (1638–1715).

**Louis-Quinze:** Epoche des Spätbarock in Frankreich, benannt nach Ludwig XV. (1710 bis 1774). Entspricht in etwa dem → Rokoko in Deutschland und Österreich.

**Louis-Seize:** Beginn des → Klassizismus in Frankreich, benannt nach Ludwig XVI. (1754 bis 1793); eine gemäßigte Form des → Rokoko.

**Lünette:** Halbkreisförmiges Feld über Türen und Fenstern, oft mit Malerei oder Plastik.

**Luginsland:** Ein hochragender, häufig alleinstehender oder vorgesetzter Wart- und Aussichtsturm; in Städten auch als Feuerwacht benutzt.

**Lukarne:** Kleines Dachfenster.

**Majestas Domini:** Frontal thronender Christus mit hochgehaltener Rechter und Lebensbuch, oft mit den 24 Ältesten oder den 4 Evangelistensymbolen dargestellt.

**Mandorla:** Heiligenschein in zugespitzter Mandelform, der eine ganze Heiligengestalt (Maria oder Christus) umgibt.

**Manierismus:** Kunststil zwischen → Renaissance und → Barock (ungefähr von 1530 bis 1630). Der Manierismus vernachlässigt natürliche und »klassische« Formen zugunsten gewollter Künstlichkeit der Manier.

**Mansarde:** Ein abgeknicktes Dach, wobei der untere Teil steiler als der obere ist. Der gewonnene Raum wird ebenfalls Mansarde genannt und läßt sich gut für Wohnzwecke benutzen. (Benannt nach dem Franzosen F. Mansart.)

**Maguey:** Kaktuspflanze *(Agave atrovirens americana),* aus der → Pulque gewonnen wird.

**Maschikuli:** Kleine Öffnungen zwischen einem vorkragenden Zinnenkranz, bei mittelalterlichen Wehrbauten zum Ausguß von Pech und Schwefel bestimmt.

**Maßwerk**: Gotische geometrische Zierformen, vor allem für die Ausgestaltung von Fensterbögen oft verwendet. Liegen die Zierbogen direkt auf der Wand, spricht man von Blendmaßwerk.

**Mausoleum:** Ein prächtiges Grabmal, meist in der Form eines Hauses oder Tempels.

**Medaillon:** Meist runde oder ovale Rahmung eines Ornaments oder Freskos (aus Stuck, Stein u.ä.).

**Menhir:** Roh behauener, senkrecht aufgestellter Stein aus vorgeschichtlicher Zeit.

**Mensa:** Die Deckplatte des Altars.

**Mesoamerika:** Ein Ausdruck, mit dem 1943 Paul Kirchhoff das kulturelle prähispanische Gebiet vom Río Sinaloa in Mexiko bis zur Südgrenze des Maya-Gebietes in Honduras und El Salvador definierte.

**Mezzanin:** Halb- oder Zwischengeschoß.

**Miniatur:** Kleinformatiges Bild; handgemalte Bilder in alten Handschriften.

**Mittelschiff:** Mittleres → Schiff der → Basilika oder der mehrschiffigen → Hallenkirche.

**Mönchschor:** Jener Teil des → Chores, der den Mönchen vorbehalten ist, oft abgeschlossen.

**Monstranz:** Schmuckgerät, in dem (meist hinter Glas) die geweihte Hostie gezeigt wird.

**Mosaik:** Wand-, Boden- oder Gewölbeschmuck, zusammengefügt aus kleinen bunten Steinchen, Glasscherben oder anderen Materialien.

**Mudéjarstil** (span.-arab.): Nach den Mudejaren, den unter christlicher Herrschaft lebenden Mauren, benannter span. Mischstil (maurische und gotische Elemente).

**Münster:** Große Klosterkirche bzw. große Stiftskirche, vor allem in Rheinnähe gebräuchlich.

**Municipium:** In der röm. Republik die in den Staatsverband einbezogenen italischen Städte, in der röm. Kaiserzeit die mit röm. Recht ausgestattete selbständige Stadtgemeinde; munizipal bedeutet soviel wie städt.

**Muschelwerk:** Zierornamente, die dem Muschelmotiv nachempfunden sind; vor allem in der späten → Renaissance und im → Rokoko.

**Náhuatl:** Sprache der uto-aztekischen Gruppe, die u.a. von den Tolteken und Azteken gesprochen wurde.

**Narthex:** Vorhalle von Basiliken und Kirchen.

**Netzgewölbe:** Ein → Gewölbe, bei dem sich die Rippen mehrfach kreuzen. Vor allem zur Zeit der → Gotik anzutreffen.

**Neubarock:** Reaktion auf den kühlen → Klassizismus. Die Wiederverwendung der Formen des → Barock entwickelte sich im letzten Drittel des 19.Jh. als ein historisierender Prunkstil mit übertriebenem plastischem Schmuck und auffälligen Farben.

**Neugotik (Neogotik):** Historisierender Kunststil, mit dem man im 19. Jh. die Bauformen und Schmuckornamente der → Gotik neu beleben wollte.

**Nonnenchor:** → Empore, auf der Nonnen dem Gottesdienst beiwohnen.

**Obelisk:** Freistehender Pfeiler mit quadratischem Grundriß u. pyramidenartiger Spitze.

**Obsidian:** Dunkelfarbiges vulkanisches Glas, mit dem scharfe Werkzeuge sowie Schmuck hergestellt wurden.

**Oculus:** Runde Fensteröffnung.

**Odeon:** Meist rundes Gebäude, in dem musikalische und andere musische Aufführungen stattfinden.

**Oktogon:** Gebäude mit achteckigem Grundriß.

**Olifant:** Das Wunderhorn Rolands, ein Signal- und Kriegshorn aus Elfenbein, reich geschnitzt und in Edelmetall gefaßt.

**Ophistodom:** Beim griechischen Tempel Raum hinter der → Cella.

**Orangerie:** Teil barocker Schloß- und Parkanlagen, ursprünglich für die Überwinterung der während des Sommers im Freien aufgestellten Orangenbäume und anderer südlicher Gewächse gedacht. Oft erhielten die Orangerien jedoch Festräume für große Hofgesellschaften.

**Oratorium:** Kleine Kapelle, die in der Regel nicht für die Öffentlichkeit zugänglich ist, oft dem → Chorraum angegliedert.

**Ordensburg:** Burgen des Deutschen Ritterordens, vornehmlich in Preußen und Livland. Die vierflügeligen Anlagen sind um einen Innenhof gruppiert und durch sehr starke Befestigungsanlagen geschützt. Kloster, Garnison und Verwaltung sind in den Ordensburgen gemeinsam untergebracht gewesen.

**Ordnung:** Architektursystem der Antike, das bestimmte Reihenfolgen vorschreibt, vor allem bei → Säulen (→ dorische, → ionische etc.).

**Orgelprospekt:** Schauseite einer Orgel.

**Ornament:** Regelmäßig sich wiederholende Zierformen. Wiederkehrende Ornamente sind oft unter anderen Begriffen zusammengefaßt (z.B. → Fries).

**Ossarium:** → Beinhaus.

**Ottonische Kunst:** Kunst aus der Zeit der Könige Otto I., Otto II. und Otto III. (936 bis 1002). Anreger und Finanziers dieser Kunst waren die Könige sowie Würdenträger der Kirche.

**Pagode:** Süd- und ostasiatischer Reliquienschrein und Tempel.

**Pala:** Altaraufsatz.

**Palas:** Wohnbau einer Burg.

**Palladiomotiv:** Ein von Sebastiano Serlio entwickeltes, nach Andrea Palladio (1508 bis 1580) benanntes Architekturmotiv seit der Spätrenaissance, auch *Serliana* genannt: dreiachsige Wandöffnung, mittlere Achse breiter und von Rundbogen überhöht, schmälere Seitenöffnungen mit horizontalem Abschluß auf Höhe des Bogenansatzes.

**Pallium:** Mantelähnlicher Umhang der Römer, im Mittelalter Krönungsmantel für Könige und Kaiser, später auch bei Erzbischöfen.

**Palma** (span. »Palme«): Feingearbeitete dreieckige Keile, die als Schutzpolster seitlich an oder auf dem → *yugo* getragen wurden. Nachbildung der Ausrüstungsgegenstände der Ballspieler in der Golfregion.

**Paneel:** Brusthohe Holzvertäfelung.

**Panorama:** In der Kunst ein Rundgemälde, vor allem zur Darstellung von Schlachten und Städteansichten.

**Pantheon:** Den Göttern geweihter Tempel. Nach dem Vorbild des Pantheons in Rom (Rundbau).

**Paradies:** → Atrium.

**Parament:** Sakrale Bekleidungsstücke, z. B. des Priesters oder des Altars.

**Patio:** Innenhof des Hauses, vor allem in Spanien.

**Patrozinium:** Schutzherrschaft des Heiligen, in dessen Namen die Kirche geweiht ist (Kirchenpatron); auch Namensfest des Kirchenpatrons.

**Pavillon:** Meist mehreckiger oder runder Bau in Parkanlagen. Bei Barockschlössern verbinden sehr häufig Eckpavillons den Hauptbau mit den davon abzweigenden → Galerien.

**Pechnasen:** Kleine, an der Unterseite geöffnete Erker bei mittelalterlichen Burgen, durch die man heißes Pech auf die Angreifer schütten konnte.

**Pendentifkuppel:** → Kuppelformen.

**Pergola:** Offener Laubengang aus einer Holzkonstruktion; an den Balken ranken sich Pflanzen empor.

**Peripteros:** Griech. Tempel mit einem Säulengang rundum.

**Peristyl:** Einen Hof umgebende Säulenhalle, bei profanen wie sakralen Bauten verbreitet.

**Pesel:** Wohnraum und Zentrum norddeutscher Bauernhäuser.

**Pestsäule:** Mittelalterliche Schmucksäulen, die an Zeiten erinnern, in denen die Pest im Ort gewütet hat.

**Pfalz:** Wohnstatt für Könige und Kaiser, die im Mittelalter nicht an einem Ort residierten, sondern ihren Sitz regelmäßig wechselten.

**Pfeiler:** Stützglied wie die → Säule, doch von recht- oder mehreckigem Grundriß.

**Pfeilerbasilika:** Die Bogen des → Schiffes der → Basilika liegen auf → Pfeilern.

**Piano Nobile:** Das wichtigste (edelste) Geschoß eines Profanbaues, meistens das 1. Obergeschoß, z.B. mit Prunk- und Repräsentationsräumen.

**Pieta:** Darstellung der trauernden Maria mit dem Leichnam des Sohnes auf dem Schoß.

**Pieve** (ital. »Pfarrkirche«): Mit bes. Rechten ausgestattete, häufig etwas außerhalb der Ortschaften gelegene, meist dreischiffige Pfarrkirche.

**Pilaster:** → Pfeiler, der aus einer Wand hervortritt (Halbpfeiler), mit → Basis und → Kapitell.

**Pinakothek** (griech.): Bildersammlung.

**Piscina:** 1. Schwimmbassin in den römischen Bädern. 2. Taufbecken in einem Baptisterium. 3. Kleine Mauernische mit Wasserablauf im Chor für die liturgische Handwaschung.

**plateresk** (span.): Reich ornamentierter span. Architekturstil im Übergang von der Spätgotik zur Frührenaissance. Gekennzeichnet durch kleinteilige Dekorationsformen in der Art von Silberschmiedearbeiten (*platero* = Silberschmied). In Mexiko oft durch indianische Symbolik bereichert.

**polychrom:** Vielfarbig ausgeführt; Farben deutlich gegeneinander abgesetzt: Ggs. monochrom.

**Polygon:** Vieleck.

**Polyptychon:** Ein aus mehreren Tafeln (Flügeln) zusammengesetztes (Altar-)Bild.

**Portal:** In der Form und im Schmuck hervorgehobener repräsent. Eingang v. Kirchen, Palästen oder vornehmen Profanbauten.

**Portikus:** Von → Pfeilern gestützte Vorhalle.

**Porträt** (franz. »Portrait«): Darstellung v.a. des Antlitzes eines Menschen in Malerei oder Plastik.

**Posa** (span.): Prozessionskapelle in Neuspanien.

**Postament:** Sockel eines Standbildes.

**Präraffaeliten:** Von London ausgehende Kunstrichtung (um 1850), die eine Verbindung religiöser und seelischer Motive forderte und sich an der italienischen Malerei der frühen → Renaissance orientierte. Vorstufe des → Jugendstils.

**Predella:** Unterbau des → Altars.

**Presbyterium:** Ursprünglich »Raum der Priester«, heute allgemeine Bezeichnung für den → Chor bzw. die → Apsis einer Kirche.

**Prior:** Bei Benediktinern und verwandten Orden Stellvertreter des Abts in einer Abtei oder Hausoberer in einem Priorat; bei Dominikanern und Kartäusern der Klostervorsteher.

**Prismeller Baumeister:** Baumeisterfamilie aus einer Walserkolonie jenseits des Monte Rosa (Val Sesia, früher Prismell). Berühmtester Vertreter: Ulrich Ruffiner (1. Hälfte 16.Jh.).

**profan:** Das Gegenteil von → sakral, also Kunst, die nicht mit dem religiösen Bereich in Verbindung steht. Zu den Profanbauten zählt man z. B. Rathäuser, Burgen, Schlösser, Bürgerhäuser etc.

**Pronaos:** Vorhalle des antiken Tempels (auch christliche Kirchengebäude).

**Propstei:** Dom- oder Stiftskapitel.

**Propyläen:** Die Eingangshalle monumentaler Bauten. Vorbild späterer Bauten waren die Propyläen auf der Akropolis in Athen (entstanden 437 bis 432 v. Chr.).

**Prospekt:** → Orgelprospekt.

**Prothyros:** Einfriedung vor der Tür des römischen Hauses.

**Protorenaissance** (Vorrenaissance): Florentinische Baukunst im 11. und 12.Jh.

**Pseudobasilika** (falsche Basilika): Basilikale Kirche mit erhöhtem, aber fensterlosem Mittelschiff.

**Pulpitum:** Freistehende Kanzel.

**Pulque:** Alkoholhaltiges Getränk aus fermentiertem Agavensaft

**Pultdach:** → Dachformen.

**Purifizierung** (lat. »Reinigung«): Entfernung v. An- oder Umbauten; Wiederherstellung des urspr. Äußeren und Inneren.

**Putten:** Nackte engelhafte Kinderfiguren in der → Renaissance, im → Barock und im → Rokoko.

**Puuc** (yucatekisches Maya *pu'uk* = »Hügelkette«): Nach einer gebirgigen Gegend in Yucatán benannter spätklassischer Maya-Stil.

**Pylon:** Eingangstor bei griech. Tempeln und Palästen.

**Quader:** Behauener Block aus massivem Stein.

**Quadriga:** Ein vierspänniger Wagen.

**Quechquémitl** (náhuatl): Traditioneller dreieckiger Frauenschal

**Querhaus** oder **Querschiff:** Raum in der Kirche, quer zum → Langhaus (→ Basilika).

**Querschnitt:** Ein gedachter Schnitt quer durch ein Gebäude zur Darstellung der Architektur.

**Quetzal:** Heute nahezu ausgestorbener Vogel der Hochwälder Guatemalas und Südmexikos, dessen lange grüne Schwanzfedern bei den Adligen als Kleider- und Kopfschmuck begehrt waren.

**Radfenster:** Speichenartig gegliederte Fensterrose.

**Rebozo** (span.): Rechteckiger Schal, der als Tragetuch für Kleinkinder verwendet wird.

**Refektorium:** Speiseraum in Klöstern.

**Refugium:** Im Mittelalter in Kriegszeiten benützte Wehranlage zum Schutz der Bevölkerung, auch *Fluchtburg* genannt.

**Régence:** Französische Ausformung des → Rokoko.

**Relief:** Bildhauerarbeit, bei der die Figuren halbplastisch aus der Fläche herausgeschnitten (Holz) oder gemeißelt (Stein) sind. Je nach der Stärke der Erhebung spricht man von Flach-, Halb- oder Hochrelief.

**Reliquiar:** Behälter, in dem die Reliquien eines Heiligen aufbewahrt werden.

**Remter:** Speisesaal einer → Ordensburg (→ Refektorium).

**Renaissance:** Stilbezeichnung für die bildende Kunst ab etwa 1500 bis etwa 1600. Die Renaissance fällt zusammen mit dem Ende des mittelalterlichen Weltbilds und dem Beginn einer neuen, an der Antike orientierten Lebenshaltung (ital. rinascimento = Wiedergeburt).

**Retablo** (span.): Altaraufsatz

**Riegelbau, Fachwerkbau:** Skelettbauweise, deren Gerüst aus waag- und senkrechten Pfosten (meist Holz) sowie diagonalen Streben besteht. Die Zwischenräume sind mit anderem Material gefüllt (Lehm, Backstein). Verfeinerte → Ständerbauweise.

**Río Bec:** Spätklassischer Maya-Stil im südlichen Yucatán.

**Rippe:** Tragendes Konstruktionselement eines Gewölbes mit Band-, Rundstab- Birnstabprofil: in der Spätzeit des Gewölbebaus wurden die Rippen der selbsttragenden Schale als dekorative Oberflächengliederung vorgeblendet (→ Gewölbeformen).

**Risalit:** Aus der Fluchtlinie vortretender Teil eines Gebäudes, der dessen volle Höhe erreicht.

**Rocaille:** Reich gestaltete, muschelähnliche → Kartusche, die namengebend für das → Rokoko wurde.

**Rokoko:** Stilbezeichnung für die Zeit des ausklingenden → Barock (etwa 1720–70), mit eleganten, leichten, oft verspielten, vor allem ovalen Formen.

**Rollwerk:** Bandartiges Omament, dessen sich aufrollende Enden plastisch ausgeformt sind. Motiv vieler Holzarbeiten vor allem im 16.Jh. in Flandern und Holland (→ Beschlagwerk).

**Romanik:** Die zusammenfassende Bezeichnung für die Kunst vom Jahr 1000 bis ins 13.Jh. In ihren Bauwerken ist die Romanik bestimmt von Rundbogen, ruhigen Omamenten und einer insgesamt schweren Haltung.

**Romantik:** Kunstrichtung zu Beginn des 19.Jh., die sich vor allem in der Literatur (Märchen), Malerei und Musik ausbreitete. Sie nimmt Formen und Motive des Mittelalters wieder auf und bedeutet eine Abkehr von den rationalen Normen des → Klassizismus.

**Rose:** Ein stark gegliedertes Rundfenster über dem Portal mit reichem → Maßwerk, vor allem bei gotischen Kirchen.

**Rosette:** Rosenartige Dekorationsform, z B. in Kassetten oder an Friesen.

**Rotunde:** Rundbau.

**Ründe/Ründi:** Halbrunde Holzverschalung unter einem Hausgiebel.

**Rundbogen:** → Bogenformen.

**Rundling:** Dörfer, die sich regelmäßig um den (runden) Marktplatz herum entwickelt haben.

**Rustika:** Mauern aus → Quadern, deren Schauseite absichtlich unbehauen geblieben ist.

**Saalkirche:** Stützenfreier Kircheninnenraum, also ohne → Seitenschiff.

**Sacbé** (Plural *sacbeob*): Auf einem aufgeschütteten Damm verlaufende Maya-Straße.

**Sacra Conversazione:** Madonna inmitten mehrerer Heiliger, seit dem 15.Jh. v.a. in der ital. Malerei gebräuchlich.

**Säkularisation:** Umwandlung geistlicher Besitztümer in weltliche, vor allem in der Zeit unter Napoleon (1803).

**Säule:** Stützglied mit kreisförmigem Grundriß, Gliederung in Basis, Schaft und Kapitell. Säulenordnungen sind durch strenge Maß- und Proportionsregeln gekennzeichnet und kommen in den klassischen bzw. den von der Klassik beeinflußten Stilepochen vor (→ Pfeiler).

**Säulenbasilika:** → Basilika, die von → Säulen gestützt wird (im Gegensatz zur → Pfeilerbasilika).

**sakral:** kirchlich, geistlich (im Gegensatz zu → profan).

**Sakramentshäuschen:** Gehäuse zur Aufbewahrung der geweihten Hostien. In der späten → Gotik entstanden zahlreiche große Sakramentshäuschen, die zu bedeutenden Kunstwerken ausgestaltet sind.

**Sanktuarium:** Allerheiligstes der Kirche, Altarplatz.

**Sarkophag:** Meist reich verzierter steinerner Sarg.

**Satteldach:** Von zwei schräg gegeneinander gestellten Flächen gebildetes Dach. Die 2 Giebel befinden sich an den Schmalseiten.

**Scagliola:** Ein aus Gips, Leim, Wasser und Farben zusammengestelltes, später poliertes Material zur Imitation v. Marmor.

**Schalenturm:** Wehrturm in einer Ringmauer, an der Rückseite geöffnet.

**Schalldeckel:** → Kanzel.

**Schildbogen:** Ein das Joch gegen die Wandseiten hin begrenzender Gewölbebogen (→ Gewölbeformen).

**Schildmauer:** Hohe und starke, meist freistehende Mauer zum Schutz einer Burg vor fremdem Beschuß.

**Schiff:** Der Raumteil einer Kirche; daraus einschiffige oder mehrschiffige Kirchen; letztere durch → Säulen oder → Pfeiler aufgeteilt.

**Schlußstein:** Stein im Scheitel eines Bogens oder Rippengewölbes, häufig plastisch verziert oder bemalt.

**Schnitzaltar:** Altar mit geschnitzten Holzfiguren im Altarschrein.

**Schwibbogen:** Quer über einen Raum gezogener, 2 Wände verbindender freier Bogen als Mauerstütze oder Element der Raumgliederung.

**Seitenschiff:** Seitlich gelegenes → Schiff, durch → Säulen oder → Pfeiler vom Hauptraum der Kirche getrennt.

**Sepultur:** Für Begräbnisstätten reservierter Kirchenraum.

**Serliana:** → Palladiomotiv.

**Sgraffito:** Kratzputz.

**Sinopie:** Meist rötliche oder braune Vorzeichnungen von Fresken auf der Wand.

**Sockel:** Ein vorspringender unterer Teil einer Wand, eines → Pfeilers oder auch einer Säule.

**Spiegelgewölbe:** Ein langgestrecktes → Klostergewölbe, das im Scheitel mit einer waagrechten Fläche schließt.

**Spitzbogen:** → Bogenformen.

**Spolie** (lat. spolia »Beute«): Wiederverwendetes Glied (Kapitelle, Säule, Stein u.ä.) eines älteren Bauwerks.

**Sprengwerk:** → Gesprenge.

**Stabkirche:** Holzkirche (in Deutschland fast ausschließlich im Harz) aus senkrecht stehenden Planken und Pfosten.

**Stabwerk:** Senkrechte Stäbe zur Gliederung gotischer Fenster und Fassaden (→ Maßwerk).

**Staffelgiebel:** Giebel mit treppenartiger Stufung, auch Treppen- oder Stufengiebel.

**Staffelhalle/Stufenhalle:** Hallenkirche oder Pseudobasilika, deren Mittelschiff höher ist als die Seitenschiffe, jedoch ohne direkte Belichtung des Mittelschiffs (→ Basilika).

**Stichkappengewölbe:** Ein von dreieckigen Kugelflächen eingeschnittenes → Tonnengewölbe.

**Stele:** Steinerner monolithischer Pfeiler, zumeist mit Reliefs geschmückt.

**Strebepfeiler:** Die in der Gotik ungewöhnlich großen Fensteröffnungen forderten eine Abstützung der Außenmauern durch → Pfeiler und Halbbögen. Dieses Strebewerk fing den Gewölbedruck auf.

**Strebewerk:** System von Strebepfeilern und -bögen an Außenwänden zur Abstützung von Mauern und Gewölben; im got. Kirchenbau häufig verwendet.

**Strickbau:** → Blockbau.

**Stucco Lustro:** Mit Marmorstaub und Freskoputz vermengtes, heiß behandeltes und glattpoliertes Material, wirkt wie Marmor. Dieser »Stuckmarmor« wird v.a. zur Verkleidung v. Pfeilern, Säulen oder Wandflächen verwendet.

**Stuck:** Ein leicht formbarer Werkstoff aus Gips, Kalk, Sand und Wasser, der v.a. im 17./18.Jh. zur plastischen Ausschmückung von Innenräumen gedient hat.

**Stukkatur:** Ornamentale und figürliche Stuck-Dekoration; v.a. im Barock.

**Supraporte:** Dekoratives Feld (Malerei, Schnitzerei, Stuck) über der Türe; v.a. im Barock gebräuchlich.

**Synagoge:** Jüdisches Gotteshaus.

**Tabernakel:** Altargehäuse für die Hostie.

**Tabor:** Befestigtes Lager, Befestigung, besonders in der Steiermark gegen Türkeneinfälle; auch Taborkirche.

**Täfer:** Hölzerne, meist profilierte Wand- oder Deckenverkleidung.

**Talud-Tablero-Stil:** Ein schräger Sockel (Böschung) wird unterbrochen und auch abgedeckt durch einen hervorragenden Sims (Tafel).

**Tambour:** Unterbau einer Kuppel, in der Regel zylindrisch oder polygonal.

**Teocalli** (náhuatl): Tempel, Haus der Götter.

**Terrakotta:** Gebrannte und unglasierte Tonerde.

**Tezontle** (náhuatl: »Stein von Blutfarbe«): Karmesinroter poröser Stein vulkanischen Ursprungs.

**Thermen:** Römische Warmbadeanstalten.

**Thermenfenster:** Senkrecht dreigeteiltes Halbkreisfenster, aus der römischen Thermenarchitektur übernommen.

**Tonnengewölbe:** → Gewölbe, das einer Tonne gleicht, die in Längsrichtung durchgeschnitten wird.

**Toskanische Säulenordnung** (röm. Bezeichnung): Abwandlung der dorischen Säulenordnung durch Zufügen einer Basis und Wegnehmen der Kanneluren des Schafts; glatter Säulenschaft, Kapitell ohne Schmuck und Verzierung.

**Transenne:** In die Fensteröffnungen eingefügte Holz- oder Steinplatten (Vorläufer der Fensterverglasung).

**Traufe, Dachtraufe:** Untere horizontale Begrenzung eines Daches.

**Treppengiebel:** → Staffelgiebel.

**Treppenhaus:** Monumentale Treppenanlage (häufig zweiteiliger Treppenaufgang) in der Höhe des Gebäudes; v.a. im Barock, jedoch bereits auch während der Renaissance.

**Triforium:** Laufgang in der Wand unter den Fenstern von Mittelschiff, Querschiff und Chor, besonders in gotischen Kirchen.

**Trinität** (lat. trinitas »Dreiheit«): Dreieinigkeit, die Dreiheit v. Gottvater, Sohn und Hl.Geist in der Einheit des göttlichen Wesens; u.a. als Dreieck mit dem Auge Gottes dargestellt.

**Triptychon:** Dreiteiliges Altarbild.

**Triumphbogen:** Geschmückter Torbogen.

**Trompe l'œil:** Spezielle Art der Darstellung, bei der Gegenstände so täuschend ähnlich gemalt sind, daß sie dem Auge als Wirklichkeit erscheinen.

**Tudorstil:** Baustil, der Elemente der → Gotik und der → Renaissance verbindet; benannt nach der englischen Familie Tudor (etwa um 1530 bis um 1600).

**Tumba:** Aufbau über einer Grabstelle.

**Tympanon:** Das Bogenfeld über dem mittelalterlichen Portal.

**Tzompantli** (náhuatl): Schädelmauer

**Vedute:** Gemälde oder Zeichnung mit der genauen Darstellung einer Stadt oder Landschaft.

**Verblendung:** Verkleidung von Bauteilen, die nicht sichtbar sein sollen.

**Verkröpfung:** Vorziehen eines Gesimses über einem vorstehenden Bauteil (Wandpfeiler, Pilaster usw.).

**Vesperbild:** Pieta.

**Vierpaß:** Ornament des got. Maßwerks: vier einem Kreis eingeschriebene, kleeblattförmig angelegte Kreissegmente.

**Vierung:** Die Stelle, an der sich → Lang- und → Querhaus kreuzen.

**Vierzehn Nothelfer:** Die als Helfer in jeder Not angerufenen Hl. sind Achatius, Ägidius, Barbara, Blasius, Christophorus, Cyriacus, Dionysius, Erasmus, Eustachius, Georg, Katharina, Margaretha, Pantaleon und Vitus.

**Viztum:** Stellvertreter des Landesherrn, meist in bischöflichen Herrschaften.

**Vollplastik:** Allseits plastisch gearbeitetes Bildwerk (dagegen → Relief).

**Volute:** Windungen oder spiralförmige Gebilde in der Ornamentik.

**Vorarlberger Schema:** Umstrittener Begriff für den Typus der barocken Wandpfeilerhalle mit Emporen, wie er im 17. und 18. Jh. von den Vorarlberger Baumeistern entwickelt und nördlich der Alpen verbreitet wurde.

**Vorburg:** In größeren Burganlagen der äußere Wehrbezirk.

**Vorhalle:** Ein der Westfassade integrierter Vorraum bei Kirchenbauten.

**Vortragekreuz:** Ein hauptsächlich bei Prozessionen benutztes Kreuz.

**Vorzeichen:** → Portikus.

**Votivaltar** (lat. votum »Gelübde«): Infolge eines Gelübdes gestifteter Altar; ebenso Votivkirche oder -kapelle.

**Walmdach:** → Dachformen.

**Wandvorlage:** Gliederung oder Verstärkung (Stabilisierung) einer Wand durch Dienste, Halbsäulen, Lisenen, Pilaster oder Pfeiler.

**Wange:** Seitlicher Abschluß des → Chorgestühls.

**Wehrgang:** Zur Verteidigung hergerichteter Laufgang in den oberen Partien einer Ringmauer.

**Weicher Stil:** Spezifische Erscheinung in der deutschen Malerei und Plastik der Spätgotik mit fließenden Gewandfalten und zartem Gesichtsausdruck.

**Welsche Haube:** Geschwungenes Haubendach für Türme, Vorläufer der → Zwiebelhaube.

**Westwerk:** Monumentaler Westabschluß bei Kirchen aus karolingischer, ottonischer und romanischer Zeit. Als Kirche für den Herrscher vorgesehen und deshalb oft auch mit einem eigenen Altar ausgestattet.

**Wimperg:** Giebelartige Bekrönung über got. Portalen und Fenstern, meist aus Maßwerk konstruiert.

**Winkelhakenkirche:** Kirche mit zwei längsrechteckigen Schiffen, die in einem stumpfen, beinahe rechten Winkel aufeinanderstoßen.

**Würfelkapitell:** Aus der Durchdringung von Würfel- und Kugelform entwickeltes → Kapitell der romanischen Stilepoche.

**Yugo** (span. »Joch«): hufeisenförmige, bis zu 30 kg schwere reichverzierte Steinplastiken (Nachbildung der Ausrüstungsgegenstände der Ballspieler aus der Golfregion).

**Zackenstil** (auch: Knitterstil): In der Spätgotik, sogar bereits in der Spätromanik auftretender Stil, Falten an (Schnitz-)Figuren sehr scharf (zackig, knitterig) zu gestalten.

**Zeltdach:** → Dachformen.

**Zentralbau:** Baukörper mit gleich oder nahezu gleich langen Hauptachsen, im Grundriß dem Kreis, Quadrat, regelmäßigen Vieleck oder griechischen Kreuz angenähert.

**Ziborium** (auch Ciborium): Großer von Säulen getragener steinerner → Baldachin über dem → Altar.

**Zinnenkranz:** Oberer Abschluß einer Wehrmauer, bestehend aus schützenden, schildartigen Aufbauten, unterbrochen durch schartenartige Zwischenräume im Mauerrand.

**Zoomorph:** Bezeichnung für tiergestaltige Objekte.

**Zopfstil:** Stilrichtung aus der Zeit zwischen → Rokoko und → Klassizismus (etwa um 1760 bis 80); geprägt von strenger Ausdrucksweise.

**Zwerchhaus:** Dachhäuschen mit einem Giebel, der quer zum Hauptdach steht.

**Zwerggalerie:** Gang in der Außenmauer unter dem Dachgesims; nach außen geöffnet und meist reich verziert.

**Zwickel:** Teilgewölbe, das meist zu einer Kuppel überleitet (→ Kuppelformen).

**Zwiebelhaube:** Dach in der Gestalt einer Zwiebel.

**Zwinger:** Das Gelände zwischen den inneren und äußeren Mauern der mittelalterlichen Stadtbefestigungen. Hier wurden oft Tiere gehalten. Im → Barock errichtete man an dieser Stelle dann oft Vergnügungsstätten.

# Künstlerregister

# Ortsregister

Selbständige Staaten erscheinen im Register **fettgedruckt,** große Inseln ***fett- und kursivgedruckt.***

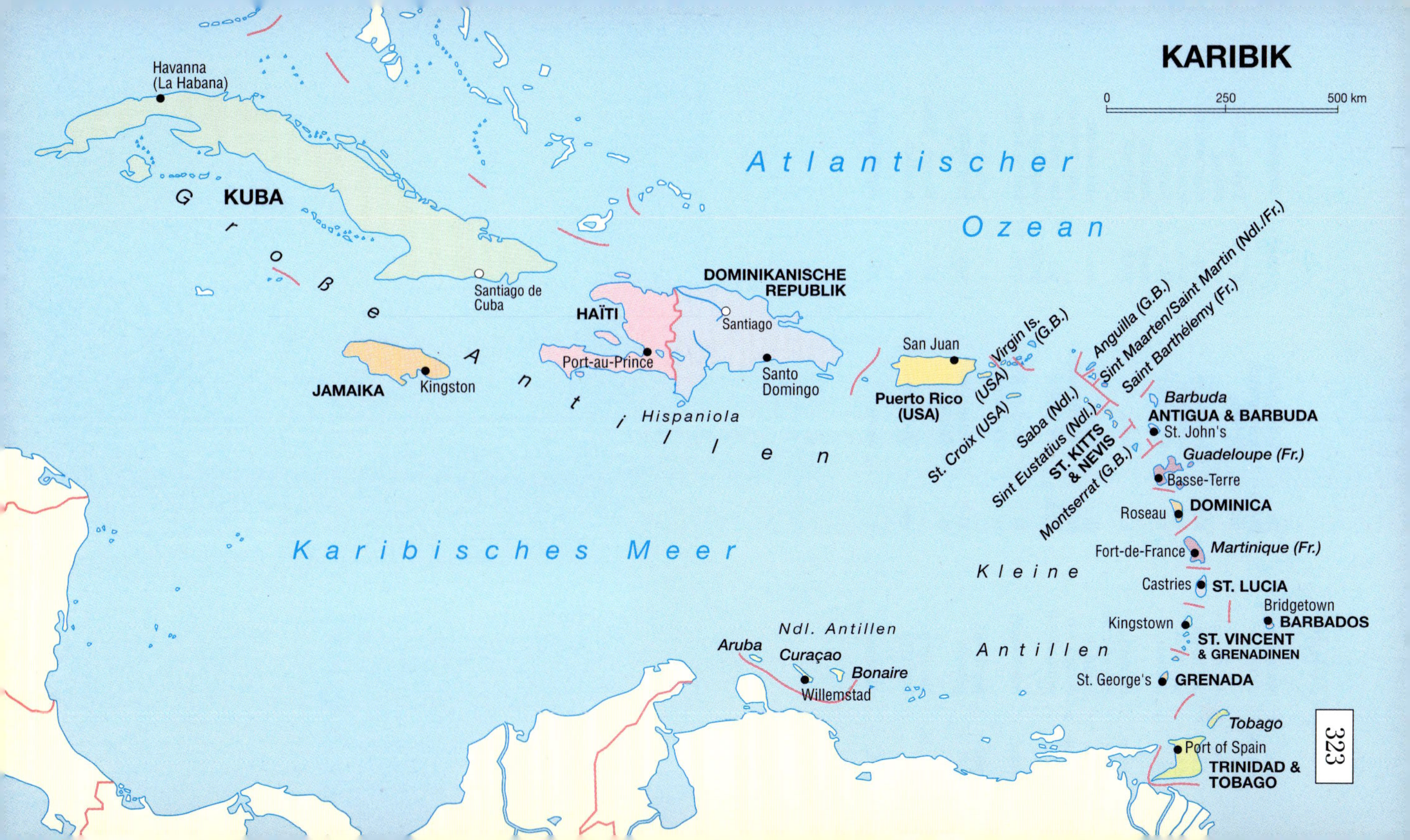
KARIBIK
0
250
500 km
Atlantischer Ozean
Karibisches Meer
Große Antillen
Kleine Antillen
Havanna (La Habana)
KUBA
Santiago de Cuba
JAMAIKA
Kingston
HAÏTI
Port-au-Prince
DOMINIKANISCHE REPUBLIK
Santiago
Santo Domingo
Hispaniola
San Juan
Puerto Rico (USA)
Virgin Is. (G.B.)
(USA)
St. Croix (USA)
Anguilla (G.B.)
Sint Maarten/Saint Martin (Ndl./Fr.)
Saint Barthélemy (Fr.)
Saba (Ndl.)
Sint Eustatius (Ndl.)
ST. KITTS & NEVIS
Montserrat (G.B.)
Barbuda
ANTIGUA & BARBUDA
St. John's
Guadeloupe (Fr.)
Basse-Terre
Roseau
DOMINICA
Fort-de-France
Martinique (Fr.)
Castries
ST. LUCIA
Bridgetown
BARBADOS
Kingstown
ST. VINCENT & GRENADINEN
St. George's
GRENADA
Tobago
Port of Spain
TRINIDAD & TOBAGO
Ndl. Antillen
Aruba
Curaçao
Bonaire
Willemstad

Knaurs Kulturführer
in Farbe
Griechische Inseln

Knaurs Kulturführer
in Farbe
Großbritannien und Irland

Knaurs Kulturführer
in Farbe
London
und Umgebung

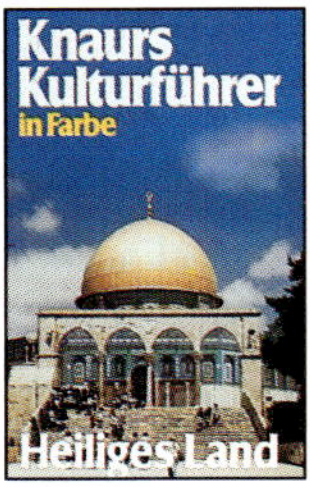
Knaurs Kulturführer
in Farbe
Heiliges Land

Knaurs Kulturführer
in Farbe
Holland

Knaurs Kulturführer
in Farbe
Italien

Knaurs Kulturführer
in Farbe
Florenz und Toskana

Knaurs Kulturführer
in Farbe
Rom und Latium

Knaurs Kulturführer
in Farbe
Sizilien

Knaurs Kulturführer
in Farbe
Südtirol

Knaurs Kulturführer
in Farbe
Venedig und Venetien

Knaurs Kulturführer
in Farbe
Japan

Knaurs Kulturführer
in Farbe
Marokko

Knaurs Kulturführer
in Farbe
Mexiko

Knaurs Kulturführer
in Farbe
Norwegen

Knaurs Kulturführer
in Farbe
Österreich

Knaurs Kulturführer
in Farbe
Kärnten

Knaurs Kulturführer
in Farbe
Tirol

Knaurs Kulturführer
in Farbe
Wachau
Nibelungengau · Waldviertel

Knaurs Kulturführer
in Farbe
Salzburg
Salzburger Land